데이터 분석과
저널리즘

데이터 분석과 저널리즘(3판)

© 함형건, 2015

1판 1쇄 발행__2015년 01월 30일
3판 1쇄 발행__2018년 06월 05일

지은이__함형건
펴낸이__홍정표

펴낸곳__컴원미디어
　　　　등록__제 324-2007-00015호

공급처__(주)글로벌콘텐츠출판그룹
　　　　대표__홍정표　**이사**__양정섭　**디자인**__김미미　**기획·마케팅**__노경민 이종훈
　　　　주소__서울특별시 강동구 풍성로 87-6　**전화**__02-488-3280　**팩스**__02-488-3281
　　　　홈페이지__www.gcbook.co.kr

값 18,000원
ISBN 978-89-92475-81-5 93070

Data Analysis & Journalism

저널리스트 손으로 직접 수행하는 공공데이터 분석 레시피

데이터 분석과
저널리즘

함형건 지음

컴원미디어

저자의 말

책 쓰겠다고 마음먹은 게 서리 내리던 겨울이었는데 어느새 사계절을 한 바퀴 돌아 또다시 한겨울이다. 매일 퇴근 후 틈틈이 짬을 내 자료 더미를 뒤지며 빈 원고를 채워나가는 과정은 힘겹고도 즐거운 시간이었다. 매 시간 데이터 속으로 여행할 때마다 낯설고 매혹적인 세상을 발견한다. 세상을 향한 호기심과 문제의식은 기자를 기자이게 만드는 추동력이다. 사람들을 인터뷰해 사실을 캐내는 현장 기자이건, 데이터 더미에서 진실을 파헤치는 데이터 저널리스트이건 마찬가지일 것이다. 우연찮게 이 세계에 발을 들여놓아 부족하나마 책 한 권을 쓸 수 있었던 것도 데이터에 잠재된 그 원초적인 힘에 설득당했기 때문이리라.

필자가 데이터 활용 보도에 입문한 건 해외연수를 하던 지난 2011년이었다. 세계 언론계에 데이터 저널리즘이란 단어가 조금씩 관심을 끌기 시작한 무렵이었다. 바야흐로 새로운 물결이 열리던 순간 그 현장에 있었던 것은 행운이었다. 필자가 연수하던 대학은 저널리즘 전공 학생에게 데이터 활용 보도 강좌를 개설하고 있었고, 부근 지역에서는 데이터를 활용한 탐사 보도의 최전선을 보여 주는 컴퓨터 활용 보도기자 총회(The CAR Conference)가 열렸다. 취재기자부터 뉴스 앱 개발자, 프로그래머, 그래픽 디자이너, 저널리즘 스쿨 교수들이 한데 모여 최신기법과 정보를 공유하고 토론하는 자리였다. 머리가 희끗희끗한 베테랑 언론인들이 노트북 컴퓨터와 씨름하며 자녀 또래의 후배 기자들과 공부에 열중하던 그 모습은 아직도 기억에 생생하다.

행사에서 소개된 분석도구의 다양함과 보도 사례의 깊이도 인상적이었지만, 무엇보다 현업에서 익힌 노하우를 다른 경쟁 언론사 동료들에게도 가감 없이 소개하고, 지식을 나누는 모습이 신선하게 다가왔다. 기자 세계가 어떤 곳인가? 치열한 경쟁 속에 서로 물 먹이고 물 먹는 곳, 자신만의 정보노트와 취재비결은 친한 동료끼리도 좀처럼 가르쳐 주지 않는 곳이 아니던가? 바로 데이터 저널리스트들이 펼치는 탐구와 공유, 배려의 문화가 탐사 보도와 오픈 데이터 시대의 새 장을 열어가고 있다는 확신이 들었다.

20년 가까이 전통적인 현장 취재와 제작 방식만 고수했던 필자가 데이터 처리의 기초를 익혀가는 과정은 순탄치 않았다. 단순한 문제 하나를 놓고 답을 찾지 못해 며칠 동안 고민하기 일쑤였다. 국내에 돌아와서 간간이 실험적인 데이터 활용 보도를 시도하면서도, 열악한 국내 공공데이터 환경에 실망한 적이 한두 번이 아니었다. 하지만 결국 필자가 내린 결론은 한 가지. 디지털 정보와 데이터를 활용한 뉴스 실험은 거스를 수 없는 시대의 흐름이라는 점이다.

이 책은 데이터 활용 보도와 탐사 보도에 관심은 있지만 진입장벽에 부딪혀 망설이는 사람들을 위한 입문서이다. 기초적인 데이터 정제와 시각화 기법부터, GIS와 사회 관계망 분석까지 필자가 현업에서 익힌 노하우를 담았다. 특히 데이터 분석 전문가가 아닌 현장 취재기자의 손으로도 직접 GIS와 네트워크 분석을 수행할 수 있도록 '따라하기' 형식으로 구체적인 방법을 제시하는 데 초점을 뒀다. 또한 되도록 국내에 한글 문헌으로 소개가 되지 않은 분석도구나 기법을 대상으로 했다.

"Anyone can do it"이라고 설파한 영국의 데이터 저널리스트 사이먼 로저스의 말처럼 누구나 용기와 의지만 있다면 데이터 저널리즘에 도전할 수 있다고 필자는 믿는다. 당장 전문적인 통계학 지식이나 프로그래밍 능력이 없어도 숫자와 데이터에 대한 근원적인 두려움만 걷어내면 시도해 볼 수 있다는 얘기다. 언론사에 소속된 기자가 아니어도 블로그와 소셜미디어를 통해 얼마든지 자신만의 생각과 정보를 표현할 수 있는 세상이다. 아직 아쉬운 점은 많지만 공공데이터 환경은 조금씩 개선되고 있고, 무료 분석도구의 성능은 날로 발전하고 있다. 공공데이터를 가공해 세상을 탐구하고 보다 투명한 사회를 일구는 데 일조하고 싶은 욕망이 있는가? 부족하나마 이 책이 뜻있는 분들께 자그마한 도움이 됐으면 한다.

　이 책이 나오기까지 많은 분들의 도움과 성원이 있었다. 미주리대 언론연수 시절부터 필자를 탐사 보도와 컴퓨터 활용 보도의 세계로 소개하고 격려를 아끼지 않으신 중앙대학교 이민규 교수님, 그리고 GIS 분석에 대한 세심한 조언으로 큰 힘이 되어 주신 BIZ-GIS의 김한국, 황선영 님, GIS-United의 박용재 님, 쉽지 않은 여건에서 흔쾌히 출판을 맡아주신 컴원미디어 홍정표 대표님과 편집팀에게 모두 감사의 뜻을 표한다. 휴일에도 서재에만 틀어박혀 노트북과 씨름하던 필자를 묵묵히 이해해 준 아내 지숙과 아들 윤규에게도 고마움과 함께 사랑한다는 말을 전하고 싶다.

2014년 12월 26일
함 형 건

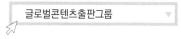

추천의 글

누구나 손쉽게 접근할 수 있는 스마트 미디어가 확산됨에 따라 전체적으로 뉴스 소비가 크게 증가하고 있는 추세이다. 수 세기에 걸쳐 지속되었던 신문 읽기와 방송 시청은 점차 모바일 형태의 스마트 미디어로 급격하게 이동하고 있다. 그런데 미디어 플랫폼은 큰 변화를 하고 있는데 뉴스 내용은 이전 그대로이다. 포털을 중심으로 가벼운 뉴스가 판을 치고 있다.

이제 뉴스제작에 있어서 새로운 패러다임 전환이 필요한 시점이 다가왔다. 이 같은 맥락에서 최근 주목받고 있는 빅데이터 저널리즘의 등장은 인터뷰와 몇몇 자료에 의존해서 취재하던 관행에서 벗어나길 요구하고 있다. 기자 스스로 방대한 양의 데이터를 수집하고 분석하여 새로운 형태의 뉴스 스토리를 만들어내야 하는 시대가 왔다. 최근 주목받고 있는 가디언의 'NSA 파일(NSA Files: Decoded)'이나 뉴욕 타임스의 '스노우 폴(Snow Fall)' 기사가 대표적인 사례이다.

2011년 여름 미주리 대학교 저널리즘 스쿨 연수 프로그램에서 처음 뵈었던 함형건 기자의 첫 인상은 빅데이터 저널리즘과는 다소 거리가 있어 보였다. YTN 앵커 출신으로 말끔한 외모에 오랜 취재 경험으로 사회문제를 꿰뚫고 있는 전형적인 사회부 기자 스타일이었다. 하지만 그 이후 1년여 동안 컴퓨터 활용 취재수업도 같이 듣고 IRE탐사 보도 총회도 같이 참석하면서 빅데이터 저널리즘에 대한 배움의 열정을 그 어떤 기자보다도 강렬하게 느낄 수 있었다. 함형건 기자의 배움에 대한 진지함과 무엇보다도 관심 분야에 몰입하는 탁월한 능력은 두고두고 기억에 남는다. 연수를 마치고 돌아와 앵커로 복귀하여 밤낮이 바뀐 생활을 하는 중에도 바쁜 시

데이터 분석과 저널리즘

간을 쪼개 좋은 프로그램을 많이 제작하여 빅데이터 활용의 노하우를 축적하였다. 그 결과 '우리 동네 유독물 공장 지도 공개' 프로그램이 한국기자협회에서 주는 제280회 '이달의 기자상'을 수상하게 되었다.

이번에 함형건 기자가 그동안 많은 시행착오를 거쳐 쌓은 특급 빅데이터 저널리즘 활용 노하우를 한국 언론계를 향해 과감히 공개한 첫 번째 저술을 출판하게 되었다. 무엇보다도 이 책의 큰 장점은 스스로 분석을 통하여 맥락을 발견하고 심층적인 보도를 원하는 뉴스제작자들의 요구를 충족시켜 줄 수 있다는 점이다. 그동안 제대로 된 빅데이터 저널리즘 실용 입문서가 없었던 한국 언론계의 현실에 빅데이터 저널리즘 활용에 진정한 길잡이가 되어줄 것을 믿어 의심치 않는다. 이 책을 시작으로 국내 언론사들이 관행적으로 추진했던 속보와 스트레이트 위주의 취재 형식을 탈피할 수 있기를 기대해 본다. 내용적으로도 정파적 보도와 자사 이기주의 보도로 인한 신뢰도 하락과 포털 중심의 왜곡된 뉴스 소비 환경을 극복할 수 있는 대안을 이 책에서 발견할 수 있기를 희망해 본다.

이 민 규

중앙대학교 사회과학대학장
미디어커뮤니케이션학부 교수

CONTENTS

4장 구글 퓨전테이블: 생애 첫 데이터 지도 만들기

5장 데이터 시각화의 스위스칼, 태블로(Tableau) 활용하기

CONTENTS

6장   공간 패턴을 읽으면 세상이 보인다

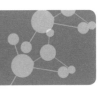

7장　네트워크로 세상을 읽다: 사회 관계망 분석 입문하기

대한방송의 1년차 사회부 A기자가 졸린 눈을 비비며 경찰서 기자실로 출근한다. 문을 열자마자 2진 기자실 특유의 곰팡내와 땀 냄새가 진동한다. 자리에 앉자마자 습관적으로 노트북을 켠다. 주말뉴스용 기획기사 아이템을 구하라는 캡(사건팀장)의 메모가 들어와 있다. 세월호 참사를 계기로 사회 안전문제가 화두로 등장했던 한 해. 처음엔 국가를 개조하려는 듯 떠들던 정부와 정치권은 지루한 공방만 이어 갔고, 시민의 안전문제는 어느덧 뒷전이 되어 가는 느낌이다. 한숨을 쉬며 의자에 기대자 군데군데 금이 간 기자실 천정과 벽면이 눈에 들어온다. 낡은 건물을 보니 문득 구조물 안전문제를 다뤄보자는 생각이 떠오른다. "고가차도가 안전등급 D등급이어서 철거대상이 됐었지. 성수대교 붕괴 20주년인데 서울시가 관리하는 다른 교량과 터널들은 안전한지 취재해 보자……."

관청 출근 시간에 맞춰 담당 공무원 여러 명을 상대로 취재를 시작한다. 하지만 약속이나 한 듯이 같은 답변이 돌아온다. "이미 철거하기로 예정된 도로시설물 외엔 당장 안전에 문제가 되는 건 거의 없다"는 설명이다. 1차 취재 결과를 보고하자마자 데스크의 보류 지시가 떨어진다. "얘기 안 되네, 일단 킬!(아이템 취소를 뜻하는 은어)" 한나절에 기획과 섭외, 취재, 제작까지 속성으로 진행하는 방송기자의 일상에서 시간과 효율성은 생명이다. 마침 출입처에서 나온 보도자료를 바탕으로 대체 리포트를 서둘러 제작한 A기자, 어느덧 하루는 쏜살같이 지나갔다. 퇴근길, 취재원과 만남을 위해 다시 시내로 발길을 향하는 기자의 머릿속에서 아침에 보류된 기사 아이템은 기억 저편으로 잊혀져 간다.

가상으로 그려본 2014년 방송 취재기자의 하루이다. 언론사는 항상 바쁘게 움직이는 곳이다. 하지만 변화와 혁신엔 유난히 둔감한 조직이기도 하다. 한 세대 전이나 지금이나 일하는 방식에는 별다른 변화가 없다. 인터넷과 스마트폰이 일상을 지배하는 21세기지만, 보도자료와 관청, 기업 홍보담당자의 말에만 과도하게 의존하는 구시대의 취재 방식을 탈피하지 못하고 있다. 비유컨대, 세상은 과학수사대 CSI가 대세인데, 기자는 1970년대 드라마 '수사반장' 식의 육감 수사만 하는 격이다. 발로 뛰는 전통적인 취재를 부정하려는 것은 결코 아니다. 오히려 밑바닥 현장 취재의 정신은 더욱더 권장돼야 마땅하다. 아쉬운 것은 아날로그의 힘과 디지털의 정밀함이 만나 구현할 수 있는 상승효과이다. 진실에 더 한 발짝 다가가려는 노력과 발상의 전환은 불가능할까? A기자가 조금 더 다양한 취재 방법을 선택했다면, 이야기는 달라졌을지 모른다.

　A기자는 밤늦게 집으로 돌아와 다시 노트북을 마주한다. 아침에 기획한 아이템을 쉽게 취소한 것이 왠지 아쉬웠다. 수습기자 교육프로그램에서 익힌 컴퓨터 활용 보도기법을 적용하면 어떨까 하는 생각이 들었다. "데이터로 추적해 보자." 공공데이터 포털에서 서울시 도로시설물의 CSV 파일을 찾아 내려받기 한다. 시설물명, 소재지, 종류, 면적, 시공회사 등 18개 카테고리와 1,618개가 넘는 행이 빼곡히 들어차 있다. 자신도 모르게 눈이 찡그려진다. 데이터를 가로질러 한참을 탐색하니 비로소 교량과 터널, 고가차도와 육교 등 도로시설물들의 윤곽이 조금씩 이해되기 시작한다. 관심의 초점인 안전등급 칼럼을 데이터 정제용 소프트웨어인 '오

픈 리파인'의 FACET 기능으로 살펴보기로 한다. A등급이 190개, B등급이 1,006 개, C등급이 51개다. 기자의 눈길은 그 다음 줄에서 딱 멈춘다. '미분류'라는 항목이다. 무려 363개이다. 확인 불가는 2개, 아예 아무 설명이 없는 구조물도 5개다. 전체의 1/5이 넘는 도로시설물의 안전이 미확인 상태인 것이다. 준공 날짜를 파악해 보니 더 수상해진다. 1900년 1월 1일 준공됐다는 구조물이 무려 408개에 달한다. 올바른 분석을 방해하는 부정확한 자료(Dirty Data)일 가능성이 높아 보인다. 물론 정상적인 범위를 벗어난 데이터는 때로는 그 자체가 훌륭한 기삿거리가 되기도 한다. 추가 취재를 통해 사실 관계를 밝히기로 한다. 만능 데이터 시각화 도구인 '태블로 퍼블릭'으로 구조물 준공시기를 10년 단위로 다시 분류해 구조등급과 관할 당국 등을 분석해 봤다. 준공시기나 구조등급을 기준으로 데이터 요약표에 색상을 입힌 '하이라이트 테이블'로 시각화하니 데이터를 X-ray 사진으로 들여다보는 것 같은 느낌이 든다. 문제의 핵심과 취재 포인트가 조금씩 눈에 들어오기 시작한다.

기자는 또 데이터 지도 제작도구인 '구글 퓨전테이블'도 이용해 본다. '미분류' 시설물의 위치를 지도에 그려 보니, 서울 도심 고가차도뿐 아니라 한강 주변 도로 교량에서 적지 않은 사실이 확인된다. 다음날부터 A기자는 문제가 될 만한 서울 시내의 교량과 고가도로를 하나하나 취재하기 시작했다. 도로 구조물에 대한 탐사기획 보도물이 방송을 탄 건 그로부터 일주일 뒤. '태블로 퍼블릭'으로 단번에 만든 그럴듯한 인터랙티브 콘텐츠도 뉴스 홈페이지에 공개했다. 학교와 아파트를 포함한 전국의 건물과 도로 구조물의 구조 안전등급과 개보수 상태가 지도와 차트로 그려졌다. 내가 사는 동네, 혹은 출퇴근길에 만나게 되는 시설을 직접 검색해 볼 수 있는 것은 물론, 각 지역의 재정자립도와 구조안전등급의 상관 관계도 한눈에 파악할 수 있도록 했다. '문제없다'는 당국의 말만 믿고 지나쳤으면 영영 묻혔을 기사가 탐사 보도물로 다시 탄생하는 순간이었다. 데이터 추적과 현장 취재를 결합할 때의 위력을 실감한 신입기자 A는 앞으로의 기자 생활이 이전과는 많이 달라질 것임을 직감할 수 있었다.

이상은 서울시가 공개한 데이터를 참고해 소설 형식으로 꾸며본 사례이다. 비록 허구를 가미한 가상 시나리오지만 위 사례는 마음만 먹으면 지금이라도 누구나 시도해 볼 만한 취재 방식이다. 당국자의 말을 받아쓰기만 하지 않고 기자의 문제의식을 토대로 컴퓨터와 데이터 자료를 활용하고 발품까지 팔면 새로운 실증적 보도가 가능해진다. 고도의 전문적인 분석이 필요한 것이 아니다. 스프레드시트 사용법과 간단한 시각화 방법만 안다면 할 수 있는 일이다. 여기에 GIS, 네트워크 분석에 프로그래밍까지 할 수 있다면 금상첨화이겠지만, 업무에 바쁜 기자들이 당장이 모든 것을 익히는 건 비현실적일지도 모른다. 시간을 두고 조금씩 학습해 가고 부족한 건 부분적으로 협업을 통해 해결할 수 있다. 천 리 길도 한 걸음이다. 각자 위치에서 가장 현실적인 방법을 찾아 차근차근 공부해 보자.

2014년 12월

함 형 건

데이터 분석과
저널리즘

1장 기자, 데이터와 만나다

기자, 데이터와 만나다

"실증적인 자료(Data)도 없이 사건을 설명하는 건 크나큰 실수죠."

—셜록 홈즈(Sherlock Holmes), 아서 코난 도일 지음 『붉은 글자의 연구』 중에서

기자(記者)나 저널리스트(Journalist)는 글자 그대로 매일의 사건을 취재하고 기록해가는 사람, 기사로 말하고, 팩트(Fact)로 승부하는 직업이다. 보고 들은 그 대로의 진실만을 기록하고, 전달하는 것이 전통적인 저널리스트의 정체성이라면, 데이터에 기반해 알아낸 진실을 기록하고 전달하는 것은 '데이터 저널리스트'의 몫이다. '데이터 저널리즘(Data-driven Journalism, DDJ)', 그리고 그 전신인 '컴퓨터 활용 보도(Computer-assisted Reporting, CAR)'는 모두 사실을 실증적으로 검증하고 보도한다는 차원에서 현장에서 취재원을 만나 뉴스를 찾는 전통적인 취재와 크게 다르지 않다. 전미탐사 보도기자 및 편집인 협회 IRE 사무총장을 지낸 브랜트 휴스튼에 따르면, 컴퓨터 활용 보도는 '데이터를 인터뷰해 뉴스로 제작하는 행위'이다(Interviewing a data). 취재원이 사람 대신 데이터로 치환됐을 뿐 세상을 향해 질문을 던지고 답을 찾아가는 과정은 유사하다는 것이다.

언뜻 보면 난수표처럼 보이는 숫자와 문자 더미 속에서 기삿거리와 숨바꼭질하는 기분으로 자료를 분석하고 종합해 가다 보면 조금씩 이면의 패턴과 사실이 그 모습을 드러내기 시작한다.

1.1. 데이터를 인터뷰하기

기상청 사이트의 지진 관측 데이터는 1978년 첫 관측이 시작된 이래 최근까지 한반도에서 발생한 1,100여 곳의 진앙 기록을 담고 있다. 원시 데이터는 그 자체로

데이터 분석과 저널리즘

발생시점	규모	위도	경도
14년 4월 26일 14시 8분	2.2	36.47 N	127.93 E
14년 4월 25일 12시 14분	2.3	35.97 N	128.04 E
14년 4월 13일 14시 2분	2.8	36.98 N	124.51 E
14년 4월 12일 1시 44분	2.4	33.52 N	126.9 E
14년 4월 8일 6시 19분	2.6	37.04 N	124.62 E
14년 4월 1일 9시 25분	2.3	36.95 N	124.5 E
14년 4월 1일 4시 48분	5.1	36.95 N	124.5 E
14년 3월 28일 10시 40분	2.6	36.47 N	127.92 E
14년 3월 14일 12시 59분	2.5	39.41 N	126.09 E
14년 3월 11일 11시 39분	2.7	35.86 N	128.47 E
14년 2월 28일 3시 20분	2.3	38.66 N	125.07 E
14년 2월 22일 20시 44분	2.3	38.34 N	124.54 E
14년 2월 21일 21시 17분	2.3	35.05 N	127.74 E
14년 2월 5일 23시 5분	2.8	38.38 N	124.19 E

〈그림 1-1〉 기상청 지진 관측 자료

는 아무 시사점도 주지 못하는 단순한 숫자의 나열처럼 보일 뿐이다.

이 데이터에 간단한 몇 가지 질문을 던지고 탐색을 시작해 보자. 지진은 어디에
서 주로 일어났나? 2011년 동일본 대지진과 쓰나미가 몰고 온 후쿠시마 원전 폭발
사고의 기억이 아직도 생생한 현실에서 과연 우리나라의 원자력 시설은 안전지대
에 있다고 안심할 수 있을까? 데이터 시각화 도구의 힘을 빌면 36년간에 걸친 진앙
의 분포를 파악하고, 국내 원전 위치와 대조하며 공간 탐색을 할 수 있다.

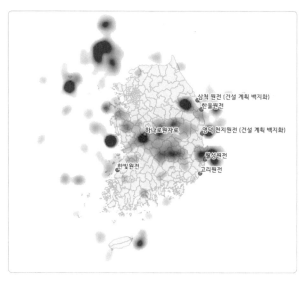

〈그림 1-2〉 남한 진앙 밀도 지도

〈그림 1-2〉는 기상청 데이터를 기반으로 지진이 많이 일어난 지역을 지리정보시스템(Geographical Information System, GIS)인 QGIS로 시각화한 것이다. 물감을 뿌린 듯 녹색으로 표시된 영역이 지진이 특히 자주 일어난 곳이다. 지진의 횟수와 규모기 클수록 색상이 짙게 표현됐다. 서해와 동해안 그리고 강원도, 중부 내륙에 핫스팟(Hot Spot: 특정 사건이나 현상이 가장 빈번히 발생한 곳, 즉 상대적으로 규모가 더 큰 지진이 더 많이 일어난 지역)이 각각 위치하고 있다. 공교롭게도 우리나라에서 중대형 원자로를 설치한 곳은 지진 핫스팟과 거의 일치한다.

지진은 지층이 끊어지면서 생긴 활성 단층대의 활동에서 비롯된다. 단층대의 활동이 계속되는 한 지진이 많이 일어난 지점은 앞으로도 다시 발생할 가능성이 더 높다는 얘기이다. 그런데 하필 지진 핫스팟 부근마다 원자력 시설이 건설된 것은 아무래도 석연치 않은 대목이다. 한울 원전과 월성 원전 주변이 대표적이다. 월성 원전과 멀지 않은 곳에는 경주 방사성 폐기물 처리장도 자리하고 있다. 대전의 연구용 원자로인 하나로 원전과 방사성 폐기물 저장소도 지진 빈발 지역이고, 서해 진앙이 몰려 있는 핫스팟에서 90여km밖에 떨어져 있지 않다. 한때 원자력 발전소 건설이 추진되다가 계획이 백지화된 영덕 천지 원전 부지 주변도 지진 빈도가 높은 곳이다.

다음에는 대형 지진이 일어날 경우 안심할 수 없는 영향권을 진앙에서 50km 이내로 임의로 설정했다. 실제로 원전 반경 50km 안에 얼마나 많은 지진이 일어났는지 따져 봤다. 여기서 사용하는 데이터는 1978년 8월부터 2017년 7월까지 남한에서 일어난 규모 1.7 이상의 지진에 대한 기상청 관측 데이터이다. 이 진앙 데이터는 경위도가 소수점 둘째 자리까지만 표시되어 있어, 적지 않은 오차를 내포하고 있다. 하지만 전체적인 지진 발생의 분포와 경향성 정도는 살펴볼 수 있다. 동해안 원전 반경 50km에서 지난 36년 동안 일어난 지진의 공간 통계를 냈다. 월성 원전의 반경 50km에서는 54번이나 크고 작은 지진이 일어났다. 한때 원전 건설 예정지였던 삼척 주변은 54번, 영덕 부근에서도 41번 지진이 일어났다. 여기에 더해 일본에서 강진이 발생하면 우리 동해안에 해일 피해가 발생할 위험도 상존한다고 한다. 언론이 원전 입지 선정 단계에서부터 좀 더 종합적인 분석 보도를 했으면 국내 원전의 분포가 과연 지금과 같은 모습이 됐을까 궁금하기만 하다. (QGIS로 공간

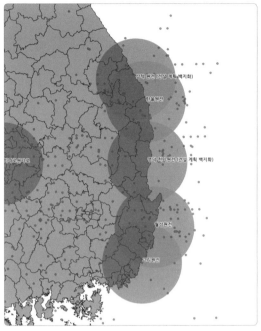

〈그림 1-3〉 원전 반경 50km 이내 진앙 분포

통계를 산출하는 구체적인 방법은 이 책 6장을 참고하기 바란다.)

세월호 참사 이후 재해와 안전에 대한 사회적 경각심은 더욱 높아졌지만, 우리 사회는 아직도 대표적인 '위험사회'로 평가되고 있다. 크나큰 사고와 피해가 발생하고 나서야 뒤늦게 문제의 심각성을 깨닫는 뼈아픈 실수가 수없이 반복되고 있다. 세월호 참사가 그랬고, 같은 해 경주 마우나오션 리조트 붕괴사고, 20년 전 일어난 성수대교와 삼풍백화점 사고도 마찬가지였다. 여기엔 정부와 기업의 책임도 크지만, 사전에 문제점을 제대로 보도하지 못한 언론도 그 책임에서 자유롭지 못하다. 특히 언론의 잘못된 취재 관행도 문제이다. 안전사고 관련 기사의 경중을 판단하는 언론의 일반적인 기준은 "얼마나 많은 사람이 다치고 사망했는지"이다. 어떤 잠재적인 위험이 드러났더라도 당장 많은 인명피해가 가시화되지 않으면 뉴스의 우선순위에서 밀리는 경우가 허다하다. 우리에게 절실한 건 현상만 따지는 하루살이식 보도가 아니라 미래의 위험성을 미리 감지하고 구조적인 문제점을 짚어줄 수 있는 근원적이고 심층적인 보도이다. 광산의 카나리아 혹은 잠수함의 토끼 같은 역할 말이다. 탐사 보도와 데이터 저널리즘의 역할이 필요한 대목이다. 언론사 스스로 공공데이터를 분석하면 정부나 연구기관의 조사보고서가 없어도 실증적 보도가 가능하다. 큰 그림과 작은 그림을 동시에 그릴 수 있다. 전 지역의 문제점을 통계로 실증하고 동시에 미시적인 위험요소도 짚어낼 수 있다. 여기에 뉴스를 시청자나 독자 자신과 결부시킬 수 있도록 각자 개인이 처한 지역이나 상황에 맞춰 탐색해 볼 수 있는 디지털 콘텐츠를 제공한다면 금상첨화일 것이다.

1.2. GIS로 탄생한 유독물 공장 지도

2012년 9월 구미 불산 누출사고는 국내 화학물질 안전사고의 패러다임을 바꾼 사례였다. 근로자들이 숨졌고 주민 만여 명이 검진을 받았으며, 농작물이 대량으로 피해를 입었다. 화학물질 누출 사고가 일어나면 공단 단지 내부뿐 아니라 주변 지역사회가 광범위한 피해를 입을 수 있다는 불편한 진실이 국내에서는 처음으로 확인됐던 것이다.

필자는 과거 환경문제 담당기자 시절 접했던 화학물질 배출이동량 정보 시스템의 자료를 바탕으로 화학물질 안전문제를 다뤄보기로 마음을 먹었다. 시청자 누구나 자신이 사는 동네의 유독물 사업장 위치를 찾아볼 수 있게 데이터 지도를 만들어 국민의 알 권리를 충족시키자는 구상이었다.

이 뉴스 기획은 YTN의 데이터 저널리즘 파일럿 프로그램이었던 '기사식당'을 통해 2013년 12월에 방송을 탔다. 인터랙티브 지도 제작 도구인 ArcGIS Online을 활용해 '우리 동네 유독물 사업장' 지도를 만들고, GIS 전문 소프트웨어인 ArcGIS와 QGIS로 2천 8백여 개의 유독물 사업장의 위치와 6만 개가 넘는 어린이집, 유치원, 초·중·고등학교의 분포를 분석했다.

구미 불산 사고 당시 사고지점 주변 1.4km가 환경 당국이 정한 잠재적 위험반경이었지만, 뉴스보도에서는 500m로 위험반경을 더욱 좁혀서 살펴봤다. 보수적인 접근이었지만, 결과는 우려스러웠다. 인체에 치명적인 유독물을 다루는 공장 500m 이내, 즉 유사시 직접적인 위험반경 내에 들어온 어린이집이 전국적으로 1,500여 개에 달했다.

데이터 분석과 저널리즘

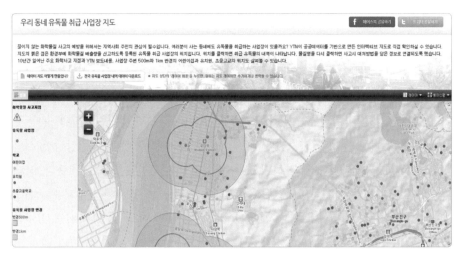

〈그림 1-4〉 우리 동네 유독물 사업장 지도(YTN 홈페이지)

무질서한 공장과 교육시설의 난립에는 제도적인 헛점이 존재하는 법이다. 취재 결과 위험시설과 교육시설, 주택 간의 안전거리를 규정하는 관련 법규가 미비한 점이 드러났다. 이 모든 사실을 유독물 공장의 공해에 시달려 고통을 호소하는 주민들의 생생한 목소리를 담은 현장 리포트와 함께 방송했다. 동시에 인터넷상에서는 전국 유독물 사업장의 위치와 취급 유독물 내역, 대응방법, 그리고 주변 초·중·고 등학교의 위치와 지난 10년간 화학사고 지점과 내역을 데이터로 정리해 모두 인터 랙티브 지도에 담아 공개했다. 마우스 커서를 지도상의 특정 위치에 갖다 대면 팝 업창과 하이퍼링크 형태로 상세한 정보가 떠서 자신이 사는 지역의 유독물 정보 를 상세히 살펴보도록 했다. 사회 이슈와 개인의 삶을 직접 결부시켜 생각하도록 돕는 디지털 스토리텔링 기법이다. 분석에 사용한 데이터는 누구나 쉽게 내려받아 2차, 3차 가공하고 검증할 수 있도록 했다. 이 모든 제작 과정을 외부 데이터 분석 전문가의 분석이 아닌, 취재기자가 중심이 되어 진행할 수 있었다. 무심코 지나치 기 쉬운 공공데이터를 활용하면 뉴스제작을 새로운 차원으로 끌어올리고 부가가 치를 만들어 낼 수 있다는 믿음을 갖게 된 계기였다.

1.3. 사회 연결망으로 들여다 본 북한 권력

　지구상에서 가장 은밀하고 폐쇄적인 사회로 꼽히는 북한 문제는 언제나 녹록치 않은 취재 영역이다. 북한 관영매체의 일방적인 발표 내용에만 의존하거나, 신뢰도가 불명확한 익명의 취재원을 인용해 보도해야 하는 경우가 비일비재하다. 북한 권력 핵심부의 이상 징후가 감지된다 해도, 그 실상을 파악하기까지는 상당한 시간이 소요될 때가 많다. 2인자 장성택이 돌연 숙청되고 처형됐을 때도 그랬다. 국내 언론에서 경쟁적으로 쏟아 낸 갖가지 추정 보도를 들으면 금방이라도 체제가 휘청거리고 급변사태가 일어날 것 같은 느낌을 주기에 충분했다. 과연 장성택 숙청은 돌발적으로 터진 급변사태였을까? 기자는 북한 권력구도를 엿볼 수 있는 핵심 자료인 북한 최고지도자 김정은을 수행한 핵심 고위층 인사 100여 명의 명단을 분석해 시각화를 시도했다. 수행 횟수를 분석하고 수행자들의 관계를 사회 연결망 기법으로 그려 봤다. 분석엔 사회 관계망 분석 프로그램인 Netminer와 NodeXL을 활용했다. (상세한 분석방법은 이 책의 마지막 장인 7장에서 다루고 있다.)

　분석 결과 이전까지 김정은 북한 국방위원회 제1위원장을 그림자처럼 따라다니던 장성택이 2013년 봄들어서는 2달 동안이나 공식석상에 사실상 자취를 감추며 활동이 크게 위축됐던 모습을 확인할 수 있었다. 여름 이후에도 장성택의 김정은 수행 일정은 대부분 체육 관련 행사에 국한됐다. 한때 북한의 실세 중의 실세라는

〈그림 1-5〉 장성택·최룡해 김정은 수행 횟수 비교(YTN 보도 장면)

　　　　　　　　　　　　　　　　　　　데이터 분석과 저널리즘

평가를 받았던 장성택의 권력도 2013년 들어서는 1년간에 걸쳐 서서히 균열이 가고 있었음을 엿볼 수 있다.

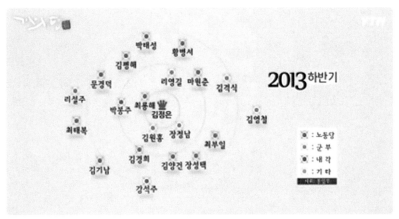

〈그림 1-6〉 북한 권력 사회 관계망(YTN 보도 화면)

다음에는 수행자 명단의 북한 고위직 인사 100여 명의 사회 연결망을 그린 뒤 다시 핵심 20명을 추려 보니, 반기별로 권력 판도의 변화가 한눈에 들어왔다. 특히 황병서, 마원춘 등 노동당 간부들이 권력의 중심으로 조금씩 들어서고 있는 모습도 시각화 결과물로 확인됐다. 이 같은 추세는 이듬해 5월 황병서 조직지도부 부부장이 2인자 최룡해를 제치고 인민군을 총괄하는 총정치국장에 등극하면서 더욱 분명해졌다. 베일에 가려진 북한 체제라도 제한된 자료나마 적극적으로 분석하면 조금은 더 과학적으로 취재 보도할 수 있는 길이 있다. 물론 모든 데이터는 그 자체의 오류가 있을 수 있으며, 그 어떤 분석방법도 단점과 한계가 있기 마련이다. 하지만 시도의 가치는 충분하다. 적어도 당국의 발표자료나 소수의 당국자나 전문가의 말만 의존해 뉴스를 양산하는 한계를 조금이나마 보완할 수 있을 것이다.

바쁘고 고된 기자의 일상 속에서도 눈앞의 현상만 쫓는 하루살이 언론을 탈피할 길은 없을까? 언론인들이 조금만 더 시야를 넓히고 보다 유연하게 사고하고 접근한다면 뉴스의 지평을 확장하고 그 깊이를 더할 수 있는 다양한 방법은 찾아진다는 것이 필자의 믿음이다. 데이터 저널리즘은 이 시대의 흐름 속에서 기자가 조우한 그 많은 가능성 중의 하나이다.

데이터 분석과
저널리즘

2장 데이터 저널리즘의 탄생과 현주소

2 데이터 저널리즘의 탄생과 현주소

2.1. 데이터 시각화, '오래된 미래'

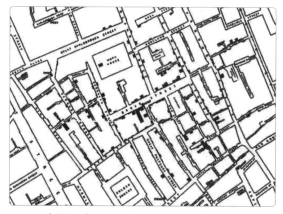

〈그림 2-1〉 존 스노우의 런던 소호 지도(1854년)

데이터 분석과 시각화는 현대 문명의 산물이지만, 그 역사적 뿌리는 백 년도 넘는 과거로 거슬러 올라간다. 때는 1854년 8월 말. 영국 런던의 소호 지역에서는 콜레라가 유행해 불과 사흘 동안 127명이 숨지는 사태가 벌어졌다. 이후 열흘 동안 500명이 넘는 주민들이 사망했고, 집을 버리고 떠나는 자들의 행렬이 하나둘 이어지면서 소호 일대는 유령의 마을이 되어 갔다. 당시는 공기를 통해 전염병이 퍼진다는 잘못된 믿음이 만연했던 시절. 정확한 원인을 모르니 마땅한 대응책도 세울 수가 없었다. 이때 존 스노우(John Snow)라는 한 의사가 현지 조사에 나섰다. 그는 공기가 아닌, 주민들의 식수가 전염원일 수 있다고 의심했다. 이 가설을 입증하기 위해 피해 발생 현황을 지도로 파악하기로 했다. 먼저 사망자가 발생한 집 주소를 수집해, 지도 위에 일일이 표시해 갔다. 지도상에 사망자 거주지마다 희생자

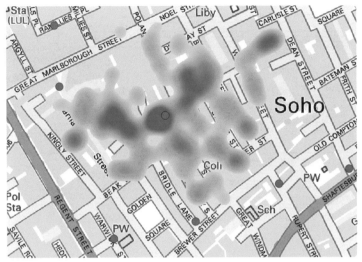

〈그림 2-2〉 GIS로 분석한 존 스노우 지도

숫자만큼 막대기 심볼을 쌓아 표시했다. 오늘날의 견지에서 보면 일종의 데이터 시각화(Data Visualization) 기법인 셈이다. 스노우는 주민들이 사용하던 식수 펌프의 위치도 사망자 지도 위에 표시했다. 분석 결과는 명쾌했다. 특정 지점, 즉 브로드웨이 거리의 물펌프 주변에서 콜레라 희생자가 유난히 많았던 사실이 한눈에 파악됐다. 실제로 사망자 가족들은 문제의 식수펌프를 사용하고 있었다. 콜레라 유행 초기에 한 아기가 콜레라로 숨졌는데, 부모가 문제의 식수펌프대 근처에서 기저귀를 빨래한 사실도 현장 조사에서 확인할 수 있었다. 콜레라 확산의 경로가 파악된 것이다. 존 스노우의 보고에 따라 영국 보건당국은 급수 시설을 전면적으로 조사하기 시작했고 결과는 공중위생법 제정 등 전염병 예방 시스템의 획기적인 변화로 이어졌다. 존 스노우는 예방의학의 개척자일 뿐 아니라 현대적 GIS 개념을 일찍이 실천한 데이터 지도 제작의 효시로 꼽힌다.

〈그림 2-2〉는 지리정보시스템 GIS 프로그램인 QGIS로 존 스노우의 콜레라 사망 지도를 재현한 것이다. 사망자가 발생할 확률이 높은 곳이 어디인지를 온도 지도 형태로 표시했다. 붉은 색이 진할수록 죽음의 그림자가 짙게 드리운 곳이다. 문제의 브로드웨이 거리 물펌프와 핫스폿(Hot Spot: 지도에서 등고선의 색상이 가장 진하게 나타난 위험 지점)의 위치가 정확히 일치한다. 160년 전 존 스노우는 종

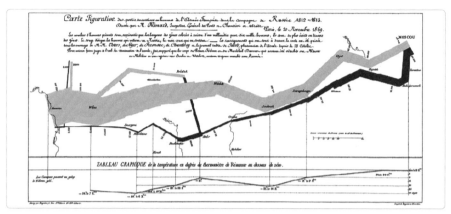
〈그림 2-3〉 나폴레옹 군대 러시아 원정 차트(1869년 제작)

이와 연필, 자로 데이터 분석을 한 반면 현대의 GIS 이용자는 컴퓨터 알고리즘의 힘을 빌린 차이가 있을 뿐, 데이터를 지도상에 표시해 공간 패턴을 추적해 본다는 근본적인 접근방식은 크게 다르지 않다고 할 수 있겠다.

데이터 시각화가 역사 속에서 그 원형을 찾아볼 수 있는 '오래된 미래'였다는 점을 보여 주는 또 하나의 사례가 있다. 존 스노우 지도와 함께 데이터 시각화의 전설로 꼽히는 나폴레옹 군대 차트가 그것이다.

프랑스의 토목공학 기술자인 찰스 조세프 미날드(Charles Joseph Minard)는 톨스토이의 소설 '전쟁과 평화'의 배경이 되기도 했던 1812년 나폴레옹 군대의 러시아 원정을 플로우 차트로 표현했다. 역사상 가장 훌륭한 인포그래픽으로 평가받는 차트이다. 나폴레옹 군대가 러시아로 진격해 퇴각할 때까지의 공간 데이터와 그에 상응하는 각 지점에서의 생존 병력, 기온, 타임라인 등 4가지 변수를 하나의 2차원 차트에 표현했다. 연한 적갈색으로 표시된 부분은 러시아로 진격할 때의 군대의 위치와 병력(선의 굵기)을 나타내고, 진한 검정색으로 표시된 부분은 퇴각할 때의 이동 궤적과 살아남은 병사들의 숫자이다. 생존 병력을 나타낸 플로우 차트의 굵기가 가늘어져 희생자가 점점 증가하는 추이를 한눈에 보여 준다. 각 지점과 대응하는 차트 하단은 당시의 기온 그래프로서 영하의 혹한을 가리킨다. 적과 제대로 싸워 보지도 못하고 러시아의 추운 날씨 속에 자멸해 간 상황을 통계 차트로 표현함으로써 당시 나폴레옹 부대가 처했던 참혹하고 절박한 상황을 함축적으로

데이터 분석과 저널리즘

표현했다. 그 옛날 공간 데이터와 시간, 기온, 병력 숫자를 동시에 연계해 인포그래픽으로 시각화한 발상은 현대인의 눈으로 봐도 감탄할 만하다.

2.2. 컴퓨터 활용 보도의 탄생

컴퓨터 분석기법이 뉴스보도에 처음으로 접목된 건 1952년이었다. 미국 CBS 방송이 미국 대통령선거 개표방송에서 애니박(Enivac)이라는 초창기 대형 컴퓨터를 활용한 것이다. 개표 당일 CBS의 컴퓨터 분석은 민주당의 애들레이 스티븐슨 후보와 공화당의 드와이드 D. 아이젠하워 후보 간 승부를 족집게처럼 예측해냈다. 선거 전 대부분 여론조사에서 스티븐슨이 앞서가고 있었지만, 컴퓨터는 거꾸로 아이젠하워의 낙승을 예상했던 것이다. 결과는 39개 주를 석권한 아이젠하워의 압도적인 승리로 끝났다. 최종 득표수를 오차범위 1% 미만으로 적중시켰다고 하니, 결과로만 보면 지금의 선거 예측 보도에 적용해도 손색이 없었던 셈이다. 이후 1956년 대선 보도부터는 경쟁사인 NBC와 ABC도 개표방송에서 컴퓨터 예측 보도를 도입하기 시작했다.

컴퓨터 활용 보도 CAR(Computer-assisted Reporting)은 이후 1960년대부터 취재 현장에도 접목되기 시작했다. 그 선구적 사례로 필립 마이어(Philip Meyer)의 1967년 보도가 대표적으로 꼽힌다. 미국 디트로이트시 일간신문의 기자였던 그는 지역의 흑인 폭동에 참가한 사람들의 출신 지역과 학력 등을 설문조사하고 그 결과를 기초 통계기법인 교차분석(cross-tabulation)으로 살펴봤다. 그 결과 고교 중퇴자와 남부 출신 이주자 때문에 폭동이 일어났다는 세간의 통념은 근거가 없는 것으로 드러났다. 폭동 참가자 중에는 대졸자와 고교 중퇴자가 거의 같은 비율이었다. 그는 일자리 부족과 열악한 주거여건, 경찰권 남용 등의 전반적 사회문제가 소요의 근원이었음을 밝혀냈다. 지금이면 엑셀의 피벗 테이블 기능으로 간단히 해결됐을 작업이었지만, 당시는 냉장고 크기의 IBM 360 대형컴퓨터를 동원해야 했다. 마이어의 디트로이트 폭동 관련 보도는 그해 퓰리처상을 받을 정도로 큰 파장을 불러일으켰다. 그는 1973년 쓴 저작 '정밀 저널리즘(The Precision Journalism)'에서 사회과학의 정량 분석기법을 뉴스 취재와 제작에 적용함으로써 객관성과 정확성을 높인 보도 방식을 '정밀 저널리즘'이라고 명명했다. 이 책은 이후 CAR의 기념비적인 저작으로 자리매김했고, 지금까지도 수많은 탐사 보도기자들에게 깊은 영감을 주고 있다.

2.3. 세계 탐사 보도 역사의 이정표가 된 지도

뉴스와 GIS의 만남은 존 스노우의 사망자 지도가 등장한 뒤 한 세기를 훌쩍 넘긴 뒤에 이뤄졌다. 1992년 8월 허리케인 앤드류가 미국 플로리다를 강타했다. 집 6만 3천 채가 부서지고, 사업체 8만 2천 곳이 파괴됐으며, 이재민 175,000명이 발생하는 기록적인 피해가 발생했다. 일부 지역은 주택 90%의 지붕이 강풍에 날아갈 정도였다. 당시 마이애미 헤럴드 기자였던 스티브 도이도 주택 지붕이 부서지는 피해를 당한 터였다. 일찍이 통계와 GIS 기법을 익히고 컴퓨터 활용 보도에도 능했던 스티브 도이 기자는 공공데이터를 지도에 입혀 실태를 파악하기 시작했다. 이렇게 탄생한 GIS 지도 〈그림 2-4〉는 미국 탐사 보도 역사에서 가장 유명한 지도가 됐다.

허리케인 피해 GIS 지도의 등고선은 허리케인의 풍속을, 녹색과 주황색 2가지 색상으로 구분된 사각형 구획은 주택의 피해 정도를 나타냈다. 주황색으로 표시된 곳은 주택의 파손 정도가 지역 평균보다 더 심했던 구역이다. 풍속을 표시한 등고선에서 외곽으로 갈수록, 즉 풍속이 약한 곳일수록 주황색 구획이 오히려 더 많은 사실을 알 수 있다. 허리케인으로 인한 피해가 천재지변이 아니라 인재였음을 강하게 시사하는 대목이다. 이는 추가적인 현장 취재 결과 사실로 증명됐다. 건설업자들이 조립식 주택 지붕의 연결부위를 제대로 고정하지도 않고 엉터리 시공한 사실이 밝혀졌다. 공무원들의 허술한 관리 감독과 느슨한 건축규제, 건설업계의 도덕적 해이가 빚어낸 총체적인 난맥상이 드러난 것이다.

마이애미 헤럴드의 허리케인 보도는 이듬해 퓰리처상을 받게 된다. 존 스노우 지도와 나폴레옹 군대 차트, 그리고 1990년대 스티브 도이의 허리케인 지도는 잘 만든 한 장의 데이터 지도나 차트가 추가적인 현장 조사와 결합할 때 어떤 힘을 발휘할 수 있는가를 여실히 보여 주는 고전적인 사례이다. 때로는 한 장의 지도나 차트가 천 마디의 말보다 더 큰 가치를 지니는 법이다. 공공데이터가 확산되면서 최근 더욱 주목받는 데이터 시각화 기법은 이미 오래 전부터 그 가능성이 예고돼 온 역사 속의 흐름이다.

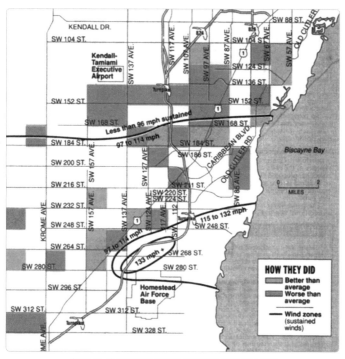

〈그림 2-4〉 마이애미 헤럴드 허리케인 피해 GIS 지도

2.4. 빅데이터 시대와 저널리즘의 조우

컴퓨터 활용 보도가 진화하는 과정에서, 2000년대 중·후반에 들어서는 비로소 데이터 저널리즘이란 용어가 등장한다. 데이터 저널리즘 이전에 컴퓨터 활용 보도가 존재했고, 데이터 저널리즘 자체가 필연적으로 컴퓨터 처리 기술을 적극 활용한다는 점에서 두 가지는 매우 유사하지만 그 성격을 분리해 생각해 봐야 한다는 의견도 있다. 컴퓨터 활용 보도는 "전반적으로 저널리즘을 움직이는 기술 가운데

하나"인 반면 데이터 저널리즘은 "다양한 데이터를 분석하고 인터랙티브한 결과물로 사람들이 이용하게 만드는 저널리즘의 전반적인 과정에 주목하게 만드는 차이점"이 있다는 것이다(신동희, 2014). 그 차이점에 대해서는 여러 가지 해석의 여지가 있을 수 있겠지만, 필자는 데이터 저널리즘이 급격히 변하는 언론환경에 부응하기 위한 대응에서 비롯됐다는 점에 주목한다. 그 배경에는 세 가지의 새로운 시대적 흐름이 깔려 있다. 첫째, 공공데이터의 비약적인 확산, 둘째, 값싸고도 우수한 데이터 분석도구의 발전, 셋째, 네티즌의 적극적인 인터넷 참여가 그것이다.

특히 공공데이터의 개방은 천문학적인 규모의 디지털 데이터가 홍수처럼 쏟아지는 시대, 즉 빅데이터 시대와도 맞물려 있다. 빅데이터라는 말이 처음 등장한 것은 2000년대 중·후반이다. IT 시장 조사기관인 IDC에 따르면 2006년 한 해 동안 생산된 디지털 정보는 161엑사바이트(엑사: 10의 18승 바이트)였다. 역사상 책으로 쓰여진 모든 정보의 3백만 배에 달하는 규모였다. 디지털 정보의 양은 2010년까지 다시 7배 증가했다. 그 정보량을 책으로 담아 수직으로 쌓는다면 태양에서 명왕성 사이를 왕복해도 남을 정도의 거리이다. 데이터는 정부나 기업의 업무뿐 아니라 시민의 일상생활에서도 생산된다. 휴대전화로 통화하거나 디지털 사진을 찍어 전송할 때, 소셜미디어에 글을 올릴 때, 매장에서 물건을 살 때, 지하철 개찰구를 통과할 때, 전자 금융거래를 할 때, 거리의 CCTV에 자신도 모르게 사진이 찍힐 때, '디지털 유니버스'는 기하급수적으로 확장한다. 빅데이터는 그 막대한 규모뿐 아니라 복잡다양함과, 빠른 증가 속도도 특징이다. 2012년 또다시 발표된 IDC 보고서는 지구상의 데이터 규모가 2020년까지 4만 엑사바이트로 다시 늘어날 것이라고 예측했다. 10년간 50배 증가라니, 가히 데이터 폭발이라고 부를 만하다.

2012년은 빅데이터 시대의 원년으로 불리운다. 스위스 다보스 포럼은 데이터가 "화폐나 금과 같은 새로운 형태의 경제적 자산"으로 등장했다고 선언했다. 컴퓨터 성능과 저장용량의 확장에 힘입어 데이터의 양이 늘어나고 이는 다시 정보 처리 기술의 발전을 자극하는 선순환 구조를 이루게 됐다. 풍부한 정보를 기반으로 컴퓨터의 기능은 더 강력해지고, 그렇게 창출된 부가가치는 또다시 데이터의 증가를 불러온다.

방송과 신문 등 언론의 역사와 발전도 기술적 진보에 의해 추동된다. 빅데이터의 산업적 가능성을 주목한 2012년을 전후로 데이터 저널리즘도 확산되기 시작했다. 정보 네트워크 시대와 맞물려 공공정보를 투명하게 공개하고 공공서비스의 질을 높이려는 각국 정부의 움직임, 이른바 '오픈 데이터 이니셔티브'가 출범했고, 공공 데이터의 확대 속에 그 시대적 과제를 고민하는 언론들이 생겨났다.

필립 마이어의 말을 인용하면, 과거엔 정보를 어떻게 구할지가 언론인의 주된 고충이었지만, 이젠 주어진 방대한 데이터를 어떻게 처리하고 가공해서 전달할 것인지가 미디어 산업의 새 화두로 등장한 것이다.

2.5. 분석도구의 '대중화' 그리고 네티즌 참여

언론인의 손엔 이미 새로운 도전에 맞설 무기가 쥐어져 있었고 든든한 지원군도 기다리고 있었다. 바로 쉽고도 강력한 성능을 갖춘 분석도구, 그리고 네티즌 참여의 확산이 그것이다. 데이터 저널리즘의 본격 출발을 알린 영국 일간 가디언은 흥미로운 인터랙티브 데이터 지도와 차트를 곁들인 데이터 블로그로 유명하다. 영국 런던 폭동과 각 지역의 소득 수준 분포를 중첩한 데이터 지도와 세계 각국의 총기 소유 실태를 한눈에 파악할 수 있는 지도 등 풍부한 데이터 시각화물과 분석기사를 공개해 관심을 모았다. 가디언의 데이터 팀이 즐겨 사용하는 도구는 값비싼 상용 프로그램이 아니다. 구글 스프레드시트와 구글 퓨전테이블 같은 무료 소프트웨어다. 게다가 누구나 약간의 학습만 하면 사용할 수 있는 '쉬운' 도구이다. 독자들은 가디언이 뉴스제작에 사용한 데이터를 가디언 데이터 블로그에서 내려받아 2차, 3차 가공해 볼 수 있다. 뉴스 소비자의 관심과 참여를 극대화해 투명성과 개방성을 높이려는 시도이다.

2009년 가디언은 영국 의회의 세비 지출 내역을 분석한 데이터 활용 보도물을 내놓아 주목을 끌었다. 때마침 영국 의회는 언론의 정보공개청구에 응해 2백만 페이지에 달하는 방대한 세비 지출 내역을 공개했다. 언론사 자체의 힘만으로는 분석이 불가능하다고 판단한 가디언은 독자들의 참여를 유도했다. 홈페이지에 자료를 공개해 네티즌들이 스스로 데이터 더미에서 기삿거리를 찾아내도록 한 것이다. 데이터베이스 검색창 제작엔 파이썬 기반의 오픈소스 프레임워크인 장고

(Django)를 활용했다. 독자들이 가디언 사이트에 자신의 이름을 등록한 뒤 세비 지출 내역 중 취재가 필요하다고 판단되는 내용을 표시하고 의견을 제시하도록 했다. 대중의 참여를 통해 다양한 견해와 정보를 취합하는 이른바 크라우드 소싱(Crowd Sourcing) 기법이다. 그 결과 독자 2만 6천여 명이 4십 6만여 개의 지출 내역 자료에 의견을 제시했다. 가디언은 이를 바탕으로 추가 취재를 진행한 끝에 데이터 분석과 시각화를 곁들인 데이터 저널리즘 보도물을 연속으로 보도했다. 기사는 일파만파의 파장을 불러왔다. 부정 지출에 연루된 국회의장과 장관 6명이 사임했고, 이듬해까지 백 명이 넘는 의원의 총선 불출마 선언이 이어졌는가 하면, 의원들의 부당 지출을 규제하는 새로운 법률과 독립 감시기구가 만들어졌다.

이후 발전을 거듭한 데이터 저널리즘은 무수히 많은 형태로 진화하고 있다. 데이터 저널리즘은 일반적으로 데이터 더미의 이면에 숨어 있는 사실과 의미를 드러내고 이를 효과적으로 포장해 전달하는 보도 행위로 정의할 수 있을 것이다. 정의는 간단해도 구체적인 방향과 제작방법에 있어서는 이야기가 복잡해진다. 열 명에게 물어보면 열 명이 모두 다른 설명을 할지 모른다.

앞서 필자가 사례로 든 YTN의 보도물은 전통적인 컴퓨터 활용 보도기법에 시청자의 관심과 참여를 유도하는 인터랙티브 콘텐츠를 접목한 사례이다.

다양한 자료 분석과 현장 취재를 결합한 탐사 보도는 미국의 프로퍼블리카 등 수많은 비영리 탐사 보도기구와 유수의 신문사들이 시도하고 있다. 뉴욕타임스나 텍사스 트리뷴, LA 타임스, BBC 등이 선보이는 수많은 인터랙티브 콘텐츠나, 데이터베이스를 기반으로 독자가 뉴스에 대한 자신만의 궁금증을 스스로 풀 수 있도록 돕는 뉴스앱도 데이터 저널리즘 특유의 제작방식이다. 뉴스를 그림과 기호, 차트로 흥미롭고 알기 쉽게 전달하는 인포그래픽이나 사진과 문자를 혼합한 멀티미디어 콘텐츠도 각광받고 있다. 이 모든 것이 데이터 저널리즘이란 범주 안에 들어가는 다양한 뉴스 콘텐츠의 예라고 생각할 수 있다. 이렇듯 데이터 저널리즘은 갈수록 다양한 형식과 내용으로 조금씩 변화하고 있지만 한 가지 잊지 말아야 할 점이 있다. 컴퓨터 활용 기법이나 데이터 저널리즘은 기본기에 충실한 언론인이 더욱 훌륭한 뉴스를 제작할 수 있도록 돕는 수단은 될 수 있을지언정, 그 자체가 저널리스트의 전통적인 역할을 대체하기는 어려울 것이란 점이다. 숫자와 자료를 바탕으

데이터 분석과 저널리즘

로 분석한 '정밀 저널리즘'이라도 현장에서 살아 숨 쉬는 사람들의 목소리와 표정과 연결되어야 바람직하다. 통계나 인포그래픽에 그 현장의 분위기와 뉴스의 맥락이 녹아들어야 비로소 생명력이 더해진다는 사실을 잊지 말자.

> "(정밀 저널리즘을 실천하기에 앞서) 먼저 저널리스트가 돼야 한다.
> 컴퓨터 기술에 함몰된 나머지, 세상을 보지 못해서는 안 된다."
> (Be a journalist first. Don't use the computer to shut out the world.)
>
> ─필립 마이어(Philip Meyer)

2.6. 속 빈 강정: 한국의 데이터 환경

좀 더 현실적인 이야기를 해 보자. 전 세계적으로 정부와 민간의 데이터 공개가 급증하는 현상, 오픈 데이터의 시대가 바로 데이터 저널리즘이 요구되는 중요한 시대적 배경이라고 설명한 바 있다. 그런데 명색이 빅데이터 시대라는데, 막상 양질의 공공데이터를 구하려면 난관에 부딪히는 일이 다반사라면, 무언가 앞뒤 맥락이 안 맞는 느낌이 들 것이다. 어리둥절할 만한 일이지만, 이것이 바로 정부 3.0을 표방하고 인터넷 보급률 1위인 IT 강국, 한국의 언론이 직면하고 있는 딱한 현실이다. 쓸 만한 공공데이터가 절대적으로 부족한 상황에서 데이터 저널리즘을 논한다면 그 자체가 형용모순일 것이다. 그렇다면 양질의 오픈 데이터가 부족하다는 건 무슨 의미일까? 좋은 데이터와 나쁜 데이터의 차이는 무엇일까?

월드와이드웹의 창시자 팀 버너스 리(Tim Berners-Lee)는 활용 편의성에 따라 공공 및 민간의 오픈 데이터를 5단계 별(★) 표시로 등급화해 설명한 바 있다. 일종의 오픈 데이터 평가 등급표로 별이 많을수록 상위 등급이 된다.

〈표 2-1〉 팀 버너스 리의 오픈 데이터 등급

★	조회, 인쇄, 저장 가능(.pdf, .hwp)
★★	구조화된 데이터, 상용도구 자료(.xlsx)
★★★	무료 도구 자료(.csv)
★★★★	URI 부여된 데이터(Open API)
★★★★★	다른 데이터와의 연결(Liked Data)

　최소한 별 한 개를 부여받으려면 사용자가 인터넷상에서 접근해 조회해 볼 수 있어야 하며, 공개된 데이터를 자유롭게 재가공해 배포할 수 있어야 한다. 이를 저작권과 관련해 오픈 라이센스라고 부른다. 하지만 아직 기계가 읽을 수 있는 정형화된 자료는 아니다. 정부 부처 사이트의 자료 게시판에서 흔히 찾아볼 수 있는 PDF나 아래아 한글 파일형식의 정책 보고서들이 여기에 해당된다. 오픈 데이터가 갖춰야 할 최소한의 자격을 갖춘 수준에 불과하다. 그럼에도 정부나 지자체가 제공하는 자료 중에는 오픈 라이센스가 부여되어 있지 않아 이 기준마저도 충족시키지 못하는 수준 미달의 데이터가 허다한 실정이다.

　여기에서 한발 더 나아간 별 2개짜리 자료가 엑셀 파일과 같이 분석 소프트웨어가 읽을 수 있는(Machine-readable) 구조화된 데이터이다. 번거로운 복사, 붙이기와 입력 등 수작업이 필요 없이 바로 컴퓨터로 바로 분석할 수 있는 자료이다. 하지만 아직 2% 부족하다. 엑셀 파일은 돈을 주고 사야 하는 상용 프로그램에 특화된 자료이다. 일부 소프트웨어 중에는 호환되지 않는 경우도 있다. 반면에 CSV처럼 구분자로 분리된 텍스트 파일은 무료 도구를 포함한 거의 모든 시각화와 분석도구에서 읽을 수 있다. 오픈 데이터 정신에 더 부합하는 CSV 파일에는 별 하나를 더 추가해 별 3개 등급이 주어진다. 여기까지가 데이터를 다루는 취재기자들이 주로 관심을 가질 만한 자료 형식이다. 한 단계 더 나아간다면, 별 4개짜리 데이터, 특정 URI로 데이터를 수집하고 재활용할 수 있도록 만든 자료도 있다. 오픈 API를 통해 공개된 데이터가 대표적이다. 주로 애플리케이션 개발자들을 위해 국내 공공데이터 포털에서 제공하는 형식이다. URL이 잘 구조화되어 있다면 다른 데이터베이스와 결합할 수 있지만, 일정하게 정의된 질의 형식으로만 데이터에 접근할 수 있다는 한계가 있다.

마지막 최상위 등급은 데이터와 데이터가 하이퍼링크로 연결되듯 인터넷에서 구조적으로 연동되는 형태이다. 팀 버너스 리가 꿈꾸는 가장 훌륭한 오픈 데이터로 이를 LOD(Linked Open Data)라고 부른다. 공공데이터가 단독으로 존재하는 것이 아니고, 다른 부처와 기관의 이질적인 자료, 심지어는 타국의 데이터와도 병합되고 전국적, 전 세계적으로 유기적으로 연결될 수 있다면 상상할 수 없이 큰 부가가치를 만들어 낼 수 있을 것이다. 이를테면 현재는 정부 부동산 실거래 데이터베이스 따로, 인구센서스 자료 따로 구축돼 있지만, 이를 연결시켜 준다면 어떨까? 기관마다 지자체마다 분절된 데이터베이스 간의 칸막이를 터 준다면 어떤 일이 가능해질까? 부동산, 경제, 금융, 인구, 국토공간, 주변 상권 자료, 환경, 교통, 범죄 관련 공공데이터베이스가 서로 연동되고 여기에 민간의 창의성이 결합되면, 수없이 많은 공익적인 어플과 데이터 저널리즘 콘텐츠, 상용 서비스를 만들어 낼 수 있을 것이다. 또한 정부기관들은 데이터베이스를 중복되게 구축하면서 발생하는 예산 낭비를 줄일 수 있는 부수효과도 얻게 된다. 미국 연방정부의 공공데이터 개방 사이트(http://data.gov)와 영국 정부의 공공데이터 개방 사이트(http://data.gov.uk)가 공공기관 LOD 활용 서비스의 대표적인 사례이다. 언론사 중에는 BBC와 뉴욕타임스가 부분적으로 외부와 연결된 LOD형 데이터베이스를 제공하고 있다. 국내에도 공공 DB피디아를 통해 LOD 시범사업이 진행되고 있지만, 개별 공공데이터베이스가 LOD 서비스 기반을 구축하지 못한 상태여서 아직 초기 단계에 머무르고 있다. LOD가 차기 공공데이터 구축 사업의 화두로 대두됐지만, 국내 데이터 환경의 현실은 좀 더 기본적인 부분부터 다져 나가야 할 필요성이 있어 보인다.

필자는 지리정보시스템 GIS로 공간분석을 하기 위해 전국의 지역별 실업률과 범죄율 정보를 담은 데이터를 찾아본 적이 있다. 공공포털에서 검색해 보니 읍·면·동 단위의 실업률 자료는 아예 존재하지 않았고, 범죄율 또한 최근 자료는 찾기 힘들었다. 행정구역마다 할당된 지역코드(고유 일련번호)도 제대로 통일돼 있지 않다. 행정경계지도 파일에 데이터를 결합하려면 상당한 수작업을 요한다는 얘기이다. 법정동과 행정동, 행정기관 분류 번호가 제각각 다르고, 행정구역 변경도 잦다 보니 전국의 지리정보를 통합해 데이터 지도로 만드는 일은 고난도의 노동이 된다. 여기에 이야기가 될 만한 일반 데이터를 결합하려면 일은 더욱 복잡해진다. 기관마다, 부서마다 데이터 규격과 내용이 연계되지 않고 불일치해 갖가지 비효율을 야기하는 이 문제를 '데이터 사일로(Data Silo)' 현상이라고 한다. 곡물을 보관하는 창고형 구조물을 뜻하는 영어 단어 '사일로(silo)'에서 비롯된 이 말은 각각의 데이터가 별도의 공간에 고립되어 보관되다 보니, 그 저장소에서 꺼내서 서로 융합시켜 시너지를 내기가 지극히 어렵다는 의미이다. 앞서 거듭 거론한 대로 우리나라 공공데이터 환경의 고질적인 문제이기도 하다.

뉴스제작자 입장에서는 공공데이터가 공개되더라도 해당 자료가 얼마나 상세한 내용을 담고 있는지도 매우 중요하다. 집계 자료가 아닌 미시적 단위의 원시 데이터를 더 많이 더 쉽게 얻을 수 있도록 해야 한다. 이른바 마이크로데이터라고 불리는 상세 자료다. 가령 전국의 부동산 거래 실태를 제대로 분석하려면 지역이나 시기마다 합산된 실거래 자료가 아니라, 전국 개별 거래의 구체적인 내역을 모두 입수할 수 있어야 한다.

검색창을 통해서 특정 지역의 자료만 단편적으로 조회할 수 있는 것이 아니고 전국 자료를 한 번에 내려받을 수 있어야 한다는 의미이다. 유감스럽게도 우리나라의 공공데이터는 아직도 대부분 마이크로데이터를 기반으로 합계나 평균만 낸 거시 통계자료만 공개되고 있다. 또 데이터베이스로 자료를 제공하더라도 검색창 형태로 제한적인 조회만 가능하다.

영국에서 출범한 비영리단체인 '열린지식재단(Open Knowledge Foundation)'이 2014년에 세계 97개국을 대상으로 평가한 정부 데이터개방 지수(Open Data Index)에 따르면 우리나라는 28위에 머물렀다. 멕시코와 슬로베니아와 비슷한 수준이다. 특히 정부가 각 기관의 지출 내역을 데이터로 제대로 상세하게 공개하지 않고 있는 점이 부정적으로 평가됐다.

다행히 국내 공공데이터의 개방 속도는 빨라지고 있다. 공공데이터 포털의 이용 횟수도 꾸준히 늘어나는 추세다. 3년 전과 지금을 비교해 보면, 각 부처와 지자체가 제공하는 데이터의 양과 질은 조금씩 나아지고 있다. 〈그림 2-5〉를 보면 2011년부터 공공데이터 포털의 이용 횟수가 꾸준히 늘었고 2014년에 와서는 반년 만에 전년의 3/4수준에 와 있음을 알 수 있다.

데이터 분석과 저널리즘

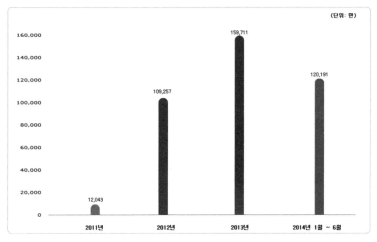

<단위: 건>

<그림 2-5> 공공 데이터 포털 이용 횟수(공공 데이터 포털 화면)

　정부는 또 국가 중점 개방데이터 개방 계획을 확정하고, 국민이 개방데이터를 선정하고 개방 용량도 확대하는 '데이터 빅뱅 프로젝트'를 추진하기로 했다. 우선 2015년에 부동산 종합정보와, 전국 상가·상권정보, 진료·투약·건강정보 등 민간 수요가 많은 10대 분야 대용량 데이터를 집중 개방하고, 2017년까지 다른 36대 주요 분야 공공데이터도 공개할 예정이다.

　문제는 얼마나 데이터 사용자의 편의성을 고려해 재활용과 가공이 용이한 형태로 제공하는지 여부이다. 단순히 공개하는 데 만족할 것이 아니라, 앞서 언급한 공공데이터 등급에서 최소한 별 3개 이상, 나아가 통합 연계된 별 5개의 수준을 지향해야 할 것이다. 또한 공공데이터에 대한 공무원들의 의식도 전향적으로 바뀌어야 할 필요성이 있다. 국민의 세금을 들여 구축한 공공데이터는 정부 당국자의 사유재산이 아니다. 사생활 피해가 우려되는 민감한 개인정보나 기업경영활동에 심대한 피해를 끼칠 수 있는 정보, 혹은 국가안보에 직접적인 영향을 줄 만한 내용이 아니라면 공무원의 컴퓨터 안에 잠자고 있는 수많은 자료는 보다 선명하게 공개되고 공유돼야 마땅하다. 정부의 현재 데이터개방 정책이 주로 경제적인 측면, 즉 창업과 일자리 창출에 방점을 둔 것이긴 하지만, 공공정보의 공개는 자연스럽게 사회정의와 공익성의 증진으로 이어질 수 있다. 정부와 공공기관의 사업과 세출 내역, 기업이나 민간기업의 신고 내용까지 투명하게 공개되는 유리알 같은 사회가 될 때, 사회에 만연한 부조리와 비리는 점차 줄어들 수밖에 없을 것이다. 정보 공개에 대한 시민사회와 언론의 요구가 거세지고 투명성과 개방성이 국가의 이익으로 돌아온다는 확신이 깊어질 때만이 공공데이터는 더 확장될 수 있을 것이다.

2.7. 황무지에서도 꽃은 핀다

데이터 저널리즘을 선도하는 영국과 미국 등 선진국들은 데이터개방 지수에서도 1, 2위를 다투는 오픈 데이터 선진국이다. 그렇다고 공공데이터의 개방이 늦은 국가라고 해서 반드시 데이터 저널리즘의 사각지대인 것도 아니다. 공공데이터 환경이 한국보다 더 낙후된 지역에서도 꾸준한 노력을 기울이고 있는 현지 언론인들의 활약상은 우리들에게도 용기와 자극을 주기에 충분하다.

아프리카 케냐를 보자. 케냐의 데이터개방 지수는 전 세계 국가 중 바닥권이다. 그러나 보건, 환경, 경제 분야의 다양한 공공데이터를 구축해 기자들의 탐사 보도를 지원하는 사이트인 '데이터 드렛저(The Data Dredger)'는 케냐의 데이터 저널리즘 수준이 이미 상당한 수준에 올랐음을 보여 준다. 조산아 문제부터 영양실조에 시달리는 어린이들의 실태까지 케냐가 직면하고 있는 사회문제를 명쾌한 데이터 분석과 깔끔한 인포그래픽으로 소개하고 있다.

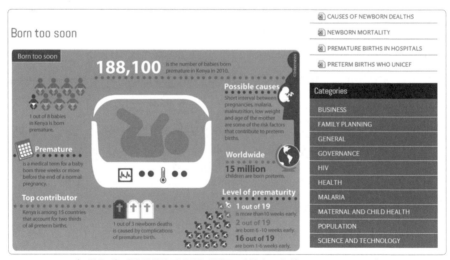

〈그림 2-6〉 케냐 데이터 저널리즘 사이트, 데이터 드렛저(The Data Dredger)

데이터 분석과 저널리즘

데이터 저널리즘 어워드 등 각종 언론상을 수상하며 세계적인 주목을 받아 온 아르헨티나 일간지 『라 나시온(La Nacin)』의 데이터 저널리즘은 열악한 국내 데이터 환경 속에서도 눈부신 성과를 일궈왔다. 궁하면 통한다고 했던가. 정보공개 청구로 자료를 캐내고 정 없으면 스스로 데이터베이스를 구축해서라도 정부의 비리와 예산낭비를 추적 탐사 보도하고 효과적인 인터랙티브 콘텐츠도 제작해 전달력을 높여 세계 언론의 찬사를 받았다.

멀리 가지 않더라도 태국이나 필리핀, 말레이시아 같은 가까운 아시아 국가의 사례는 또 어떤가? 태국 Isra News의 탐사 보도기자는 자체 취재 입수한 데이터를 통해 탁신 전 총리가 가정부와 운전기사의 계좌로 주식과 비자금을 은닉해 왔음을 폭로하는 기사를 보도했다. 또 관련자들의 관계도를 데이터 시각화 기법으로 구현해 뉴스에 담았다. Isra News는 유명인의 납세 자료와 기업 이사진의 현황 등을 담은 데이터베이스를 만들고 일반에 공개해 독자들의 관심도를 극대화하는 데도 다각적으로 노력하고 있다.

데이터 기반 보도를 중심으로 하는 필리핀 비영리 탐사 보도 기구인 PCIJ는 지난 10여 년 동안 필리핀의 정치인과 기업인들의 비리를 추적하는 탐사 보도에 전념하면서, 공공데이터베이스 구축과, 언론인 교육도 병행해 왔다. 특히 중앙정부와 지자체 등을 통해 수집해 온 공공데이터는 6천 개 문서와 57기가바이트에 달하는 상세한 자료를 포함하고 있다. Moneypolitics라는 자체 사이트를 통해 정

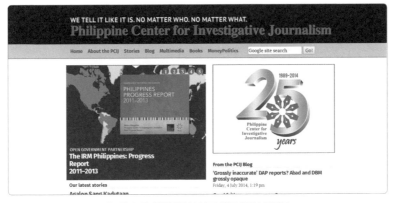

〈그림 2-7〉 필리핀탐사 보도 기구 PCIJ 사이트

부 예산과 기금 지출 내역, 정치인 선거자금 내역과 공직자 프로필 등을 독자 누구나 탐색해 볼 수 있도록 공개하고 있다. 대기업 총수 가족과 특정 정치가문이 유착 관계를 유지하며 필리핀의 입법기관 등 사회 각 부문을 지배해 온 실상을 자체 탐사 보도를 통해 적나라하게 밝혀냈다.

말레이시아의 '시나 프로젝트'는 언론인이 아닌 IT 전문가들이 자발적으로 의기투합해 발족한 공공데이터 공개 운동이다. 온라인을 통해 공개된 정부의 자료는 무엇이든지 스프레드시트 자료로 재구축해 국민에게 공개한다. 1950년대부터 현재까지 제정된 모든 법률을 DB로 제공하는가 하면 공공기금의 남용과 비리를 추적하는 애플리케이션을 제작하기도 했다. 말레이시아의 언론인과 학생뿐 아니라 공무원들도 폭넓게 이 '시나 프로젝트'를 이용하고 있다고 한다. 아직 데이터 저널리즘이 뿌리를 내리지 못한 말레이시아에서 '시나 프로젝트'는 정부와 언론이 채우지 못한 공공정보의 갈증을 시민들이 스스로 메꿔 나가고 있는 하나의 사회 현상이다.

이상의 사례들은 IT 환경과 공공데이터 개방 측면에서 우리나라보다 나을게 없거나 오히려 훨씬 더 뒤쳐진 나라들의 얘기다. 공공데이터의 개방 촉진이나 데이터 기반 보도가 선진국뿐 아니라 국경을 넘은 세계적인 흐름으로 확산될 가능성을 보여 준다. 특히 케냐의 데이터 드렛저나 필리핀의 PCIJ처럼 국민들이 알아야 할 데이터를 정보공개청구나 수집을 통해 구축하고 시민과 기자들이 활용할 수 있도록 지원하는 민간 공공정보 허브의 출현이 절실하다. 정부가 좀처럼 제공하지 않는 권력과 자본의 폐부를 보여 주는 핵심 데이터와 함께 이미 공개된 정부 자료라도 컴퓨터가 읽기 쉬운 형태로 재구축한 자료가 지속적으로 제공된다면 데이터 저널리즘의 든든한 지원군이 될 것이다.

2.8. 스스로 만드는 DIY 정신으로

가디언지 데이터 블로그의 에디터였던 사이먼 로저스는 "데이터 저널리즘은 펑크뮤직이다"라고 설파한 바 있다. 데이터 저널리즘과 펑크밴드의 요란한 음악 사이에 도대체 어떤 유사점이 있는 걸까? 로저스는 1970년대 런던 뒷골목에서 호기

데이터 분석과 저널리즘

있게 펑크음악을 시작한 젊은이들이 품었던 자유의 정신을 예로 들었다. 체계적인 음악교육은 받지 못했어도 기본적인 음계만 읽고, 기타만 잡을 수 있다면, 용기 있게 밴드에 뛰어들었던 음악에 대한 뜨거운 열정 말이다.

어쩌면 그가 말하려는 건 'DIY 정신(Do-it-yourself ethos)' 혹은 혁신의 정신일 것이다. 기존의 틀을 깨고 새로운 시각으로 좋은 보도를 하려는 의지와 도전정신만 갖고 있다면 누구에게나 길은 열려 있다는 것이다. 강력한 무료 도구의 보급으로 전에는 상상도 못하던 데이터 분석과 시각화를 손쉽게 할 수 있게 됐기 때문이다.

DIY의 정신으로 개개인이 처해 있을 취재 환경, '지금 이곳'에서 저마다 시작하자. 기자라면 자신의 전담 취재 분야나 출입처가 출발점이다. 비싼 상용 프로그램이 아닌 무료 도구를 활용해, 그리고 거창한 빅데이터가 아닌 스몰데이터부터 구해서 직접 분석해 보자. 데이터 저널리즘의 바이블은 인터넷이라는 말이 있다. 필요한 학습자료는 대부분 구글 검색을 통해 정보의 바다에서 찾을 수 있다는 말이다. 이 책의 각 단계를 따라 충실히 익히는 한편 온라인상에서 추가로 구한 자신만의 맞춤형 최신 학습정보로 보완하면 책머리에서 만난 A기자처럼 어느새 취재와 뉴스제작의 외연이 몰라보게 확장되고 있음을 느끼게 될 것이다.

데이터 분석과
저널리즘

3장 데이터 수집, 정제에서 분석까지

3 데이터 수집, 정제에서 분석까지

데이터는 스토리텔링(storytelling)을 위한 가장 강력한 도구이다.

－스티븐 레빗(Steven Levitt, 『괴짜 경제학』 저자, 시카고 대 경제학과 교수)

사람들은 데이터라는 단어를 들으면 무엇을 연상할까? 슈퍼컴퓨터가 처리하는 빅데이터, 경제 뉴스에 나오는 통계숫자와 금융정보, 학교 수학시간에 배우던 통계수식 등을 떠올릴지 모른다. 그것이 무엇이든, 데이터는 전산실의 컴퓨터 안에만 머물고 있는 게 아니라 우리들의 일상 속으로 깊숙이 파고 들어온 지 오래다. 우리가 인터넷을 검색하고 스마트폰을 사용할 때마다 빅데이터는 쌓여 간다. 말과 글 뿐 아니라, 공간정보, 표, 차트, 인포그래픽, 화면과 동영상 심지어는 사람들이 입은 의상 색깔과 얼굴 표정도 데이터에 담길 수 있다. 계량화된 숫자로 변환되거나 계측기로 측정될 수 있는 건 모두 디지털 데이터로 저장될 수 있다. 컴퓨터가 디지털 신호로 인식할 수 있는 것, 1과 0의 이진법 기계어로 변환될 수 있는 신호이면 무엇이나 데이터로 기록될 수 있기 때문이다.

여기서 우리는 기자들이 일반적으로 접하게 되는 일반 자료와 이를 구조화한 자료를 구분해 생각해 볼 필요가 있다. 우리 주변의 거의 모든 정보는 데이터로 기록해 저장하고 처리 분석할 수 있다. 단, 특정한 형식으로 정리된 데이터여야만 한다. 컴퓨터가 바로 읽고 처리할 수 있도록 정형화한 형식을 말한다.

"야구선수 류현진은 2006년 한국 프로야구에 데뷔해 2012년까지 7년간 한화 이글스 투수로 활약했고, 2013년부터 현재까지 미국 LA 다저스 선수로 뛰고 있다."

자연어로 표현된 위 문장에는 정보가 담겨 있지만 아직 제대로 정리된 데이터 형태는 아니다. 다음과 같은 형태로 입력해야 비로소 제대로 된 데이터베이스로 변신한다.

	이름	종목	국내 프로팀 입단 연도	데뷔 당시 소속팀	국내 프로팀 활동기간 (년)	해외 진출 전 국내 소속팀	포지션	해외 진출 연도	해외 소속 프로팀	현재 활동 국가
1										
2	류현진	야구	2006	한화이글스	7	한화이글스	투수	2013	LA 다저스	미국
3										
4										

〈그림 3-1〉 행과 열로 표현된 엑셀 작업시트 화면

이 스프레드시트엔 각 사각형 구획, 즉 셀(Cell)마다 데이터가 하나씩 담겨 있고, 각 셀은 A1, B2와 같이 가로 행 알파벳과 세로 열 번호에 따라 셀 좌표가 부여된다. 셀 사이 구획을 나눠 놓은 선은 각 셀에 담긴 정보를 개별 값으로 인식하도록 하는 구분자이다. 컴퓨터는 이 셀 좌표를 기반으로 각 데이터를 연결해 연산 처리할 수 있다. 선수 1,000명의 이름과 관련 인적사항을 스프레드시트에 빼곡히 기록해 나간다고 할 때, 소속 팀과 선수 생활 기간, 포지션을 분석하고 통계로 처리할 수 있을 것이다. 여기에 더욱 세분화된 경기 기록을 변수로 추가해 팀의 성적과 상관 관계를 분석하면 각 팀의 성적을 올리기 위한 새로운 안목과 통찰을 얻을 수 있을지 모른다. 프로야구 선수들의 장점을 통계적으로 파악하는 세이버메트릭스 기법을 적극 이용해 큰 성과를 올린 미 오클랜드 어슬레틱스 빌리 빈 단장의 성공 사례(영화 머니볼의 주인공)는 잘 만들어진 데이터베이스의 위력을 보여 준다. 이같이 컴퓨터가 읽어 들여 계량적인 분석과 시각화가 가능한 데이터를 '구조화된 데이터(structured data)'라고 부른다. 반면에 뉴스기사와 블로그의 글, 그림, 영상, 정부기관이 발표하는 보도자료나 보고서 속의 문자와 숫자는 일정한 규격으로 정리된 자료가 아니다. 구조화되지 않은 비정형 데이터이다.

2000년대 데이터 저널리즘이 정확히 언제 어디서 시작됐는지는 불분명하지만 그 선구자로 애드리안 홀로바티(Adrian Holovaty)라는 언론인 겸 뉴스 앱 개발자가 자주 거론된다.

홀로바티는 2006년 그의 개인 블로그에 올린 글에서, 각 신문사가 현장의 정보를 취재하고 기사로 쓰는 것에서 한발 더 나아가, 데이터베이스로 정보를 구조화해, 지속적으로 업데이트하고 다양한 응용 콘텐츠를 만들 것을 촉구했다. 「신문사 사이트가 가야 할 근본적 변화의 방향(A fundamental way newspaper sites need to change)」이란 제목의 그의 글은 저널리즘 분야에서 데이터 활용의 길을 제시한 일종의 데이터 저널리즘 선언문으로 평가되고 있다. 홀로바티는 뉴스기사 이면의 속성 정보(attributes)를 하나하나 탐색할 수 있는 데이터베이스 구축의 필요성을 역설한다. 가령, 지역사회의 화재사고를 취재했다면, 화재 발생 날짜, 시간, 장소, 사상자, 신고 후 현장 출동 시간, 소방서의 화재장소와의 거리, 소방대원의 경력, 같은 지역의 과거 화재기록 등을 일목요연하게 데이터베이스로 만들어 뉴스제작에 활용하자는 것이다. 그는 기존의 뉴스제작 방식만 저널리즘이라고 고집하는 언론인들의 오만함(journalistic arrogance)을 신랄하게 꼬집었다. 그러면서 데이터베이스 구축과 활용의 중요성을 깨닫지 못해 언론계가 중요한 '기회'를 놓치고 있다고 지적했다. 스프레드시트나 관계형 데이터베이스는 홀로바티가 말하는, 컴퓨터가 읽을 수 있는 구조화된 자료의 대표적인 예이다.

기자가 취재현장에서 입수하는 정보는 대부분 기계가 읽을 수 있도록 구조화된 형태의 자료가 아니다. 이 때문에 취재과정에서 얻은 자료를 데이터 분석하려면 데이터를 구축하고 자료를 정리하고 정제하는 데 수많은 시간이 소요된다. 때로는 지루하고 힘든 수작업을 수반하기도 한다. 본격적인 분석기법뿐 아니라 스프레드시트와 오픈 리파인을 활용한 데이터 정리와 정제(data cleaning) 기술을 확실히 알아 두어야 하는 이유이다.

3.1. 데이터 마인드란 무엇인가?

컴퓨터 활용 취재를 가르치는 전문가들이 그 기법을 설명하기에 앞서 항상 강조하는 원칙이 있다. 훌륭한 데이터 활용 보도를 위해서는 데이터 마인드(Data State of Mind)를 지녀야 한다는 점이다. 기자에게 있어 데이터 마인드란, 뉴스와 데이터를 연결지어 생각해 보고, 취재와 제작에 데이터의 정량분석과 시각화의

데이터 분석과 저널리즘

힘을 적극적이고 효과적으로 활용하려는 자세이다. "아는 만큼 보인다"는 명제는 데이터 저널리즘의 세계에도 딱 들어맞는 말이다. 평소 취재 현장에서 소홀히 지나치던 자료와 소재도 컴퓨터 활용 뉴스제작에 대한 관심이 깊어지고 지식이 쌓일수록 하나둘씩 새롭게 시야에 들어오기 시작하는 법이다. 데이터 마인드가 자리 잡히기 시작하는 순간이다.

데이터 마인드가 갖춰진 기자는 유용한 데이터가 어디엔가는 존재할 것이라는 전제하에 일을 시작한다. 또 정부와 공공기관의 정책 정보와 마찬가지로 공공데이터 역시 국민의 알 권리 차원에서 당당하게 요구하고 활용할 권리가 있다는 점을 분명히 인지하고 있어야 한다. 취재처에 무슨 데이터가 존재하고 어떻게 구할 수 있는지 파악하는 한편 자신만의 취재 데이터베이스를 스스로 구축해 부가가치를 높이려고 한다. 기사의 논점을 부분적으로 뒷받침하기 위한 보조적 수단으로만 통계자료를 사용하는 데 그치지 않고, 아예 뉴스기획 초기 단계부터 특정 데이터를 염두에 두고 취재를 시작하기도 한다. 현장을 취재하고 관련 통계자료를 구하는 것이 아니라, 먼저 자료를 분석하고 그 결과를 단서로 현장 취재에 나서기도 한다.

탐사 보도 전문 기자들의 문서 추적 기법을 데이터 취재에 접목해도 효과를 배가할 수 있다. 문서를 적극 구하고, 자료 추적에 기반해 취재하는 이른바 '문서 마인드(Document State of Mind)'와 데이터 마인드는 일맥상통하는 부분이 있기 때문이다.

미국의 정보공개청구 전문가인 미주리 대학교의 찰스 데이비스 교수와 아리조나 대학교의 데이비드 컬리어 교수가 함께 쓴 책인 『자료 입수의 기술(The Art of Access)』은 기자가 알아야 할 자료 입수와 정보공개청구의 요령을 소개하는 서적이다. 저자들은 자료 추적에 앞서 무엇보다 먼저 취재하는 기관의 성격과 업무에 관해 자문자답해 보라고 충고한다. 책이 예시하는 질문 목록 중 일부를 살펴보자.

1. 무슨 일을 하는 기관인가?
2. 어느 사업에 어떤 예산을 지출하나?
3. 이 기관이 감독하고 규제하는 영역은?
4. 누가 자료를 생산하나?

5. 기관에서 정기적으로 발표하는 통계자료는?

6. 이 기관과 문서를 공유하는 다른 기관은 어디인가?

1번 질문의 대답은 해당 기관 홈페이지의 사이트맵(site map)에서 어느 정도 파악할 수 있다. 조직도와 업무를 머리로 그려 보고 미처 모르고 있던 취재의 사각지대는 없는지 살펴보라. 각 부서에서 생산될 문서와 기록에는 어떤 것이 있을지 상상해 보고, 직원들에게 직접 물어본다. 또 각 부서의 업무 목표를 파악하고 각종 감사자료도 구해 읽어라. 특히 각종 감사와 용역 보고서에 인용된 참고문헌과 함께 부록에 나오는 관련 자료목록을 주목하라. 기관의 업무와 관련된 또 다른 취재원과 자료출처를 발굴할 수 있을지 모른다. 또한 기관의 감독과 규제 대상, 그리고 구체적인 단속 기준과 결과를 파악하는 것은 기본이다. 어디에 얼마나 국민의 세금을 쓰는지, 예산지출의 흐름 역시 공기관 업무의 맥을 잡는 핵심이다. 세부 내역이 공개되지 않았다면 정보공개청구를 해야 한다.

탐사 보도 전문 기자 돈 레이의 문서 체크리스트도 살펴보자('Art of Access', p. 72). 사람을 심문하듯이 기초적인 인적사항을 물어보는 내용들이다. 다소 엉뚱해 보일지 모르지만, 문서 더미를 앞에 놓고 다음 질문들을 차례대로 던져보면, 특정 문서나 데이터의 특징과 연관 자료를 상세히 이해하는 데 큰 도움이 된다고 그는 말한다.

1. 부모님은 누구인가?(→ 누가 만든 자료인가?)

2. 언제 태어났나?(→ 언제 만들어졌고 자료 갱신 주기는?)

3. 사용하는 언어는?(→ 데이터에 쓰인 용어의 의미는?)

4. 결혼했나? 형제는 없나?(→ 연계된 다른 데이터는 없는가?)

5. 어떻게 여기에 오게 됐나?(→ 자료 생성의 흐름은?)

6. 숨기고 있는 건 없는가?(→ 자료 한편에 숨겨진 작은 글씨나 코드는 없나? 그 의미는?)

문서는 누군가 의도적으로 만들거나 취합했느냐에 따라 그 성격이 달라진다. 누가 무슨 목적으로 작성한 것인지를 파악해야 한다. 언제 만들어졌고, 어느 정도 주기로 갱신되는 자료인지도 반드시 알아야 한다. 데이터베이스의 각 항목이 뜻하는 의미는 무엇인지도 정확히 숙지해야 한다. 이같이 '데이터에 관한 데이터'를 메타데이터라고 한다. 연계된 다른 관련 문서나 데이터가 없는지 따져 보고, 자료 한 귀퉁이에 적혀 있을지 모르는 코드나 일련번호, 작은 글씨도 무심코 지나치지 않고 그 의미를 취재해 보는 것도 자료를 깊이 있게 이해하는 데 도움이 된다.

데이터 마인드는 분석도구에 익숙할수록 더 깊어진다. 자료의 쓰임새와 가치를 알게 되기 때문이다. 역시 아는 만큼 더 보이는 법이다. 지자체에서 식당 위생점검 결과를 발표했다고 가정하자. 보통 출입기자들은 보도자료에 나타난 통계숫자에만 주목하지만 지리정보시스템 GIS나 지도 작성에 익숙한 기자는 한발 더 들어가 공간 패턴을 알아보려고 할 것이다. 위생 불량으로 적발된 식당의 상세 목록과 주소를 구해 데이터 지도로 시각화하고 공간 패턴을 살펴볼 것이다. 적발된 식당이 특정 구역에 몰려 있다면 그 이유를 추가로 취재할 수도 있다. 시청자나 독자가 사는 동네 주변 식당의 위생상태를 살펴보도록 돕기 위해 동적으로 구현되는 웹 지도로 제작할 수도 있을 것이다. 분석과 시각화 기법에 대한 지식과 이해가 깊을수록 사용 가능한 자료의 범위도 늘어나게 된다. 기자가 다양한 데이터 분석능력을 갖췄을 때 누릴 수 있는 추가적인 이점이다.

3.2. 데이터 파일형식의 기본: 구분자(delimiter) 이해하기

데이터를 담는 파일의 형식은 수없이 다양하다. 당장 본인 PC의 파일 탐색기에서 파일 목록을 꺼내 보면, 갖가지 파일 이름과 확장자가 빼곡히 기록돼 있는 것을 볼 수 있을 것이다.

언론인이 가장 흔히 접하는 데이터 파일형식은 스프레드시트의 대명사인 마이크로소프트 엑셀 파일이다. 엑셀 파일의 확장자는, 오피스 2007년 버전이후에서 사용하는 .xlsx(엑셀 통합문서)와 2003년 이전 구 버전에서 사용하던 .xls가 있다.

엑셀의 대용인 무료 'Open Office Calc'의 경우 .ods 확장자의 ODF 파일을 생성한다. 스프레드시트 못지않게 많이 사용하는 데이터 파일형식이 바로

CSV(Comma-Separated Value)이다. 이 모든 파일들은 각종 스프레드시트에서 호환된다.

〈그림 3-2〉는 4장에서 구글 퓨전테이블 실습 파일로 사용할 전국 골프장 농약 사용량 자료를 CSV 파일 형태로 변환해 본 것이다.

```
시도,골프장명,형태,홀수,총면적 (㎡),농약사용면적 (㎡),성분량 ,실물량 (kg),성분량 (kg),단위면적당 농약사용량 (kg/ha),
강원도,02리조트대중제,대중제,9,467900,238765,47.5,131.8,47.5,1.989403807,
강원도,02리조트회원제,회원제,18,1079900,638013,102,287.3,102,1.598713506,
강원도,강릉공군체력단련장,체력단련장,9,235257,231322,95.3,290.9,95.3,4.119798376,
강원도,강촌CC,회원제,27,1041925,786131,319.7,1427.8,319.7,4.066752233,
강원도,강촌리조트대중제골프장,대중제,10,445150,151660,29.7,166,29.7,1.958327839,
강원도,골든비치,회원제,27,1430946,822308,678,1933.4,678,8.245085783,
강원도,남춘천 C.C,회원제,18,1361843,300000,53.6,155.5,53.6,1.786666667,
강원도,대명비발디파크골프장,대중제,9,493124,253588,35.1,114.3,35.1,1.384134896,
강원도,대명설악컨트리클럽,대중제,9,297355,211143,12.8,48.5,12.8,0.606224218,
강원도,멜피노C.C,회원제,9,309172,208897,9,29,9,0.430834335,
```

〈그림 3-2〉 쉼표를 구분자로 쓴 CSV 파일

글자와 숫자 단락마다 쉼표(Comma)가 들어가 있다. CSV에서는 쉼표가 데이터와 데이터를 구분한다. 이 같은 쉼표의 역할을 구분자 혹은 분리자(Delimiter, Separator)라고 한다. CSV 파일은 가장 보편적으로 사용되는 파일형식 중 하나이다. 그 이유는 호환성 때문이다. 엑셀 파일은 대부분의 분석도구에서 열어볼 수 있지만, 간혹 예외인 경우도 있다. 반면에 텍스트 파일인 CSV는 어떤 텍스트 편집기로도 쉽게 불러들일 수 있다. 모든 데이터 관련 애플리케이션과 소프트웨어에서 쉽게 열고 처리할 수 있는 대표적인 파일형식이다.

CSV 다음으로 많이 사용되는 파일은 탭(tab)으로 분리된 텍스트 파일(TAB-Delimited Text File)이다. 데이터와 데이터 사이를 컴퓨터 자판의 Tab 키가 만든 공백이 구분해 준다. 이밖에 파이프(|)나 콜론(:), 세미콜론(;) 등으로 구분된 데이터 파일도 볼 수 있으며, 단순 공백을 구분자로 쓴 파일(Fixed Width Text)도 존재한다.

CSV 파일은 엑셀의 '열기' 메뉴에서, 쉽게 불러올 수 있는 경우도 있지만, 때로는 상단 메뉴의 '데이터' → '텍스트' 메뉴를 통해야 한다. 엑셀의 '텍스트 마법사' 메뉴는 구분기호로 분리돼 있는지, 너비가 일정한지를 묻는다. 구분기호가 있을 경우에는 추가로 쉼표나 탭 혹은 특정 구분기호를 입력한 뒤 파일을 불러들인다. 제대로 구분자가 입력됐으면 '데이터 미리보기' 화면을 통해 데이터가 정리된 모

데이터 분석과 저널리즘

습을 확인할 수 있다.

데이터 파일형식은 셀 수 없이 다양하다. 이 책의 실습 파일 유형도 10여 가지에 달한다. 웹 콘텐츠 저장 형식인 마크업 언어 HTML과 또 다른 마크업 언어인 JSON과 XML 파일, GIS 파일인 SHP(쉐이프), 벡터 파일인 SVG, 파이썬 코드를 담는 .PY 확장자의 파이썬 파일 등이 그것이다.

엑셀이나 GIS 파일 등 각종 소프트웨어에서 파일형식을 변환할 때는 '다른 이름으로 저장' 메뉴를 사용한다. 기존 파일의 이름을 변경해 새 파일로 저장하는 기능이지만, 저장 파일의 확장자를 바꿔, 엑셀 파일을 CSV로, CSV를 ODF로도 쉽게 변환할 수 있다. 아울러 메모장과 같은 텍스트 편집기에서는 파일을 저장할 때 파일명 뒤에 파일 확장자를 명시해 저장하면, 자동으로 해당 파일형식으로 변환된다는 사실도 기억하자.

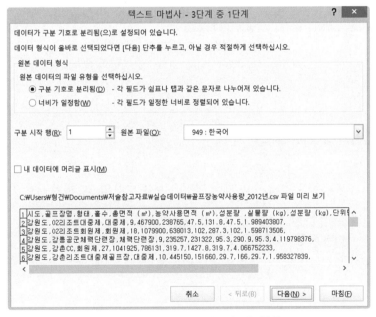

〈그림 3-3〉 엑셀 텍스트 파일 불러오기 대화창

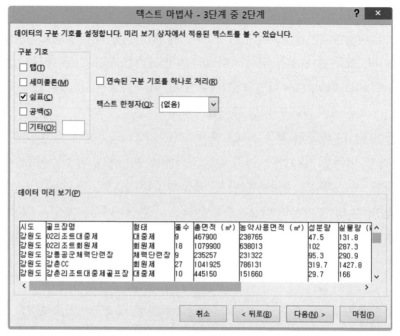

〈그림 3-4〉 엑셀 텍스트 파일 불러오기 대화창

3.3. 데이터 및 자료 수집하기

데이터를 활용한 뉴스 취재와 제작 과정은 보통 다음의 6단계 순서로 진행된다.

기획 → 데이터 수집 → 데이터 정리 및 정제 → 데이터 분석과 시각화 →
현장 취재 병행 → 방송, 신문 혹은 웹 콘텐츠 제작

순서는 고정불변한 것이 아니다. 상황에 맞춰 작업 순서가 바뀌거나 여러 작업
이 동시에 진행되기도 한다. 가령 현장 취재보다 웹 콘텐츠 기획을 먼저 시작할 수
도 있을 것이고, 데이터 분석과 현장 취재, 웹 콘텐츠 제작을 동시에 진행하기도
한다. 실제로 언론사 홈페이지의 디지털 콘텐츠는 방송이나 신문기사의 초기 기획

　　　　　　　　　　　　　　　　　　　데이터 분석과 저널리즘

단계에서부터 구상하고 함께 작업하는 것이 바람직하다.

대부분의 데이터 저널리즘에서 가장 많은 시간과 공이 들어가는 작업 단계는 데이터 수집과 데이터 정제이다. 많은 경우 매우 지루하고 힘든 수작업을 필요로 하지만, 올바른 분석과 시각화를 위해서는 반드시 거쳐야 하는 작업이다. 과거에 납공장이 있었던 미국 전역 230여 개 지역을 조사해 납으로 인한 환경오염 실태를 고발한 기념비적인 탐사 보도물인 USA TODAY의 기획물 'Ghost Factory'의 제작과정을 보면, 의미 있는 탐사 보도를 위해서는 자료 수집과 정리에 얼마나 많은 공력을 투입해야 하는지 새삼 확인할 수 있다.

USA TODAY의 취재는 자취를 감춘 옛 납공장터에 대한 몇 장의 자료에서 시작됐다. 취재진은 먼저 140번에 달하는 정보공개청구로 수천 건의 관련 정부 문서를 입수했다. 또 국회 도서관에 보관중이던 177건의 관련 옛 지도를 발견해 이미지 파일에서 지도의 좌푯값을 역으로 계산해 내는 지오레퍼런싱(Georeferencing) 작업으로 사라진 납공장의 위치를 추적했다. 21곳의 납공장터에서 직접 토양 오염도 조사를 해 1,000건의 데이터를 구축하기도 했다. 상상을 초월할 정도로 집요하고 끈질긴 자료 추적과 정리가 '평범'과 '비범'의 차이를 만들어 낸 탐사 보도의 비결이었다고 해도 과언이 아닌 것이다.

미국 전역의 의사들이 거대 제약회사에서 받은 재정적인 지원 내역을 데이터베이스로 만들어 공개한 비영리 탐사보고기관 '프로퍼블리카(Pro Publica)'의 보도물 'Dollars for Docs'는 데이터 정제의 어려움과 중요성을 동시에 보여 줬던 사례이다. 프로퍼블리카가 공개한 자료는 2백십만 건에 달하는 기록에 25억 달러, 우리 돈으로 2조 5천억 원에 달하는 제약회사의 재정지원 데이터를 담고 있다. 당초 각 제약회사들로부터 입수한 자료는 동일한 의사의 이름을 각기 다른 철자로 표기한 경우가 수없이 많았다. 프로퍼블리카의 데이터 저널리스트는 데이터 정제 전문도구인 '오픈 리파인'의 도움을 받아 철자 오류를 일일이 바로잡으면서 산더미 같은 데이터를 정리해 갈 수 있었다고 한다.

위와 같은 전문 탐사 보도물은 컴퓨터 활용 보도의 역사가 긴 해외 언론계의 기준으로 봐도 손가락 안에 꼽을 만한 대규모 프로젝트이다. 하지만 좀 더 단순한 프로젝트라도 데이터 수집과 정리는 가장 공을 들여야 할 부분이다. 데이터 정리와 정제는 건설공사에 비유하면 기초공사에 해당한다. 아무리 훌륭한 설계와 장비로 공사를 하더라도 기초가 부실하고, 자재가 불량이면 일시에 구조물이 허물어질 수 있듯이 아무리 비싼 도구와 좋은 소재로 분석한다고 하더라도, 부정확한 데이터로 작업하면 아무 소용이 없다. 오류를 안고 있는 데이터를 투입하면, 오류투성이의 결과를 낳을 수밖에 없다.

3.4. 데이터 수집의 6가지 방법

뉴스제작에 사용할 데이터를 수집하는 방법은 크게 다음의 6가지로 나누어 생각할 수 있다.

1. 현장 취재로 데이터 직접 입수
2. 인터넷상에서 검색으로 자료 취득
3. 정보공개청구
4. 공개 API 활용
5. 웹스크레이핑(Web Scraping, Web Crawling)
6. 데이터베이스 자체 구축

각 수집방법은 장·단점이 갈리지만, 각자의 상황에 맞는 가장 용이하고 합리적이며 적법한 방법으로 정확한 내용과 형식의 자료를 구하는 것이 원칙이다. 때로는 신속성도 중요하다. 데이터 저널리즘은 시간적 여유를 두고 제작하는 경우가 많지만, 되도록 빨리 자료를 입수해야 할 때도 있다. 지나치게 시간이 지체되면 뉴스의 시의성을 놓치게 되기 때문이다.

이 가운데 공개 API 활용과 웹스크레이핑은 둘 다 매우 유용하고 효율적인 데이터 수집 기법이지만 프로그래밍 능력이 있어야 한다는 난점이 있다. 프로그래밍 역량을 갖춘 데이터 저널리스트나 개발자를 사내 인력으로 둔 유수의 해외 언론사들은 정보공개청구와 병행해 웹스크레이핑을 널리 사용하는 것으로 알려졌다. 수많은 유료 및 무료 웹스크레이핑 도구가 개발돼 보급되고 있으며 관련 프로

그래밍 강좌는 IRE(전미 탐사 보도기자 및 편집인 협회)와 산하기관인 NICAR (미국 컴퓨터 활용 보도 연구소)가 매년 주최하는 Car Conference(컴퓨터 활용 보도기법을 토론하고 강의하는 미국 언론인들의 연례행사)의 가장 인기 있는 특강 주제이다.

우리나라의 데이터 분석가와 기업, 연구기관들도 이미 웹스크레이핑을 폭넓게 활용하고 있다. 다만 법적, 윤리적으로 갈등의 소지가 없는지는 좀 더 사회적 논의와 합의가 필요한 부분이다. 대부분의 웹스크레이핑은 특정 사이트의 공식적인 허락을 받지 않고, 통상적인 방법과는 다른 경로로 데이터를 수집하게 된다. 이 때문에 원칙적으로는 해당 기관에 데이터 파일 제공을 직접 요청하는 등 가능한 모든 수집방법을 시도해 본 다음, 마지막 대안으로 웹스크레이핑을 선택하는 것이 이상적이다. 또 웹스크레이핑을 하기 전에 해당 기관에 미리 통지하는 것이 바람직하다는 의견도 있다. 가능성은 매우 희박하지만, 무분별한 웹스크레이핑이 해당 사이트의 서버에 부담을 줄 수 있다는 일부 지적도 있다. 이 때문에 되도록 새벽 시간을 활용하거나, 파이썬 프로그래밍 언어의 time.sleep 함수 등을 활용해 일정한 시간 간격을 두고 루프(Loop)를 실행하는 것이 필요하지만, 그만큼 데이터 수집에 시간이 많이 걸리게 되는 문제점이 발생한다.

극히 예외적인 사례이긴 하지만, 최근 미국에서는 언론인이 웹스크레이핑으로 인해 법적 논란에 휘말린 일도 발생했다. 미국의 '스크립스 하워드 뉴스(Scripps Howard News Service)'의 취재기자 아이작 울프(Issac Wolf)는 2013년 구글 고급검색을 통해 한 통신사가 고객의 개인정보가 담긴 통신서비스 신청서 파일을 웹상에 노출시킨 사실을 발견했다. 문제점을 직감한 울프 기자는 웹스크레이핑 도구로 해당 사이트에 접근해 본 결과 수만 건의 고객 개인정보 파일을 수집할 수 있었다. 그가 통신사의 허술한 고객 개인 정보관리 실태를 고발하는 폭로 기사를 쓰자 해당 통신사는 울프 기자를 고객정보를 훔쳐 간 해커로 규정하면서 법적소송을 하겠다고 위협했다. 같은 해 Car Conference에서는 웹스크레이핑의 법적 논란과 관련해 좌담회가 마련됐고 '컬럼비아 저널리즘 리뷰' 등 유수의 언론잡지와 사이트에서 이 문제가 거론되기도 했다. 미국의 '컴퓨터 사기와 남용 방지법(The Computer Fraud and Abuse Act)'은 특정 기관의 전산망에 접근해 정식 허락

없이 자료를 수집해 가는 것은 불법으로 간주한다. 문제는 이 법 규정이 모호해 어디까지가 불법적인 해킹이고, 무엇이 정당한 웹스크레이핑인지 구분하기가 어렵다는 점이다. 공익을 목적으로 웹스크레이핑을 수행하는 것은 법적 문제가 없는 것으로 간주하는 것이 상식이지만, 국내에는 이에 대한 관련 논의가 전무했던 만큼, 웹스크레이핑의 양성화와 데이터 저널리즘의 확산을 위해라도 좀 더 엄밀한 토의와 사회적 합의가 필요할 것으로 보인다.

웹스크레이핑(Web Scraping, Web Crawling): 인터넷에서 반복적인 검색 작업을 수행하는 크롤링 검색 로봇으로 필요한 자료를 추출해, 정리하는 기술이다. 이 같은 작업을 하는 로봇을 'Crawler', 'Internet Bot', 'Internet Spider' 등 다양한 이름으로 부른다. 예를 들어 검색창에 지역과 시기를 입력해야 자료를 부분 조회할 수 있는 온라인 공공데이터베이스에서 웹스크레이핑을 수행하면, 원하는 기간의 전국 단위의 모든 거래 자료를 한꺼번에 모을 수 있다. 파이썬(Python)이나 루비(Ruby)와 같은 컴퓨터 프로그래밍 언어를 사용하며, 특정 URL 주소에서 웹 페이지의 원하는 정보만 추출해 HTML 형태로 수집하게 된다. 여기서 다시 필요한 데이터만 추출하는 파싱(Parcing)을 거친다. 검색 로봇으로 인터넷상의 콘텐츠를 모아 색인 목록을 만드는 구글 검색이나, 여러 쇼핑 사이트에서 특정 상품의 정보를 모아 가격을 비교하는 사이트가 모두 웹스크레이핑 기술을 사용하는 대표적인 사례다. 공공데이터 포털의 공개 API 활용도 인터넷 URL을 통해 웹 데이터를 받아 오지만, 웹스크레이핑과 달리 해당 사이트에서 직접 제공하는 키(key) 값을 받아, 정해진 질의 형식으로 데이터를 호출해 받아 본다는 차이점이 있다.

데이터를 직접 입수하거나 기초 자료조사를 하기 위해서는 구글 고급검색이 필수이다. 구글의 고급검색 페이지(http://www.google.co.kr/advanced_search)에서 검색조건을 입력하면, 데이터 파일형식이나, 검색 범위와 기간을 한정해 더욱 정밀한 검색을 할 수 있다. 혹은 구글검색 연산자를 직접 일반 검색창에 입력하는 것도 좋은 방법이다. 구글 검색어나 문자열은 따옴표로 묶는 것이 검색 범위를 좁혀 원하는 정보를 찾는 기본 요령이다. 공공기관 보고서의 가장 흔한 파일형태인 PDF 파일형식으로 검색대상을 지정하면 필요한 보고서 자료를 입수할 가능성이 한층 높아질 것이다. 이때 파일형식을 지정하는 검색 명령어인 filetype을 사용하면 된다. 가령, 안보 분야 취재기자가 차세대 스텔스 전투기 F-35A에 대한 최신 자

데이터 분석과 저널리즘

료를 입수하고자 할 때는 다음과 같이 검색할 수 있을 것이다.

예: "F-35A" filetype:pdf

특정 기관의 사이트로 검색 범위를 좁히려면 site 명령어를 활용한다. site:twitter.com처럼 특정 기관이나 회사의 인터넷 주소를 그대로 입력하거나, site:org와 같이 기관의 성격만 규정할 수도 있다. 또 2개 이상의 명령어를 혼용해도 된다.

예: "F-35A" filetype:pdf site:gov

구글 고급검색은 데이터 저널리즘 분야의 수많은 최신 정보를 쉽게 입수하는데도 유용하다. 경우에 따라서는 이미 출판된 문헌에서는 볼 수 없는 풍부하고도 깊이 있는 정보를 공짜로 얻을 수 있다. 특히 해외 언론단체 사이트로 범위를 좁히고 검색어를 적절히 지정하면 실용적인 각종 디지털 취재 도구에 대한 정보를 구글 고급검색으로 찾아볼 수 있다.

예: software OR tools site:poynter.org

인터넷상에는 검색엔진의 레이더망에는 포착되지 않는 숨겨진 고급 정보도 무수히 많다. 이른바 '보이지 않는 웹(Invisible Web)'이다. 해당 전문 분야의 특화된 데이터베이스가 대표적이다. 국내의 각종 정부 용역 보고서를 찾아볼 수 있는 사이트인 '프리즘'이 대표적이며, 해외 사이트에서 무기에 대한 상세한 정보를 원한다면 '제인스 연감' 같은 권위 있는 전문 사이트에서, 기업 간의 소송에 대한 정보를 얻고자 한다면 LexisNexis 같은 법률 전문 정보 데이터베이스를 검색해야 한다. 이 같은 전문 서비스 중에는 유료와 무료가 섞여 있으므로 선별해 활용해야 한다. 검색 노하우와 관련한 자세한 정보는 언론진흥재단 등 국내 언론단체에서 마련하는 탐사 보도 혹은 데이터 저널리즘 교육 프로그램의 강좌를 통해 얻을 수 있다.

3.5. 화석이 되어 버린 데이터, PDF 이미지 파일

데이터로 뉴스제작을 해 본 사람이라면 기껏 어렵게 구한 정부 공공데이터 자료가 PDF 이미지 파일로 만들어져 있는 것을 확인하고, 자신도 모르게 한숨을 쉬어 본 경험이 한두 번 이상은 있을 것이다. PDF는 공무원들이 가장 사랑하는 파일이라는 농담이 있을 정도로 공공기관에서 널리 사용되는 파일 형태이지만 데이터를 다루는 기자 입장에서는 기피 대상 1호일 수밖에 없다. PDF 이미지 파일은 오직 읽기만 되고 내용 수정은 불가능하다. 파일 속의 문자와 숫자는 화석화된 상태이다. PDF 안에 갇힌 숫자는 2차로 분석할 여지가 전혀 없다. 스프레드시트처럼 자유롭게 정렬하고 필터링하고 합계를 내볼 수가 없다는 얘기다. 일례로 고위공무원들과 국회의원의 재산변동 내역을 PDF 파일 형태로 관보와 공보에 공개한다는 것은 언론과 시민들이 공직자들의 재산 내역을 전체적으로 살펴보고 비교할 여지를 원천적으로 봉쇄하는 일이다.

우리보다 먼저 데이터 저널리즘을 실천해 온 해외의 기자들도 정부 문서에서 데이터를 추출하기 위해 PDF 파일과의 전쟁을 벌여 왔지만 아직도 완벽한 해법은 개발되지 못한 상태이다. 인터넷상에서 PDF 파일을 엑셀 파일로 바꿔주는 갖가지 도구들을 찾아볼 수 있긴 하지만 문제는 성능이다.

필자는 해외 언론 관련 단체들이 추천하는 PDF 파일 변환 도구 3가지로 국내 공공기관의 PDF 파일을 변환하는 시험을 해 봤다. 일단 무료 온라인 도구인 COMETDOCS와 ZAMZAR, PDF to Excel Converter 3가지를 시험 대상으로 삼았다. 모두 PDF 파일을 업로드해 변환할 파일형식, 즉 엑셀 파일을 지정한 뒤, 자신의 이메일 주소를 입력하면 된다. 실행시키면, 변환 파일을 내려받을 수 있는 링크가 이메일에 담겨 즉시 날아온다.

파일을 변환하기에 앞서 먼저 작업 PDF 파일의 분량을 따져볼 필요가 있다. 페이지가 많을수록 처리 속도는 현저히 느려질뿐더러 아예 처리 자체가 안 되는 경우도 많다. 많은 페이지를 처리하려면 변환 도구의 무료 버전을 유료로 전환해야 한다. 국내에서 입수하는 공공기관의 PDF 파일은 수백 페이지에 달하는 디지털 책자 형태가 많다. 일단 꼭 필요한 몇 페이지만 잘라서 변환하는 것도 한 방법이

데이터 분석과 저널리즘

다. 크롬 웹브라우저에서 오른편 하단에서 인쇄 기능을 선택해 프린터 대신 PDF 모드로 바꿔준 뒤, 필요한 페이지 범위를 입력하고, 저장을 하면 설정한 페이지들만 별도 파일로 추출된다.

> PDF 파일은 2가지 종류로 나뉜다. 텍스트 기반의 PDF(native PDF)와 이미지를 뜬 PDF(scanned PDF) 파일이 그것이다. 전자는 워드 프로세서나 엑셀 파일로 처리된 내용을 PDF 형태로 만든 것으로 문자와 숫자의 폰트 성격과 배열정보가 그대로 살아 있어 엑셀 파일로 다시 변환하기가 용이하다. 반면에 후자는 사진을 찍듯 문서에서 이미지를 뜬 것이므로 숫자와 문자를 인식하려면, 별도의 OCR(광학문자인식) 기능이 필요하다.
> 내용을 검색하거나 마우스 우클릭해 복사가 되는 PDF는 텍스트 기반이고, 검색도 안 되고 복사도 안 되면, 단순히 이미지를 스캔한 것이다. 앞서 언급한 무료 PDF 변환 도구들은 텍스트 형태의 PDF 파일을 다룬다. 이미지 스캔한 PDF 파일은 별도의 OCR(광학문지인식) 기능을 가진 온라인 무료 변환 도구에서 텍스트 파일로 바꾼 뒤, 엑셀의 데이터 → 텍스트 메뉴에서 탭을 분리자로 설정해 불러들인다. www.onlineoc.net의 무료 도구를 사용해 보거나, PDF 이미지 파일 처리도 가능한 유료 도구를 활용해야 한다.

필자는 전국의 소방서와 119 안전센터의 주소록을 스프레드시트 형태로 받아보기 위해 정보공개청구했지만, PDF 파일로 받았다. 크롬으로 3페이지만 잘라, 앞서 거론한 도구 3가지로 변환해 봤다.

소방서 주소록의 원래 모습은 〈그림 3-5〉와 같다.

시험해 본 결과 Zamzar는 한글이 제대로 처리되지 않는 문제점이 있었다. 소방서의 부서명이 0이란 숫자로 변형돼 나타났다.

용산소방서 〈DDD 02〉

(우편번호 : 140-871) 서울특별시 용산구 한강대로 167

부 서 명	행정전화	일반전화	비 고
서 장	1801-74-236	795-0119	010-2003-312
부 속 실	1801-74-212	795-0180	
소 방 행 정 과 장	1801-74-350	797-3842	
행 정 팀	1801-74-310~3	794-1190	
민 원 실	1801-74-514	796-6361	
장 비 회 계 팀	1801-74-320~4	797-0730 796-2877	
홍 보 교 육 팀	1801-74-330~3	794-3119	
대 응 관 리 과 장	1801-74-450	793-2272	
대 응 총 괄 팀	1801-74-410~3	796-3596	
진 압 팀	1801-74-420~425	793-2274	
구 조 구 급 팀	1801-74-430~2	793-2273	
상 황 실	1801-74-200,300	794-0119 749-0119	

〈그림 3-5〉 소방서 주소록 PDF 파일

PDF to Excel Converter는 가장 깔끔하게 파일을 변환했지만 표 안의 한글과 숫자는 완벽히 처리한 반면, 표 밖의 '용산 소방서'와 같은 글자는 모두 빠뜨렸다. 변환된 엑셀 시트 상에서는 각 부서가 어느 소방서 소속인지 알 수가 없었다.

	A	B	C	D
1	부 서 명	행정전화	일반전화	비 고
2	서 장	1801-74-236	795-0119	010-2003-312
3	부 속 실	1801-74-212	795-0180	
4	소 방 행 정 과 장	1801-74-350	797-3842	
5	행 정 팀	1801-74-310~3	794-1190	
6	민 원 실	1801-74-514	796-6361	
7	장 비 회 계 팀	1801-74-320~4	797-0730 796-2877	
8	홍 보 교 육 팀	1801-74-330~3	794-3119	
9	대 응 관 리 과 장	1801-74-450	793-2272	
10	대 응 총 괄 팀	1801-74-410~3	796-3596	
11	진 압 팀	1801-74-420~425	793-2274	
12	구 조 구 급 팀	1801-74-430~2	793-2273	
13	상 황 실	1801-74-200,300	794-0119 749-0119	

〈그림 3-6〉 PDF to Excel Converter 변환 결과

	위험물안전팀		1801-75-530~2	2245-7119			
	구 조 대 장		1801-75-280	2249-8529			
	구 조 대		1801-75-281	2245-6119			
	직할119안전센터장실		1801-75-220	2247-5119			
	장 안 119안전센터		1801-75-250,260	2245-0119	동대문구 장안1동 434		
	청량리1 1 9 안전센터		1801-75-251,261	962-0119	동대문구 청량리동 2-4		
				969-5119			
	전 농 119안전센터		1801-75-252,262	2215-0119	동대문구 전농1동 643-116		
				2246-8119			
	용 두 119안전센터		1801-75-253,263	928-0119	동대문구 용두동 112-4		
				929-1191			
	휘경119안전센터		1801-75-254,264	2213-0119	동대문구 휘경2동 34-17		
2212-2119							
32		2013 전국 소방관서 전화번호부					
	영등포소방서					〈DDD 02〉	
					(우편번호 : 150-034) 서울특별시 영등포구 문재로 197		
	부 서 명		행정전화	일반전화	비		고
서		장	1801-76-236	2678-0119	010-2003-6235		
	부 속 실		1801-76-212				

〈그림 3-7〉 COMETDOCS 변환 결과

COMETDOCS는 표 밖의 정보도 빠짐없이 엑셀 파일에 담아줬다. 〈그림 3-7〉를 보면, '용산 소방서'라는 표 밖의 제목과 주소가 그대로 살아 있는 것을 볼 수 있다. 하지만 안전센터의 전화번호가 엉뚱한 칼럼에 들어가는 문제점도 발견됐다. 2줄로 이뤄진 셀의 두 번째 줄 전화번호가 잘못된 칼럼으로 튕겨져 나간 것이다. 데이터 정제가 필요한 부분이다.

PDF 변환 도구 중엔 이밖에도 PDF 파일에서 데이터를 표 형태로 추출하는 Tabula라는 PC 설치형 무료 프로그램이 있으며, Acrobat Pro와 able2extract와 같은 유료 소프트웨어도 있다. 종류는 많지만 어떤 소프트웨어이든 장·단점이 있는 법이다.

특히 아직까지 무료 도구 중에 PDF 파일을 완벽하게 엑셀 파일로 변환시켜 주는 경우는 없었다. 변환된 엑셀 파일을 다시 수작업으로 정리할 필요가 있다는 얘기다. 또 유료 프로그램이라고 반드시 꼭 성능이 좋다고 단정할 수도 없다. 자신의 상황과 데이터 특성에 맞춰 최적의 도구를 고르되, 변환한 엑셀 데이터를 원 데이터와 대조해 제대로 처리됐는지 꼼꼼히 따져보는 태도가 필요할 것이다.

3.6. '데이터 오류' 바로잡기

컴퓨터 관련 업무에서 흔히 인용되는 격언에 "쓰레기를 넣으면 다시 쓰레기가 나온다(Garbage In, Garbage Out)"는 말이 있다. 아무리 훌륭한 시스템이라도 잘못된 정보를 넣으면 오류투성이의 결과물을 낳을 수밖에 없다는 것이다.

대부분의 원시 데이터는 여러 가지 오류를 안고 있기 마련이다. 오자나 잘못된 정보 같은 이른바 '더러운 데이터(Dirty Data)'를 말한다. 대표적인 문제 데이터로 아무것도 입력되지 않은 빈 셀이나 중복된 데이터를 꼽을 수 있다. 통계분석에 오류를 발생시키는 주범이다. 잘못 표기된 글자나 숫자도 자주 볼 수 있다. '서울'을 '서을'이라고 입력한다든가, '2010년'을 '3010년'이라고 적거나, 혹은 컴퓨터가 이해 못하는 정체불명의 기호가 들어갈 수도 있다. 같은 내용인데 표기방식에 일관성이 없을 때도 문제가 발생한다. 또 주소란에 들어가야 할 정보가 지역행정코드란에 섞여 들어가는 등 데이터가 헝클어져 있는 경우도 생긴다. 데이터 형식이 잘못 설정된 것도 문제다. 숫자가 문자 형태로 설정돼 있으면 연산 자체가 불가능할 것이다. 위도, 경도가 하나의 셀에 합쳐진 경우엔 2개의 셀로 분리시켜야 지도로 시각화할 수 있다.

정부나 공공기관과 연구기관에서 생산하는 공공데이터는 신고 내용을 취합하거나 담당 공무원이 직접 조사해 종합한 자료이다. 정부 데이터라고 무조건 무결점 데이터라고 믿는다면 큰 오산이다. 공공기관에서 공개한 실제 데이터를 학습자료로 삼아 데이터 정제의 요령을 하나하나 연습하고 데이터 오류를 바로잡는 방법을 익혀야 한다.

데이터 정제 도구엔 다양한 선택지가 있다. 먼저 엑셀과 같은 스프레드시트와 데이터 정제 전문도구인 오픈 리파인(Open Refine)을 꼽을 수 있다. 오픈 리파인과 유사한 도구로 데이터 랭글러(Data Wrangler)도 추천할 만한 소프트웨어이다. 텍스트 에디터의 바꾸기 기능과 정규표현식을 조합해 사용하거나 MySQL 등 데이터베이스 관리 프로그램의 문자열 추출 함수를 활용할 수도 있을 것이다.

이 장에서는 데이터 정제 전문 소프트웨어인 '오픈 리파인'을 중심으로 공공데이터를 탐색하고 오류를 바로잡는 요령을 살펴보겠다. 과거의 '구글 리파인'이 개

데이터 분석과 저널리즘

명한 오픈 리파인은 데이터 정제에 드는 시간과 노력을 크게 덜어줄 수 있는 고마운 도구이다. 프로 퍼블리카의 제작팀은 오픈 리파인을 가리켜 '지루한 데이터 정제 작업에 수반되는 두통과 피로를 덜어주는 도구'라며 적극 추천하기도 했다. 데이터 분석에 경험이 거의 없는 초보자도 쉽게 사용할 수 있는 도구인 오픈 리파인으로 '데이터의 정글'에서 살아남는 방법을 살펴보자.

먼저 오픈 리파인의 홈페이지(openrefine.org)에서 프로그램을 내려 받아 PC에 설치한다. 오픈 리파인의 시작창이 뜨면, 실습 데이터 중 '서울시도로시설물' 파일을 선택해 불러오자. (이 책의 실습 데이터는 '글로벌콘텐츠출판그룹 홈페이지 http://www.gcbook.co.kr에서 자료실로 들어가 내려받을 수 있다.) 이 자료는 정부나 지자체가 발표하는 공공데이터에도 얼마나 많은 오류와 혼선이 있을 수 있는지 확인시켜 주는 사례로 판단돼 데이터 정제 실습 데이터로 삼았다.

'Create Project' → '파일선택' → 'Next'를 거쳐 파일을 불러온다. 처음엔 미리보기 창에서 파일의 글자가 깨진 상태로 보일지 모른다. 하단의 파일형식에서 엑셀 파일형식을 눌러 지정하면 정상적인 파일내용이 나타난다. 우상단에 적당한 프로젝트 파일명을 입력한 뒤 Next를 선택한다.

이제 언뜻 보면 스프레드시트와 유사하게 생긴 오픈 리파인의 작업창이 보일 것이다. 오픈 리파인은 처음엔 자동적으로 10행씩만 보여지게 설정돼 있다. 필요하면 상단의 25나 50을 선택해 한 페이지에 표시되는 행수를 늘릴 수 있다. 일단 50을 선택해 보자.

오픈 리파인(이하 약칭 '리파인')은 데이터 정제와 동시에 데이터의 구조를 탐색

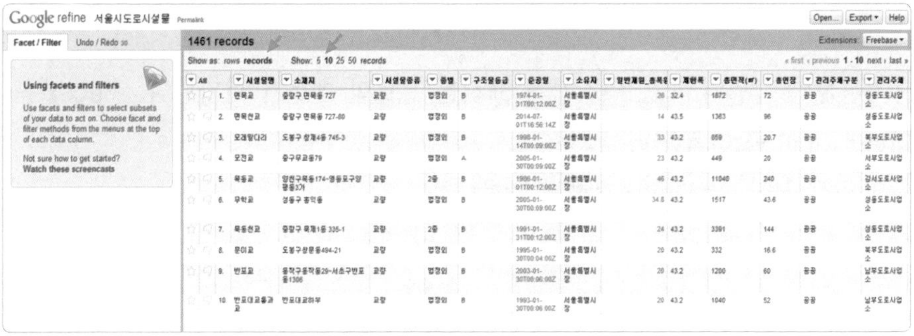

〈그림 3-8〉 오픈 리파인 작업창, 시설물 데이터 불러온 모습

하는데도 매우 훌륭한 도구이다. 먼저 데이터의 규모를 살펴보자. 첫 화면을 보면 상단에 레코드 수가 1,461개라고 표시돼 있다. Records 탭을 Rows 탭으로 바꾸면 행수가 1,618개라고 표시될 것이다. '서울시도로시설물' 데이터의 총 행수는 1,618개이지만, 맨 왼편 칼럼인 시설물명 칼럼 기준으로 같은 이름이 중복 기입된 시설물 갯수와 빈 셀이 247행이므로 고유의 데이터는 모두 1,461행이라는 의미이다.

3.7. 빈 셀(blank) 골라내기

리파인의 강력한 기능인 facet을 사용해 빈 셀을 골라보자.

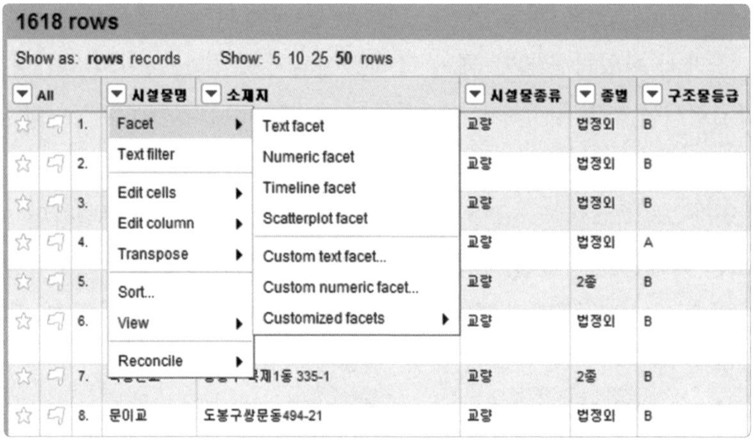

〈그림 3-9〉 Text facet 메뉴

시설물명 칼럼의 작은 역삼각형 표시를 누르면 메뉴가 나타난다. 'Facet' → 'Text facet'을 선택한다.

왼편에 나타나는 Facet 결과를 살펴보자.

〈그림 3-10〉 Text facet 실행 결과

시설물명이 모두 뜨고, 그 옆엔 데이터 개수를 세어 표시해 줬다. '1304 choices' 라는 표시는 빈 셀을 제외하고 모두 1,304개의 시설물명이 있다는 뜻이다.

우측 슬라이더를 내리면서 살펴보면 동일한 시설물명이 2회 이상 출현한 경우도 많음을 알 수 있을 것이다. 가나다순으로 정렬된 것을 출현 빈도순로 정렬하기 위해 count를 클릭하자.

〈그림 3-11〉 Text facet 출현 횟수 기준 내림차순 정렬

〈그림 3-12〉 빈 셀(blank) 출현 횟수 표시

출현 횟수가 가장 많은 시설물은 뭘까? 바로 이름을 알지 못한다는 뜻의 '무명교'이다.

데이터가 Rows 탭으로 설정되어 있다면, Facet 목록의 맨 밑으로 내려갈 경우, Blank, 즉 아무 것도 써 있지 않은 빈 셀이 157개라고 표시되어 있을 것이다.

리파인은 출현 횟수를 내림차순으로 정렬할 때 빈 셀을 목록의 최하단에 표시한다.

All			시설물명	소재지	시설물종류	종별	구조물등급
☆	⛟	1002.		서울특별시 은평구 갈현동 산12-7임	교량	확인불가	미분류
☆	⛟	1003.		서울특별시 은평구 진관동 196-34 도	교량	확인불가	미분류
☆	⛟	1004.		서울특별시 은평구 진관동 188-10천	교량	확인불가	미분류
☆	⛟	1335.			입체교차	확인불가	미분류
☆	⛟	1336.			입체교차	확인불가	미분류
☆	⛟	1337.		고덕동498	교량	확인불가	미분류
☆	⛟	1343.			지하보도	확인불가	미분류
☆	⛟	1344.			지하보도	확인불가	미분류
☆	⛟	1345.			지하보도	확인불가	미분류
☆	⛟	1359.		서울특별시 은평구 진관동 225-10천	교량	확인불가	미분류
☆	⛟	1360.		서울특별시 은평구 진관동 354-5천	교량	확인불가	미분류
☆	⛟	1361.		서울특별시 은평구 진관동 산35-1구	교량	확인불가	미분류
☆	⛟	1362.		서울특별시 은평구 진관동 354-5천	교량	확인불가	미분류
☆	⛟	1363.		서울특별시 은평구 진관동 산103-30도	교량	확인불가	미분류
☆	⛟	1364.		서울특별시 은평구 진관동 산104-23도	교량	확인불가	미분류

〈그림 3-13〉 시설물명이 빈 칸인 행 표시

Blank 옆에 커서를 대면 edit와 include라는 글자가 나타난다. 이 중에서 include를 클릭해 보자. 어떤 종류의 구조물이 빈 셀인지 정리해 줄 것이다. 교량, 입체교차로, 지하보도, 보도육교 등 다양하다.

이번엔 edit 버튼을 눌러 〈그림 3-14〉과 같이 입력해 보자. 157개 빈 셀의 시설물 이름이 일제히 '이름 없는 시설물'로 입력될 것이다.

데이터 분석과 저널리즘

〈그림 3-14〉 Text facet 활용 편집 작업창

exclude를 선택하고 다시 원래 목록으로 돌아온 뒤, 이번엔 무명교 옆의 edit 버튼을 누르고 들어가 '이름 없는 시설물'로 이름을 바꿔주자. 나중에 엑셀에서 피벗 테이블이나 필터링을 하기 좋게 정리하는 정제 작업이다. 이름이 없는 교량이나 육교 등은 모두 같은 범주로 묶는 것이다.

이번엔 구조물 안전등급을 담은 칼럼을 탐색해 보자. 언론인뿐 아니라 일반 시민들이 많은 관심을 가질 만한 정보이다. (단, 어떤 공공데이터이든 여러 오류가 내포돼 있듯이, 구조물 등급 자체를 맹신할 수 없다는 점도 기억하자. 이미 일부 교량·터널 같은 국가주요시설의 안전진단이 무자격 진단업체들에게 맡겨져 부실하게 이뤄진 사례가 드러난 바 있다.)

안전등급 칼럼을 Text facet해 보면 '미분류'나 '확인불가', 빈 칸(blank)이 370개에 달한다. 전체의 1/5이 넘는 구조물의 안전정보가 빠져 있는 것이다. 안전진단이 아예 이뤄지지 않았는지, 진단은 했지만 자료가 취합되지 못한 것인지, 취재가 필요한 부분이다. 추후 분석을 위해 일단 '확인불가'와 빈 칸을 모두 edit 기능을 활용해 '미분류'로 통일해 준다. 이런 식으로 모든 칼럼을 탐색하고 정제한다.

3.8. 일관성 없는 표기 바로잡기

이번에는 같은 내용을 표기와 철자의 일관성 없이 잘못 입력한 데이터를 골라내 깔끔하게 정제하는 방법을 살펴보자. '소유자' 칼럼에는 특정 시설물에 대해 재산권과 관리 권한을 행사하는 행정구역 혹은 자치단체장이 명기돼 있다. Text facet 기능으로 그 내용을 정리해 보자.

〈그림 3-15〉구조물 안전 등급 Facet 결과

칼럼 내역을 잘 살펴보면, 기초지자체와 지자체장, 즉 '강북구청'과 '강북구청장', '관악구청'과 '관악구청장'이 별다른 기준 없이 마구 섞여 있는 사실을 파악할 수 있다. 같은 강북구청 관할이더라도 어떤 시설물은 '강북구청'을 소유자로, 다른 시설물은 '강북구청장'으로 제각각 다르게 표시한 것이다. 이 역시 통계 오류를 낳는 데이터다. '강북구청'을 모두 '강북구청장'으로 바꾸기 위해 '강북구청'에 커서를 대고 edit 버튼을 누른다. 대화창에서 '강북구청장'을 입력한 뒤 apply를 클릭하면 6개 '강북구청' 데이터가 한꺼번에 '강북구청장'으로 수정된다.

〈그림 3-16〉같은 내용 다른 표기 사례

데이터 분석과 저널리즘

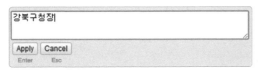

Apply　Cancel
Enter　　Esc

〈그림 3-17〉 Text facet 편집창에서 표기 바로잡기

　같은 방법으로 슬라이드를 내려서 다른 데이터도 차례로 수정한다. '마포구 토목과'는 '마포구청장'으로 '서울시', '서울특별시'는 '서울특별시장'으로 바로잡는다. 50개에 달하는 '서울특별시' 항목을 단번에 '서울특별시장'으로 바로잡을 수 있는 것이다.

　'관리주체' 칼럼을 facet해 봐도 다음과 같은 오류가 발견된다. '공공'과 '담당 공무원'을 동일한 명칭으로 통일한다. '법정외'가 758개, '기타' 2개, '일반' 2개, 공란 5개, '확인불가' 329개이다. 이중 '기타'와 '확인불가', 공란 등을 하나의 명칭으로 통일할지도 고민해 봐야 한다.

〈그림 3-18〉 시설물 관리주체 Text facet 결과

　이번엔 준공일을 살펴보자. 지금까지 살펴본 데이터의 유형은 문자(Text)인 반면 준공일 칼럼은 시간(Date) 데이터이다. 리파인은 연월일을 '1995-01-30TOO: 04:OOZ'처럼 다소 생소한 형식으로 붙여 표시한다.

　준공일 칼럼에서 Facet → Timeline facet을 실행하자.

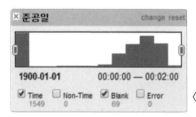

〈그림 3-19〉 준공일 Timeline facet 결과

숫자와 시간 데이터는 데이터값의 분포가 히스토그램으로 표시된다. 히스토그램을 보니, 20세기 초, 100여 년 전에 지어진 시설물이 유난히 많다. 상식적으로 이해가 잘 안 가는 대목이다. 빈 셀은 69개에 달한다. 슬라이더를 조정해 히스토그램의 시각화 범위를 1900년대 초로 좁혀 보자. 1900년 1월 1일이 준공날짜로 돼 있는 시설물이 얼마나 많은지 한눈에 들어올 것이다. 실제로는 해당 날짜에 준

〈그림 3-20〉 준공일 '1900년 1월 1일' 시설물 탐색

데이터 분석과 저널리즘

공된 것이 아니라 대부분 준공 시점을 모르는 시설물들이다.

Common transform 메뉴에서 To text를 선택해 준공일 칼럼을 텍스트 형태로 바꾼 뒤, 준공일을 Text facet해 보면 1900년 1월 1일 준공된 시설물이 408개에 달한다. 빈 셀까지 합해 477개 셀을 edit 버튼을 선택한 뒤 모두 빈 셀로 재편집해 주자.

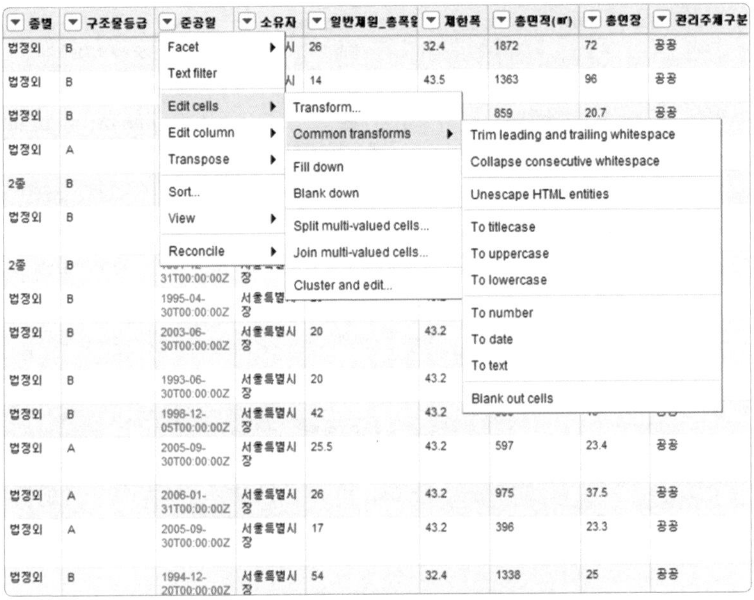

〈그림 3-21〉 텍스트로 변환하는 To text 메뉴

이번엔 다른 칼럼의 데이터 유형을 바로잡아 보자. '일반제원 총폭원', '제한폭' 등 구조물의 크기를 알려주는 칼럼의 내용은 모두 파란색으로 셀 왼편에 바짝 붙어 있다. 리파인에서 파란색은 문자, 녹색은 숫자나 시간 데이터를 나타낸다. 엑셀과 마찬가지로 셀의 왼쪽에 붙어 표시되는 데이터는 문자 형태로 설정돼 있다는 것을 의미한다. 수치는 반드시 숫자 유형으로 형식을 바꿔줘야 제대로 된 계산이 가능하다.

화면상으로는 표시되지 않지만, 꼭 청소해줘야 하는 데이터도 있다. 바로 공백문자(White Space)이다. 문자나 숫자 뒤에 Space 바나 Tab 키로 공백이 만들어진 경우이다. 컴퓨터는 빈 공간도 데이터로 인식하므로 분석 과정에서 예상치 못한 오류를 낳기도 한다.

시설물 칼럼을 Trim leading and trailing white space 메뉴를 선택해 정제해 보자.

모두 169개의 셀에서 공백을 제거했다는 메시지가 뜰 것이다.

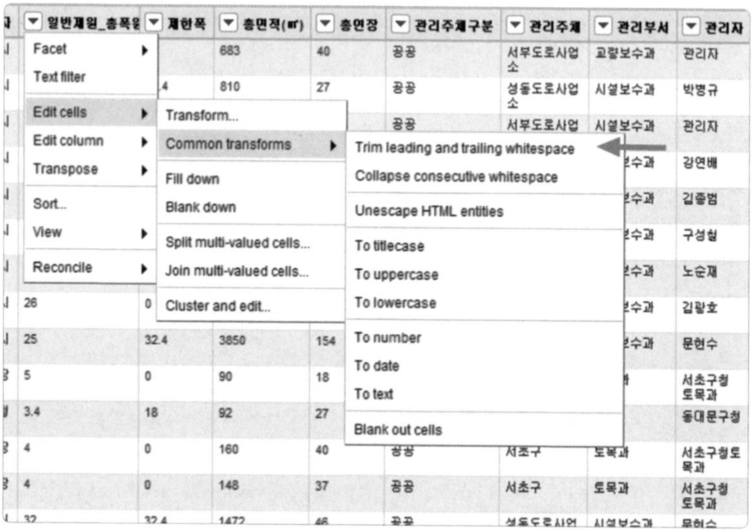

〈그림 3-22〉 숨어 있는 공백을 제거하는 기능

3.9. GREL과 정규표현식 활용하기

이젠 조금 더 난이도를 올려보자. 컴퓨터를 전문적으로 다루는 사람들은 정규표현식(Regular Expression)을 편리하게 활용할 줄 안다. 정규표현식은 문자열의 배열에서 일정한 패턴을 찾아내 데이터 처리를 쉽게 만드는 수단이다(문자열이란 글자의 덩어리를 의미한다). 프로그래밍이나 텍스트 에디터에서 특정 문자열(String)을 골라내거나 대체할 때 복잡한 조건식 대신 간단하게 사용할 수 있다.

오프 리파인의 전용 함수인 GREL(Googel refine expresssion language)의

데이터 분석과 저널리즘

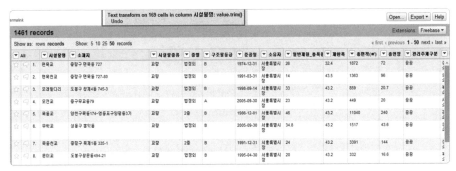

〈그림 3-23〉 '169개 셀의 공백 제거함' 표시

문자처리 기능은 정규표현식을 지원한다. GREL과 정규표현식이 실전에서 어떻게 도움이 되는지 살펴보자. 전국의 각종 공공구조물의 구조물 안전등급을 정리한 '전국공공시설물 안전현황' 데이터를 불러온다.

'위치' 칼럼은 광역자치단체명과 기초자치단체명이 빈 칸도 없이 하나로 합쳐져 있다. '서울특별시중구'와 같이 덩어리로 뭉쳐진 이 같은 정보보다는 '서울특별시'와 '중구'처럼 별도의 칼럼으로 분리된 데이터가 스프레드시트 분석에 더 유리할 것이다. '서울특별시 중구'는 문자열 사이의 공백을 기준으로 두 개의 칼럼으로 나눌 수 있다. 이 점을 염두에 두고 광역시도 지역명과 시·군·구 지역명을 각각 분리해 보자.

		시설물명	시설물구분	시설물종류	종별	위치	점검진단일	점검진단구분	등급
	1.	서울역사(본체)	건축물	다중이용건축물	2종	서울특별시중구	20120229	정밀점검	B
	2.	대전역사	건축물	다중이용건축물	2종	대전광역시중구	20100622	정밀점검	B
	3.	효창운동장	건축물	다중이용건축물	2종	서울특별시중구	20080622	정밀점검	C
	4.	김포 E-마트(공사청사)	건축물	건축물	1종	서울특별시강서구	20131116	정밀안전진단	B
	5.	무등경기장 야구장	건축물	다중이용건축물	2종	광주광역시북구	20121209	정밀점검	C
	6.	충무체육관	건축물	다중이용건축물	2종	대전광역시중구	20120507	정밀점검	B
	7.	정부중앙청사	건축물	건축물	1종	서울특별시종로구	20121207	정밀안전진단	B
	8.	구덕 실내체육관	건축물	다중이용건축물	2종	부산광역시서구	20130508	정밀점검	C
	9.	구덕야구장	건축물	다중이용건축물	2종	부산광역시서구	20120914	정밀점검	C
	10.	울산화력 # 본관 및 보일러 건물	건축물	건축물	2종	울산광역시남구	20121212	정밀점검	B

16169 rows

Show as: rows records   Show: 5 10 25 50 rows

〈그림 3-24〉 시설물 안전현황 데이터 불러온 화면

〈그림 3-25〉 Transform 기능 메뉴

'위치' 칼럼은 공통된 분리자가 없다. 문자열 사이에 공백이나 쉼표가 있을 경우에는 엑셀의 텍스트 분리 기능으로 쉽게 분리가 되지만, 문자열 속의 특정글자, 즉 '시'나 '도'를 기준으로 문자열을 추출하려면 몇 단계의 번거로운 과정을 거쳐야 한다.

GREL로 한 번에 일을 끝내 보자. 위치 칼럼에서 Edit cells → Transform 메뉴를 선택한다. 작업창의 Expression 기입란에 다음과 같이 입력한다.

```
value.replace("특별시","특별시 ").replace("광역시","광역시 ").replace("도","도 ").
replace("영도 구","영도구")
```

OK를 눌러 실행하기 전에, '미리보기 창'을 통해 제대로 문자열이 분리됐는지 확인할 수 있다. REPLACE 함수는 엑셀의 바꿔 넣기 기능처럼 특정 셀의 문자열 전체나 일부를 원하는 형태로 대체해 준다. REPLACE('해당 셀의 모든 문자열', '원래 문자열','대체할 문자열')나 VALUE.REPLACE('원래 문자열','대체할 문자열') 함수를 사용해 Expression 창에 입력해 준다.

마침표(.)는 앞의 수식에서 산출한 결과물을 이어받아 다음 작업으로 연결해 주는 일종의 파이프라인 구실을 하는 기호이다. VALUE.REPLACE('A','B'). REPLACE('C','D')와 같은 형식으로 계속 이어갈 수 있는 것이다.

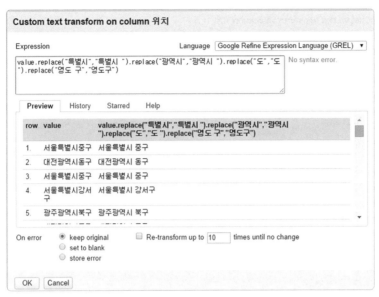

〈그림 3-26〉 GREL 활용 문자열 분리

광역자치단체 중 대도시 이름은 서울특별시나 00광역시 형태를 취하고 있으므로 '특별시'는 '특별시+한 칸 공백'으로 '광역시'는 '광역시+한 칸 공백'으로 처리해 주면 된다('특별시'와 '광역시' 대신 '별시'와 '역시'를 각각 표현식에 입력해도 결과는 같다). 마찬가지로 광역자치구역인 각 도의 명칭 뒤에도 공백을 넣었지만 예외적으로 부산 영도구의 경우 자치구 이름에 '도'가 들어가므로 '영도 구'를 '영도구'로 바로잡아 준다(미리 '도'와 같이 특정 글자가 포함된 데이터를 Facet 기능으로 파악할 수 있다). 물론 결과물은 아직 완벽하지 않다.

같은 지역을 2가지로 표시한 오류, 이를테면 '강원도 홍천군'을 '강원도 홍천군'과 '강원도 홍천' 2가지로 표기하는 등의 문제점들은 Text Facet의 편집 기능으로 다시 정리해 준다.

이번엔 특정 문자만 추출해 보자.

<그림 3-27> GREL 활용 문자열 추출

SPLIT 함수는 괄호안의 기호를 기준으로 문자열을 분리하고 이어지는 [ ] 안의
숫자를 서수로 간주해, 그 몇 번째에 오는 문자열을 결과값으로 낸다. "나는 학생
이다"라는 셀 데이터에서 "나는"만 추출하는 구문은 다음과 같다.

SPLIT("나는 학생이다.", " ")[0]

" ", 즉 문장 안의 공백을 기준으로 "나는 학생이다"를 문자열로 나누면,
"나는"과 "학생이다." 2개의 문자열이 나온다. [ ] 안의 숫자가 0이므로 첫 번째
문자열인 '나는'만을 추출하는 것이다.

오픈 리파인 GREL은 기본적으로 ('가', '나', '다', '라')처럼 데이터가 배열돼 있
을 때, '가'를 0번째 문자로, '나'를 1번째 문자로 인식한다. 이처럼 순서를 셀 때 1
이 아닌 0부터 세는 것이 컴퓨터 프로그래밍 문법의 특징이다. 따라서 [0]은 첫 번
째 문자열을 반환하라, [1]은 2번째 문자열을 반환하라는 뜻이다.

앞서 지역명을 분리하기 위해 입력한 GREL 표현식에 .SPLIT(" ")[0]을 추가로
입력해 주자. '서울특별시'나 '대전광역시', '강원도'처럼 광역 단위 지역명만 결과

데이터 분석과 저널리즘

로 낼 것이다.

이제부터는 GREL과 함께 정규표현식도 함께 다뤄보자.

〈그림 3-28〉 GREL과 정규표현식 활용 문자열 추출

정규표현식을 조금만 활용하면 GREL 구문을 훨씬 단순화할 수 있다.

value.replace("특별시","특별시 ").replace("광역시","광역시 ").replace("도","도 ").replace("영
도 구", "영도구").split(" ")[0]

위의 구문을 다음과 같이 간단하게 변형했다. 다른 구문이지만 동일한 결과물
을 낳는다.

value.partition(/^.{4}시|^.{2}도|^.{3}도/)[1]

PARTITION은 괄호 안에 들어가는 문자의 배열(ARRAY) 중 특정 기호나 문
자를 기준으로 양쪽에 위치하는 문자열을 나열해 준다. 항상 모두 3개의 소집합
이 발생한다. 문자열 중 특정 문자가 여러 번 있으면 첫 번째 위치를 기준으로 작
동한다. 예를 들어 PARTITION('서울특별시종로구', '시')는 '시'를 기준으로 해서

양쪽에 위치하는 '서울특별', '시', '종로구'를 발생시킨다. 여기에 [2]를 붙이면 '종로구'만 남길 것이다.

'/^.{4}시|^.{2}도|^.{3}도/'는 좀 더 복잡해 보인다. 이 정규표현식을 자연어로 번역하면 이렇다.

/: 정규표현식의 시작을 알리는 기호

^: 첫 번째 나오는 문자열

.: 아무 글자나 한 글자

{4}: 앞 문자열이 4번 나타날 때

|: 영어의 OR와 같은 이른바 boolean 연산자

^: 첫 번째 나오는 문자

{2}: 앞 문자열이 2번 나타날 때

{3} : 앞 문자열이 3번 나타날 때

/: 정규표현식 마무리를 알리는 기호

다시 말하면, 문자열의 맨 앞에 네 글자가 오고 '시'자가 나오든지, 맨 앞에 글자 2자 혹은 3자가 있고, '도'자가 나오면 partition 구문을 실행하라는 의미이다. '시'나 '도'를 포함해 문자 덩어리를 나눠서 추출한다.

만약 기존의 칼럼 내용 위에 덧씌우지 않고 새로운 칼럼을 생성해 광역자치단체명만 담고 싶다면 Add column based on this column 메뉴에서 뜨는 동일한 대화창에 GREL 조건문을 만들어 넣으면 된다.

데이터 분석과 저널리즘

〈그림 3-29〉 데이터 변환해 새 칼럼 생성하는 메뉴

결과적으로 다음과 같은 '관할 광역자치단체'라는 칼럼이 만들어졌다.

▼ 위치	▼ 광역지자체명
서울특별시중구	서울특별시
대전광역시동구	대전광역시
서울특별시중구	서울특별시
서울특별시강서구	서울특별시
광주광역시북구	광주광역시
대전광역시중구	대전광역시
서울특별시종로구	서울특별시
부산광역시서구	부산광역시
부산광역시서구	부산광역시
울산광역시남구	울산광역시

〈그림 3-30〉 시도명 칼럼 추출 결과

이번엔 시설물명 칼럼을 보자.

▼ All			▼ 시설물명	▼ 시설물구분	▼ 시설물종류
☆	👎	17.	시설물공구소	건축물	다중이용건축물
☆	👎	18.	시민회관	건축물	다중이용건축물
☆	👎	19.	대구창공장및창고	건축물	건축물
☆	👎	20.	1-014 신설동역	건축물	철도역시설
☆	👎	21.	1-016 제기동역	건축물	철도역시설
☆	👎	22.	1-010 종로5가역	건축물	철도역시설
☆	👎	23.	1-012 동대문역사	건축물	철도역시설
☆	👎	24.	1-002 서울역	건축물	철도역시설
☆	👎	25.	1-004 시청역	건축물	철도역시설
☆	👎	26.	1-006 종각역	건축물	철도역시설
☆	👎	27.	1-008 종로3가역	건축물	철도역시설
☆	👎	28.	1-018 청량리역	건축물	철도역시설
☆	👎	29.	청주체육관	건축물	다중이용건축물
☆	👎	30.	삼척의료원	건축물	다중이용건축물

〈그림 3-31〉 시설물명 칼럼 지하철역 숫자 기호

지하철역 이름 앞에 오는 1-014와 같은 기호는 데이터 분석에 불필요하다고 판단할 경우 제거할 수도 있다. 숫자와 문자가 덩어리로 합쳐진 데이터에서 특정 숫자나 문자만을 제거하거나 추출하는 데는 정규표현식이 제격이다.

데이터 분석과 저널리즘

〈그림 3-32〉를 보면 GREL REPLACE 구문과 정규표현식을 적용해 신설동역 앞의 숫자 1-104를 제거했음을 '미리보기 창'에서 알 수 있다.

'VALUE.REPLACE(/₩d+-₩d+/," ")'의 괄호안 정규표현식의 의미를 해석해 보면 다음과 같다.

/: 정규표현식의 시작

₩d+: 숫자(digit) 한 개 혹은 여러 개(₩는 역슬래시 ∖를 의미한다. 정규표현식에서 키보드로 원화 표시를 입력하면 화면엔 ₩로 표시해도 컴퓨터가 해석하기는 ∖로 해석한다. 정규표현식에서는 숫 자를 의미하는 d 앞에 ∖를 붙인다.)

-: 1-010처럼 숫자 사이에 위치한 - 기호

₩d+: 숫자가 한 개 혹은 여러 개

/: 정규표현식 마무리

〈그림 3-32〉 정규표현식으로 문자열 중 숫자 추출

요약하면 셀의 맨 앞에 오는 숫자들과 - 기호 그리고 이어지는 숫자들을 그 다음에 공백이나 문자가 출현하는 위치까지 걸쳐 모두 추출해 ""으로 대체하라, 즉 제거하라는 의미이다.

이처럼 REPLACE나 SPLIT 구문과 정규표현식 3가지를 적절히 활용하면 문자열 중 특정 패턴을 찾아내 자유자재로 부분만을 추출할 수 있다.

이번엔 해양사고 내역 실습 데이터를 불러오자.

All			발생일시		사고장소		위도		경도
☆	▣	1.	2013년 1월1일15시2분		축산 동방 22마일		36|32|00		129|53|00
☆	▣	2.	2013년 1월1일20시25분		여수시 국동 선원회관 앞 해상		34|43|30		127|43|05
☆	▣	3.	2013년 1월1일21시40분		여수시 중앙동 삼학식당 앞 방파제		34|44|16		127|44|45
☆	▣	4.	2013년 1월1일23시47분		전남 고흥군 도화면 단장마을 선착장		34|26|32		127|19|30
☆	▣	5.	2013년 1월2일12시45분		욱도 남동 63마일		37|04|00		133|25|00
☆	▣	6.	2013년 1월3일7시30분		전남 신안군 안좌면 사치도 인근 해상		34|46|19		126|03|37
☆	▣	7.	2013년 1월3일8시30분		묵호동방 7마일		37|33|00		129|14|00
☆	▣	8.	2013년 1월3일9시6분		전남 고흥군 도화면 지죽도 남서방 1.2마일 해상		34|25|00		127|17|37
☆	▣	9.	2013년 1월3일14시0분		여수시 대경도 해안가		34|43|05		127|43|03
☆	▣	10.	2013년 1월4일10시50분		임원동방 12해리		37|16|50		129|36|56
☆	▣	11.	2013년 1월4일16시30분		동두말 남동방 3해리		34|56|41		128|52|41
☆	▣	12.	2013년 1월5일5시0분		초치도 북방 2해리		37|21|09		126|19|53

〈그림 3-33〉 해양사고 내역 데이터

위도와 경도 칼럼의 36|32|00과 같은 표기는 일반적으로 매핑 소프트웨어가 인식하기 어려운 표기 방법이다. 파이프 기호(|)를 제거하고 정상적으로 36.3200으로 변환해 보자. 엑셀과 오픈 리파인을 활용한 변환 방법을 각각 간단히 살펴보자.

엑셀에서는 이 경우 텍스트 분리 기능 대신 몇 개의 문자열(STRING) 변환 함수를 사용해야 한다. LEFT와 RIGHT, MID 함수로 왼쪽에서 2개 숫자, 오른쪽에서 4개 숫자를 추출한 뒤 이를 다시 합쳐 주는 과정을 거쳐야 한다.

```
=CONCATENATE(LEFT(C2,2),".",MID(C2,4,2),RIGHT(C2,2))
```

이 같은 방법으로 위도와 경도를 각각 담은 새 칼럼 2개를 생성할 수 있다. LEFT와 RIGHT, MID는 문자열에서 특정 위치의 문자를 추출하는 함수이다. 위

데이터 분석과 저널리즘

도와 경도가 숫자가 아닌 문자 형태로 설정돼 있으므로 이 같은 작업이 가능하다. CONCATENATE는 문자열을 합쳐 주는 기능을 한다.

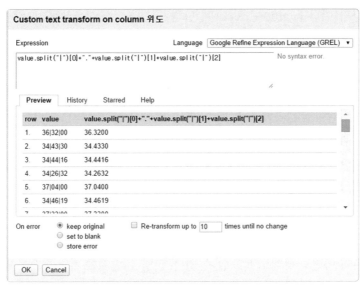

〈그림 3-34〉 복수의 특수 기호 문자열에서 제거하기

이번엔 오픈 리파인으로 데이터를 불러온 상태에서 GREL을 통해 바꿔보자.

value.split("|")[0]+"."+value.split("|")[1]+value.split("|")[2]

split 함수를 3번 반복한 단순 구조이다. 파이프 기호 |를 분리자로 활용해 1행의 문자열을 나누면 '36', '32', '00'이 될 것이다. 여기서 문자배열의 첫 번째 집합인 36과 마침표 . 두 번째 집합 32, 세 번째 집합 00을 이어서 붙이라는 의미이다. '미리보기'에서 37.3200으로 정리됐음을 알 수 있다.

이밖에 유용한 GREL 함수로 contains가 있다. 셀의 문자열에 특정 문자가 포함돼 있는지 여부를 True, False로 나눠 답해 주는 기능이다. "서울특별시 중구"란 셀이 있을 경우 value.contains("특별시")는 true를 반환한다. 이 책 7장에서 소개하는 의미망 분석에서 연결망 분석 자료를 만들 때 활용하면 유용한 함수이다. 특정 키워드가 연설문 문장 안에 포함됐는지 여부를 true 혹은 false로 반환해 주면, 이를 다시 true는 1, false는 0으로 바꿔 행렬 데이터로 바꿀 수 있다.

엑셀의 CONCATENATE 함수처럼 두 개의 문자열을 합해 주는 기능도 있다. 'cells["칼럼1이름"].value+" "+cells["칼럼2이름"].value'는 칼럼1과 칼럼2의 문자열을 빈 칸으로 띄운 채 합해 주는 표현식이다.

지금까지 작업한 리파인의 맞춤 작업창 CUSTOM TEXT TRANSFORM은 한 번 사용한 수식을 재활용할 수 있다는 큰 장점이 있다. History 탭을 선택해 Reuse를 클릭하면 기존에 사용했던 GREL을 다시 불러와 그대로 다시 활용할 수 있다. 이를테면 공간데이터의 위도 정제에서 사용한 GREL 수식을 바로 경도 정제에 쓸 수 있다. 또 엑셀과 달리 새로 칼럼을 생성할 필요 없이 기존의 칼럼값에 덧씌워 데이터 정제를 할 수 있어 편리하다.

리파인의 또 다른 편리한 기능은 화면 왼편 작업창의 UNDO/REDO 버튼이다. 일종의 타임머신 기능이라고 할 수 있다. 작업 단계마다 그대로 작업 기록이 저장돼 언제든지 이전의 상태로 복구할 수 있다. 만약 10단계를 거쳐 현재에 달했는데 9단계 이전으로 돌아가고 싶다면 정확히 9단계 이전으로 돌아가 그 사이에 실행한 작업은 취소시킨다. 데이터는 각 단계에 맞게 자동적으로 변환된다.

이밖에도 Facet 기능과 연계된 Cluster 버튼을 선택하면 비슷한 형태의 문자열을 분석 알고리즘을 통해 골라내 묶음으로 보여 준다. 같은 고유명사이지만 다른 표기로 잘못 입력된 단어들, 가령 Washigton DC와 Washngtn DC, Washington dc 등을 묶음으로 나열해 쉽게 한 가지 표기로 통일할 수 있도록 도와준다. 한글 분석에는 아쉽게도 매우 제한적으로만 적용이 가능하지만 영어로 작성된 데이터 처리에는 상당히 편리한 기능이다. 특히 사람 이름과 성의 순서와 철자, 소문자와 대문자가 일관성 없게 잘못 표기되는 일이 빈번한 영어권의 경우 Cluster 기능은 매우 유용하다. 프로 퍼블리카(Pro Publica)가 'Dollars for Docs' 특집 기사에서 오류 데이터 투성이인 제약회사의 의사 재정지원 내역에 집중적으로 사용한 기능이 바로 CLUSTER와 FACET이다.

오픈 리파인의 작업 데이터는 개별 PC의 작업공간에서 모두 오프라인으로 처리되고 저장된다. 온라인 기반인 다른 구글 문서도구가 제3자에게 자료가 노출

될 가능성을 배제할 수 없는 반면 오픈 리파인은 보안 측면에서 또 다른 이점이 있는 것이다.

3.10. 데이터 저널리즘 생존 도구: 스프레드시트

목수의 기본 연장이 망치와 톱, 대패라면, 데이터 저널리스트는 단 하나의 기본 도구만 있어도 일을 할 수 있으니, 그 도구가 바로 스프레드시트이다. 이 분야의 가장 기초적인 분석도구이면서, 놀라운 잠재력을 가진 전방위 활용 소프트웨어이기도 하다. 스프레드시트는 그 기능이 날이 갈수록 확장되고 있다. 데이터 정리와 정제, 계산과 분석, 시각화를 망라할 뿐 아니라, 기초 통계 패키지와 사회 관계망 분석, 최근에는 고급 버전의 경우 매핑 기능까지 겸비하게 됐다. 내장 함수를 조합해 내는 응용력이 뛰어나면, 때로는 프로그래밍이 필요할 것 같은 번거로운 작업을 너끈히 해결할 수도 있다.

스프레드시트의 대표격은 역시 마이크로소프트사 오피스(MS Office)의 엑셀이다. 하지만 그 대안으로 무료 소프트웨어도 잇따라 개발됐다. 오픈오피스(Open Office) 패키지의 칼크(Calc)와 리버 오피스(Libre Office)의 Calc는 엑셀과 거의 동일한 기능을 갖추고 있다. 구글 스프레드시트 역시 널리 사용된다. 엑셀과는 차별화되는 함수 기능이 있고, 정규표현식과 쿼리를 함께 사용할 수 있다는 이점이 있다.

이 책은 되도록 무료 도구 사용을 원칙으로 하고 있지만, 스프레드시트의 경우 가장 보편적으로 사용되는 엑셀을 기준으로 설명하기로 하겠다. 책의 후반부에서 다룰 사회 연결망 시각화 프로그램 NodeXL이 엑셀에 추가로 설치되는 ADD-IN 프로그램인 점도 엑셀을 택한 중요한 이유이다.

언론인이 알아야 할 가장 핵심적인 엑셀 기능만 알아보자. 이미 스프레드시트 기본 기능에 익숙하다면 구글 쿼리(query) 설명 편으로 진도를 건너뛰어도 무방하지만 최소한 엑셀 데이터 분석의 꽃이라고 할 만한 피벗 테이블 기능만은 확실히 알고 있는지 다시 한 번 복습할 것을 추천한다. 엑셀의 기능과 함수는 수백 가지가 넘을 정도로 다양하지만, 언론 현업에서 사용할 기능은 전체의 10% 미만으로 압축된다. 각종 함수 기능과 정렬, 필터링, 피벗 테이블 4가지가 데이터 속에서 기삿거리를 포착하는 핵심기능이다.

먼저 엑셀 화면을 열면, 격자 모양의 셀로 구성된 작업창이 뜬다.

〈그림 3-35〉 엑셀 작업시트 초기 화면

'홈, 삽입, 페이지 레이아웃, 수식, 데이터, 검토, 보기' 등의 메뉴 탭이 있다. 각 탭을 선택하면, 메뉴 바 하단에 다양한 기능 버튼이 나타난다.

작업시트는 수많은 사각형 셀로 구성돼 있다. 각 셀의 주소값은 세로 열 (Column)의 알파벳 A, B, C, D, …로, 가로 행(Row)의 숫자 1, 2, 3, 4, …을 따 A1, B2와 같이 매겨진다. 하나의 셀에 고유한 주소값이 지정되면 이를 기준으로 모든 데이터 처리를 할 수 있다. 각 셀과 셀 사이를 나누는 선은 셀마다 들어간 데이터를 각기 다른 데이터로 취급해 읽도록 하는 구획선이다. CSV 파일에서 쉼표가 분리자 역할을 하는 것과 같은 원리이다.

엑셀의 큰 장점 중 하나는 숫자 연산과 문자 처리 기능이 탁월하다는 점이다. 기초적인 더하기 연산을 해 보자.

〈그림 3-36〉 엑셀 더하기 연산

데이터 분석과 저널리즘

등호(=) 표시는 엑셀의 모든 연산 기능과 각종 함수의 맨 앞에 오는 필수 기호다. = 뒤에 오는 내용은 일종의 연산으로 인식하라는 신호이다. 연산식 입력 때 작업창 상단에도 입력한 내용 (A1+A2)이 나타났다. Fx 기호 옆의 이 입력창에 필요한 수식을 넣어도 동일한 결과를 낳는다.

연산식이나 함수를 입력한 뒤 엔터키를 누르면 결과(여기서는 1+4의 결과인 5)가 산출돼 나온다.

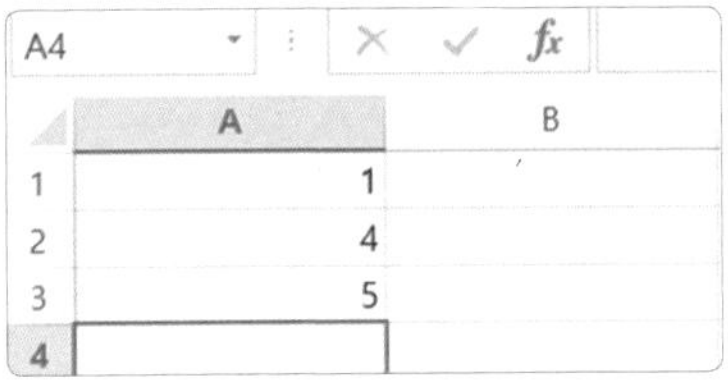

〈그림 3-37〉 엑셀 더하기 연산 결과

이제 공공기관 경영공시_엑셀용 실습 파일을 불러오자. 정부의 '공공기관 알리오' 사이트에서 내려받기 한 공공기관 기관장의 연봉과 경영실적 등을 기록한 자료이다. 모든 돈 액수의 기본단위는 백만 원이다.

먼저 특정 셀을 선택해 데이터 범위를 지정하는 방법을 살펴보겠다. 가장 단순한 방법은 해당 셀들 위에서 마우스 좌클릭해 원하는 범위만큼 끌어당기는 것이다. A, B, C와 같은 칼럼 기호를 클릭하면 칼럼 전체가 선택된다. 단축키를 활용해 필요한 범위만 지정할 수도 있다. 단축키 활용은 액셀을 능수능란하게 사용할 수 있는 지름길이기도 하다.

Ctrl+End: 커서 위치를 데이터 시트 중 데이터값이 입력된 영역의 오른편 아래쪽 끝단으로 이동한다.

Ctrl+Shift+End: 특정 셀을 기준으로 오른편 아래 방향으로 데이터값이 입력된 영역의 끝단까지를 모두 선택한다.

Ctrl+화살표키: 데이터값이 입력된 영역의 끝단으로 커서를 옮긴다.

Ctrl+Shift+화살표키: 데이터값이 입력된 영역의 끝단으로 선택 범위를 확대한다.

범위를 지정한 뒤 마우스 우클릭해 복사를 선택한 뒤, 복사한 내용을 별도의 빈 작업공간에 마우스 우클릭해 붙이면 된다. 단축키는 복사: Ctrl+C, 붙이기: Ctrl+V이다.

기관장 연봉의 연간 상승률을 계산해 보겠다. 먼저 D와 F 칼럼 사이에 새 칼럼을 만든다. E 칼럼 전체를 범위로 지정한 뒤 마우스 우클릭-삽입을 선택하면 된다.

C	D	E	
기관장연봉_2012년	기관장연봉_2013년	기관장 연봉 상승률	직원평
91	93	=(D2-C2)/C2*100	
72	74		
158	149		
139	145		
40	37		
85	90		
0	0		
233	237		
106	138		

〈그림 3-38〉 공공기관장 연봉 상승률 구하기

E2 셀에 =(D2-C2)/C2*100 즉, (올해 연봉-지난해 연봉)/지난해 연봉*100이란 수식을 입력하고 엔터를 누른다.

'2.197802198'이란 긴 숫자가 나온다. 이어 반올림 함수인 ROUND를 수식 앞에 추가해 실행하자.

=ROUND(숫자값, 표시할 소수점 이하 자릿수)

=ROUND((D2-C2)/C2*100,0)

반올림돼 2로 정리돼 나타날 것이다.

단, '셀 서식' → '표시형식' → '숫자 메뉴'에서 소수점 자리수가 적절히 지정되어 있을 경우에는, ROUND 함수를 이용한 별도의 반올림은 필요 없다.

첫 행의 공공기관 한 곳에 대해서만 기관장 연봉 상승률을 계산했지만 이번에는 다른 행에 대해서도 동일한 방법으로 연봉 상승률을 계산하자. 남은 363개 셀에 일일이 입력하지 않고 자동으로 채워 넣을 수 있다. 셀 자동 채우기는 한 번의 수

데이터 분석과 저널리즘

식 입력으로 다른 행이나 칼럼도 연속으로 계산해 주는 핵심기능이다. E2 셀 위에
서 클릭하면 우측 하단에 검은 사각형이 나타난다. 이를 두 번 클릭하면 순식간에
아래 끝단까지 연봉 상승률이 계산돼 채워진다. 검은 사각형 위에서 좌클릭해 하
단까지 끌어당기는 방법도 통한다.

D	E	F
기관장연봉_2013년	기관장연봉_상승률	직원평균연봉_2012년
93	2	43
74		31
149		36
145		47
37		46
90		42

〈그림 3-39〉 셀 자동 채우기 버튼

채워진 칼럼 E를 보면 #DIV/0!이란 셀이 상당 수 있을 것이다. 분모가 0이어서
계산이 제대로 안 됐다는 표시이다. 2011년 이전에 다른 기관과 통합한 공공기관
의 경우 연봉이 0으로 표시됐기 때문이다. 이 같은 에러값 처리에는 IFERROR 함
수가 유용하다. E 칼럼의 E2 셀에서 =IFERROR((E2-D2)/D2*100,"계산 불가")
라고 입력해 자동 채움을 하면, 분모가 0인 경우에만 '계산 불가'라고 표시하고,
나머지 셀은 연봉 상승률을 계산할 것이다.

K314 셀에 =SUM(K2:K312)를 입력해 총부채를 계산한다. SUM은 합산,
AVERAGE는 평균, MAX와 MIN은 최대, 최소치를 결과값으로 내는 함수이다.
(합산이나 평균 등을 구할 때는 해당 칼럼의 최하단 데이터 셀에서 아래로 한 줄
띈 자리에 입력하는 것이 바람직하다. 정렬을 실행할 때 오류를 방지하기 위해서이
다. 가령, Shift+Ctrl+↓단축키로 칼럼 K의 총 부채 입력 영역을 구역 지정한 뒤,
정렬하게 되는데, 합계가 한 줄 띄어져 있으면, 원 데이터 구간과 섞여 들어가는 오
류를 방지할 수 있다.)

2013년 전체 공기관 부채의 총합이 1372368107으로 계산됐다. 숫자 자릿수가
너무 길어지면 식별하기가 어려우므로 3자리 단위로 쉼표를 표시하도록 하자. 데
이터 전체를 범위 지정한 뒤 '홈' → '표시형식' → 우하단 'x' 표를 클릭한다.

다음과 같이 1000단위 구분기호 사용 항목을 체크하고 확인을 누른다.

〈그림 3-40〉셀 서식 바꾸기 창

이번엔 칼럼 L자리에 삽입 메뉴로 새 칼럼을 만든 뒤, 각 공공기관의 부채가 전체 공공기관에서 차지하는 비율을 계산해 보자.

L2에 다음과 같이 입력한다.

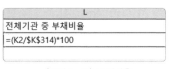

〈그림 3-41〉부채비율

이때 주의할 점은 K314가 아닌 K314로 입력해야 한다는 점이다. 이 $의 기능을 절대참조라고 부른다. 특정 공기관의 부채를 전체 공기관 부채 총합으로 나누기 위해 분모를 K314으로 고정하려면 $기호를 붙여야 한다. 절대참조를 하지 않고 셀 자동 채움을 할 경우 분모값에서 연속으로 오류가 발생하게 된다.

셀을 자동으로 채운 뒤, 칼럼 K를 작업 범위로 지정한 다음 소수점 3자리까지 표시하도록 셀 형식을 조정하자. 그 다음에는 2013년 기관장 연봉과 기관장 연봉

데이터 분석과 저널리즘

상승률, 전체 대비 부채율을 각각 크기순으로 정렬해 보겠다. 커서를 B2에 놓은 상태에서 상단 메뉴의 틀 고정을 선택함으로써, 제목 행과 공공기관 이름 칼럼의 위치를 동시에 고정한다.

이제 슬라이더로 좌우로 이동해도 기관이름 첫 칼럼은 항상 제자리에 고정된다. 또 각 칼럼명을 담은 첫 행도 제자리에 고정된다. 일단 2013년 기관장 연봉 칼럼을 전체 선택하고 '홈' → '정렬 및 필터' → '정렬'로 가자. 숫자 내림차순 정렬을 선택한다. 내림차순은 최댓값에서 최솟값 순으로 크기 순서로 데이터값을 죽 나열해 정리하는 것이다. 일반적으로 언론 실무에서는 정렬 방식 중 오름차순보다는 내림차순을 압도적으로 많이 사용하게 된다.

정렬을 선택하면 다음과 같은 메시지 창이 뜰 것이다.

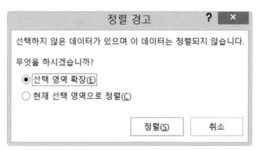

〈그림 3-42〉 엑셀 정렬 경고 창

이때 반드시 선택 영역 확장을 체크해야 한다. 특정 칼럼의 행 순서가 뒤바뀌면 다른 행의 순서도 연동해 똑같이 이동시킨다는 의미이다. '정렬'을 클릭하면 다음과 같이 정리된다.

	A	B	C	D
1	기관명	형태	기관장연봉_2012년	기관장연봉_2013년
2	중소기업은행	기타공공기관	516	533
3	한국수출입은행	기타공공기관	483	533
4	한국산업은행	기타공공기관	507	498
5	한국정책금융공사	기타공공기관	501	498
6	산은금융지주	기타공공기관	517	448
7	코스콤	기타공공기관	413	402
8	한국과학기술원	기타공공기관	368	390
9	한국투자공사	기타공공기관	493	385
10	한국공항공사	공기업_시장형	324	333
11	예금보험공사	준정부기관_기금관리형	312	322

〈그림 3-43〉 칼럼 D 내림차순 정렬한 화면

여기서 한국산업은행과 산은금융지주는 한 사람이 대표를 겸직하고 있다. 결국 연봉이 가장 높은 기관장은 중소기업은행장이 아니라 한국산업은행장이라는 점을 염두에 두어야 한다.

같은 방법으로 기관장 연봉 상승률도 크기순으로 정렬해 보자. 다음과 같이 30% 이상 연봉이 오른 곳도 수두룩하다. 대부분 전년도에도 억대 연봉이었던 기관장인데, 또 큰 폭으로 상승했다.

	A	B	C	D	E
1	기관명	형태	기관장연봉_2012년	기관장연봉_2013년	기관장연봉_상승률
2	한국건강가정진흥원	기타공공기관	60	86	43
3	한국전력거래소	준정부기관_위탁집행형	116	162	40
4	농림수산식품기술기획평가원	준정부기관_위탁집행형	117	163	39
5	한국수산자원관리공단	준정부기관_위탁집행형	117	163	39
6	창업진흥원	기타공공기관	145	197	36
7	한국장학재단	준정부기관_위탁집행형	203	275	35
8	해양환경관리공단	공기업_준시장형	196	262	34
9	국제식물검역인증원	기타공공기관	95	127	34
10	한국장애인개발원	기타공공기관	113	150	33
11	코레일네트웍스(주)	기타공공기관	82	109	33
12	(주)워터웨이플러스	기타공공기관	106	138	30
13	한국여성인권진흥원	기타공공기관	69	90	30

〈그림 3-44〉 기관장 연봉 상승률 내림차순 정렬

전체 기관 중 부채비율 칼럼도 크기순으로 정렬해 본다.

	A	K	L
1	기관명	부채총계_2013년	전체기관 중 부채비율
2	한국정책금융공사	229,989,738	16.759
3	중소기업은행	198,153,739	14.439
4	산은금융지주	175,792,249	12.809
5	한국산업은행	148,969,941	10.855
6	한국토지주택공사	142,331,209	10.371
7	한국전력공사	102,197,201	7.447
8	한국주택금융공사	55,644,552	4.055
9	한국수출입은행	52,154,224	3.800
10	한국가스공사	32,030,294	2.334
11	한국수력원자력(주)	26,743,358	1.949

〈그림 3-45〉 부채 비율 내림차순 정렬

주로 금융기관의 부채 비중이 높고, 한국토지주택공사와 한국전력공사도 높은 비율이다. 해당 기관의 부채가 많은 이유를 따져보고, 빚투성이인 기관이 적자 상태

데이터 분석과 저널리즘

에서 기관장과 직원 연봉을 무리하게 올려 돈잔치를 하지는 않았는지도 따져보자.

여러 개의 칼럼을 기준으로 정렬할 경우엔 '데이터' → '정렬'로 가서 정렬 작업을 한다. 미리 2013년 경영등급 칼럼을 칼럼 C 자리에 옮겨놓자. 칼럼 C에 빈 칼럼을 삽입한 뒤, 경영등급 칼럼에서 '잘라내기' → '붙이기'를 실행하면 된다. 데이터 탭의 정렬 메뉴에서 다음과 같이 입력하자.

〈그림 3-46〉 복수 칼럼 정렬 작업창

	A	B	C	D	E	F
1	기관명	형태	경영평가등급_2013년	기관장연봉_2012년	기관장연봉_2013년	기관장연봉_상승률
2	한국남부발전(주)	공기업_시장형	C	251	306	22
3	인천항만공사	공기업_시장형	C	253	309	22
4	한국전력공사	공기업_시장형	C	253	274	8
5	한국남동발전(주)	공기업_시장형	C	296	306	3
6	인천국제공항공사	공기업_시장형	C	299	309	3
7	한국공항공사	공기업_시장형	C	324	333	3
8	부산항만공사	공기업_시장형	C	253	215	-15
9	한국석유공사	공기업_시장형	C	190	112	-41
10	한국서부발전(주)	공기업_시장형	D	251	306	22
11	한국지역난방공사	공기업_시장형	D	240	293	22
12	한국동서발전(주)	공기업_시장형	D	296	257	-13
13	한국중부발전(주)	공기업_시장형	D	251	213	-15
14	한국가스공사	공기업_시장형	E	299	262	-12
15	한국수력원자력(주)	공기업_시장형	E	206	120	-42
16	한국조폐공사	공기업_준시장형	B	229	237	3
17	한국도로공사	공기업_준시장형	B	263	230	-13
18	한국수자원공사	공기업_준시장형	B	263	230	-13
19	제주국제자유도시개발센터	공기업_준시장형	B	197	115	-42
20	해양환경관리공단	공기업_준시장형	C	196	262	34
21	한국마사회	공기업_준시장형	C	235	242	3
22	한국감정원	공기업_준시장형	C	294	258	-12

〈그림 3-47〉 칼럼 B, C, F 순차적으로 내림차순 정렬

공기업 형태별, 경영평가등급별, 기관장 연봉 상승률 기준으로 차례로 정렬돼 각 범주(Category) 내에서의 연봉 상승률 분포를 살펴볼 수 있다. 범주 데이터가

여러 개 있을 때 데이터를 정리하는 방법이다.

이번엔 내가 원하는 조건의 데이터만을 뽑아내는 필터링을 알아보자. 글자 그대로 데이터를 마치 깔때기 속으로 통과시키듯 일정 조건에 해당하는 데이터만 걸러내는 기능이다.

경영등급 칼럼을 선택한 뒤 '데이터' → '필터'로 가서 화살표 표시를 클릭하고 2013년 경영등급이 C와 D인 기관만 걸러내자. '모두 선택'을 클릭하면 모든 항목의 체크 표시가 해제된다. 그리고 C와 D를 체크해 필터링한다.

	A	B	C
1	기관명	형태	경영평가등급_2013년
2	한국서부발전(주)	공기업_시장형	D
3	한국지역난방공사	공기업_시장형	D
4	한국동서발전(주)	공기업_시장형	D
5	한국중부발전(주)	공기업_시장형	D
6	한국토지주택공사	공기업_준시장형	D
7	대한주택보증주식회사	공기업_준시장형	D
8	여수광양항만공사	공기업_준시장형	D
9	한국관광공사	공기업_준시장형	D
10	한국산업기술시험원	기타공공기관	D
11	한국원자력환경공단	준정부기관_기금관리형	D
12	한국전력거래소	준정부기관_위탁집행형	D
13	도로교통공단	준정부기관_위탁집행형	D
20	한국보건산업진흥원	준정부기관_위탁집행형	D
21	한국보건복지정보개발원	준정부기관_위탁집행형	D
22	한국세라믹기술원	준정부기관_위탁집행형	D
23	우체국물류지원단	준정부기관_위탁집행형	D
24	한국예탁결제원	준정부기관_위탁집행형	D
25	한국남부발전(주)	공기업_시장형	C
26	인천항만공사	공기업_시장형	C
27	한국전력공사	공기업_시장형	C
28	한국남동발전(주)	공기업_시장형	C

〈그림 3-48〉 경영등급 C, D 공기관 필터링 결과

칼럼 여러 개를 선택하면 복수 필터를 동시에 사용할 수도 있다. 각 필터의 조건을 동시에 충족시키는 행만 남게 된다.

숫자값이 입력된 칼럼은 =, 〉, 〈 와 같은 등호와 부등호를 사용해 일정 값을 기준으로 초과, 미만, 이상, 이하의 데이터만 추출할 수 있다. 또 평균값 초과, 미만 혹은 TOP 10만 추출하는 기능도 사용할 만하다. 기존 필터를 해제한 뒤 '숫자 필터' → '크거나 같음'을 선택하면 된다. 필요하면 필터링 기준을 2개로 늘릴 수도 있다.

3.11. 엑셀 분석의 꽃, 피벗 테이블

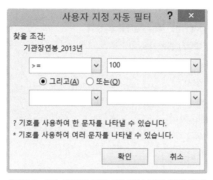

〈그림 3-49〉 기관장 연봉 1억 이상 필터 설정 화면

이번엔 엑셀의 가장 강력한 분석 기능으로 꼽히는 피벗 테이블(Pivot Table)을 살펴보자. 피벗 테이블은 특정 범주 데이터를 기준으로 다른 수치 데이터를 합산하고 평균을 내거나 비율을 계산하고 정렬해 일목요연한 표로 정리하는 기능이다. 이를테면, 전국 프로야구 선수의 이름과 소속팀, 연봉이 담긴 데이터가 있다면, 각 팀이나 지역, 포지션을 기준으로 연봉 평균을 내, 표로 정리할 수 있다. 액셀과 같은 스프레드시트나 구글 퓨전테이블, 태블로 등의 분석 시각화 도구도 제한적인 피벗 테이블 기능을 지원하며, 이 장의 후반부에 학습할 SQL Query의 Group By 명령어로도 동일한 결과를 산출할 수 있다.

먼저 워크시트 상에서 데이터가 입력된 범위내의 한 셀을 좌클릭해 커서를 위치시키자. 그리고 상단 메뉴의 '삽입' → '피벗 테이블'로 가자

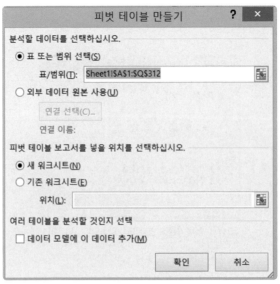

〈그림 3-50〉 피벗 테이블 만들기 작업창

대화창에서 바로 '확인'을 클릭한다.

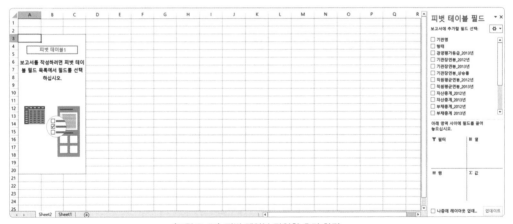

〈그림 3-51〉 피벗 테이블 작업창 초기 화면

화면의 오른편에는 피벗 테이블 필드가, 왼편에는 표가 만들어질 공간이 위치
하고 있다.

피벗 테이블은 원하는 데이터를 끌어 원하는 곳으로 갖다 놓는다는 이른바

데이터 분석과 저널리즘

Drag and Drop 방식을 사용한다. 원하는 데이터 칼럼의 네모난 빈 상자를 클릭하거나 칼럼명을 클릭한 뒤 원하는 곳으로 끌어다 넣으면 된다.

각 경영등급별로 기관장 연봉 평균을 알아보겠다. 기준이 되는 범주 데이터인 '2013년 경영등급'을 끌어서 하단의 '행'에 갖다 놓는다. '2013년 기관장 연봉'은 '값'에 끌어다 넣는다. 즉각 왼편에 피벗 테이블이 만들어질 것이다.

피벗 테이블은 기본적으로 데이터값을 합산 표시한다. 평균값으로 변환하려면 왼편의 피벗 테이블에서 데이터 셀을 아무 곳이나 클릭한 뒤 마우스 우클릭 → 값 요약 기준 → '평균'으로 조정해 주어야 한다.

총 합계는 제거하고 마우스 우클릭해 필드 표시형식 메뉴에서 연봉 평균값을 소수점 1자리로 표시한다.

흥미롭게도 A와 B 등급보다 C와 D 등급 기관의 기관장 연봉이 오히려 더 높다. 표 내부를 클릭하고 다시 피벗 테이블 필드를 불러오자.

이번엔 각 경영등급별로 공공기관이 몇 개씩 분포하는지 개수를 세어보자. '행'에 범주 데이터를 옮기고 '값'에도 동일한 범주 데이터를 넣으면, 각 항목별로 개수를 세어준다.

2013년 경영등급을 '값'에 추가하자.

〈그림 3-52〉 필요한 데이터 항목 끌어다 넣기(Drag & Drop)

행 레이블	평균 : 기관장연봉_2013년
A	177.0
B	173.6
C	180.9
D	188.9
E	161.3
미분류	143.0

〈그림 3-53〉 경영등급별 기관장 연봉 요약표

	A	B	C
1			
2			
3	행 레이블	평균 : 기관장연봉_2013년	개수 : 경영평가등급_2013년
4	A	177.0	2
5	B	173.6	36
6	C	180.9	44
7	D	188.9	17
8	E	161.3	10
9	미분류	143.0	202

〈그림 3-54〉 경영등급별 기관 숫자 표시

경영등급 개수를 전체에서 차지하는 퍼센트 비율로 나타내보자. 개수 칼럼에서 마우스 우클릭한 뒤 '값 요약 기준' → '기타옵션' → '값 표시형식'으로 간 뒤, 다음과 같이 설정한다.

〈그림 3-55〉 피벗 테이블 표시형식 조정

데이터 분석과 저널리즘

	A	B	C
1			
2			
3	행 레이블	평균 : 기관장연봉_2013년	개수 : 경영평가등급_2013년
4	A	177.0	0.64%
5	B	173.6	11.58%
6	C	180.9	14.15%
7	D	188.9	5.47%
8	E	161.3	3.22%
9	미분류	143.0	64.95%

〈그림 3-56〉
퍼센트로 표시형식 조정 화면

이번엔 피벗 테이블의 범주 데이터를 '행'뿐 아니라 '열'에도 넣자. 일반적으로 피벗 테이블의 요약 기준으로 삼는 범주(category) 데이터는 '행'에만 넣는 것이 간결한 피벗 테이블을 만드는 요령이지만, 여러 범주 데이터 간의 데이터 분포를 살펴볼 때는 '열'에도 범주 데이터를 포함시킨다.

'값'에는 경영기관 등급 칼럼만 남기고, 공공기관 형태 칼럼을 '열'에 갖다 붙이자.

개수 : 경영평가등급_2013년	열 레이블					
행 레이블	공기업_시장형	공기업_준시장형	기타공공기관	준정부기관_기금관리형	준정부기관_위탁집행형	총합계
A					2	2
B		4		5	27	36
C	8	5		4	27	44
D	4	4	1	1	7	17
E	2	3			5	10
미분류			198	1	3	202

〈그림 3-57〉 범주 데이터를 칼럼(열)에 추가한 피벗 테이블

각 등급별 그리고 기관 형태별 경영등급 분포를 살펴볼 수 있다. 해당되는 경영등급이 없으면 빈 칸으로 표시된다.

'컴퓨터 활용 보도의 아버지'로 불리는 필립 마이어는 미국 디트로이트 폭동 참가자들 중 흑인들을 설문조사해 출신지역과 학력 등을 피벗 테이블과 유사한 기법인 교차분석법(Cross Tablulation)으로 요약해 분석한 바 있다. 마이어는 그의 저작 '정밀 저널리즘'에서 '열'에는 독립필드, 즉 시간적으로 먼저 발생한 항목, '행'에는 종속필드, 즉 시간적으로 나중에 발생한 항목을 넣고 퍼센트 단위로 각 데이터값을 계산하라고 조언한다. '필립 마이어 원칙'이라고 불리우는 이 방법은 피벗 테이블을 보다 더 이해하기 쉽게 만들 수 있는 한 가지 요령이다. 이 원칙에 따라 우리가 실습한 피벗 테이블도 각 '공공기관의 성격'을 열에 위치시키고 종속 변수의 성격을 띠는 '경영평가등급'을 행에 넣어 작성했다.

피벗 테이블의 행에 데이터 항목을 2개 이상 입력하면 각 범주에 해당하는 2차 범주가 차곡차곡 정리돼 나타난다. 또 피벗 테이블 셀 위에서 마우스 우클릭해 정렬 메뉴를 선택하면 내림차순 혹은 오름차순으로 정렬할 수도 있다.

피벗 테이블을 만들었다고 본래 데이터가 없어진 것은 아니다. 원래 데이터는 하단의 sheet 목록에 남아 있다. 이 경우 sheet1을 선택하면 본 자료로 돌아간다.

피벗 테이블은 데이터의 분포를 요약하는 데 탁월한 기능이지만, 작업에 익숙해지기까지는 연습이 필요하다. 항상 피벗 테이블을 만들기 전에 내가 원하는 표의 모습을 먼저 머릿속에 상상해 본 다음에 작업하는 습관을 들이자. 반복적인 연습을 통해서만 피벗 테이블 기능을 100% 효과적으로 사용할 수 있다.

3.12. 꼭 알아야 할 엑셀 기능

추가로 알아야 할 필수 엑셀 기능들을 살펴보자. 대표적인 것이 바로 텍스트 나누기 기능(메뉴: '데이터' → '텍스트 분리')이다. 특정 기호나 문자, 혹은 공백을 기준으로 셀의 문자열을 나눌 때 사용한다. 가령 '서울시 강북구 번동'과 같은 주소를 빈칸을 기준으로 세 부분으로 나눈다면, 결과물이 3개 칼럼으로 나눠 배치된다. 따라서 기존의 주소 칼럼 오른편에 2개의 새 칼럼을 삽입한 뒤 작업해야 한다. 미리 빈 칼럼을 만들어두지 않으면 기존의 다른 칼럼내용 위에 덧씌우게 되는 일이 발생하므로 주의해야 한다.

바꾸기 기능('홈' → '찾기 및 선택' → '바꾸기')도 빈번하게 사용되는 메뉴이다. 특정 문자열을 원하는 문자열로 바꿔주는 기능이다. 셀 전체의 문자가 아니라 문자열의 일부를 변환시킬 수 있다. 이를테면 '서울시 강북구 번동'이란 셀이 있을 경우 '시'를 '특별시'로 바꾸라고 지정할 수 있다. 찾기 탭에서 찾을 문자열을 입력한 뒤 바꾸기 탭에서 바꿀 문자열을 입력해 모두 바꾸기를 선택하면 모든 데이터 영역에서 바꾸기가 실행된다.

엑셀의 찾기와 바꾸기 기능은 리파인의 REPLACE처럼 정규표현식을 지원하지는 않지만 대신 *와 ? 같은 와일드카드를 활용할 수 있다. *는 개수를 특정하지 않은 모든 문자열을 말한다. 가령 앞서 다룬 시설물 데이터의 위치 칼럼에서 '서*'를 찾으면 '서울특별시'를 모두 찾아준다. ?는 단 한 글자의 문자를 의미한다. '서??'라고 입력하면 '서' 다음에 오는 두 개의 문자를 모두 다 찾아줄 것이다. 와일드카드가 아닌 물음표와 별표로서 ?와 *를 검색하려면 기호 앞에 물결표시 ~를 붙이면 된다. 이를 escape 기능이라고 한다.

셀 병합 해제도 반드시 알아야 할 기능이다. 다음 장에서 학습할 전국 골프장 농약사용량 데이터를 엑셀로 연습해 보자. 2011년 하반기 골프장 농약사용량 자료이다. 〈그림 3-58〉는 환경부의 토양지하수 정보시스템에서 내려받기 한 이 자료를 엑셀로 열어본 첫 화면이다.

시도	골프장명	형태	소재지	홀수	면적(㎡)			농약사용량(kg)		참고:단위 면적 당 농약 사용정보(kg/h)			
										골프장 총 면적 대비 농약 사용량		골프장 농약사용면적 대비 농약 사용량	
					총면적	농약사용면적	농약미사용면적	섬분량	실물량	섬분량	실물량	섬분량	실물량
강원!	O2리조트대중	7	태백시	9	467900	238765	229135	71.378	203	1.5255	4.3385	2.9895	8.5021
강원!	O2리조트회원	7	태백시	18	1079900	638013	441887	115.522	342	1.0697	3.167	1.8107	5.3604
강원!	강릉공군 체력	7	강릉시	9	235257	231322	3935	32.24	123	1.3704	5.2283	1.3937	5.3173
강원!	강촌CC 회원	7	춘천시	27	1041925	786131	255794	177.7093	803.68	1.7056	7.7134	2.2606	10.2232
강원!	강촌리조대중	7	춘천시	10	445150	151660	293490	16.22	47	0.3644	1.0558	1.0695	3.099
강원!	골든비치회원	7	양양군	27	1430946	822308	608638	524.8504	1437.85	3.6679	10.0482	6.3826	17.4855
강원!	대명비발 대중	7	홍천군	9	493124	253588	239536	27.0904	105.4	0.5494	2.1374	1.0683	4.1563
강원!	대명설악 대중	7	고성군	9	297355	211143	86212	5.892	22.1	0.1981	0.7432	0.2791	1.0467
강원!	동강시스대중	7	강원도	9	293133	176870	116263	34.5513	140.5	1.1787	4.793	1.9535	7.9437

〈그림 3-58〉 셀 병합 전 데이터 모습

공공데이터 자료에는 보기 편하다는 이유로 이처럼 셀 여러 개를 터서 칼럼 제목을 널찍하게 입력한 경우를 볼 수 있다. 만약 이 상태에서 정렬 기능을 실행하면 어떻게 될까? 셀의 크기가 같아야 작업이 가능하다는 경고 메시지가 뜰 것이다.

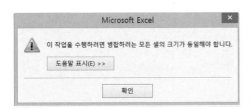

〈그림 3-59〉 셀 크기 다름 경고 메시지

바로잡아 주려면, 데이터 시트의 왼쪽 최상단 셀에서 Ctrl+Shift+End를 눌러 데이터 시트 전체를 작업 범위로 지정한 뒤, '홈' → '병합하고 가운데 맞춤'을 클릭해 주면 된다.

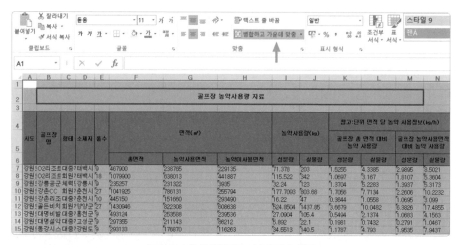

〈그림 3-60〉셀 병합하고 가운데 맞춤 버튼

셀 병합을 해제해 셀 크기를 동일하게 맞춘 뒤엔 '골프장 농약사용량 자료'라는 제목은 제거하고 3단으로 입력된 칼럼 제목은 한 행으로 정리하자.

엑셀작업을 하다가 무언가 잘못 실행했더라도 언제든지 이전 상태로 되돌아갈 수 있는 방법이 있다. 단축키 Ctrl+Z를 누르면 실행했던 작업을 취소할 수 있다. 오픈 리파인의 Undo 기능과 비슷한 기능이다. 다만 Ctrl+Z를 여러 차례 누르면 순차적으로 한 단계씩 과거로 되돌아갈 수 있지만, 일단 실행을 취소한 뒤에 취소 자체를 되돌릴 수는 없다는 사실도 기억해 두자.

이밖에도 엑셀에는 한 번 알면 두고두고 편리하게 사용할 수 있는 함수가 많다. 몇 가지만 더 정리해 보자.

=CONCATENATE(문자열, 문자열, …, 문자열)는 문자가 입력된 셀을 합쳐 주는 함수이다.

데이터 분석과 저널리즘

가령 A2 셀에 서울시, B2 셀에 강북구라고 입력돼 있을 때, =CONCATENATE(A2, " ", B2)은 '서울시 강북구'라는 셀을 발생시킨다.

CONCATENATE 함수와 같이 함수명이 긴 경우, CON만 입력해도 CON으로 시작하는 여러 함수가 죽 뜨므로 그 중에서 선택하면 된다. &로 문자열을 연결시켜도 CONCATENATE와 동일한 효과를 낼 수 있다. 이를테면 =A2&" "&B2라고 입력해도 =CONCATENATE(A2," ",B2)와 같은 결과를 낸다.

데이터 형태를 파악하는 함수로 TYPE이 있다. =TYPE(A1)를 입력하면 A1 데이터 유형이 숫자나 시간이면 1, 문자이면 2라는 결과값을 낸다.

VALUE 함수도 기억해야 할 구문이다. 엑셀에서 숫자가 셀 왼편에 붙어 나타나면 문자열로 인식한 것이다. 숫자라고 하더라도 이같이 문자로 입력돼 있는 경우가 종종 있다. 이 경우 정렬 기능과 더하기 빼기 같은 일반 연산 기능은 문제없이 수행되나 일부 연산 함수가 제대로 작동하지 않는다. 가령 SUM으로 해당 셀값을 합산하면 무조건 0으로 표시될 것이다. 이때 =VALUE( ) 함수를 활용하면 문자를 숫자로 바꿀 수 있다.

때로는 셀의 왼편 위쪽 모서리에 녹색 삼각형 표시가 나타난 것을 볼 수도 있다. 숫자를 문자 유형으로 입력했거나 '(아포스트로피) 기호가 문자열 앞에 삽입돼 숨어 있는 상태이다. 셀병합 실습을 한 골프장 농약사용량 자료도 이 같은 형태를 띠고 있다.

9	467900	238765	229135
18	1079900	638013	441887
9	235257	231322	3935
27	1041925	786131	255794
10	445150	151660	293490

〈그림 3-61〉 ' 기호 삽입돼 문자열로 인식된 숫자 데이터

이 경우는 숫자로 변환하기 위해 VALUE 함수 대신 다른 방법을 사용한다.
바꾸고자 하는 특정 셀이나 셀의 범위를 지정하면, 노란색 바탕의 느낌표가 나타날 것이다. 느낌표를 클릭하고 '숫자로 변환' 기능을 실행하면 된다.

반대로 숫자를 문자로 변환할 때는 =TEXT( ) 함수를 사용한다. 세 자리 숫자라면, =TEXT(A2,"###")과 같이 입력하면 된다.

함수의 두 번째 인수("###")는 '표시 형식' 메뉴의 → '셀 서식' → '사용자 지정'의 수식 형태 지정 방식이다. 소수점 이하 숫자가 붙을 경우, "###.00", 단위를 붙이고 싶으면, "###kg" 등으로 다양한 변형이 가능하다.

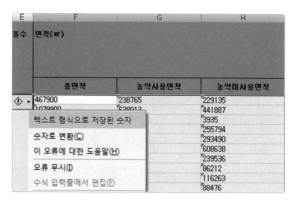

〈그림 3-62〉 '숫자로 변환' 메뉴

3.13. 그 밖의 엑셀 고급함수 모음

=YEAR( ) MONTH( ) DAY( )는 각각 연도, 월, 날짜 데이터가 혼합된 값에서 연도나 월, 날짜만 추출해 주는 함수이다.

=DATEVALUE( )는 시간 데이터를 숫자로 변환시킨다. 연도나 날짜, 시간이 숫자가 아닌 문자로 표현돼 있으면 데이터 처리가 어려워질 때가 있다. 셀의 왼편에 붙어 입력된 날짜값은 문자로 인식되므로 정렬이나 연산작업이 불가능하다. 이때 =DATEVALUE( )를 사용하면 문자 형태의 날짜를 숫자 일련번호로 바꿔준다. DATEVALUE 함수를 입력하고 엔터키를 눌러 실행시키니 일련번호가 만들어졌다.

엑셀은 날짜를 1900년 1월 1일부터 며칠이 지났는지를 따져 일련번호 형태로 인식한다. 2014년 9월 8일은 1900년 1월 1일부터 41,890일이 지난 날짜이다. 일

데이터 분석과 저널리즘

련번호를 날짜형태로 표시하려면 마우스 우클릭 후 '셀 서식' 메뉴에서 적당한 날짜 형식으로 지정하면 된다.

	A	B
1	문자 데이터	날짜 데이터
2	2014-9-8	=DATEVALUE(A2)

〈그림 3-63〉 날짜를 일련번호로 변환하는 함수

	A	B
1	문자 데이터	날짜 데이터
2	2014-9-8	41890

〈그림 3-64〉 날짜 → 일련번호로 변환된 모습

〈그림 3-65〉 날짜 일련번호 표현 형식 바꾸기

	A	B
1	문자 형식	날짜 형식
2	2014-9-8	2014년 9월 8일

〈그림 3-66〉 날짜 일련번호, 연월일 형태로 바꾼 모습

날짜와 시간을 일련번호로 인식하는 특성을 이용해, 두 가지 시간 데이터 간의 시간차를 계산해 낼 수 있다.

다음은 생일이 2000년 1월 1일인 사람의 현재 나이를 계산하는 함수이다.

```
=DATEDIF("2000-1-1",TODAY(),"Y")
=DATEDIF("시작 날짜","나중 날짜","단위")
```

여기서 DATEDIF는 날짜 사이의 시간 차이를 계산해 나이나 근속연수를 계산하는 함수이다. TODAY()는 오늘의 연월일 날짜를 산출하는 함수이다. 생년월일과 TODAY() 값, 즉 오늘 날짜 사이의 차이를 계산하면 나이가 결과값으로 나올 것이다.

엑셀의 문자열 함수는 데이터 정제에도 쓰임새가 많다.

=LEFT(A2,5)는 셀 A2의 문자열에서 왼쪽에서 다섯 글자를 추출하라는 함수이다.

=MID(A2,7,3)는 A2의 왼편에서 7번째 자리부터 시작해 세 글자를 빼낸다.

=RIGHT(A2,3)는 A2의 오른쪽에서 세 글자를 추출한다.

"서울특별시 마포구 상암동"이라는 문자열이 있다면, 위 세 함수는 각각 "서울특별시", "마포구", "상암동"을 결과값으로 낼 것이다.

각 셀마다 추출하려는 글자의 위치가 다르다면, SEARCH 함수나 LEN 함수를 응용한다. "서울특별시 마포구 상암동", "제주특별자치도 제주시 도두1동" 등의 데이터가 담긴 주소 칼럼에서 각각 기초자치단체 단위의 시·군·구명을 추출하려 한다고 가정하자. 새 칼럼의 최상단 셀에 함수를 입력한 뒤 셀 자동 채움을 하면 된다. 시·군·구 이름은 모두 세 글자이며, 셀 A2에 "서울특별시 마포구 상암동"이 입력돼 있다고 가정하자.

=MID(A2,SEARCH(" ",A2)+1,3)는 "마포구"를 결과값으로 내놓는다.

SEARCH는 셀 왼편부터 공백 " "이 처음 나타나는 자리를 숫자로 반환한다. 공백에서 한자리 더 나아간 곳부터 시작해 문자 3개를 반환하라는 뜻이다. 만약 동 이름만 따로 추출하려 한다면, 셀의 2번째 공백 뒤의 문자열을 선택해야 한다. 글자 수와 상관없이 동 이름을 추출해 주는 구문이다.

```
=TRIM(MID(A1, SEARCH(" ", A2, SEARCH(" ",A2)+1)+1,10))
```

SEARCH 함수의 3번째 인수는 셀 문자열의 몇 번째 자리부터 탐색을 시작하라는 설정이다. 위 함수는 첫 번째 공백이 있는 자리에서 한 자리 더 간 곳부터 다음 빈 칸을 찾으라는 의미이다. 두 번째 빈 칸을 찾으면, 한 칸 더 나간 곳부터 10자를 추출하라는 명령어이다. 동이름을 넉넉하게 최대 10자로 잡았으므로 셀 안에 보이지 않는 빈공백이 포함됐을 수 있다. TRIM은 이런 필요 없는 공백을 제거하는 함수이다.

만약 광역자치단체와 시·군·구 단위만 합해 추출하려면, LEN 함수를 활용한다. 셀의 글자 수를 숫자로 내주는 함수이다. 가령 =LEFT(A2, LEN(A2)-4)을 입력하면 "서울특별시 마포구 상암동" 중 "서울특별시 마포구"만 추려 결과값으로 낸다. 엑셀 문자열 처리 함수는 편리하지만 그 한계도 있다. 특히 셀 안의 몇 번째 구분자로부터 몇 개의 문자를 추출하는 식의 복잡한 정제 작업은 오픈 리파인 GREL과 정규표현식을 사용하는 것이 시간을 훨씬 더 절약하는 길이다.

IF 함수는 데이터 저널리즘에서 대표적으로 많이 사용하는 엑셀 함수이다.

=IF(조건문, 결과값이 참인 경우, 결과값이 거짓인 경우)

가령, 어떤 자격시험의 합격 커트라인이 평균 70점일 경우, '합격'과 '불합격' 여부를 표시하는 칼럼은 다음과 같은 IF 함수로 구할 수 있다. A 칼럼에 평균 점수가 담겨 있다고 가정하자.

=IF(A2)70, "합격", "불합격")

IF 함수 안의 또 다른 IF 문이 들어간 형태인 '중복 IF(Nested IF)' 구문도 자주 사용된다. '공공기관 경영공시' 자료에서 2013년 당기순이익 수치로 '적자'와 '흑자' 기업으로 분류하고, 당기순이익이 0일 경우 '손익분기점'으로 표시해 보자. N 칼럼에 당기순이익이 담겨 있으므로 다음과 같은 IF 함수를 구하면 된다.

=IF(N2〈0, "적자", IF(N2〉0, "흑자", "손익분기점"))

당기순이익이 0보다 적으면 적자, 0보다 많으면 흑자로 표시하고, 0보다 크지도

적지도 않고 정확히 0이면, '손익분기점'으로 기재하라는 뜻이다.

IF 함수는 데이터 정리과정에서 빈 칸을 채울 때도 요긴하게 쓸 수 있다. 〈그림 3-74〉는 통계청의 실업률 자료를 내려받기 한 모습이다. 공공데이터에서는 이같이 워크시트 곳곳에서 빈 셀을 종종 만나게 된다.

국가통계포털에서 해당 파일을 검색 조회한 뒤, 다운로드 대화창에서 '셀 병합' 체크를 해제하고 내려받기 하면 자치단체명 칼럼의 빈 셀이 발생하지 않는다. 여기에서는 데이터 정제 연습을 위해 '셀 병합'을 체크한 상태에서 내려받기 했다.

각각의 자치단체마다 지역명을 마우스로 끌어 구간마다 자동 채움 하면 되지만, 더 똑똑하게 해결할 수 있는 방법이 있다. A 칼럼 옆에 새 칼럼을 하나 만든 뒤, B2 셀에 =IF(A2=" ",B1,A2)라는 함수를 입력하고 아래로 셀 자동 채우기를 실행했다. 칼럼 A에 지역명이 채워져 있으면, 그것을 그대로 옮기고, 빈 셀이면, 한 칸 위의 셀에서 지역명을 따오라는 의미이다. 이때 두 따옴표 사이에는 공백을 두지 말고, 붙여 써야 한다. 이처럼 다른 칼럼을 기반으로 새로 생성한 칼럼은 복사해 그 위에 마우스 우클릭한 뒤 '선택해 붙여넣기'→ '값(V) 붙여넣기'를 선택해 덧씌워 붙여 넣어야 한다. 칼럼 A를 제거하면, 함수 연산으로 만들어진 본래 칼럼 B의 내

	A	B	C	D	E	F	G	H
1	시도별	연령계층별	2000	2001	2002	2003	2004	2005
2	서울특별시	계	5.1	4.8	4.3	4.6	4.7	4.8
3		15 - 29세	8.1	8.4	8.3	8.8	9.0	9.0
4		30 - 59세	3.9	3.5	3.0	3.2	3.4	3.6
5		60세이상	2.8	1.9	2.3	1.9	2.0	2.1
6	부산광역시	계	7.1	5.7	3.9	4.1	4.4	4.3
7		15 - 29세	12.1	10.9	7.6	9.0	9.9	8.8
8		30 - 59세	5.5	4.2	2.9	2.9	3.1	3.3
9		60세이상	5.5	3.5	2.3	1.5	1.0	2.8
10	대구광역시	계	4.9	4.8	4.2	4.4	4.2	4.2
11		15 - 29세	9.2	9.7	9.2	9.8	8.6	8.6
12		30 - 59세	3.8	3.5	2.9	3.0	3.2	3.2
13		60세이상	0.0	1.3	1.2	2.2	1.5	2.5
14	인천광역시	계	5.4	4.7	4.0	4.4	4.5	4.6
15		15 - 29세	8.1	8.3	8.0	8.8	8.2	8.3
16		30 - 59세	4.6	3.7	2.9	3.1	3.4	3.5
17		60세이상	3.6	3.4	3.1	2.3	3.2	3.5

〈그림 3-67〉 빈 셀 채우기 전 통계청 데이터 모습

데이터 분석과 저널리즘

B2	▾	:	× ✓ *fx*	=IF(A2="",B1,A2)				

	A	B	C	D	E	F	G	H	I
1	시도별		연령계층별	2000	2001	2002	2003	2004	2005
2	서울특별시	서울특별시	계	5.1	4.8	4.3	4.6	4.7	4.8
3		서울특별시	15 - 29세	8.1	8.4	8.3	8.8	9.0	9.0
4		서울특별시	30 - 59세	3.9	3.5	3.0	3.2	3.4	3.6
5		서울특별시	60세이상	2.8	1.9	2.3	1.9	2.0	2.1
6	부산광역시	부산광역시	계	7.1	5.7	3.9	4.1	4.4	4.3
7		부산광역시	15 - 29세	12.1	10.9	7.6	9.0	9.9	8.8
8		부산광역시	30 - 59세	5.5	4.2	2.9	2.9	3.1	3.3
9		부산광역시	60세이상	5.5	3.5	2.3	1.5	1.0	2.8
10	대구광역시	대구광역시	계	4.9	4.8	4.2	4.4	4.2	4.2
11		대구광역시	15 - 29세	9.2	9.7	9.2	9.8	8.6	8.6
12		대구광역시	30 - 59세	3.8	3.5	2.9	3.0	3.2	3.2
13		대구광역시	60세이상	0.0	1.3	1.2	2.2	1.5	2.5
14	인천광역시	인천광역시	계	5.4	4.7	4.0	4.4	4.5	4.6
15		인천광역시	15 - 29세	8.1	8.3	8.0	8.8	8.2	8.3
16		인천광역시	30 - 59세	4.6	3.7	2.9	3.1	3.4	3.5
17		인천광역시	60세이상	3.6	3.4	3.1	2.3	3.2	3.5
18	광주광역시	광주광역시	계	6.6	5.1	3.8	4.6	4.3	4.3
19		광주광역시	15 - 29세	11.8	9.4	7.7	10.8	9.5	9.5
20		광주광역시	30 - 59세	4.8	3.7	2.8	2.8	2.9	3.2
21		광주광역시	60세이상	2.7	2.5	0.0	1.0	0.6	0.6

〈그림 3-68〉 IF 함수로 빈 셀 채운 칼럼 만든 모습

용은 없어지기 때문이다.

소방대 출동 시간 등 사건사고와 재난 대응에 걸린 소요시간 분석도 컴퓨터 활용 보도에서 종종 등장하는 아이템이다. 소방서가 화재 현장에 출동하는 데 걸린 시간은 화재 신고를 받은 시간과 현장 도착 시간 간의 차이를 계산해 산출한다. 날짜, 시간 함수와 IF 조건문을 혼합해 그 답을 구할 수 있다.

TIME 함수를 쓰면 시간 데이터에 별도의 일련번호 형태의 시간값을 매길 수 있다. 가령 오전 9시 10분 25초를 =TIME(9,10,25)로 산출하면 0.382349537이란 값이 나온다. 자정부터 시작해 얼마나 지났는지를 따져 0부터 1 사이의 숫자로 매기는 것이다. 가령 정오가 됐으면 0.5이다. 각 화재 신고 시간과 현장 도착 시간에 86,400(24시간은 86,400초이다)을 곱하면, 자정부터 지난 초수가 된다.

이렇게 해서 산출된(초 단위 도착 시간-초 단위 신고 시간)이 출동 시간이 된다. 하지만 날짜가 달라진 경우, 즉 신고는 밤 11시 50분에 받았는데, 현장 도착은 0시 2분에 했다면, 단순한 빼기 셈법으로 계산하면 안 된다. 자정을 넘겼는지, 안 넘겼는지를 구분해 출동 시간을 계산해야 하는 것이다.

다음은 출동에 걸린 시간을 분 단위로 계산하는 식이다.

=IF(신고 날짜=도착 날짜, 도착 시간(초)-신고 시간(초),((86400-신고 시간(초))+도착
시간(초)))/60

※ 이상의 소방서 출동 시간 계산 함수식은 데이터 저널리스트 마리조 웹스터(MaryJo Webster)가
   작성한 전미탐사 보도기자 및 편집인 협회 IRE 문서인 'Excel Magic- Advanced Functions in
   Excel'의 내용을 인용한 것이다.

지금까지 언론인이 알아야 할 엑셀의 기본적인 기능과 함수 몇 가지를 알아봤다. 엑셀의 무궁무진한 기능
은 인터넷의 무료 학습자료를 통해서도 익힐 수 있다. 컴퓨터 활용 취재의 99%는 스프레드시트로 해결
할 수 있다고 주장하는 사람도 있을 정도로 스프레드시트는 쓰임새가 많은 편리한 도구이다. 공공데이터
가 아니어도 자신의 취재 기록이나 인터뷰 목록, 취재원 연락처를 엑셀로 정리해 정렬과 필터링으로 관리
해도 유용한 취재 노하우가 될 수 있을 것이다. 평소에 뉴스제작에 꼭 필요하다고 생각되는 자신만의 핵
심 엑셀 기능 10가지 정도를 골라 반복적으로 연습하는 것이 효율성을 높이고 응용 능력도 키우는 지름
길이라고 할 수 있을 것이다.

3.14. 스프레드시트에서 SQL 쿼리 사용하기

스프레드시트와 함께 대표적인 데이터 분석도구로 데이터베이스 관리전문 프로
그램인 MS 오피스 패키지의 액세스(ACCESS)나 무료 오픈소스인 MySQL을 꼽
을 수 있다. 언론 현업에서의 기본 데이터 분석작업은 대부분 스프레드시트로 처
리가 가능하지만, 방대한 자료를 바탕으로 더 정교한 분석이 용이하다는 장점 때
문에 해외 탐사 보도기자들은 액세스와 같은 이른바 관계형 데이터베이스 관리
프로그램도 자주 사용하고 있다.

데이터 분석과 저널리즘

스프레드시트와 데이터베이스 관리도구를 비교하면 다음과 같은 특징이 있다.

〈표 3-1〉 스프레드시트와 데이터베이스 매니저 장·단점 비교

스프레드시트	데이터베이스 관리도구
함수 연산 기능 탁월	함수 연산 제한
가벼운 데이터베이스 기능	전문 데이터베이스 기능
정렬, 필터링	복잡한 데이터 검색 편리
피벗 테이블 가능	데이터 요약 기능 탁월
필터링 설정 재활용 못함	쿼리 재활용
lookup 함수로 칼럼 하나씩 제한적 테이블 결합	join 구문으로 테이블 결합
용량 한계 존재	대용량 처리 유리

언론인이 접하게 되는 공공데이터 중에 스프레드시트로 처리가 어려울 정도의 큰 데이터는 드문 편이다. 다만 지속적인 웹스크레이핑을 통해 대용량 자료를 수집하면 수십만 행 내지 백만 행이 넘는 빅데이터를 구축할 수도 있을 것이다. 이 경우 스프레드시트는 구동 속도가 현저히 느려지거나 작동 자체를 멈춘다. MySQL과 같은 관계형 데이터베이스 매니저 프로그램을 활용하든지, 엑셀에 보조프로그램인 '파워 피벗(PowerPivot)'을 추가 장착하는 방법이 대안이다. '파워 피벗'은 1,048,576행이라는 엑셀의 용량 한계를 넘어서 그보다 훨씬 큰 대용량 데이터 처리도 가능하게 해준다.

처리 용량 못지않게 중요한 건 분석 기능이다. 대부분의 데이터 처리는 스프레드시트로 가능하지만 복잡한 분석을 반복적으로 수행해야 하는 탐사 보도라면, 관계형 데이터베이스 프로그램이 비장의 무기가 될 수 있을 것이다.

다만 액세스는 기본 오피스 패키지에서 제공하지 않는 유료 프로그램이며, MySQL은 무료이지만 설치 방법이 다소 번거롭다는 단점이 있다(단, MySQL 설치를 용이하게 해 주는 MAMP라는 별도의 시스템도 보급되고 있다). 양 프로그램 모두 스프레드시트보다는 상대적으로 학습에 더 많은 시간이 걸리는 편이다.

여기서는 그 대안으로 구글 스프레드시트에서 제공하는 유사한 고급 분석 기능을 익혀 보겠다. 구글 스프레드시트는 액세스나 MySQL에서 활용하는 SQL 구문을 활용한 다양한 쿼리(Query: 특정 데이터를 찾는 조건식) 기능을 사용할 수 있

다. 구글 스프레드시트는 하나의 워크시트 안에서도 QUERY라는 함수를 통해 데이터베이스 서버에 특정 데이터를 호출 처리하는 것과 유사한 작업을 할 수 있다. 통상적인 SQL 구문보다는 단순화된 명령어를 사용하지만 기능은 꽤 쓸 만한 편이다.

구글스프레드 시트 쿼리문은 일종의 간이 SQL 구문이다. MySQL이나 SQLite, PostgreSQL 등의 본격적인 관계형 데이터베이스 도구에서 SQL 구문을 활용하기 위한 연습 단계로 삼을 수 있을 것이다. 참고로, 데이터 분석과 통계와 관련해 가장 주목받고 널리 쓰이는 프로그램 언어 중 하나인 R에서는, dplyr 패키지를 통해 SQL과 비슷하면서도 매우 편하고 유연한 구문을 활용할 수 있다.

프로그램의 데이터 처리가 지연될 때는 모래시계 기호와 SQL이라는 글자가 컴퓨터 화면에 나타나는 경우를 종종 볼 것이다. 우리가 사용하는 대부분의 앱은 서버에 저장된 데이터베이스에서 특정 데이터나 화면을 호출하는 방식으로 구동된다. 이때 사용하는 특수한 목적의 프로그래밍 언어가 바로 SQL이다. 프로그래밍 언어라고 겁먹을 필요는 없다. 몇 개 안 되는 명령어로도 쓸 만한 쿼리를 척척 만들 수 있기 때문이다.

앞서 엑셀 학습에서 다룬 공공기관 경영공시 엑셀 데이터의 복사본을 만들어 구글 스프레드시트로 불러오자. 구글 개인계정이 없다면 회원가입을 해 계정을 만든 뒤, 구글 드라이브를 설치해 '만들기' → '스프레드시트' → '파일 메뉴' → '파일 열기' → '업로드'에서 PC 폴더의 해당 파일을 선택해 불러온다. 364개 공공기관에 대해 59가지의 항목 데이터가 입력돼 있다. 공공기관 '알리오' 사이트에 공

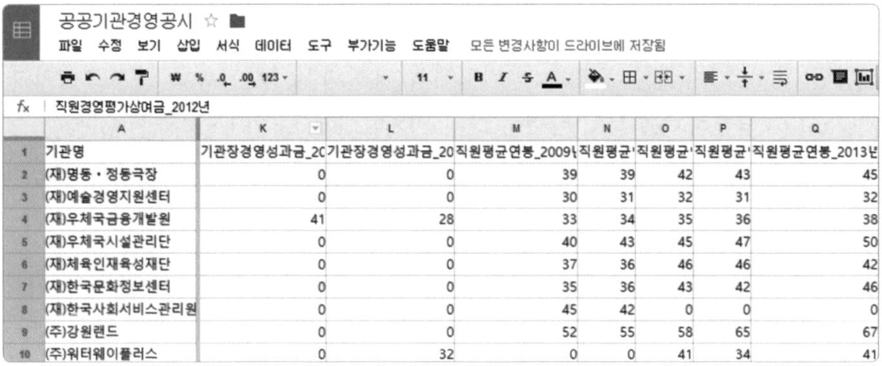

	A	K	L	M	N	O	P	Q
1	기관명	기관장경영성과금_20	기관장경영성과금_20	직원평균연봉_2009	직원평균	직원평균	직원평균	직원평균연봉_2013년
2	(재)명동·정동극장	0	0	39	39	42	43	45
3	(재)예술경영지원센터	0	0	30	31	32	31	32
4	(재)우체국금융개발원	41	28	33	34	35	36	38
5	(재)우체국시설관리단	0	0	40	43	45	47	50
6	(재)체육인재육성재단	0	0	37	36	46	46	42
7	(재)한국문화정보센터	0	0	35	36	43	42	46
8	(재)한국사회서비스관리원	0	0	45	42	0	0	0
9	(주)강원랜드	0	0	52	55	58	65	67
10	(주)워터웨이플러스	0	32	0	0	41	34	41

〈그림 3-69〉 공공기관 경영공시 자료 불러온 화면

개된 공시자료와 기획재정부가 매년 발표하는 경영평가등급 자료를 필자가 취합해 통합한 데이터이다.

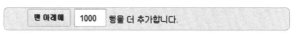
〈그림 3-70〉 화면 하단 행 추가 버튼

하단의 행 추가 버튼을 클릭해 쿼리 분석에 필요한 작업공간을 만든다.

먼저 구글 QUERY 구문의 구조를 살펴보자. Google Visualization API의 검색언어를 사용해 데이터를 검색하는 이 기능은 엑셀의 함수처럼 등호 =에 QUERY(범위, SQL 검색어, 칼럼명 행수) 구문을 붙여 실행할 수 있다.

다음은 A1 셀에서 BF365까지 범위에서 A 칼럼과 G 칼럼 데이터를 모두 선택해 불러오고, 첫 행은 칼럼 이름으로 인식하라는 구문이다.

=QUERY(A1:BF365,"select A, G",1)

범위 표시 뒤엔 쉼표와 함께, 따옴표로 시작하는 검색어를 입력해야 하며 마무리 역시 따옴표를 붙인다. 1이라는 숫자는 칼럼 이름이 위치한 행을 의미하는데, 입력을 생략해도 자동적으로 1행으로 인식한다.

구글 쿼리 검색어에 포함되는 주요 SQL 구문에 대해서 알아보자.

〈표 3-2〉 구글 스프레드시트 SQL 구문

select	필요한 칼럼을 선택해 불러온다. sum(A), avg(A) 같은 연산식도 선택한다.
where	조건에 맞는 행을 불러온다. (필터링 기능)
group by	특정 칼럼을 기준으로 다른 칼럼 데이터를 집계해 보여 준다. 피벗 테이블의 '행'에 끌어넣어주는 칼럼명이 바로 이 기준 칼럼이다.
pivot	피벗 테이블의 '열'을 만들어 준다.
order by	오름차순 혹은 내림차순으로 정렬한다.
limit	표시할 행수를 설정한다.
label	표시할 칼럼 이름을 새로 지정한다.

명심할 점은 각 칼럼 기호는 알파벳 대문자로 입력해야 하며, SQL 명령어 사이는 쉼표 없이 공백으로 구분한다는 점이다. select와 where 명령어를 입력하지 않으면 모든 칼럼이나 모든 행을 불러온다.

이제 본격적인 쿼리 분석에 들어가 보자.

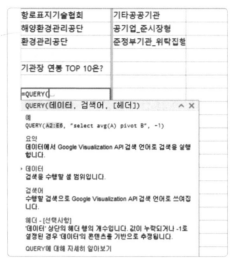

〈그림 3-71〉 쿼리 함수 입력 모습

데이터베이스에 대해 궁금한 질문을 하나씩 만들어 데이터 하단에서 한 줄 띄운 자리에 적고, 쿼리를 입력해 가자.

1. 2013년 기관장 연봉이 공공기관 전체 상위 10위에 들어가는 기관은?

이 질문에 대한 답을 구하는 쿼리구문은 다음과 같다.

=QUERY(A1:G365,"select A,G order by G desc limit 10")

칼럼 A의 기관명과 칼럼 G의 2013년 기관장 연봉을 불러와 연봉이 가장 높은 기관부터 순서대로 열 기관을 나열하라는 명령이다. order by는 특정 칼럼을 기준으로 정렬하라는 의미이고 desc는 '하강하다(descend)'의 약자, 즉 내림차순을 의미한다. 반대로 오름차순으로 정렬할 때는 '상승하다(ascend)'의 약자인 asc를 입력한다. limit은 10행까지만 표시하라는 뜻이다.

결과는 다음과 같이 산출됐다. 중소기업은행장이 연봉 1위로 5억 3천 3백만 원이고 뒤를 이어 한국수출입은행과 한국산업은행 등 금융기관 7곳이 10위 안에 들었다. 특히 산업은행장과 산은금융지주 회장은 한 사람이 겸임한다는 점에서 산은금융지주 회장의 사실상 연봉은 9억 4천 6백만 원으로 공공기관장 중 최고액인 셈이다.

기관장 연봉 TOP10의 기관형태, 당기순이익, 경영평가등급은?				
기관명	형태	기관장연봉	당기순이익	경영평가등급_2013년
중소기업은행	기타공공기관	533	854209	미분류
한국수출입은행	기타공공기관	533	76557	미분류
한국산업은행	기타공공기관	498	-1650965	미분류
한국정책금융공사	기타공공기관	498	-1536247	미분류
산은금융지주	기타공공기관	448	-1628789	미분류
코스콤	기타공공기관	402	12325	미분류
한국과학기술원	기타공공기관	390	12505	미분류
한국투자공사	기타공공기관	385	24730	미분류
한국공항공사	공기업_시장형	333	128600	C
예금보험공사	준정부기관_기금관리	322	709723	C

〈그림 3-72〉 기관장 연봉 TOP 10, 당기순이익 등 쿼리 결과

2. 2013년 기관장 연봉 TOP 10 공공기관의 기관형태와 당기순이익과 경영평가등급은?

=QUERY(A1:BA366,"select A,B,G,AK,BA order by G desc limit 10")

1위에서 8위까지가 모두 '기타 공공기관'으로 일반적으로 정부의 경영평가에서 제외된 기관이다. 그만큼 경영감독의 사각지대에 놓여 있다고도 볼 수 있다. 특히 기관장 연봉이 9억 원을 넘은 산업은행과 산은금융지주는 각각 순손실 규모가 1조 원이 넘는 적자 기관이다. 한국공항공사와 예금보험공사는 경영평가등급이 C에 머물고 있지만, 기관장 수입은 3억 원이 넘는 고액연봉이다.

3. 1년 사이 당기순이익이 줄어들고 적자인데 기관장 연봉은 10% 이상 상승한 곳은?

=QUERY(A1:AL365,"select A,G,AJ,AK,(G−F)/F*100 where (G−F)/F*100)=10 and (AK−

AJ〈0) and AL='적자' order by G desc label (G-F)/F*100 '기관장 연봉 상승률'")

일견 복잡해 보이나 구문의 구조는 단순하다. 필요한 칼럼 기호를 메모한 뒤 select와 where order by 구문 뒤에 차례로 입력해 가면 된다. 일단 기관명(A), 2013년 기관장 연봉(G), 2012년과 2013년 당기순이익(AJ, AK)와 기관장 연봉상승률((G-F)/F*100)을 select로 불러들였다.

where 구문으로 연봉상승률이 10(%) 이상이면서 동시에(and) 당기순이익이 줄어들고(AK-AJ〈0) 적자(AL)인 곳만 추출한 것이다. label로 시작하는 부분은 (G-F)/F*100의 칼럼명을 기관장 연봉 상승률이라고 표시하라는 명령문이다. '기관장 연봉 상승률'이라는 칼럼명 앞뒤로 작은따옴표를 친 점을 기억하자.

한국건강가정진흥원은 기관장 연봉이 무려 43% 상승했고, 한국철도시설공단과 광주과학기술원은 당기순이익이 수십 배 줄면서 적자를 기록했지만, 이미 억대였던 기관장의 연봉은 오히려 10% 이상 더 상승했다.

적자에 당기순이익은 감소, 기관장 연봉은 10% 이상 상승한 기관은?			
기관명	기관장연봉_2013년	당기순이익_2012년	당기순이익_2013년	기관장 연봉 상승률
창업진흥원	197	339	-14	35.86206
선박안전기술공단	177	6836	-850	22.06896
한국철도시설공단	163	-7251	-95778	12.41379
광주과학기술원	150	225	-8102	11.94029
동북아역사재단	142	1571	-478	15.44715
농림수산식품교육문화정	141	88	-270	20.51282
축산물안전관리인증원	137	247	-224	17.09401
전남대학교병원	126	-1600	-9299	11.50442
전북대학교병원	119	4782	-763	23.95833
한국보육진흥원	110	364	-702	11.11111
코레일로지스(주)	93	-1095	-2192	22.36842
한국건강가정진흥원	86	73	-11	43.33333

〈그림 3-73〉 순이익 하락, 기관장 연봉 상승 기관 쿼리 결과

4. 경영평가등급은 2년 연속 내려갔는데, 기관장 연봉이 2년 연속 상승한 곳은?

경영평가등급 S, A, B, C, D, E를 각각 1, 2, 3, 4, 5, 6으로 수치로 변환해 입력한 별도 칼럼 값을 활용해 등급이 하락한 곳을 찾아보자.

=QUERY(A1:BF365,"select A,E,F,G,AY,AZ,BA where (G-F)〉0 and (F-E)〉0 and (BF-BE)〉0 and (BE-BD)〉0 order by G desc")

5. 경영평가등급별 직원과 기관장 연봉 평균은?

최근 경영평가등급 2년 연속 하락하고 기관장 연봉 2연 연속 상승한 기관은?						
기관명	기관장연봉_2011년	기관장연봉_2012년	기관장연봉_2013년	경영평가등급_2011년	경영평가등급_2012년	경영평가등급_2013년
한국공항공사	267	324	333S	A		C
한국토지주택공사	222	226	233B	C		D
도로교통공단	126	145	149B	C		D

〈그림 3-74〉 등급은 연속 하락, 연봉은 연속 상승한 기관

쿼리구문의 강력한 기능인 group by 명령어를 사용해 데이터를 요약해 보자. 엑셀 피벗 테이블에서 작업창의 '행'에 끌어넣는 데이터 항목이 바로 group by 명령의 기준이 되는 데이터이다. 미리 합산(SUM), 총개수(COUNT), 평균(AVG), 최대(MAX), 최소(MIN)와 같은 함수를 활용해 집계한 값을 select해야 한다. 데이터에서 2013년 직원 연봉 평균이 0으로 표시된 기관은 최근 들어 다른 기관에 통합된 기관이다. 평균치 계산에 왜곡을 가져올 수 있으므로 이를 제외하기 위해 SQL 구문에 where G〈〉0을 포함했다. 〈〉은 같지 않음을 나타내는 기호이다.

=QUERY(A1:BF365,"select BA,AVG(G),AVG(Q) where G〈〉0 group by BA label AVG(G) '기관장 연봉 평균',AVG(Q) '직원 연봉 평균'")

경영평가등급 별 기관장과 직원 평균 연봉은?		
경영평가등급_2013년	기관장 연봉 평균	직원 연봉 평균
A	177	70
B	174.5128205	63.74358974
C	183	64.13043478
D	186.7222222	72.16666667
E	161.3	72
미분류	153.1658031	61.39896373

〈그림 3-75〉 경영등급별 평균 연봉 요약 쿼리 결과

경영평가등급이 D로 부실한 곳이 오히려 기관장과 직원의 평균 임금이 더 높은 사실을 확인할 수 있다. 방만 경영에도 불구하고 임금을 올린 것인지, 그동안의 높은 인건비 지출 자체가 부실한 경영을 초래한 것인지도 조사할 필요가 있을 것이다.

6. 기관 유형과 경영평가등급별로 각 기관수의 분포는?

group by와 pivot 명령어를 동시에 사용해 보자. pivot 명령어는 group by로 만든 요약표의 칼럼에 범주 데이터를 추가로 넣는다. 엑셀 피벗 테이블이라면 필드의 '열'에 끌어다 넣었을 칼럼 기호가 구글 SQL에서는 pivot 구문 다음에 온다.

=QUERY(A1:BF365,"select count(A),B where G〈〉0 group by B pivot BA")

경영평가등급과 기관유형별 기관 숫자 분포는?						
A	B	C	D	E	미분류	형태
			8	4	2	공기업_시장형
	4	5	4	3		2공기업_준시장형
				1		210기타공공기관
	8	6	2			5준정부기관_기금관리형
2	27	27	7	6		32준정부기관_위탁집행형

〈그림 3-76〉 경영등급과 기관 유형별 기관 숫자 분포

공기업보다는 준정부기관이 상대적으로 경영등급이 높고, 규모가 큰 공기업 시장형 기관들이 오히려 가장 낮은 등급에 분포돼 있음을 알 수 있다.

이번엔 기관 이름에 '원자력'이란 글자가 들어가는 기관의 기관장 연봉과 당기순이익을 살펴보자.

=QUERY(A1:BF365,"select A,G,AK where A like '%원자력%' order by G desc")

와일드카드 %와 LIKE를 함께 사용하면 문자열에 특정 글자만 포함된 행을 추출해 낼 수 있다. %는 '어떤 글자든 0개 혹은 그 이상', _는 '어떤 글자든 단 한 자'

를 의미하는 와일드카드다. LIKE는 '~와 비슷한'의 의미로 와일드카드를 활용할 때 등호(=) 대신 사용한다. '원자력'이란 글자가 포함된 기관명을 찾아 주는 조건식은 where A like '%원자력%'이다. 이는 where A contains '원자력'으로 대체해도 무관하다.

이밖에도 다음과 같은 함수를 where 구문과 함께 사용할 수 있다.

starts with	특정 문자열로 시작하는 데이터를 찾음.
ends with	특정 문자열로 끝나는 데이터를 찾음.
matches	정규표현식으로 문자열을 찾음.

원자력 관련 기관 기관장 연봉과 당기순이익은?		
기관명	기관장연봉_2013년	당기순이익_2013년
한전원자력연료주식회사	256	15401
한국원자력연구원	179	539
한국원자력의학원	176	-13607
한국원자력통제기술원	130	-426
한국원자력안전기술원	121	-2705
한국수력원자력(주)	120	231845
한국원자력문화재단	118	-549
한국원자력환경공단	109	1099
동남권원자력의학원	0	-24569

〈그림 3-77〉 원자력 관련 기관 당기순이익 쿼리

이상과 같이 쿼리문으로 공공데이터에서 필요한 데이터만 추출하거나 요약하는 방법을 알아봤다. 특히 이 같은 쿼리문은 약간의 차이만 있을 뿐, 액세스나 MySQL의 SQL 구문과 상당히 비슷한 구조를 갖고 있으므로, 구글 스프레드시트의 쿼리에 익숙해지면, 액세스나 MySQL의 활용법도 빠르게 익힐 수 있을 것이다.

예를 들어, =QUERY(A1:BF365,"select BA,AVG(G),AVG(Q) where G<>0 group by BA label AVG(G) '기관장 연봉 평균',AVG(Q) '직원 연봉 평균'")를 액세스 프로그램의 SQL 구문으로 바꾸면 다음과 같다.

```
SELECT BA, AVG(G) AS 기관장_연봉_평균, AVG(Q)
AS 직원_연봉_평균
```

```
FROM 공공기관_경영공시
WHERE G<>0
GROUP BY BA
```

일반 SQL과 달리 구글 스프레드시트 쿼리문에는 데이터를 선택해 불러올 원자료명을 특정하는 FROM 명령어가 생략된다. AS나 UPDATE, HAVING 같은 다양한 SQL구문을 사용할 수 없고, WHERE 구문을 활용한 데이터 결합 기능도 빠져 있다는 점은 구글 SQL의 아쉬운 부분이다.

쿼리문의 장점은 하나의 워크시트 안에서 다양하고 복잡한 질문을 체계적으로 던지고 탐색해 볼 수 있다는 데 있다. 가령, 연봉 상승률 TOP 10을 구한다면 연봉 상승률을 계산한 새 칼럼을 생성해 내림차순으로 정리한 다음 10개 행을 추출할 필요 없이 바로 해당값들을 산출할 수 있다는 점이 편리하다. 또 엑셀처럼 피벗 테이블 작업 창으로 이동하지 않고 현재의 창에서 where와 group by 기능을 동시에 사용할 수 있다는 장점도 있다. 엑셀의 고급 필터 기능이 필요한 복수의 조건식도 쉽게 소화할 수 있다. 가령 4년 "연속 경영등급 C 이하에 머무르면서 적자에 기관장 연봉은 1억 이상인 기관의 숫자를 기관 유형별로 분류하라"는 질의도 한 개의 쿼리구문으로 처리할 수 있는 것이다.*

해외의 탐사 보도기자들은 대규모 데이터를 확보한 다음 수십 가지의 쿼리를 만들어 데이터를 인터뷰하면서 특이점이나 패턴을 찾는다. 쿼리문을 직접 입력하는 습관을 들이면 체계적이고 논리적인 사고를 키울 수 있고, 자신이 만든 쿼리가 일지처럼 기록되므로 작업 과정을 한눈에 훑어 볼 수도 있다. 또 비슷한 분석 작업을 반복할 때 쿼리구문을 복사해 재활용할 수 있다는 점도 장점이다.

엑셀에 비해 배우기 어렵고 직관적이지 않다는 난점에도 불구하고 전문가들이 SQL 쿼리문을 즐겨 사용하는 가장 큰 이유는 빅데이터 안에 숨어 있는 뉴스

---

* 이상의 구글 스프레드시트 쿼리구문에 대한 설명은 전자공학과 인공지능 분야 전문가인 Tony Hirst가 Ouseful. info 블로그에 쓴 글 'Using Google Spreadsheets as a Database with a Google Visualzation API Query Language'를 참고했다.

데이터 분석과 저널리즘

를 추적하는 일, 이른바 건초 더미 안에서 바늘을 찾는(finding a needle in a haystack) 작업을 가능하게 하기 때문이다.

대표적인 사례로 미국 의료계에서 큰 문제가 됐던 엉덩이뼈 인공관절의 제품 하자에 대한 보도에서 뉴욕 타임스의 자넷 로버츠(Janet Roberts) 기자가 사용한 기법을 살펴보자. 자넷 기자는 미국 식품의약국 FDA의 데이터베이스를 추적해 철제 인공관절의 제품 하자로 인한 민원이 급등하고 있음을 밝혀냈다. 염증이나 골절이 발생하는 등의 심각한 부작용이 잇따르고 있었지만, 제조사 측은 제품 리콜을 미루고 있었다.

컴퓨터 활용 취재에 능숙한 자넷 기자는 자료 건수가 2백만 건에 육박하는 FDA의 관련 데이터베이스에서 SQL 구문을 활용해 문제가 된 특정 기구의 관련 데이터만을 찾아내고, 특정 기간 내 신고 건수를 합산했다. 백만 건이 넘는 자료였지만 마이크로소프트 SQL Server 데이터베이스 매니저를 활용해 큰 문제가 없었다.

환자와 의사, 제조사 등이 제각각 신고한 자료엔 동일한 특정 제품이 수백 가지의 다양한 표기로 입력돼 있었다. GROUP BY 명령어로 분석하며 유사한 표기를 파악해 갔다. 이 때문에 데이터 검색에는 와일드카드를 포함한 where 구문이 필수적이었다. 아울러 정확한 분석을 방해하는 수많은 빈 데이터와 중복 데이터를 걸러내는 작업을 거쳤다. 다음에는 고유번호가 달린 별도의 데이터베이스와 결합해 중복을 제외한 총 신고 건수를 합산했다. SELECT와 FROM, WHERE, GROUP BY, ORDER BY 명령어로 구성된 평범한 SQL 구문으로 복잡한 빅데이터 안에서 기삿거리를 찾아낼 수 있었던 것이다. 신고 건수를 계산하는 데는 SELECT 명령어 뒤에 COUNT(DISTINCT m.event)라는 합산 함수를 사용했다. 중복된 경우를 제외하고 순수한 총 신고 건수를 집계하라는 함수이다.

자넷 기자가 사용했다는 WHERE 구문을 보면 앞서 실습한 구글 쿼리와 매우 유사함을 알 수 있다.

```
WHERE d.manufacturename LIKE '%puy%'
AND (d.brandname LIKE '%asr%' or d.genericname like'%asr%')
```

제조사는 DePuy이나 신고자마다 조금씩 다른 철자를 입력한 경우가 많았고, 제품 이름도 ASR이란 약자가 포함됐지만, 부작용 사례마다 각기 다양한 표기로 입력돼 있었다. 와일드카드 %와 like를 활용한 WHERE 조건식으로 갖가지 표기의 데이터 중에서도 필요한 데이터를 필터링해 낼 수 있었다. 자넷 기자는 결국 2011년 상반기에만 2007년에서 2010년 사이에 신고된 건수보다 5천 건이 더 많은 해당 기구의 부작용 사례가 보고됐음을 밝혀냈다. 보도 이전에도 해당 제품과 관련한 몇몇 법정 소송이 진행되고 있다는 사실은 알려져 있었지만, 자넷 기자의 데이터베이스 추적을 통해서 비로소 문제의 큰 그림이 그려지고 그 심각성이 드러난 셈이었다(Janet Roberts, 'Scouring MAUDE data to find faulty metal hips', 2011 fall, IRE Journal).

3.15. 통계에 관한 몇 가지 기본 상식

데이터 저널리즘에서 활용하는 정량 분석의 토대는 다름 아닌 통계학이다. 데이터저널리즘의 원류가 됐다는 컴퓨터 활용 보도(CAR)의 선구자 필립 마이어의 기념비적 저작 『정밀 저널리즘』은 숫자와 통계를 활용해 세상의 진실을 밝혀내기 위한 취재 기법을 소개하는 책이다. 평균과 분산, 표준편차뿐 아니라 유의수준과 오차한계, 영가설과 대립가설 같은 통계학 용어와 개념을 통해 언론의 여론조사와 사회현상을 분석하는 방법을 설명한다. 오늘날 뉴스에서 볼 수 있는 여론전문 분석기관의 각종 여론조사 결과도 이 같은 '정밀 저널리즘'의 한 형태이다. 오늘날 데이터 저널리즘에서 전문적인 통계지식을 사용하는 경우는 역설적이게도 매우 제한적인 경우에 머물지만, 기초 통계작업은 여전히 데이터 처리에 필수적이다.

통계는 크게 기술 통계(Descriptive Statistics)와 추론 통계(Inferential Statistics)로 나뉜다. '기술'이라고 함은 정리 요약한다는 의미이다. 글자 그대로 자료의 특징을 간단히 설명하는 것이다. 데이터의 개수, 최대치와 최소치, 합계와 평균치, 분산과 표준편차를 구해 표로 정리하는 식이다. 여론조사를 제외한 대부분의 데이터 저널리즘 결과물은 기술 통계의 범위를 벗어나지 않는 경우가 많다.

기술 통계치에서도 특히 쉬운 듯하면서 많은 사람들이 오해하는 것이 '평균' 개

데이터 분석과 저널리즘

념이다. 수치자료 분석의 기초인 평균 개념부터 살펴보자. 평균은 자료 분포의 특성을 보여 주는 대푯값이다. 산술평균(mean)은 전체 값을 모두 더한 뒤, 개수로 나눈 값이다.

우연히 시내버스에 함께 탄 승객 가운데 남성 10명의 키 크기를 측정했다고 가정해 보자.

171, 178, 165, 169, 163, 171, 166, 182, 167, 171(cm)

이들 10명 신장의 산술평균은 171.3cm이다. 만약 이 버스에 국내 최장신 센터라는 농구 선수 하승진 선수(221cm)가 탔다면? 산술평균은 175.8cm로 갑자기 4cm가 높아진다. 당초 버스 승객 중에서 키 175cm를 넘는 사람은 단 2명이었는데, 과연 175.8cm를 대푯값이라고 할 수 있을까? 여기에 격투기 최홍만 선수(217cm)가 추가로 탄다면, 평균은 179.25cm로 180cm에 육박하게 된다. 2m 이상은 누구 봐도 특별히 큰 키라고 할 수 있을 것이다. 이처럼 일반적인 데이터 분포의 범위에서 벗어나 월등히 크거나 적은 수치를 이상치(outlier)라고 한다. 이상치는 산술평균을 왜곡시키는 결과를 가져온다. 이 때문에 등장한 개념이 중앙값(median)이다. 중앙값은 각 표본 수치를 순서대로 나열했을 때 딱 중앙에 오는 값이다. 표본개수가 홀수이면 정중앙에 오는 수치를 꼽고, 짝수이면 중앙에 나란히 위치한 두 수치의 평균을 구한다. 위 사례에서는 원래 승객만 따지든, 아웃라이어인 하승진, 최홍만 선수가 포함되든 동일하게 171cm가 중앙값이다. 가장 빈번히 등장하는 데이터를 뜻하는 최빈값(mode)도 있다. 위 데이터 중에서는 3회 출현한 171cm가 최빈값이다.

산술평균(mean)과 중앙값(median), 최빈값(mode) 3가지 중 일반적으로는 산술평균을 사용하지만, 데이터 분포가 한쪽으로 쏠릴 경우엔 중앙값을 사용해야 한다. 언론인이 통계치를 인용할 때 실수하기 쉬운 대목이다. 소득 분포나 집값 분포가 전형적인 예이다. 프로야구 선수들의 연봉 대푯값을 산술평균으로 계산해 기사를 쓴다면, 실제 일반적인 야구선수 연봉보다 월등히 높은 수치를 연봉 평균인 것처럼 오해하게 만들 가능성이 높다. 고액연봉을 받는 소수의 스타 선수들로 인해 실제 대푯값보다 과도하게 높은 산술평균이 계산되기 때문이다. 이때는 당연히 중앙값이 정답이다. 같은 이유에서 통계청에서 전국 소득 관련 통계를 발표할 때도 산술평균이 아닌 중앙값을 기준으로 한다.

버스에 탄 사람들의 키가 서로 다르듯이 각 데이터는 다양성을 띤다. 기자가 주목해야 하는 건 바로 이 데이터 간의 차이이다. 데이터 간의 차이, 다양성, '흩어진 정도'에서 세상의 뉴스는 시작된다. 통계에서는 일정한 중심을 기준으로 '흩어진 정도'를 측정한다. 평균치를 기준으로 위아래로 벌어진 정도를 측정한 것이 '범위'와 '분산'과 '표준편차'이다.

데이터의 최댓값과 최솟값을 구해 그 차이를 계산하면 '범위'가 나온다. 데이터 분포를 알아볼 수 있는 가장 간단한 방법이다. 최대, 최솟값만 사용하지 않고 표본 데이터의 모든 자료를 활용해 데이터의 분포도를 따져보는 방법이 있으니 바로 편차와 분산, 표준편차이다.

편차는 각 데이터와 평균의 차이이다. 다시 말해 데이터에서 평균을 뺀 값이다. 당연히 데이터가 평균보다 크면 양수, 작을 경우엔 음수가 나온다. 편차를 모두 더하면 항상 0이 된다. 이 때문에 평균을 낼 때는 편차 대신 각 편차의 제곱의 평균을 내며 이것이 곧 분산이다. 분산은 편차의 제곱의 평균이므로 실제 데이터의 흩어진 정도보다 과장되게 표현된 값이다. 그래서 좀 더 직관적으로 각 수치와 중심값과 거리를 가늠할 수 있는 수치가 있으니 바로 표준편차이다. 표준편차는 분산의 제곱근을 취한 값이다.

지금까지 얘기한 기초 통계값은 모두 엑셀의 간단한 함수로 구할 수 있다. 가령 셀 A2에서 A30까지 데이터를 대상으로 한다면 다음과 같이 입력하면 된다.

산술평균 =AVERAGE(A2:A30)

중앙값 =MEDIAN(A2:A30)

최빈값 =MODE(A2:A30)

분산 =VAR(A2:A30)

표준편차 =STDEV(A2:A30)

데이터 분석과 저널리즘

모집단이 아닌 표본집단을 대상으로 한다면 VAR 대신 VARP 함수를, STDEV 대신 STDEVP 함수를 사용한다. 주의할 점은 표본집단이 30개일 때 분산을 구한다면, 각 편차의 제곱을 합해서 30으로 나눈 것이 아니라, 30에서 1을 뺀 29로 나눈 값을 취한다는 사실이다. 표본 오차를 감안해 분산과 표준편차를 좀 더 크게 잡는 것이 낫다는 경험칙에서 표본개수에서 1을 뺀 값으로 나누도록 하는 것이다.

이 같은 기초 통계치들은 데이터 분포의 특성을 살펴보기 위한 것이다. 여기에 더해 데이터 분포를 시각적으로 한눈에 들어오게 보여 주는 편리한 그래프가 있으니 바로 히스토그램이다. 가령 1,000명의 남자고등학생을 무작위로 모아 운동장에 세웠다고 가정하자. 1cm 단위로 키 수치를 적은 팻말을 크기순으로 죽 세워놓아 자신의 신장에 맞는 곳에 종렬로 서도록 했다고 치자. 운동장 상공에서 내려다보면 키의 분포를 한눈에 볼 수 있는 히스토그램 모양이 그려진다. 각 키 구간마다 해당 숫자만큼 줄의 길이가 길어질 것이다. 평균이 173cm라고 가정한다면, 173이라고 쓴 팻말 앞에 선 줄이 가장 길고, 양 옆으로 갈수록 줄은 조금씩 작아질 것이다. 이른바 정규 분포(Normal Distribution)라고 하는 분포 형태다.

특정한 다른 변수가 없다는 가정하에서 주사위를 무작위로 여러 번 던져 나오는 숫자의 분포를 히스토그램으로 그리면, 정규분포 형태로 나타날 것이다. 일반적으로 인구집단에서 무작위 추출한 사람의 키나 몸무게, IQ는 전형적인 정규분포를 나타낸다(다만 실제로는 소득분포와 같이 정규분포를 정확히 따르지 않는 경우도

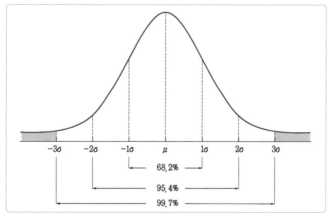

〈그림 3-78〉 정규분포 곡선

많다. '정규'라는 의미가 '정상'이라는 뜻은 아닌 것이다).

키 구간을 더욱 정밀하게 세분화하면, 계단 형태였던 히스토그램이 종모양의 곡선으로 그려진다.

정규분포 차트는 산술평균과 중앙값과 최빈값이 모두 일치하며, 좌우가 대칭인 반듯한 모습이다. 반면에 프로야구 선수 연봉 자료의 경우엔 산술평균이 중앙값보다 오른편에 위치한다. 히스토그램의 곡선은 오른편으로 꼬리가 더 길게 붙는 편향된 모습을 보인다.

〈그림 3-78〉에서는 평균에서 양옆으로 얼마만큼 떨어졌는가에 따라 구간을 나눠 표시했다. 표준편차, 2표준편차(표준편차 2배), 3표준편차(표준편차 3배)의 위치를 표시했다. 정규분포곡선은 그 자체로 사건이 일어날 수 있는 가능성을 시각화한 일종의 확률 모형이다. 특정 편차까지의 면적을 적분으로 구하면 해당 범위에 들 확률이 계산된다. 확률값은 일일이 적분을 계산할 필요 없이 통계학 서적의 '표준정규분포표'에서 조회할 수 있다.

데이터와 평균 차이가 표준편차의 몇 배에 해당하는지 따져보는 1, 2, 3과 같은 값을 표준화값이라고 하고 알파벳 Z로 표시하기 때문에 Z-Score라고 부른다(가령 어떤 고등학생의 전국 모의고사 점수를 상대평가 할 때, 전국 평균에서 얼마나 차이가 났는지 따져 표준점수를 구한다. 이때 Z값이 학생의 상대적 서열을 나타내는 표준점수가 된다). 1표준편차에 해당하는 구간의 면적인 68.2%는 전체의 약 2/3에 해당한다. 운동장에 1,000명의 학생이 있고, 평균이 173cm, 표준편차가 7cm일 경우, 무작위로 뽑은 한 명의 학생 키가 1표준편차의 범위인 166~180cm 사이 범위에 들어올 확률은 약 2/3, 즉 68.26%이다. 마찬가지로 2표준편차인 159~187cm 사이에 들어올 확률은 95.44%, 3표준편차인 152~194cm 사이에 포함될 확률은 99.74%이다. 표준정규분포에서 조회해 보면, 90%에 해당하는 Z값은 1.65, 95%는 1.96, 99%는 2.58이다.

표준정규분포를 응용하면 실제 일상생활이나 뉴스 속에서 만나는 많은 일들을 확률로 설명할 수 있다(물론 정규분포에 해당되는 얘기이다). 특히 2표준편차나 3표준편차를 벗어나는 값은 매우 이례적인 데이터이므로 이를 이상치(outlier)로 잡을 수 있다. 이는 5장에서 다룰 태블로 소프트웨어에서 Reference Line을 그려 파악할 수 있다.

USA Today가 지난 2011년 지역 신문들과 연합해 탐사 보도한 사례를 살펴보자. 미국에서는 학생들의 학력평가 결과가 일정 수준 이하로 저하되면 해당 학교에 각종 불이익을 주고, 심할 경우 학교 폐쇄 조치까지 취한다. 이 때문에 학교 측이 몰래 점수를 조작하거나 시험문제를 유출하는 부정사례가 발생하기도 한다. USA Today는 미국 6개 주와 워싱턴 DC의 공립학교 24,000여 곳에서 실시한 학생 표준화 학력평가 결과를 통계적으로 분석해 이 같은 시험 부정 사례를 추적 보도했다. 취재팀은 1년 사이의 점수 평균의 변화가 3표준편차를 벗어난 학교를 주목했다. 통계적으로 99.74%의 확률을 벗어난 아웃라이어다. 이상할 정도로 평균 점수가 오른 이 학교들을 밀착 취재한 결과 각종 시험 부정과 점수 조작이 있었음을 밝혀낼 수 있었다. 매우 기초적인 통계분석으로도 현장 취재를 위한 중요한 단서를 얻을 수 있음을 알 수 있는 사례이다.

이번엔 추론 통계로 살짝 더 들어가 보자. 전체 모집단의 속성을 정확히 알지 못하기 때문에 표본집단(sample)을 조사해 가설을 설정한 뒤 통계적 유의성을 판단하는 게 추론통계이다. 간단한 예로 풀어 설명해보자. 어떤 한 TV 방송국에 매일 방송하는 장수 오락프로그램이 있다. 다년간 방영한 결과, 시청률 평균은 5.0%이고 표준편차는 1.5%p라는 사실을 알고 있다. 그런데 방송국이 프로그램 구성과 출연자를 바꾸는 부분 개편을 한 뒤, 100일간 방송을 다시 해 보니, 평균 시청률이 5.3%로 나왔다. 방송국 편성 담당자는 이 수치를 어떻게 평가할까? 그냥 평균 시청률이 0.3%p가 오르는 성과가 났다고 쉽게 결론 내릴지도 모른다. 하지만 이는 단기간 표본조사에 의한 측정치일 뿐이라는 점을 명심해야 한다. 일단 시청률 데이터가 정규분포를 따른다고 가정해보자. 시청률의 변화가 통계적으로 의미 있는지 검증하기 위해서 다음과 같은 두 가지 가설을 세울 수 있을 것이다.

· **귀무가설(영가설)**: 프로그램 개편 뒤 100일간 평균 시청률은 종전의 평균 시청률과 차이가 없다.

· **대립가설**: 프로그램 개편 뒤 100일간 평균 시청률은 종전 평균 시청률과 달라졌다.

방송국이 주장하고자 하는 가설은 대립가설이다. 즉, 개편 뒤 프로그램 시청률이 오른 것은 우연이 아니며, 통계적으로 의미 있는 변화라는 가설이다. 귀무가설은 대립가설의 반대이다. 한 달간 시청률이 오르긴 했지만, 표본을 일정 기간 일부 시청자만 측정하다 보니 우연히 나타난 현상일 뿐이라는 의미이다. 검정을 위해, 먼저 표집 오차의 Z통계값을 산출하고 유의수준(Significance level)도 정한다. 유의수준은 귀무가설이 맞는데도 이를 기각하고, 대립가설을 채택하는 실수를 범할 최대 확률이다. 유의수준은 일반적으로 0.05로 정한다. 표집 분포에서 귀무가설을 기각하고 대립가설을 채택하는 경우는 Z값이 +1.96보다 크거나 -1.96보다 적은 경우이다. 귀무가설이 맞을 확률이 0.05이하로 매우 낮은 경우이다. 미리 설정한 유의수준보다 낮은 확률이므로, 이때는 귀무가설을 기각하고 대립가설을 채택한다. 프로그램 개편 후 새로 측정한 100일간 시청률의 Z 통계치를 구하는 공식은 [(편성개편 후 100일간 평균 시청률) - (기존의 평균 시청률)] / (표준편차 / 편성개편 후 시청률 측정 날짜 수의 제곱근) 이다. 곧 $Z= (5.3-5.0)/(1.5/\sqrt{100}) = 2$ 라는 결과가 나온다. 계산된 Z값 2가 1.96보다 크므로 귀무가설을 기각한다. 즉, 5.0%에서 5.3%로 상승한 평균 시청률의 증가는 우연이 아닌 의미 있는 현상, 즉 통계적 유의성이 있다고 판단한다. 만약 Z값이 1.96보다 낮게 산출됐다면 반대로 귀무가설을 채택한다. 이 경우는 기존 시청률 평균과 비교해 일정 기간 시청률 변화는 있었더라도, 우연히 일어날 수 있는 수치 변동이라고 판단하는 것이다.

이는 단일 표본의 Z 검정방법을 간단히 설명한 것일 뿐, 자료의 형태에 따라서는 매우 다양한 검정방법이 존재한다. 표본집단으로 살펴본 자료상의 변화가 의미 있는 것인지, 변수 사이에 상관 관계가 존재하는지 여부 등을 판단할 때 통계학적 개념을 활용하면 더욱 객관적이고 과학적인 근거를 제시할 수 있다는 점을 기억하자. 어떤 현상이 우연하게 무작위로 일어날 수 있는 일인지, 통계적으로 유의미한 것인지 여부를 판단하는 개념은 5장과 6장에서도 간단하게 언급할 것이다.

이 책에서 다루는 데이터 시각화와 GIS 분석방법 등은 갖가지 기초 통계의 원리를 기반으로 하고 있다. 드물지만 보건이나 환경 분야에서 여러 변수 간의 상관 관

데이터 분석과 저널리즘

계를 통계적 기법으로 분석해 훌륭한 탐사 보도물을 만들어낸 국내외 보도사례도 존재한다. 하지만 오늘날의 데이터 저널리즘과 탐사 보도는 학술논문과 달리 본격적인 추론 통계는 많이 사용하지 않는 편이다. 여론조사 공표 기사를 제외한 일반적인 뉴스기사에서 추론 통계방식을 적극적으로 활용하고, 딱딱한 통계학 용어를 직접 거론하는 경우는 드문 편이다. 다만 데이터 분석 결과의 신뢰성을 검정하고, 분석의 기본기를 탄탄히 다지고 싶다면, 보다 전문적인 사회과학 분야의 통계조사방법론 서적과 문헌을 참고하길 추천한다.

3.16. 데이터에 대한 과신을 버려야 데이터 저널리즘이 산다

지금까지 데이터 정제를 위한 오픈 리파인 활용법과 데이터 분석의 기초인 스프레드시트 사용법, 그리고 구글 SQL 등을 익혔다. 더욱 본격적인 데이터 시각화와 분석방법으로 진도를 나가기 전에 몇 가지 명심할 점이 있다. 뉴스기사를 실증적인 데이터에 근거해 취재하고 제작하는 일련의 과정은 더욱 객관적이고 입체적인 사실 보도를 하려는 것이 목적이다. 그러나 역설적이게도 데이터 저널리즘의 가장 큰 적은 데이터의 객관성과 정확성의 과신에서 비롯되기도 한다고 전문가들은 말한다.

뉴욕타임스의 컴퓨터 활용 보도(CAR) 에디터인 사라 코헨의 말에 귀 기울여 보자. 그녀는 언론인이 데이터와 숫자를 다룰 때 명심해야 할 다음과 같은 명제를 던진다.

숫자는 의견이고, 요약이고, 추정치에 불과하다.
(A number is an opinion, a summary and a guess.)

과학적 기법으로 포장한 데이터 분석 결과도 데이터 수집과 분석방법, 결과를 전달하는 과정에서 수많은 오류의 가능성을 내포하고 있다. 통계치에서 100% 정확성이란 없다. 기본 자료의 계측 오차 혹은 표본 오차의 여지를 열어 두어야 한다. 표본집단의 한계에서 오는 오류도 감안해야 한다. 게다가 데이터 수집 단계에서 분석에 이르기까지 분석하는 이의 판단이 개입할 여지는 항상 있다. 정부가 발표하는 국정 운영에 관한 모든 통계자료와 공공데이터 역시 특정 기준에 따라 편집되고 집계된 결과라는 점에서 데이터를 만든 사람의 판단이 개입된 '의견'이고 '요약'이다. 또한, 의도하지 않은 오차의 개연성을 안고 있는 '추정치'일 수 있다.

컴퓨터 활용 보도는 대부분 사회과학이나 자연과학의 분석기법을 차용해 언론에 접목한 것이다. 어떤 과학적 연구 방법도 완벽한 정답을 보장하지는 못한다. 입력 데이터와 가설, 분석방법의 적합성과 정밀도에 따라 분석 결과도 큰 영향을 받기 마련이다. 이 책 후반부에 익힐 지리정보시스템(GIS)나 사회 관계망 분석(SNA)도 마찬가지이다. 어떤 전제를 깔고, 어느 알고리즘을 선택하느냐에 따라 분석 결과는 크게 달라진다.

오류를 안고 출발한 분석이든, 아니면 기법 자체의 한계이든, 우리는 일단 데이터와 그 분석 결과에 겸손한 태도를 취해야 한다고 전문가들은 말한다. 공공데이터를 입수해 분석해 보니 너무 쉽게 그럴듯한 기삿거리가 나왔다면, 한 번쯤 의심해 봐야 한다는 게, 경험 많은 데이터 저널리스트들의 충고이다. 지나치게 그럴 듯한 결과엔 함정이 숨어 있을 수 있다. 결과의 객관성이 떨어진다고 판단되면 과감히 휴지통에 버려야 할 줄도 알아야 한다.

또 한 가지 경계해야 할 태도는 숫자를 남발하는 습관이다. 숫자가 지나치게 많이 포함된 기사는 전달력이 높아지기 어렵다. 기사 작성시 의식적으로 숫자의 개수를 제한하라는 것이 사라 코헨의 조언이다. 그 구체적인 기준은 한 문단당 숫자 8개이다. 숫자 4개로 이뤄진 연도와 반올림한 간단한 수치 2개 정도면 한 문단에서 허용되는 숫자 8개란 기준이 채워진다. 한 문단에 그 이상의 숫자가 포함되면 기사의 전달력이 떨어지기 시작한다(8개 숫자 예: 2014년, 1.2%, 2천 4백여 억 원).

시청자와 독자가 원하는 기사는 의미 없는 숫자의 나열이 아니라, 현장에서 살아 숨쉬는 사람들의 생생한 모습이다. 수치 자료는 현장의 목소리를 뒷받침하고 검증하기 위한 수단일 뿐이라는 점을 기억하자.

이제 데이터 분석의 기초를 다뤘으니, 다음 장부터는 각종 시각화 기법을 중심으로, 보다 다양한 가능성을 탐색해 보자. 책머리의 '들어가는 글'에 등장한 기자가 그랬듯, 공공데이터를 입수해 오픈 리파인으로 정제하고, 엑셀로 기초적인 분석을 한 뒤, 태블로를 활용해 시각화를 하면, 눈에 안보이던 패턴이 조금씩 시야에 들어올지 모른다. 최대, 최소치를 찾고, 조건식으로 필터링하고, 피벗 테이블로 요약해 보는 것도 기본이다. 여기에 다음 장에서 익힐 태블로를 활용한 하이라이트 테이블도 문제점을 찾는데 큰 도움이 될 것이다. 시계열 분석으로 변화 패턴을 찾고, 여러 데이터를 비교해 상관 관계를 살펴보고 숨어 있는 변수도 구해 보자. 퓨전테이블이나 GIS로 공간 패턴을 분석하고, 연결망을 시각화해 보자.

　정부정책의 정당성과 신뢰성을 검증하자. 우리 사회의 약하고 소외된 사람들이 더 차별받는 것은 아닌지, 힘 있고 돈 많은 계층에게만 유리하게 공공정책이 왜곡되고 있는 것은 아닌지, 국민의 세금과 가용한 물자가 낭비되고 있지는 않은지, 추적해 보자. 공공데이터는 방치되면 아무 의미 없는 숫자에 불과하다. 수치 자료에서 가치와 효용성을 끌어내는 것은 전적으로 데이터를 적극 사용하는 사람의 몫이다.

데이터 분석과
저널리즘

4장 구글 퓨전테이블
: 생애 첫 데이터 지도 만들기

4 구글 퓨전테이블: 생애 첫 데이터 지도 만들기

우리가 필요로 하는 것은(소수가 데이터와 그 활용에 따른 혜택을 독점하는) '데이터 독재'가 아니라(누구나 쉽게 데이터를 스스로 이용할 수 있는) '데이터 민주화'이다.

—데릭 해리스(Derrick Harris, IT 저널리스트)

데이터 저널리즘의 창안자라는 애드리안 홀로바티(Adrian Holovaty)의 이름이 미국 언론계에 알려지게 것은 2005년 미국 시카고의 범죄 발생 기록을 구글지도 위에 표시하는 chicagocirme.org라는 사이트를 제작한 것이 계기가 됐다. 이는 시카고 경찰의 공식 범죄데이터를 지속적으로 시각화하는 범죄지도로서 이후에 만들어진 수많은 구글지도 매쉬업(여러 웹 데이터를 결합해 새로운 콘텐츠를 만드는 작업)의 시발점이 됐다.

공간 정보의 특성을 파악하고 설명하는 데는 말로 구구하게 설명하기보다 한 장의 잘 만든 지도를 제시하는 것이 더 큰 효과를 발휘한다. 우리의 눈과 뇌가 지도와 같은 데이터 시각화물에 매우 직관적으로 반응하기 때문이다. 컴퓨터 활용 보도나 데이터 저널리즘 분야에서 매핑(Mapping: 데이터를 기반으로 수치지도를 만드는 작업)이 핵심 중의 핵심기법으로 주목받는 이유이다.

전문가의 영역으로 여겨졌던 매핑은 최근 몇 년 사이에 초보자도 배울 수 있을 정도로 문턱이 낮아졌다. 매핑의 대중화 시대를 연 대표적인 도구가 바로 이 장에서 소개하려는 구글 퓨전테이블(이하 약칭 '퓨전테이블')이다.

퓨전테이블은 다양한 형태의 데이터 처리와 매핑, 차트생성, 데이터 공유 등을 쉽게 할 수 있게 도와주는 무료 온라인 도구이다. 퓨전테이블은 무료일 뿐 아니라 조작이 매우 쉽고 편리하다는 장점이 있다. 실로 초등학생도 간단한 수업만 받으면 어렵지 않게 다룰 수 있을 정도의 난이도이다.

데이터 분석과 저널리즘

최근에는 구글 드라이브에 '구글 내 지도(Google My Maps)'라는 도구가 기능을 확장해 등장했다. 구글 내 지도는 구글 퓨전테이블과 유사하거나, 오히려 더 간편하고 나은 기능을 제공해, 초보자도 인터랙티브 지도를 더욱 손쉽게 만들 수 있게 됐다. 다만, 영역에 색을 칠해 지도를 만드는 기능 등 적지 않은 면에서는 여전히 퓨전테이블의 특징을 무시할 수 없다. 이 책에서는 일단 퓨전테이블로 구글지도 제작의 기본을 익혀 보겠다.

이 퓨전테이블의 지오코딩 기능을 이용하면 주소록과 같은 공간데이터로 몇 분 안에 웹 지도를 만들 수 있다. 퓨전테이블은 구글사가 2009년에 처음 선보인 뒤 아직 시험판인 베타버전에 머물고 있지만, 세계 각국의 데이터 저널리스트들이 가장 널리 사용하는 도구 중 하나가 됐다. 자체 서버나 별도의 프로그래밍 지식이 없어도 누구나 데이터를 시각화해 웹 콘텐츠로 제작할 수 있다. 전문개발자라면 퓨전테이블 API를 활용해 2차 가공이 가능하고, 구글맵 API를 연동하면 자바스크립트 코딩을 변형해 다양한 필터링 창을 추가할 수 있다. 퓨전테이블은 일반적인 정부 공공데이터를 처리하는 데에도 큰 문제가 없지만, 그 처리 용량의 한계를 참고로 알고 있을 필요는 있다.

처리 데이터 최대 용량	250MB(100MB내 최적화)
최대 칼럼 수	1,000 칼럼
행당 최대 데이터량	1MB
하루 지오코딩 제한	25,000개
지도 매핑 제한	100,000행까지 매핑 가능

특히 주소를 좌푯값으로 변환하는 지오코딩의 경우 하루에 주소 25,000개까지만 가능하므로 주소 개수가 이를 넘어갈 경우 X-Ray Map과 같은 별도의 지오코딩 도구를 활용하든지 지오코딩 오픈 API를 통하는 것이 나을 것이다.

퓨전테이블은 특히 데이터 저널리즘으로 유명한 영국 『가디언(The Guardian)』과 『LA 타임스(the L.A. Times)』, 『텍사스 트리뷴(the Texas Tribune)』 등 유수의 해외 언론사들이 지도 웹 콘텐츠 제작에 적극적으로 활용해 더욱 유명해졌다. 이들 언론사들은 각국 정부나 국제기구의 인구센서스 데이터와 소득 분포 자료, 산불 데이터 등을 기반으로 동적으로 작동하는 구글 데이터 지도를 제작했다. 웹 데이터 지도를 제작하는 방법을 직접 살펴보자.

4.1. 주소록으로 매핑하기: 5분에 끝내는 지오코딩

구글 퓨전테이블은 데이터 크기순 정렬, 필터링, 요약, 인터랙티브 차트 그리기 기능을 제공하지만 이보다 더 중요한 핵심기능은 역시 지도 시각화이다. 취재기자들은 보통 보도자료 내용이나 요약 표, 차트 정도는 참고하지만 그와 관련된 지명이나 주소 형태로 된 자료는 주목하지 않는 경향이 있다. 공공데이터의 80% 정도는 위치데이터를 포함하고 있으므로 이를 매핑해서 공간 패턴을 파악하기 시작하면 새로운 각도에서 기사를 접근할 수 있다.

이제 본격적인 실습을 시작해 보자. 골프장의 농약사용 실태를 지도로 시각화해 보자. 토양과 지하수를 비롯한 주변 생태계와 보건환경에 영향을 끼칠 수 있는 골프장의 농약 남용 문제는 환경 분야의 오랜 쟁점이다. 고독성 농약사용은 규제되고 있지만, 저독성 농약은 아직도 국내 기준이 마련돼 있지 않아 감독의 사각지대로 남아 있다.

해마다 보도자료로 발표되는 환경부의 '전국 골프장 농약사용실태' 자료를 2차 가공해 지도로 데이터 시각화해 보겠다. 인터넷 '토양지하수정보센터(https://sgis.nier.go.kr /newsgis/do?C=GpOdDs)'에서 전국 골프장 농약사용 실태 데이터를 내려받기 한다.

퓨전테이블은 스프레드시트 파일(.xls, .xlsx .ods 등) 외에도 csv(쉼표로 데이터가 분리된 텍스트 파일) 등 각종 구분자로 나눠진 텍스트 파일 등 갖가지 데이터 파일을 불러올 수 있다. 지도 파일형식은 구글맵이 사용하는 KML파일을 사용한다.

일단 구글 계정을 만든 뒤 구글 드라이브를 연다. 퓨전테이블을 처음 사용한다면 구글 드라이브의 만들기 버튼 메뉴창에 퓨전테이블 항목을 생성시켜줘야 한다. 먼저 '만들기'를 클릭한 뒤 '더 연결할 앱'에서 '구글 퓨전테이블'을 찾아 설치해 준다. 구글 퓨전테이블이 설치되면 다시 '만들기' 버튼에서 퓨전테이블을 클릭해 들어간다. 이어서 '파일 선택'을 클릭한다.

데이터 분석과 저널리즘

〈그림 4-1〉 퓨전테이블 파일 불러오기 대화창(파일 선택 前)

컴퓨터의 저장 폴더에서 '골프장 농약사용량_2011년 하반기' 엑셀 파일을 불러온 뒤 Next 버튼을 선택한다.

〈그림 4-2〉 퓨전테이블 파일 불러오기 대화창(파일 선택 後)

화면에는 불러올 데이터의 모습이 '미리보기' 형태로 나타날 것이다. 'Column names are in row 1(1행은 각 열의 제목)'이라는 기본 설정은 그대로 두고 Next 를 클릭한다.

〈그림 4-3〉 파일 불러오기 대화창(칼럼 제목 1행 지정)

그 다음 화면에서는 데이터 이름과 출처, 특징 등 기본적인 설명을 입력할 수 있다. 나중에 퓨전테이블을 타인과 공유하거나 웹상에 공개할 때 제공하기 위한 일종의 메타데이터이다. 일단 그대로 'Finish'를 클릭한다.

드디어 데이터가 불러 들여졌다. 전국 417개 골프장의 데이터가 100행 씩 표시된다. 퓨전테이블은 엑셀이나 구글 스프레드시트와 달리 한 화면에 100행씩 나눠서 데이터를 보여 준다. 상단의 페이지를 조정하면 다음 100개의 데이터를 순차적으로 표시할 수 있다.

데이터 분석과 저널리즘

〈그림 4-4〉 데이터 불러온 작업창 첫 화면

    우리가 1차적으로 관심을 둘 부분은 '단위면적당 농약사용량' 칼럼(열)과 '소재지' 칼럼이다. 이 두 칼럼을 기준으로 데이터 지도를 시각화할 것이다. 각 지점의 위치를 지도 위에 점으로 뿌리기 위해서는 각 주소의 X, Y 좌표를 산출하는 지오코딩(GEOCODING)을 거쳐야 한다. 이때 지오코딩을 채 거치지 않은 주소는 노란색 하이라이트로 표시된다. 만약 노란색 표시가 처음부터 없다면 아예 주소를 공간정보로 인식하지 않았다는 뜻이다. 데이터 유형 설정이 잘못됐을 가능성이 있으므로 이를 바로잡아 주자. 상단 'Edit' 메뉴의 'Change columns'를 선택한다. 대화창에서 '소재지'를 클릭하면 현재 데이터 타입이 Text로 설정돼 있

〈그림 4-5〉 칼럼 데이터 유형 바꾸는 메뉴

음을 알 수 있을 것이다. 공간데이터임을 뜻하는 'Location'으로 바로잡아 주고 'Save'를 클릭한다.

〈그림 4-6〉 '소재지' 칼럼을 'Location'으로 설정

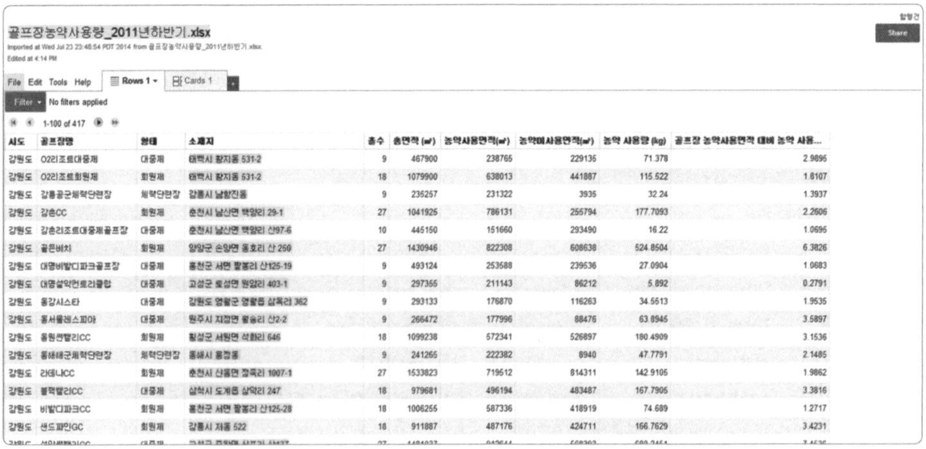

〈그림 4-7〉 지오코딩 기준 칼럼, 노란색 표시 확인

이제 비로소 주소 칼럼이 노란색 하이라이트로 표시됐다. 퓨전테이블이 '소재지' 칼럼을 지오코딩을 해야 할 공간데이터로 인식했다는 의미이다. 지오코딩 작업으로 들어가자. 'FILE' → 'GEOCODE'를 선택해도 되지만, 바로 지도 시각화 버튼인 'Add map'을 클릭해도 된다. 메뉴의 붉은색 십자 기호를 클릭하면 해당 메뉴가 나타난다. 이어 Add map을 선택하면 지오코딩과 지도 시각화가 진행된다.

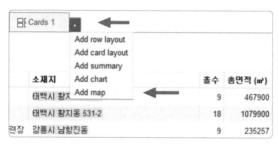

〈그림 4-8〉 지오코딩 및 지도 시각화 실행 메뉴

〈그림 4-9〉와 같은 지오코딩 실행 화면이 뜨면서 진행상황이 중계될 것이다. 잠시 기다리면 자동적으로 지도가 그려진다.

〈그림 4-9〉 지오코딩 실행상태 표시 화면

몇 분 뒤 〈그림 4-10〉과 같이 지도상에 전국 골프장의 위치가 표시돼 나타난다.

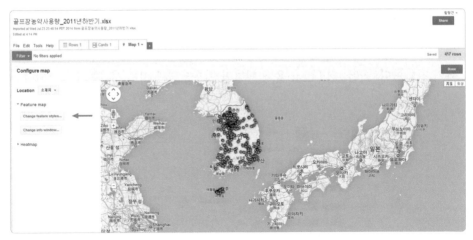

〈그림 4-10〉 지오코딩 및 지도 시각화 결과

퓨전테이블의 골프장 데이터를 다시 살펴보자. '소재지' 칼럼이 지오코딩되면서 노란색 표시가 거의 다 사라졌지만 아직도 4개 행은 노란색으로 칠해져 있다. 노란색 표시는 지오코딩 미완성 상태의 주소를 뜻한다고 했다. 군부대여서 주소가 표시돼 있지 않았거나, 지번 주소가 정확하지 않은 골프장이다. 주소 정보가 불명확한 골프장 4곳에 대해서는 지오코딩을 제대로 수행하지 못한 상태이다. 그러므로 현재 지도의 점은 모두 413개일 것이다.

각 골프장의 위치는 표시됐으니 이번엔 각 골프장의 농약사용량 분포를 색상으로 구분해 지도상에 시각화해 보자. 'Change feature styles'를 클릭해 대화창을 연다. 대화창에서 다음의 순서대로 차례로 설정한다.

Marker icon → Buckets → Divided into 4 buckets(숫자는 몇 단계 색상으로 나눌지에 따라 임의로 조정) → 기준 칼럼명 지정 → Use this range 클릭 → 필요하면 플레이스마크(지도에 각 지점을 표시할 아이콘)도 변경

〈그림 4-11〉에서는 농약사용량이 특별히 많은 골프장들은 물방울 모양의 아이

데이터 분석과 저널리즘

콘으로 표시해 차별화하도록 설정했다. 또한 데이터 구간은 0-5, 5-10, 10-15처럼 일정하게 끊어지도록 설정했다. 일반적으로 뉴스 지도가 선호하는 구간 설정 방식이다. Divided into custom buckets로 조정하면 수동으로 각 구간의 숫자 입력이 가능해진다.

〈그림 4-11〉 색상주제도 설정 대화창

'Save'를 누른 뒤 아울러 대화창의 범례(Legend)를 자동으로 만드는 메뉴(Automatic Legend)로 들어가 'Show marker legend'를 체크 표시해 주고 다시 'Save'를 선택한다.

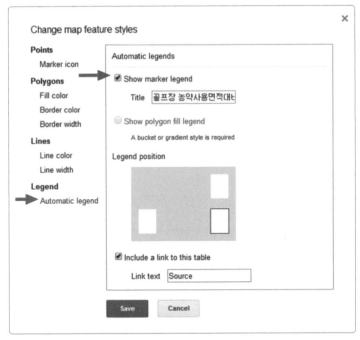

〈그림 4-12〉 지도 범례 생성 대화창

전국적으로 살펴보면 수도권과 경상도, 제주도에 농약을 많이 사용하는 골프장이 몰려 있음을 알 수 있다. 특히 영남 지역으로 확대해 보자.

〈그림 4-13〉 영남 지역 지도 확대 화면

데이터 분석과 저널리즘

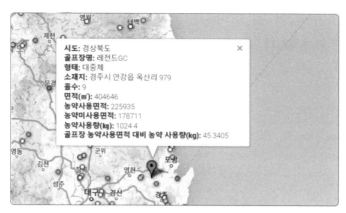

〈그림 4-14〉 골프장 위치 클릭해 정보 파악하기

　단위 면적당 농약을 많이 사용한 골프장 중 포항 부근의 한 골프장 정보를 알아본다. 골프장 아이콘을 클릭하면 정보를 담은 팝업창이 뜬다. 그런데 너무 정보가 많다보니 글자가 박스 밖으로 삐져나가 보기가 흉하다. 꼭 필요한 정보만 보이도록 간결하게 정리하자. 지도 좌단의 'Change info window layout'를 선택해 대화창으로 들어간다.

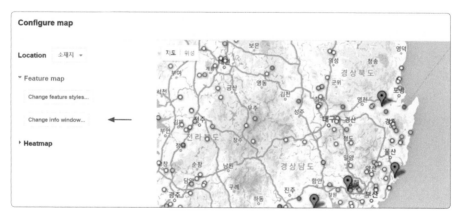

〈그림 4-15〉 팝업창 내용 조정 메뉴 들어가기

〈그림 4-16〉과 같이 골프장 이름과 주소, 단위 면적당 농약사용량만 체크하고
나머지 항목은 해제한다.

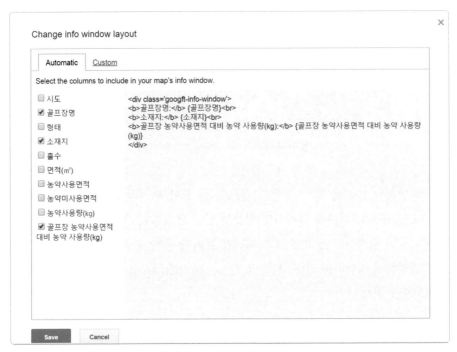

〈그림 4-16〉 팝업창 내용 정리하기

'Save'를 클릭하고 골프장 아이콘을 클릭한 뒤 팝업창의 내용이 깔끔하게 3줄
로 정리됐음을 확인해 본다.

〈그림 4-17〉 간결히 정리된 팝업창

이번엔 골프장의 분포를 한눈에 더 쉽게 이해할 수 있도록 온도 지도(Heatmap)를 그려보자. 각 점들이 배치된 공간 패턴을 등고선 형태로 그려 효과적으로 파악할 수 있는 방법이다. (참고로 제6장의 QGIS 소프트웨어 사용법 설명에서는 온도 지도를 좀 더 정교하게 그리는 방법을 학습할 수 있다.) 지도 좌단 구성 탭의 'Heatmap'을 클릭한다.

〈그림 4-18〉 히트맵(Heatmap) 그리기 메뉴

슬라이더를 움직여 반경(radius)과 불투명도(opacity)를 변화시키면서 지도 창의 온도 지도가 어떻게 변하나 관찰해 보자. 지도를 수도권으로 확대한 뒤 반경(radius)은 50, 불투명도(opacity)는 70으로 설정하고, 가중치(weight)는 '면적당 농약사용량' 칼럼을 기준으로 설정해 본다.

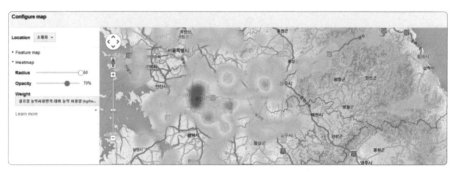

〈그림 4-19〉 히트맵(Heatmap) 생성 결과

수도권 지역은 수원시와 용인시 부근에 농약을 많이 사용하는 골프장이 많이 몰려 있음을 알 수 있다.

여기에 더해 주민들이 각자 사는 지역의 골프장을 스스로 살펴볼 수 있도록 인터넷 웹 콘텐츠를 만들어보는 것도 좋은 방법이다. 생성한 퓨전테이블을 타인과 공유하거나 웹에 띄우려면 우상단의 'share'를 클릭해 들어가 설정 상태를 변경한다. 본인이 만든 퓨전테이블은 본인만 접근할 수 있도록 '비공개'로 설정돼 있는 것을 '공개'로 바꿔야 한다. 이를 위해 '변경'을 선택한다.

〈그림 4-20〉 공유 설정 메뉴

데이터 분석과 저널리즘

이어서 나타나는 대화창에서 '웹에 공개'를 선택한다.

〈그림 4-21〉 '웹에 공개'로 설정 변경

설정된 상태를 저장하고 다시 '완료'를 클릭한다. 이어서 상단 메뉴의 커서가 'Rows' 탭이 아닌 'Map1' 탭에 놓여 있는지 확인한 뒤, 메뉴의 'Tools' → 'Publish'로 간다. (혹은 그대로 'Map1' 탭에서 'Publish' 메뉴로 가도 무방하다.)

대화창의 첫 번째 줄에 나타난 코드는 이메일을 보낼 때 붙일 수 있는 하이퍼링크이다. 〈iframe width〉로 시작하는 두 번째 코드를 복사해 홈페이지나 블로그에 그대로 심으면 동적인 지도 콘텐츠가 바로 나타날 것이다(아쉽게도 네이버나 다음 블로그처럼 자바스크립트 콘텐츠를 차단한 블로그에서는 구현되지 않는다).

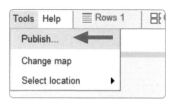

〈그림 4-22〉 Publish 메뉴 열기

〈그림 4-23〉 Publish 메뉴 대화창에서 링크 복사

Height는 700으로 입력한다. 남한 지도의 경우 가로보다 세로가 긴 형태여서 세로 길이를 700 이상으로 조정해 줄 필요가 있다. 지도의 스타일을 좀 더 상세하게 조정하기 위해서는 Fusiontablelayer Wizard라는 퓨전테이블 보조도구를 활용할 수 있다.

URL 주소창에 'http://bit.ly/ftlbuilder'을 입력해 보자. Wizard 작업 화면이 바로 뜰 것이다. 방금 전 Publish 기능으로 생성한 HTML 코드를 복사해 Wizard 작업창의 'Embed link'란에 붙여 넣자. 오른쪽에는 '미리보기' 지도 창이 나타난다. 필터창을 만드는 'Add a search feature' 코너도 적절히 설정해 보자. 'select-based search'를 선택하고 골프장 형태를 기준 칼럼으로 입력하니 '미리보기' 지도 밑에 '골프장 형태'별로 지도를 필터링할 수 있는 창이 만들어진다.

지도상의 표기를 조정할 수 있는 'Style base map'창도 설정을 달리해 가면서 지도 모습이 어떻게 변하나 실험해 보자. 결과적으로 생성된 HTML 코드를 웹사이트에 심어 인터랙티브 지도 콘텐츠를 띄워보자.

4.2. 경위도 좌표로 매핑하기

경위도 좌표를 지도상에 점으로 시각화하는 작업은 주소록을 기반으로 지도를 만드는 것보다 더 빠르고 간단하다. 이미 X, Y 좌푯값이 생성된 셈이므로 별도의

데이터 분석과 저널리즘

지오코딩이 필요 없다. 다만 경위도 좌표가 10진법인지 60진법 기준인지 확인해 60진법으로 표기된 경우는 십진법으로 다시 환산해 줘야 한다.

참고로 GIS 소프트웨어의 경우 '37°N'의 N과 같이 위도와 경도를 표시하는 알 파벳이 셀에 포함되어 있으면 연산 오류를 낳으므로 알파벳 문자를 제거해야 한다. 다행히 퓨전테이블은 경위도 값에 붙은 N, S, E, W의 문자도 문제없이 처리한다.

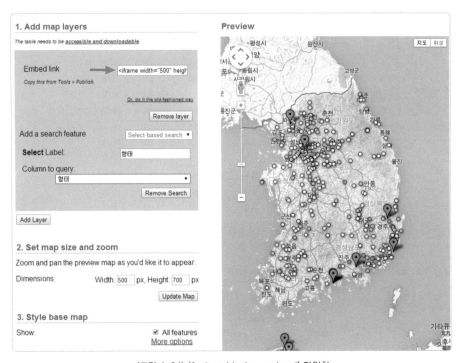

〈그림 4-24〉 'fusiontableslayer wizard' 작업창

이번에는 사고 항공기의 비행좌표를 바탕으로 비행궤적을 그려보자. 실습파일 폴더에서 아시아나 항공기 비행궤적파일을 불러온다. 2013년 7월 6일 샌프란시스 코 공항에 불시착해 승객 3명이 사망하고 180여 명이 다쳤던 아시아나항공 OZ 214편의 당시 비행기록이다. 전 세계 여객기의 비행상황을 실시간으로 알려주는 Flightaware.com에서 내려받은 자료이다.

〈그림 4-25〉는 퓨전테이블에 데이터를 불러온 상태의 화면이다.

〈그림 4-25〉 '사고 항공기' 데이터 불러온 화면

먼저 상단 메뉴에서 'Edit' → 'Change columns'로 간다.

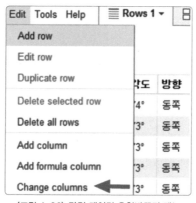

〈그림 4-26〉 칼럼 데이터 유형바꾸기 메뉴

데이터 분석과 저널리즘

대화창을 보면 위도와 경도의 데이터 형식이 모두 Number로 설정돼 있음을 확인할 수 있다. 이 중에서 하나는 Location으로 형식을 바꿔야 한다.

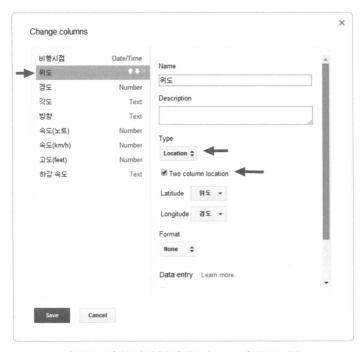

〈그림 4-27〉'위도'와 '경도' 칼럼, 'Location' 정보로 설정

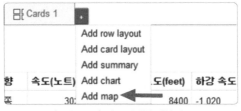

〈그림 4-28〉 지도 시각화 실행 메뉴

'위도'를 클릭한 뒤, Type 설정을 Location으로 바꾸고 Two column location을 체크한다. 경위도 자료가 두 개의 칼럼에 분리돼 입력됐을 경우에 위도와 경도 값을 연동해 공간데이터로 처리하기 위한 설정이다. 위도의 데이터 유형을 Location으로 설정했으면 경도는 Number 상태로 그대로 둔다.

바로 매핑을 해 보자. 상단 메뉴의 붉은 색 십자 표시를 클릭한 뒤 Add map을
선택하면 비행궤적이 점선으로 지도에 표시된다.

〈그림 4-29〉 사고 항공기 비행 궤적 시각화 결과

아시아나 항공기가 샌프란시스코 공항에 도착하기 직전의 항공궤적이 표시됐
다. 태평양에서 날아와 미국 본토 상공에 진입한 뒤 왼편으로 급격히 방향을 틀어
공항을 향해 비행했음을 알 수 있다.

비행속도를 4단계로 나눠 이를 비행지점의 색상에 표시해 보자. Change
feature styles를 선택해 대화창을 꺼내 〈그림 4-30〉과 같이 설정한다.

데이터 분석과 저널리즘

〈그림 4-30〉 속도 기준으로 색상주제도 설정

만들어진 색상주제도에서 색상 톤이 변화한 구간의 정보를 살펴봤다. 새벽 3시 20분에서 21분 사이임을 알 수 있다.

〈그림 4-31〉 속도 급변지점 비행 내역 확인

퓨전테이블은 지도뿐 아니라 차트도 간편하게 그릴 수 있다. 역시 상단 메뉴의 붉은색 십자 표시를 클릭하고 Add chart 메뉴를 선택해 차트를 그려보자.

〈그림 4-32〉 차트 시각화 메뉴

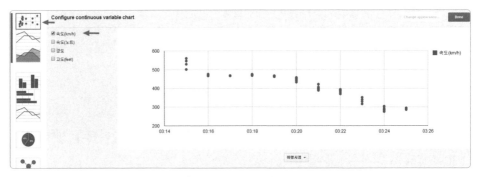

〈그림 4-33〉 '시간대 별 비행속도' 차트 생성 결과

차트 종류를 선택하고, 비행시점을 X축, 속도(km/h)를 Y축으로 설정하니 〈그림 4-33〉과 같은 그래프가 그려졌다. 데이터가 시작된 3시 15분과 3시 20분과 21분 사이에 눈에 띄게 속도를 줄이기 시작했음을 알 수 있다. 항공기 불시착 시간 전후의 데이터까지 입수해 대조해 보면 좀 더 자세한 분석을 할 수 있을 것이다.

Flightaware.com의 자료는 불시착 혹은 추락 순간까지의 데이터를 모두 포함하지는 않지만, 여객기 추락사고 속보시 보도에 활용할 만한 가치가 높다. 오지에 추락하거나, 항공기의 위치가 실종되는 경우에도 비행 신호가 데이터로 잡혔다면 사고 직전의 궤적을 추정해 볼 수 있다.

데이터 분석과 저널리즘

4.3. 지도 영역 색칠하기: 구역별 색상주제도

행정경계지도 안의 행정구역을 특정 데이터에 연동해 각기 다른 색상으로 표시하는 색상주제도를 그려보자. 뉴스 콘텐츠에서 가장 자주 볼 수 있는 데이터 지도 형태이다. 각 지역별 강우량을 색상 농담으로 달리 표시한 일기예보 지도와 같은 데이터 지도를 상상하면 될 것이다. 행정구역이 넓을수록 정밀도는 떨어지는 편이지만, 전체적인 분포를 한눈에 파악하기 쉽다는 장점 때문에 널리 사용된다.

이제 전국의 시·군·구 단위 위암 발병 분포도를 그려보겠다. 국가통계포털이 제공하는 최근 자료인 2012년의 '시·군·구별위암집계' 자료를 실습 데이터 파일 폴더에서 불러오고, '시·군·구 행정경계 퓨전테이블' 지도 파일도 불러오자.

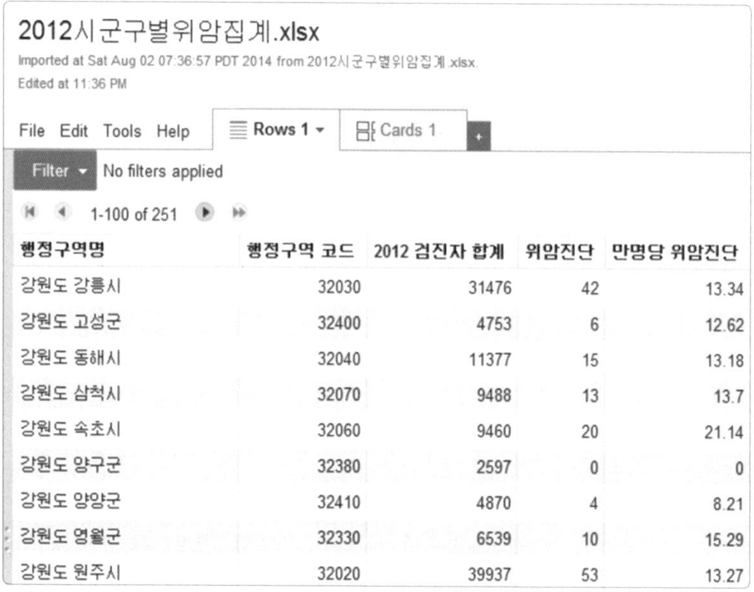

행정구역명	행정구역 코드	2012 검진자 합계	위암진단	만명당 위암진단
강원도 강릉시	32030	31476	42	13.34
강원도 고성군	32400	4753	6	12.62
강원도 동해시	32040	11377	15	13.18
강원도 삼척시	32070	9488	13	13.7
강원도 속초시	32060	9460	20	21.14
강원도 양구군	32380	2597	0	0
강원도 양양군	32410	4870	4	8.21
강원도 영월군	32330	6539	10	15.29
강원도 원주시	32020	39937	53	13.27

〈그림 4-34〉 '위암집계' 데이터 불러온 화면

지도 경계 파일에 위암 집계 데이터를 결합하기 위해 퓨전테이블의 Merge 기능을 활용할 것이다. Merge 혹은 Joining은 서로 다른 데이터 세트를 공통의 칼럼을 기준으로 해서 합치는 작업이다. 데이터 결합에 대해서는 다음 장에서 태블로의 데이터 결합 기능을 소개하면서 더 자세히 설명하겠다.

퓨전테이블은 2개 파일을 공통의 칼럼을 기준으로 합치는 기초적인 결합 기능을 제공한다. 이 경우에는 지도 파일과 일반 데이터를 결합하려는 것으로 행정경계 색상주제도를 제작할 때 꼭 필요한 작업이다.

〈그림 4-35〉 '행정경계' KML 파일 불러온 화면

두 데이터 파일 중 하나를 선택해 'File' → 'Merge'로 간다. 일단 '위암 검진 집계'를 선택하자. 대화창에서 '행정경계지도 파일'을 선택해 'Next'를 클릭한다. 이어서 각 파일의 결합시 기준으로 사용할 공통 칼럼으로 행정구역코드와 'sgg_cd'를 선택한 뒤 'Next'를 클릭한다. 공통 칼럼은 양쪽 데이터에 모두 포함된 항목 중 일련번호, 이름, 주소처럼 각 행을 구분해 주는 고유 데이터를 기준으로 한다.

〈그림 4-36〉 파일 결합(Merge) 메뉴로 가기

데이터 분석과 저널리즘

〈그림 4-37〉 행정구역 코드를 공통 칼럼으로 각각 지정

이어서 나타나는 창에서는 생성할 결합 파일에 포함시킬 칼럼들을 선별해 체크한다. Merge를 클릭한 뒤 다음 창에서 View Table을 선택한다.

〈그림 4-38〉
결합 데이터에 포함시킬 칼럼 선택

〈그림 4-39〉 '위암집계'-'행정경계' 파일 결합 결과

위암 검진률 데이터와 지도 파일이 결합돼 한 개의 파일로 만들어졌다.

'Map of geometry' → 'Change feature styles'로 가서 다음과 같이 설정한다. 'Fill color' → 'buckets' 탭으로 간 뒤 '만 명당 위암진단'을 기준으로 설정해 6단계로 색상을 나눈다. 각 단계별 숫자는 수동으로 직접 입력한다.

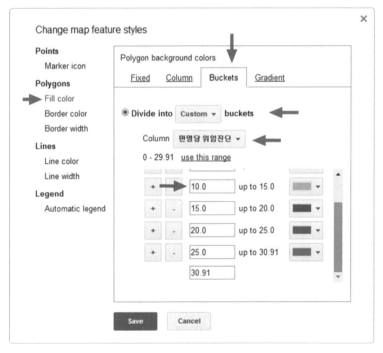

〈그림 4-40〉 '위암지도' 색상주제도 설정

데이터 분석과 저널리즘

각 색상 표시 부분을 직접 클릭해 팔레트 모양의 색상 설정창을 꺼낸다. 적당한 색을 선택한 뒤 불투명도(opacity)를 100%로 설정한다. 여기서는 4단계로 나뉜 보라색 계통을 선택했다.

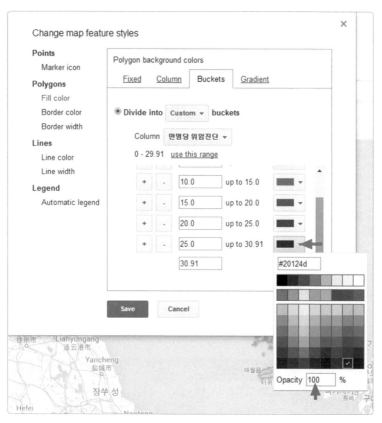

〈그림 4-41〉 색상 및 불투명도 설정하기

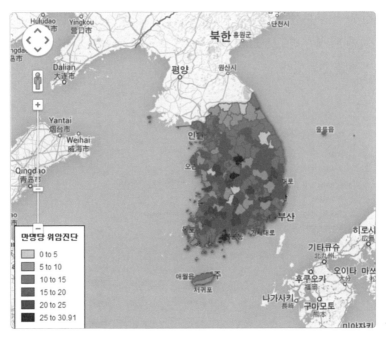

〈그림 4-42〉 '전국 위암 지도' 시각화 결과

위와 같은 색상주제도가 만들어졌다. 어느 지역의 위암 발생률이 높고 낮은가
직접 탐색해 보자.

〈그림 4-43〉 시군별 위암 집계 내역 살펴보기

데이터 분석과 저널리즘

이상과 같이 퓨전테이블로 행정구역단위 색상주제도를 만들기 위해서는 행정경계지도와 여기에 결합시킬 일반 데이터가 필요하다. 하지만 국내 공공데이터 환경의 특성상 데이터 준비과정에서 큰 어려움을 겪는 경우가 많다. 국내 행정구역은 수시로 바뀌지만 최신 행정경계지도 파일을 입수하기는 쉽지 않다. 이책을 쓰는 시점에서 통계청 제공 행정경계 파일(GIS용 shp 파일)은 2012년 기준이 최신판이다. 여기에 2014년의 주민등록 인구를 입혀서 색상주제도를 만들려면 2012년 이후 2년 동안 달라진 각 읍·면·동 행정구역의 데이터를 일일이 보정해 바로잡아야 한다. 나아가 지도 파일과 일반 데이터 파일에 행정구역별 고유 코드(고유 일련번호)가 부여돼 있어야 이를 기준으로 서로 병합할 수 있지만, 국내엔 GIS용 행정구역 코드가 통일돼 있지 않다.

미국의 경우는 각 주나 시, 카운티의 지도 파일 속성과 관련 일반 데이터마다 FIPS라는 고유번호가 부여돼 있어 이를 기준으로 지도 분석을 한다. 반면에 우리나라는 법정동 코드와 행정기관 코드가 혼용되고 있는데다 공공데이터에 행정구역 코드가 연동되어 입력되어 있는 경우가 드물다. 또 다른 문제점은 지도 파일 형식과 좌표계의 변환이다. 퓨전테이블 지도 파일은 KML 파일이다. GIS 프로그램에서 흔히 사용하는 쉐이프 파일(SHP)과 다른 형태이므로 GIS 소프트웨어를 통해 이를 변환시켜 줘야 한다. 지도 좌표계가 다른 경우엔, WGS84라는 경위도 좌표로 좌표체계 또한 변환해야 한다. QGIS와 같은 GIS 프로그램에서 쉐이프 파일을 퓨전테이블 KML 파일로 변환할 때는 때때로 일부 행정구역이 제대로 처리되지 않고 누락되거나 깨져 나온다. 국내에서 퓨전테이블을 활용해 행정경계 색상주제도를 만들 때는 이 같은 갖가지 어려움이 따를 수 있으므로, 되도록 경험 많은 GIS 사용자의 도움을 받기를 권해 드린다.

참고로 행정구역에 색상을 채워 표현하는 색상주제도는 행정구역이 넓은 곳은 좁은 곳에 비해 과대하게 표현되는 문제가 있다. 대선에서 특정 정당후보가 서울과 강원도에서 거의 같은 수준의 득표율을 기록했다고 가정하자. 득표율을 광역시도 지도에 색상으로 표현할 경우, 서울보다 강원도에서 더 많은 득표를 한 것 같은 느낌을 줄 수 있다. 강원도의 면적이 워낙 넓기 때문이다. 이런 문제점을 해결하기 위해 서울 면적은 실제보다 크게 표현하고, 강원도는 작게 지도를 의도적으로 왜곡시켜 시각화하는 방법이 있다. 유권자나 인구 비례에 따라 각 행정구역의 면적을 조정해 표현하는 것으로 이 같은 지도를 카토그램(Cartogram)이라고 부른다.

4.4. 퓨전테이블 지도 동해·독도 표기 바로잡기

구글 퓨전테이블로 지도를 제작할 때 꼭 확인해야 할 사항이 있다. 바로 동해와 독도 표기문제이다. 일반적으로 구글지도는 한국에서 사용하는 웹 지도에는 동해를 '동해'로 제대로 표기하지만, 일본판이나 미국판에는 일본해(Sea of Japan)로 표시한다. 동해를 병기할 경우에도 '일본해' 밑에 부차적으로 작은 글자로 표시한다. 구글 퓨전테이블은 항상 초기 설정에서는 '일본해'로 표기한다. 지도를 확대해야 비로소 '동해'라는 괄호 속의 작은 글자가 '일본해' 밑에 조그맣게 나타난다. 더욱이 독도는 '리앙쿠르 암초'라고 표기된다. 엄연한 대한민국의 영토와 영해가 잘못 표기되고 있는 것은 매우 유감스러운 일이지만, 이같이 잘못 표기된 지도를 뉴스에 잘못 이용한다면, 해당 언론사도 비난을 피할 길이 없을 것이다.

하지만 해법은 있다. 퓨전테이블에서 '일본해'와 '리앙쿠르 암초' 표기를 걷어내고 '동해'와 '독도'로 바로잡는 간단한 방법이 있는 것이다. 골프장 농약사용 지도를 퓨전테이블에 다시 불러와 그 방법을 살펴보기로 하자.

〈그림 4-44〉 Publish 메뉴로 가기

상단 메뉴의 커서가 이미 만든 지도가 나타나는 'Map1' 탭상에 놓여 있는지 확인한 뒤, 'Tools' → 'Publish'로 간다. 혹은 'Map1'에서 'Publish' 메뉴를 바로 꺼낸다.

지도 화면이 화면에 시원하게 나타나도록 지도 크기를 폭은 2000, 높이는 1000으로 설정하자.

데이터 분석과 저널리즘

〈그림 4-45〉 Publish 대화창에서 지도 크기 변경

작업창 하단의 'Get HTML and Javascript' 글자를 클릭하면 웹 지도의 소스 코드가 나타난다. 만들어진 HTML 코드를 자동 복사한 뒤 메모장이나 다른 텍스트 편집기에 붙여 넣자. 이 복잡해 보이는 소스 코드에서 우리가 주목할 부분은 딱 한 줄, 20번째 행이다. 〈그림 4-47〉에서 붉은 상자로 표시한 20번째 행에서도 특히 google.com이라고 쓰여진 부분을 보자.

〈그림 4-46〉 HTML 및 자바스크립트 코드 복사하기

```
<!DOCTYPE html>
<html>
<head>
<meta name="viewport"></meta>
<title>전국골프장농약사용량_2011하반기 .xls - Google Fusion Tables</title>
<style type="text/css">
html, body, #googft-mapCanvas {
  height: 1000px;
  margin: 0;
  padding: 0;
  width: 2000px;
}
#googft-legend{background-color:#fff;border:1px solid #000;font-family:Arial, sans-serif;font-
size:12px;margin:5px;padding:10px 10px 8px;}#googft-legend p{font-weight:bold;margin-top:0;}#googft-legend div{margin-
bottom:5px;}.googft-legend-swatch{border:1px solid:float:left;height:12px;margin-right:8px;width:20px;}.googft-legend-range
{margin-left:0;}.googft-dot-icon{margin-right:8px;}.googft-paddle-icon{height:24px;left:-8px;margin-right:-
8px;position:relative;vertical-align:middle;width:24px;}.googft-legend-source{margin-bottom:0;margin-top:8px;}.googft-legend-
source a{color:#666;font-size:11px;}
</style>

<script type="text/javascript" src="https://maps.google.com/maps/api/js?sensor=false&amp;v=3"></script>

<script type="text/javascript">
  function initialize() {
    google.maps.visualRefresh = true;
    var isMobile = (navigator.userAgent.toLowerCase().indexOf('android') > -1) ||
```

〈그림 4-47〉 자바스크립트 코드를 메모장에 붙여 넣은 화면

문제가 되는 부분을 좀 더 확대해 보자.

```
<script type="text/javascript" src="https://maps.google.com/maps/api/js?sensor=false&amp;v=3"></script>
```

〈그림 4-48〉 'google.com' 표시 확대 화면

이제 미국판 구글지도를 한국판으로 바꾸기 위해 google.com을 google.co.kr로 고쳐주자.

```
<script type="text/javascript" src="https://maps.google.co.kr/maps/api/js?sensor=false&amp;v=3"></script>
```

〈그림 4-49〉 'google.com'을 'google.co.kr'로 바꾸기

'동해'와 '독도' 표기를 제대로 한 구글지도 한국판을 불러올 채비가 끝났다. 웹 브라우저에서 지도가 제대로 고쳐졌는지 확인하자. 고친 코드를 HTML 파일로 저장한다.

〈그림 4-50〉 변경한 코드, HTML 파일로 저장

해당 폴더로 가서 '골프장 농약사용량 분포' HTML 파일을 클릭한다. 본인이 사용하는 웹브라우저로 연결해 화면에 표시해 보면 동해라는 글자가 선명히 뜬다.

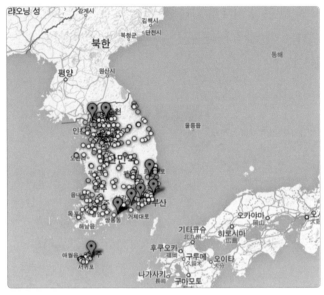

〈그림 4-51〉 '일본해'를 '동해'로 바로잡은 화면

울릉도 동쪽으로 확대해 들어가니 역시 이전엔 '리앙쿠르 암초'라고 표기되었던 것이 '독도'로 바로잡혀졌다.

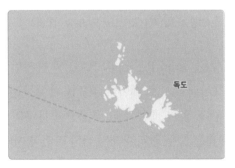

〈그림 4-52〉 '리앙쿠르 암초'를 '독도'로 바로잡은 화면

4.5. 구글 퓨전테이블 쿼리로 고급 필터링하기

퓨전테이블은 필터링 메뉴를 활용해 특정 칼럼의 필요한 데이터만 골라 지도
로 시각화하고 표와 차트로 나타낼 수 있다. 작업화면 왼편의 필터창에서 필요한
데이터 항목을 선택한다. 다음은 면적 대비 농약사용량이 많은 골프장을 필터링
한 화면이다.

〈그림 4-53〉 특정 조건으로 필터링해 시각화하기

퓨전테이블의 필터창은 Open Refine의 Facet과 유사한 방식으로 각 고유 데
이터의 출현 횟수를 표시해 주므로 데이터 분포를 파악하는 데도 유용하다. 하지
만 약간의 제약도 따른다. 앞서 배운 쿼리 구문처럼 복수의 필터 조건 중 하나만
이라도 부합하는 데이터는 모두 골라내라는 식의 조건식 처리는 필터 메뉴에서는
불가능하다.

골프장 데이터에 농약 종류별 사용량이 포함돼 있다고 가정하자. A 농약과 B 농
약, C 농약 중 하나라도 기준치 이상으로 사용한 골프장을 모두 골라내자면, OR

데이터 분석과 저널리즘

<그림 4-54> 필터창의 데이터 출현빈도 기록

연산자를 사용해 데이터를 추출해야 할 것이다. 때로는 특정 글자들로 시작하거나 끝나는 지역과 기관만 추출해야 할 경우도 생길 것이다. 규모가 비교적 크고 복잡한 데이터에 필요한 작업이다. 이를 위해서는 HTML 자바스크립트 코드를 꺼내 쿼리 호출구문에서 WHERE 구문을 고쳐주면 된다.

앞서 동해 표기를 바로잡을 때처럼 지도 소스 코드를 꺼내보자. 코드 중간에 query 구문이 등장한다. Select: "col3"은 퓨전테이블의 왼쪽에서 네 번째 칼럼, 즉 '소재지' 칼럼을 선택해 지도로 그렸다는 것을 말한다. 지오코딩을 한 뒤 지도를 시각화할 때 필요한 공간정보가 담긴 칼럼이다. 컴퓨터 프로그래밍 언어는 대개 '1, 2, 3, …'와 같이 순서를 1부터 세지 않고, '0, 1, 2, …'로 센다는 점을 상기하자. 즉, 첫 번째 칼럼은 '칼럼1'이 아닌 '칼럼0'이 되고 두 번째 칼럼이 '칼럼1'이 되는 것이다. 'From' 뒤에 붙은 긴 숫자와 기호는 생성한 지도마다 부여된 고유식별번호이다. 퓨전테이블은 표와 지도를 만들 때마다 이 같은 고유번호 ID를 붙인다. 이제 고유번호 다음 오는 WHERE를 주목하기 바란다. Where: " "와 같이 따옴표 안이 비어 있을 것이다.

```
layer = new google.maps.FusionTablesLayer({
  map: map,
  heatmap: { enabled: false },
  query: {
    select: "col3",
    from: "1JTorhGHcFF787bP45e29iSTBkHMGQcvPwNaAOBft",
    where:""
  },
  options: {
    styleId: 2,
    templateId: 2
  }
});
```

연습 삼아 따옴표 안에 간단한 수식을 입력해 보자. 골프장의 단위 면적당 농약 사용량이 많았던 '경기도'와 '경상남도'만 지도에 표시하겠다. Where:" "를 다음과 같이 대체했다.

where: "col0 in('경기도', '경상남도')"

in('경기도', '경상남도')는 '경기도'이거나 '경상남도'이면 추출하라는 구문이다. 두 지역을 or 연산자로 연결한 것과 같은 효과를 낸다. 웹브라우저에 지도를 띄워 보면 다음과 같이 경기도와 경상남도의 골프장만 표시될 것이다.

〈그림 4-55〉 where 구문으로 경기도와 경상남도 골프장만 선별

데이터 분석과 저널리즘

이보다 더 다양하게 where 구문을 응용하는 방법도 살펴보자.

= 체력단련장 즉, 군대 골프장만 골라내는 구문:

where "col2='체력단련장'"

= 농약사용 면적 대비 농약사용량이 20 이상 50 이하인 골프장을 골라내는 구문:

where: "col12>21" AND "col12<53"

= 지역명이 "도"로 끝나는 곳을 골라내는 구문:

where: "col0 ends with '자치도'"

= 지역명이 '충청'로 시작되는 곳을 골라내는 구문:

where: "col0 starts with '충청'"

= '광역'이란 단어가 중간에 포함된 구문만 골라내는 조건식:

where: "col0 like '%광역%'"

퓨전테이블로 간단한 데이터 지도를 만드는 방법을 살펴봤다. 퓨전테이블엔 지도 제작뿐 아니라, 간단한 피벗 테이블과 차트를 그리거나 타임라인과 네트워크를 시각화하는 기능도 있다. 기초적인 피벗 테이블 표를 만드는 데이터 요약 기능은 'summerize' 메뉴를, 타임라인과 네트워크 시각화는 'Add Chart' 메뉴를 선택해 실행시킨다. 네트워크 시각화 방법은 7장에서 다시 학습하게 될 것이다.

공간 데이터를 지도에 표시하는 방법은 매우 효과적인 컴퓨터 활용 보도기법이지만, 몇 가지 유념해야 할 사항도 있다. 앞서 실습해 본 것과 같이 색상주제도를 만들 때는 임의로 색상 단계를 설정해야 한다. 무슨 기준으로 단계를 정하고 어떤 계통의 색상을 입히는가에 따라 지도의 느낌은 전혀 달라진다. 또한 주소록과 경위도 데이터라고 무턱대고 모두 지도로 시각화할 만한 가치가 있는 것은 아니다. 오직 지도에 표시한 각 요소들의 공간 패턴이 특별한 의미를 가질 때만 지도 시각화의 가치가 있다는 점을 명심해야 한다. 부단한 연습과 경험으로 데이터 지도 제작의 감을 키워가자.

데이터 분석과
저널리즘

5장 데이터 시각화의 스위스칼, 태블로(Tableau) 활용하기

5 데이터 시각화의 스위스칼, 태블로(Tableau) 활용하기

데이터 시각화를 활용하면, 문제에 대한 해답을 구할 수 있다. 비주얼 분석이란 데이터와 이미지를 활용해 일종의 질의-응답을 하는 과정이다.

—팻 핸런(전 스탠포드 대 교수, '태블로' 개발자)

데이터 시각화는 자료 분석의 핵심 기법이다. 시각화 작업은 단지 보기 좋은 도표나 예쁜 그래프를 그려 뉴스의 전달력을 높이는데 그치지 않는다. 몰랐던 사실과 통찰을 얻어내기도 한다. 데이터를 기반으로 갖가지 차트와 지도, 타임라인 등을 그려, 질문에 대한 답을 하나씩 찾아가는 것이다.

최근 들어 헤아릴 수 없이 많은 데이터 시각화 도구가 만들어져 보급되고 있다. 간단한 차트 그리기라면 구글 퓨전테이블이나 엑셀로도 처리가 가능하다. 데이터 래퍼(Datawrapper)처럼 쉽게 인터랙티브 웹 차트를 만들 수 있는 무료 도구도 있다. 하지만 좀 더 다양하고 깊이 있는 시각화와 분석을 위해서는 태블로 퍼블릭(Tableau Public)을 추천할 만하다.

태블로는 데이터를 마우스 커서로 끌어다 붙이고 자유롭게 가공해, 자료를 탐색하는 시각화 도구이다. 다채로운 방법으로 데이터를 쪼개고 합해, 그래프를 그리고 붙이면서 자료와 자료간의 상관 관계를 살펴볼 수 있다. 수많은 활용사례가 쌓이면서, 기업 자료 분석과 정책, 연구 분야뿐 아니라, 뉴스제작에도 유용한 도구로 주목받고 있다.

데이터 분석과 저널리즘

태블로는 1999년 미 스탠포드 대 컴퓨터과학 연구실의 교내 벤처회사에서 개발한 데이터베이스 관리 기술을 기반으로 만든 소프트웨어로, 현재는 상용화돼 전 세계적으로 이용되고 있다. 태블로 개발을 주도한 전 스탠포드 대 교수 팻 핸런(Pat Hanrahan)은 픽사 스튜디오의 애니메이션 '토이 스토리' 제작에 참여하고 영화 '아바타' 등의 컴퓨터 그래픽 기술개발에 기여해 아카데미 영화상을 3회 수상하기도 했다. 그는 빅데이터 시각화 기술과 헐리웃 디지털 그래픽 개발을 넘나든 독특한 이력 덕분에 "픽사 애니메이션의 마술을 스프레드시트에 옮겨놓은 인물"(블룸버그 비즈니스 위크, 2011)이라는 평가를 받기도 했다.

작업의 난이도는 간단한 그래프 작성부터 통계 프로그래밍 언어 R과 연동해 처리하는 고급 분석까지 다양하다. 데이터 유형과 작동 방식이 다소 독특하지만 초기 학습단계의 고비만 넘기면, 다른 어떤 데이터 시각화 도구보다도 다방면에서 사용할 수 있는 소프트웨어이다.

태블로는 데이터 항목을 마우스로 끌어다가 중앙창에 던져 놓아 표나 그래프를 만드는 이른바 Drag and Drop 방식으로 작업이 이뤄진다. 엑셀의 피벗 테이블 창과 유사한 작업 방법이다. 몇 번의 마우스 클릭만으로 여러 가지 종류의 그래프를 짧은 시간에 한꺼번에 표현할 수 있다. 또한 태블로의 대시보드 기능을 통하면 웬만한 인터랙티브 웹 콘텐츠도 마우스 클릭 몇 번만으로 거뜬히 만들어 낼수 있다. 데이터 저널리즘과 탐사 보도로 유명한 아르헨티나의 일간지 『라 나시온(La Nacin)』의 데이터 저널리즘 팀은 전문 웹 콘텐츠 개발자가 없던 초창기 시절에도, 태블로를 사용해 효과적인 데이터 콘텐츠를 제작할 수 있었다. 유수의 해외 언론사들의 활용사례를 통해 그 가치가 검증된 무료 소프트웨어 태블로 퍼블릭의 기초를 하나하나 익혀 보자.

태블로는 태블로 데스크톱과 태블로 퍼블릭, 태블로 서버 등의 제품군이 있지만, 이 책에서는 일단 태블로 퍼블릭(Tableau Public)을 사용하기로 한다. 태블로 데스크톱과 태블로 퍼블릭은 기능에 큰 차이는 없다. 다만, 전자는 유료이며, 개인 PC나 이동식 저장도구에 작업 결과물을 저장할 수 있는 반면, 후자는 무료이 며 작업한 결과물을 별도로 보관할 수 없다는 문제점이 있다. 태블로 퍼블릭은 작업 파일을 태블로 퍼블릭 홈페이지에 저장하고, Tableau Gallery에 공개 형태로 띄우지 않으면, 작업 결과가 프로그램 종료와 함께 사라지는 것이다. 민감한 데이터를 다룰 때는 당연히 데스크톱 버전이 바람직할 것이다. 전미탐사 보도기 구인 IRE 회원으로 가입하면, 고가의 태블로 데스크톱을 무료로 이용할 수 있지만, 초심자에게는 태블로 퍼블릭도 훌륭한 대안이 될 것이다. (태블로 사이트: www.tableausoftware.com)

5.1. 태블로형 데이터 만들기

태블로를 설치하고 실습하기 전에 먼저 태블로 데이터의 특징을 살펴보자. 태블로가 선호하는 데이터의 형태는 일반적인 엑셀 데이터와 다소 차이가 있다. 〈그림 5-1〉은 이 장에서 다룰 실업률 실습 데이터 자료를 국가통계포털에서 엑셀로 내려받기 한 모습이다.

	A	B	C	D	E	F	G	H	I	J	K	L	M	N	O	P
1	시도별	연령계층별	2000	2001	2002	2003	2004	2005	2006	2007	2008	2009	2010	2011	2012	2013
2	계	계	4.4	4.0	3.3	3.6	3.7	3.7	3.5	3.2	3.2	3.6	3.7	3.4	3.2	3.1
3		15 - 29세	8.1	7.9	7.0	8.0	8.3	8.0	7.9	7.2	7.2	8.1	8.0	7.6	7.5	8.0
4		30 - 59세	3.5	3.0	2.4	2.5	2.6	2.8	2.5	2.5	2.4	2.9	2.8	2.5	2.4	2.3
5		60세이상	1.5	1.2	1.1	1.0	1.2	1.3	1.4	1.4	1.2	1.6	2.8	2.6	2.4	1.8
6	서울특별시	계	5.1	4.8	4.3	4.6	4.7	4.8	4.5	4.0	3.9	4.5	4.7	4.6	4.2	4.0
7		15 - 29세	8.1	8.4	8.3	8.8	9.0	9.0	8.8	7.5	7.7	8.2	8.4	8.3	8.3	8.7
8		30 - 59세	3.9	3.5	3.0	3.2	3.4	3.6	3.3	3.2	3.0	3.7	3.7	3.6	3.2	3.0
9		60세이상	2.8	1.9	2.3	1.9	2.0	2.1	2.5	1.6	1.7	2.2	4.3	4.1	3.7	2.4
10	부산광역시	계	7.1	5.7	3.9	4.1	4.4	4.3	4.2	3.9	3.8	4.3	3.6	3.6	3.9	3.8
11		15 - 29세	12.1	10.9	7.6	9.0	9.9	8.8	8.2	8.3	8.2	9.1	9.0	8.8	8.7	8.8
12		30 - 59세	5.5	4.2	2.9	2.9	3.1	3.3	3.3	3.0	3.0	3.5	2.6	2.7	2.9	3.0
13		60세이상	5.5	3.5	2.3	1.5	1.0	2.8	3.1	2.8	2.0	2.2	3.2	3.0	3.0	2.5

〈그림 5-1〉 통계청 실업률 데이터 내려받은 화면

데이터 분석과 저널리즘

태블로와 같은 소프트웨어는 되도록 집계되고 합산되기 이전의 원시 데이터 혹은 마이크로 데이터를 입력하는 것이 더 유리하다. 가령 범죄 발생 데이터를 예로 들어보자. 언제, 어디서, 어떻게 일어난 개별 범죄 사건인지에 대한 기록이 한 행에 하나씩 입력돼 있어야 할 것이다. 원시 데이터에, 여러 가지 다른 변수를 담은 항목이 첨가되면 금상첨화이다. 가해자와 피해자의 나이, 성별, 직업, 전과 사실, 흉기 소지 유무, 발생 장소의 특성, 경찰 출동 시간 등을 담은 별도의 항목이 있으면 더 심층적인 분석이 가능할 것이다. FBI나 주 사법당국을 통해 세부적인 범죄 데이터를 공개하는 미국과 달리, 우리나라는 1차적으로 지역이나 시기마다 합산된 통계치만을 공개하고 있다. 다른 국내 공공데이터도 대부분 마찬가지. 우리나라 통계청의 국가포털은 합산 집계된 자료를 주로 제공한다. 이 책에서 다룰 실업률 자료도 광역시도와 연령대, 시기별로 뭉뚱그려 집계된 데이터이다. 제한된 형태의 자료이지만 가장 많이 접하는 공공데이터 형태이다. 일단 태블로의 기초적인 데이터 처리 방법을 살펴보고 이것이 어떻게 시각화와 분석으로 이어지는지 학습해 보기로 하자.

통계청 실업률 자료는 셀병합이 된 상태로 내려받을 수 있지만 여전히 손질할 곳이 많다. 일단 각 지역명 하단의 빈 여백을 자동 셀채움 기능으로 모두 채워주자. 서울특별시 밑에는 서울특별시, 부산광역시 밑으로는 부산광역시를 채우는 식이다. '계'라고 표시된 행은 필터링한 뒤 모두 지운다. 2~5행도 마찬가지로 삭제한다. 결과적으로 연도마다 실업률이 각 칼럼에 기입된 엑셀 데이터가 남는다.

	A	B	C	D	E	F	G	H
1	시도별	연령계층별	2000	2001	2002	2003	2004	2005
2	서울특별시	15 - 29세	8.1	8.4	8.3	8.8	9.0	9.0
3	서울특별시	30 - 59세	3.9	3.5	3.0	3.2	3.4	3.6
4	서울특별시	60세이상	2.8	1.9	2.3	1.9	2.0	2.1
5	부산광역시	15 - 29세	12.1	10.9	7.6	9.0	9.9	8.8
6	부산광역시	30 - 59세	5.5	4.2	2.9	2.9	3.1	3.3
7	부산광역시	60세이상	5.5	3.5	2.3	1.5	1.0	2.8
8	대구광역시	15 - 29세	9.2	9.7	9.2	9.8	8.6	8.6
9	대구광역시	30 - 59세	3.8	3.5	2.9	3.0	3.2	3.2

〈그림 5-2〉 실업률 데이터 1차 정리한 모습

이제부터가 중요하다. 태블로라는 소프트웨어를 효과적으로 사용하기 위해서는 이 시트를 〈그림 5-3〉과 같이 바꿔주어야 한다. 칼럼을 행으로 이동시켜서, 좌우로 긴 데이터를 위 아래로 긴 데이터로 바꾸는 작업이다.

	A	B	C	D
1	시도	연령대	연도	실업률
2	서울	15 - 29세	2000	8.1
3	서울	15 - 29세	2001	8.4
4	서울	15 - 29세	2002	8.3
5	서울	15 - 29세	2003	8.8
6	서울	15 - 29세	2004	9
7	서울	15 - 29세	2005	9
8	서울	15 - 29세	2006	8.8
9	서울	15 - 29세	2007	7.5
10	서울	15 - 29세	2008	7.7
11	서울	15 - 29세	2009	8.2
12	서울	15 - 29세	2010	8.4
13	서울	15 - 29세	2011	8.3
14	서울	15 - 29세	2012	8.3

〈그림 5-3〉 태블로형 데이터로 변환한 화면

차이가 느껴지는가? 변환 전의 연도별 칼럼이 행으로 섞여 들어가면서 원래의 48행이었던 데이터가 모두 672행으로 늘어났다.

변환작업을 위해서 태블로사 측에서 직접 만들어 배포하는 엑셀 애드인(보조 프로그램)을 활용하자. 태블로 홈페이지에서 'Tableau add-in'을 검색해 설치용 압축파일을 내려받기 해서 설치한다. 설치가 끝나면, 설치가 끝나면, 엑셀 화면 좌측 상단의 MS 아이콘을 클릭해 Excel 옵션→ 추가 기능 → Excel 추가 기능 이동 → Tableau 체크 후 확인을 선택하는 과정을 거친다. 'Tableau'라는 새로운 메뉴가 나타난다.

	A	B	C	D	E	F	G	H	I	J	K	L	M	N	O	P
1	시도별	연령계층별	2000	2001	2002	2003	2004	2005	2006	2007	2008	2009	2010	2011	2012	2013
2	서울특별시	15 - 29세	8.1	8.4	8.3	8.8	9.0	9.0	8.8	7.5	7.7	8.2	8.4	8.3	8.3	8.7
3	서울특별시	30 - 59세	3.9	3.5	3.0	3.2	3.4	3.6	3.3	3.2	3.0	3.7	3.7	3.6	3.2	3.0
4	서울특별시	60세이상	2.8	1.9	2.3	1.9	2.0	2.1	2.5	1.6	1.7	2.2	4.3	4.1	3.7	2.4
5	부산광역시	15 - 29세	12.1	10.9	7.6	9.0	9.9	8.8	8.2	8.3	8.2	9.1	9.0	8.8	8.7	8.8
6	부산광역시	30 - 59세	5.5	4.2	2.9	2.9	3.1	3.3	3.3	3.0	3.0	3.5	2.6	2.7	2.9	3.0
7	부산광역시	60세이상	5.5	3.5	2.3	1.5	1.0	2.8	3.1	2.8	2.0	2.2	3.2	3.0	3.0	2.5
8	대구광역시	15 - 29세	9.2	9.7	9.2	9.8	8.6	8.6	9.4	8.9	8.9	9.8	9.2	8.0	7.9	9.9
9	대구광역시	30 - 59세	3.8	3.5	2.9	3.0	3.2	3.2	2.5	2.4	2.6	3.4	2.8	3.0	2.4	2.1

〈그림 5-4〉 태블로형 데이터 변환 메뉴

데이터 분석과 저널리즘

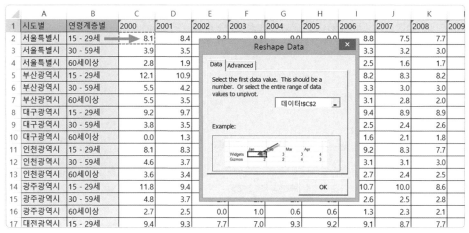

	A	B	C	D	E	F	G	H	I	J	K	
1	시도별	연령계층별	2000	2001	2002	2003	2004	2005	2006	2007	2008	2009
2	서울특별시	15 - 29세	8.1	8.4					8.8	7.5	7.7	
3	서울특별시	30 - 59세	3.9	3.5					3.3	3.2	3.0	
4	서울특별시	60세이상	2.8	1.9					2.5	1.6	1.7	
5	부산광역시	15 - 29세	12.1	10.9					8.2	8.3	8.2	
6	부산광역시	30 - 59세	5.5	4.2					3.3	3.0	3.0	
7	부산광역시	60세이상	5.5	3.5					3.1	2.8	2.0	
8	대구광역시	15 - 29세	9.2	9.7					9.4	8.9	8.9	
9	대구광역시	30 - 59세	3.8	3.5					2.5	2.4	2.6	
10	대구광역시	60세이상	0.0	1.3					1.6	2.1	1.8	
11	인천광역시	15 - 29세	8.1	8.3					9.2	8.3	7.7	
12	인천광역시	30 - 59세	4.6	3.7					3.1	3.1	3.0	
13	인천광역시	60세이상	3.6	3.4					2.7	2.4	2.5	
14	광주광역시	15 - 29세	11.8	9.4					10.7	10.0	8.6	
15	광주광역시	30 - 59세	4.8	3.7					2.6	2.5	2.8	
16	광주광역시	60세이상	2.7	2.5	0.0	1.0	0.6	0.6	1.3	2.3	2.1	
17	대전광역시	15 - 29세	9.4	9.3	7.7	7.0	9.3	9.2	9.1	8.7	7.7	

〈그림 5-5〉 태블로형 데이터 변환 메뉴 설정창

'Reshape Data' 메뉴를 클릭해 대화창을 꺼낸 뒤, 다음과 같이 데이터 시트 상
단 맨 오른편의 셀을 클릭한 뒤 'OK'를 누른다. 이 사례에서는 셀 C2가 해당된다.
순식간에 엑셀 시트의 모양이 앞서 본 〈그림 5-3〉과 같이 변환될 것이다.

생성된 칼럼명 Co3, Co4는 각각 '연도'와 '실업률'로 고쳐준다. 공공 데이터에
는 칼럼 제목이 두 줄로 입력되어 있을 때도 많다. 1행에는 연도, 2행엔 교육 수준,
성별 등의 제목이 입력돼 칼럼명이 두 개 행으로 나눠져 있는 경우에도 변환작업
이 가능하다. 이중으로 이뤄진 칼럼명이 행으로 차곡차곡 섞여 들어가면서 새로
운 모습의 태블로형 데이터가 만들어질 것이다.

5.2. 태블로 퍼블릭으로 그래프 작성하기

태블로 공식 홈페이지의 태블로 퍼블릭(Tableau Public) 소개란에서(http://
www. tableausoftware.com/products/public) 'download the app' 버튼
을 클릭해 태블로 퍼블릭을 내려받기 해 보자. 내려받기가 끝나는 대로 설치 파일
을 실행시켜 대화창이 뜨면, 이용약관 '동의'를 거쳐 설치에 들어간다. PC에 설치
가 끝나면 바로 태블로 퍼블릭으로 연결된다.

이 책의 PC 스크린 그림과 설명은 태블로 퍼블릭의 영어 버전을 기준으로 했다.

사용 언어는 태블로 초기 화면에서 상단 메뉴의 'Help(도움말)' → 'Choose language(언어 선택)'에서 선택해 언제든지 변경할 수 있다.

〈그림 5-6〉 태블로 '데이터 불러오기' 메뉴

'Open Data'를 클릭해 데이터를 불러오는 대화창을 연다.

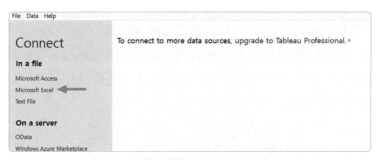

〈그림 5-7〉 태블로의 '엑셀 데이터 불러오기' 메뉴

실습 데이터가 엑셀 파일이므로 Microsoft Excel을 선택해 들어간다. PC 폴더에서 '실업률_자살률_집계' 파일을 선택해 불러온다.

〈그림 5-8〉 태블로 실업률 및 자살률 데이터 연결 화면

엑셀 파일에는 실업률과 자살률 집계, 2개의 워크시트가 포함돼 있다. 먼저 실업률 데이터를 중심으로 실습할 것이므로 '지역별 연령별 실업률' 워크시트만 마우스로 끌어 오른편으로 옮기자. 이어 Go to worksheet를 클릭해 작업창으로 들어가자.

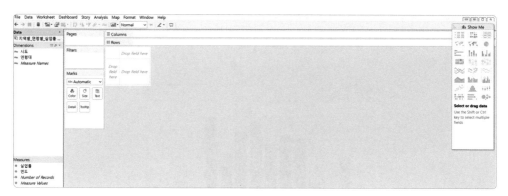

〈그림 5-9〉 태블로에 데이터 불러온 첫 화면

태블로 화면의 왼편 Dimensions와 Measures라고 쓰인 곳을 보면 데이터 항목과 수치값의 이름이 목록으로 표시되어 있을 것이다. 앞으로 이곳을 목록창이라고 부르겠다. 중앙에 그래프나 지도를 그릴 화면 작업창이 있고, 중앙 화면과 목록창 중간엔 차트를 더욱 다채롭게 만들기 위해 마크(Marks)와 필터(Filters) 등을 조정하는 창이 있다. 작업창 위편엔 Columns와 Rows, 즉 열과 행에 데이터를 옮겨놓는 곳이 있으며 여기를 선반(Shelf)이라고 부른다.

바로 간단한 차트를 그려보자. 목록창에서 데이터 항목을 Columns와 Rows

가 표시된 상단 선반(Shelf)에 마우스로 끌어넣으면 즉각 그래프나 표가 그려진다. 먼저 목록창의 '시도'라는 글자를 끌어서 가운데 상단의 Columns 옆에 넣고, '실업률'이라는 글자는 Rows 옆에 갖다 놓자.

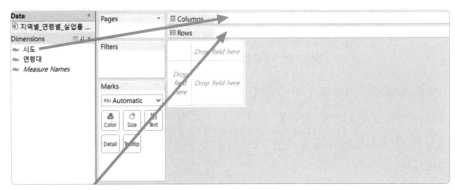

〈그림 5-10〉 목록창에서 선반(Shelf)으로 데이터 항목 이동

바로 다음과 같은 막대그래프가 그려진다.

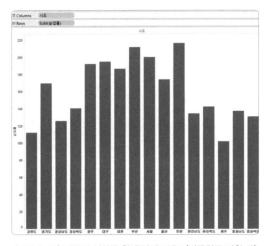

〈그림 5-11〉 지역별 실업률 합계 막대그래프(평균치로 변환 前)

이 대목에서 한 가지 바로잡을 점이 있다. 태블로는 숫자 데이터를 받아들일 때마다 자동적으로 합계(SUM)로 계산해 표시한다. 가령, 연도별, 광역시도별 실업

데이터 분석과 저널리즘

률이 함께 수록된 데이터라면, 각 해의 실업률을 모두 더한 값을 지역별 그래프로
표시한다. 이 경우엔 합계 대신 평균값으로 조정해 주는 것이 맞다.

그래프 상단의 선반(Shelf)에서 'Rows' 옆의 작은 화살표를 클릭 → 'SUM(실
업률)' → 'Measure' → 'Average'를 체크해 준다.

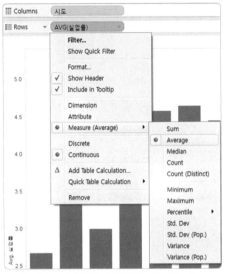
〈그림 5-12〉 데이터를 평균치로 변환하는 메뉴

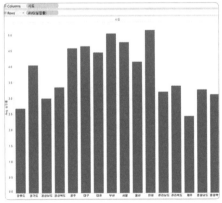
〈그림 5-13〉 지역별 실업률 평균치 막대그래프

비로소 그래프가 실업률 평균으로 다시 그려졌다.

다른 차트를 만들어보자. 새로운 시트를 그리려면, 기존 시트는 그대로 두고 상단이나 하단 메뉴의 새 시트 버튼을 누르든지, 상단 메뉴의 Clear Sheet 아이콘을 클릭해 기존의 시트를 지운 뒤 빈 작업창에서 시작하면 된다(단축키를 활용해도 된다. 새 시트 만들기: Ctrl+M, 시트 지우기: Ctrl+Alt+backspace).

 〈그림 5-14〉 '새 시트 만들기' 아이콘

태블로의 'Show Me'(자동 표시) 기능을 사용하면 손쉽게 다양한 차트를 그릴 수 있다. 왼편 데이터 목록에서 사용할 항목을 클릭한 뒤, 오른편의 Show Me에서 다시 적당한 그래프를 선택하면 된다. Show Me에는 선반에 올려놓은 데이터를 이용해 그릴 수 있는 차트의 종류가 자동으로 표시된다. 예를 들어, Ctrl 키를 누른 상태에서 '시도', '연령', '실업률'을 동시에 선택하고 Show Me 창을 살펴

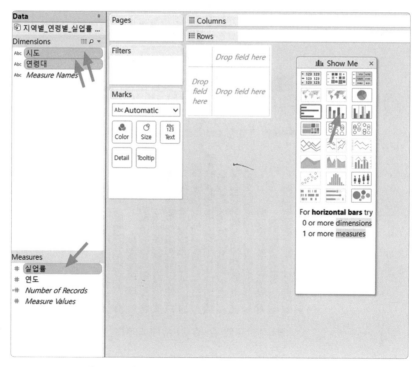

〈그림 5-15〉 목록창 데이터 클릭 후 Show Me에서 차트 선택

데이터 분석과 저널리즘

보자. 선택한 데이터 항목으로 만들 수 있는 차트 유형의 색상이 강조 표시된다. Show Me 창에서 컬러로 활성화돼 나타난 차트 아이콘 중 하나를 클릭하면 된다.

Ctrl 키를 누른 상태에서 '시도', '연령대', '실업률'을 모두 클릭하면 청색과 녹색 커버가 나타난다. 차트나 표 그리기를 위해 해당 데이터 항목이 활성화됐다는 뜻이다. 앞서 오른쪽 상단 선반 위에 '시도'와 '실업률' 데이터 항목을 옮겨 놓을 때도 같은 청색, 녹색 커버를 볼 수 있었을 것이다. (모양이 알약과 닮았다고 해서 필(Pill)이라고도 부르지만 이 책에서는 편의상 '커버'라고 표현하겠다.) 이때 오른편의 Show Me가 제시하는 당장 시각화할 수 있는 차트나 표 중에서 원하는 형태를 골라 클릭하면 바로 그래프가 뜬다. 〈그림 5-15〉에서 화살표로 표시한 중첩 막대그래프 아이콘을 선택해 보자.

Show Me에서 그래프 아이콘을 클릭한 뒤, 선반에서 SUM(실업률)을 AVG(실업률)로 조정해 준다.

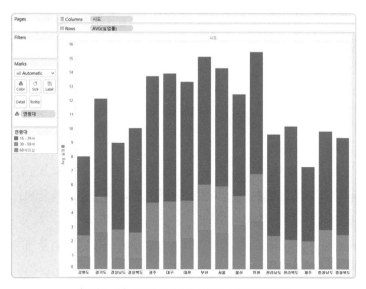

〈그림 5-16〉 지역별·연령대별 실업률 중첩 막대그래프

각 지역별로 실업률 평균을 그려주되 연령대별로 다시 색상을 구분해 표시했다. 청년 실업률의 비중이 높은 점을 쉽게 파악할 수 있다.

시도: **인천**
연령대: **60세이상**
실업률: **47.1**

✓ Keep Only　✕ Exclude

〈그림 5-17〉 그래프 팝업창(Tooltip) 활용

막대그래프 위에서 마우스 커서를 움직이면 해당 데이터 내역이 팝업창 형태로 뜰 것이다. 이를 Tooltip이라고 한다. 좌측의 'Tooltip' 메뉴에서 팝업창 내용을 편집할 수 있다.

그래프를 그리는 또 다른 방법은 사용할 데이터 항목 이름을 목록창에서 더블 클릭하는 것이다. 그러면 데이터 항목이 자동으로 적당한 장소로 옮겨진다. 이어 'Show Me'에서 적절한 그래프를 선택해 그려주면 된다. 실제 사용 과정에서는 Show Me 대신 사용자가 데이터 항목과 그래프 종류를 수동으로 선택해 조작해야 하는 경우도 많다. 엑셀 차트나, 매니 아이즈(Many Eyes)와 비교할 때 태블로의 사용자 메뉴가 그다지 직관적이지 않다고 느끼는 사람도 적지 않을 것이다. 하지만 특유의 데이터 분류 방식을 제대로 이해하면 좀 더 편하게 태블로에 적응할 수 있을 것이다.

5.3. 태블로의 데이터 분류 방식

데이터 분류 방식을 이해하는 것은, 태블로에서 각종 차트를 능수능란하게 그리기 위해서 꼭 거쳐야 할 관문이다. 태블로는 데이터의 유형을 문자열(String)과 숫자(Number), 날짜/시간(Date/Time), 논리식 결과('True', 'False'), 지리 정보(경위도, 주소, 행정구역)로 분류한다. 여기에 추가해 데이터의 역할에 따른 또 다른 분류 방법이 있다. 복잡한 데이터를 다양한 형태로 시각화하기 위해 태블로는 데이터를 차원(dimension)과 측정값(measure)으로 분류한다.

차원은 범주형 데이터, 즉 카테고리로 구분할 수 있는 데이터이다. 한마디로 특정 그룹으로 분류할 수 있는 데이터이다. 예를 들어 실업률 자료를 지역, 연령대, 성별 등으로 나눈 것이 바로 카테고리, 즉 범주에 해당한다. 주로 문자 데이터인 경

데이터 분석과 저널리즘

〈표 5-1〉 태블로 '차원'·'측정값' 데이터 특징

데이터 성격	특징
차원(dimension)	특정 범주로 데이터 구분.
측정값(measure)	숫자로 표현된 데이터. 계산과 분석 대상이 되는 항목.

우가 많지만, 연도나 날짜와 같은 시간 정보가 범주형 데이터가 되기도 한다. 실업률 데이터의 '연도' 항목은 연도를 수치로 인식하기보다, 일종의 카테고리로 간주해 처리한다. 따라서 '연도'를 처음부터 Measures 칸에서 Dimensions 칸으로 끌어다 놓고 작업하는 것이 더 편리하다. 숫자 데이터라도, 연산이나 비교를 목적으로 하지 않는다면 역시 범주형으로 설정할 수 있다.

반면에 측정값은 말 그대로 숫자로 계량화된 데이터이다. 각종 연산처리를 할 수 있는 자료이다. 본 실습 데이터의 실업률, 자살률, 지진 규모 등이며, 바로 이를 기반으로 각종 계산과 분석을 한다. 작업창의 왼편 목록창을 보면 차원 데이터 목록은 상단에, 측정값 데이터 목록은 하단에 배치돼 있다. 이를테면, '시도'는 차원이고, '실업률'은 측정값이다.

여기에서 더 나아가 태블로는 측정값을 분리형(discrete)과 연속형(continuous) 2가지로 또 구분한다(태블로는 자체 매뉴얼에서 discrete도 dimension과 같이 '차원'으로 번역하고 있다. 그만큼 discrete와 dimension이 유사한 성격을 갖는다는 의미이기도 하지만, 혼선을 막기 위해 필자는 discrete를 '분리형'으로 직역하겠다). 분리형은 말 그대로 데이터가 단락으로 구분된다는 의미이다. 행사에 참가한 사람 숫자를 셀 때 1명, 2명, 3명은 있어도, 2.5명은 존재하지 않을 것이다. 바로 분리형 데이터이다. 반면에 일정 범위 안에서 자릿수나 소숫점 단위에 상관없이 갖가지 숫자가 모두 출현할 수 있다면 연속형 데이터라고 한다. 가령, 신장이나 체중은 178.5cm, 65.45kg과 같이 정수와 정수 사이를 소숫점 단위로 쪼개서 표시할 수 있으므로 연속형 데이터이다. 2001, 2002, 2003, 2004 등으로 나열된 연도 데이터라도 그 사이 사이의 월, 날짜와 시간 단위로 쪼개어 생각해 볼 수 있을 것이다. 그러므로 연도를 나타내는 숫자는 연속형, 분리형 모두 가능하다. 가령 연도별 실업률 그래프를 시각화할 때, '연도' 데이터를 연속형으로 설정하면 선그래프를 얻게 되고, 분리형으로 설정하면 막대그래프가 나타난다.

앞서 차트를 그리면서 선반 위의 '시도'란 글자는 청색 커버로, '실업률'은 녹색 커버로 표시됐던 것을 기억할 것이다. 커버의 색상이 바로 데이터 형태를 표시한다. 청색 커버는 '분리형', 녹색 커버는 '연속형'을 의미한다.

〈그림 5-18〉 청색 커버(분리형 데이터)와녹색 커버(연속형 데이터)

일반적으로 그래프를 그리는데 사용하는 측정값은 '연속형', 즉 녹색으로 설정한다. 녹색 커버로 표시된 수치 데이터 항목이 투입되지 않으면 차트는 아예 그려지지 않는다. 실업률 자료를 예로 들면, '연도'는 '분리형' 혹은 '연속형'으로 각기 변환이 가능하지만, 실업률 데이터 자체는 반드시 녹색으로 표시된 '연속형'으로 설정돼 있어야 그래프를 그릴 수 있는 것이다.

〈표 5-2〉 태블로 분리형·연속형 데이터 특징

데이터 역할	참고
분리형(Discrete): 청색 커버 시도	각 데이터를 분절된 형태로 처리. 막대그래프 그릴 때 '연도'는 분리형으로, '실업률'은 연속형으로 설정
연속형(Continuous): 녹색 커버 실업률	각 데이터 사이에 자릿수, 소숫점 상관없이 또 다른 측정값이 존재할 수 있다고 가정. 선그래프 그릴 때는 '실업률'과 '연도' 모두 연속형으로 설정.

이제 선반 위의 차원 혹은 측정값 항목에서 작은 화살표를 누르고 메뉴를 꺼내 다른 데이터 유형으로 변환할 수 있는지 연습해 보시기 바란다. 다양한 데이터 조합에 따라 이미 그려진 차트가 어떻게 변하는지 살펴보자.

연속형 데이터는 측정값이지만, 차원으로 변환할 수 있다. 가령 실업률 데이터를 Rows 선반에 넣은 뒤 '차원'과 '분리형'으로 지정하고, 추가로 실업률을 '측정값'과 '연속형' Count(개수)로 지정해 막대그래프를 그리면 전체 데이터표에서 각

　　　　　　　　　　　　　　　　　　　　데이터 분석과 저널리즘

실업률 수치가 몇 번씩 출현했는지를 보여 주는 히스토그램이 그려진다(좀 더 깔끔한 히스토그램은 측정값 항목 하나를 클릭한 뒤 Show Me에서 히스토그램 아이콘을 선택해 쉽게 시각화할 수 있다).

그래프를 그리기 위해서는 하나 이상의 '연속형' 데이터 항목이 반드시 필요하다고 했다. 여기에 더해 이 장에서 학습할 트리맵과 히트맵, 하이라이트 테이블, 피벗 테이블, 버블 차트 등은 모두 1개 이상의 '차원' 데이터가 반드시 존재해야 한다. 특히 '차원' 항목이 2개 이상이면, 더 복합적이고 입체적인 차트를 그릴 수 있다. 열 항목이 행으로 섞여 들어간 태블로형 데이터가 좋은 이유가 여기에 있다.

5.4. 그래프 정렬·필터링하기

태블로가 데이터를 처리하는 방식을 파악했으니 이제부터는 수동으로 데이터 항목들을 옮겨 다양한 차트를 만들어보자. 앞서 언급했듯이 '연도'는 그래프를 그릴 때 차원(Dimension)으로 설정하는 것이 적절하지만, 태블로는 처음엔 측정값(Meausure)으로 인식한다. 2000, 2001과 같은 연도를 기계적으로 측정값으로 먼저 인식하는 것이다. '연도'를 Dimensions 항목으로 끌어다 놓으면 그래프를 그릴 때마다 매번 설정을 바꿀 필요가 없어진다. 이어 '연도'를 Columns 선반에 '실업률'은 Rows로 끌어다 이동시키고 막대그래프를 그리자. '연도'는 Dimension, Discrete 상태를 유지하고, '실업률'은 AVG로 조정하자.

(참고: 실습 데이터의 '연도'는 현재 Number(숫자)로 지정되어 있다. 왼편 창의 연도 데이터 이름 위에서 마우스 우클릭해 'Change Data Type' 메뉴로 가면, Number(Whole) 즉 정수로 지정되어 있는 것을 알 수 있을 것이다. 만약 이를 날짜 데이터인 Date로 형식을 바꾼 채 그래프를 그리면, 연도가 전부 1905년으로 표시되는 오류가 발생한다. 2010-01-02 와 같이 '연도-월-일' 형태를 갖춘 완벽한 연·월·일 데이터가 아닌 단순히 연도만 표시한 데이터라면, 현재처럼 숫자로 설정해 시각화하는 것이 맞다.)

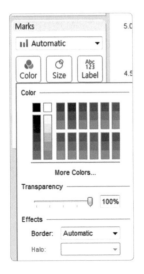

상단 메뉴에서 Normal을 Entire View로 바꾸면, 그래프가 더 시원하게 보이도록 크기를 조정할 수 있다. 왼편 메뉴에서 'Color'를 클릭해 색상팔레트에서 원하는 색상으로 그래프색을 바꿀 수도 있다.

〈그림 5-19〉 색상(Color) 조정창

그래프를 주황색으로 바꿔보자. 상단 Format 메뉴의 Font로 가서 글자 크기를 14로 키우자.

Y축에서 우클릭해 Edit Axis 메뉴에서 축상의 표기를 'AVG of 실업률' → '실업률'로 바꾼다.

〈그림 5-20〉 그래프축 표기 조정 메뉴(Edit Axis)

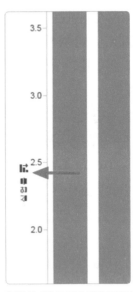

〈그림 5-21〉 그래프 정렬 아이콘

데이터 분석과 저널리즘

그래프 Y축의 중간 쯤 커서를 갖다 대면 조그만 정렬 아이콘이 생긴다. 한 번 클릭하면, 내림차순으로 두 번 클릭하면 오름차순으로 막대가 정렬되고 다시 한 번 더 클릭하면 원래 상태로 돌아온다. 〈그림 5-22〉는 내림차순 정렬한 모습이다. 이때 태블로는 Columns 선반의 '연도' 옆에는 작은 정렬 아이콘이 나타난다.

크기순으로 정렬된 차트를 살펴보면 외환 위기의 여파가 남아 있었던 2000년의 실업률이 가장 높았고, 가장 최근 데이터인 2013년은 중간 정도 수준이다. 이번에는 그래프 모양을 선형으로 바꿔보자. 연도 커버의 작은 화살표를 클릭해 discrete를 continuous로 변경시킨다.

(막대그래프에서 선그래프로 변환하기 위해서는 마크(Marks)의 Automatic 모드를 Line으로 바꿔줘도 된다. 선반 위 '실업률'의 유형은 차원(Dimension)으로 그대로 남은 채 그래프 모양만 바뀐다.)

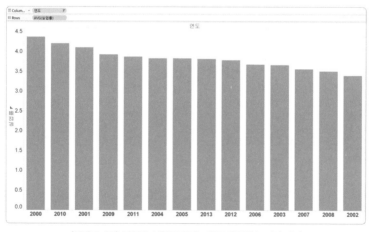

〈그림 5-22〉 지역별 실업률 막대그래프 내림차순 정렬 결과

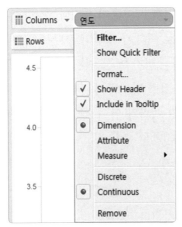

〈그림 5-23〉 연도 데이터 Discrete에서 Continuous로 변환

범례(Legend)에서 '15-29세'를 클릭하면, 해당 연령대의 그래프만 남고, 나머지 그래프는 색상이 흐려진다.

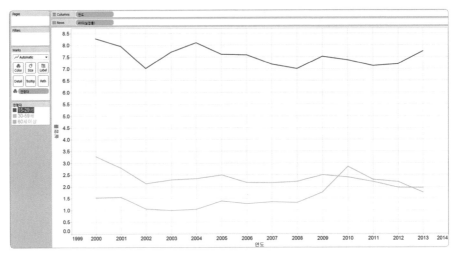

〈그림 5-24〉 원하는 연령대 그래프만 남기고 나머지는 흐려진 화면

이번엔 연령대별로 그래프를 골라 표시하는 필터를 만들어보겠다. 목록창에서 '연령대'를 Filter 창에도 옮겨 보자. 필터 대화창이 뜰 것이다. '15-29세'만 체크하고 나머지 연령대는 체크 상태를 해제하자.

데이터 분석과 저널리즘

〈그림 5-25〉 연령대별 필터 선택 작업창

선그래프 세 개 중 청년 실업률 추이만 남을 것이다.

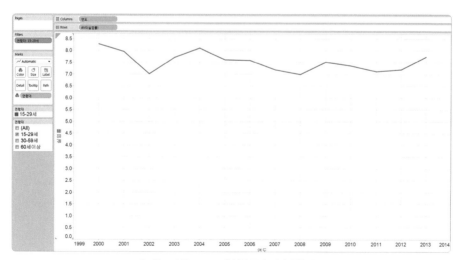
〈그림 5-26〉 15-29세 실업률만 필터링한 결과

특정 연령대 데이터만 골라내 시각화할 수 있는 필터를 달아보자. '연령대'에서 우클릭해 메뉴를 꺼낸 뒤 'Show Quick Filter'를 선택한다. 그래프 오른편에 필터가 만들어지면 마우스로 끌어서 왼편 범례 밑으로 이동시킨다. 필터에서 우클릭해 메뉴창을 꺼낸 뒤 슬라이더 형 등 다양한 형태로 필터 모습을 바꿀 수도 있다.

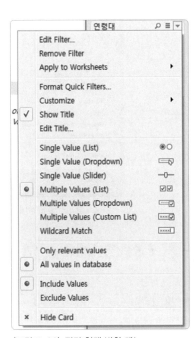

〈그림 5-27〉 필터 생성 메뉴(Show Quick Filter)　〈그림 5-28〉 필터 형태 변환 메뉴

이번엔 다시 필터에서 모든 연령대를 체크해 보자.

〈그림 5-29〉 필터에서 모든 연령대 체크

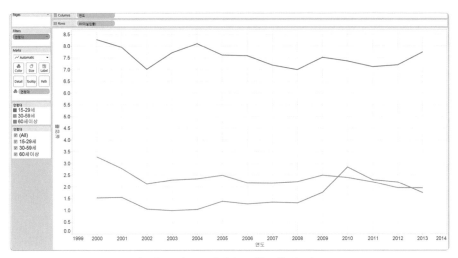

〈그림 5-30〉 모든 연령대 표시한 중첩 선그래프

청년층 실업률은 2000년대 들어 줄곧 다른 연령대 실업률의 3배에 달할 정도로 고공행진을 이어가다가 2012년 이후엔 더욱 상승하고 있다. 또 노년층 실업률이 2010년과 2012년 사이 중·장년층 실업률을 앞질렀던 사실도 눈에 띈다.

실업률이란 개념은 특정 연령대 인구 중 최근 4주 동안 구직활동을 했지만 일자리를 찾지 못한 사람의 비율을 의미한다. 따라서 근본적으로는 일자리 부족이 가장 큰 문제이지만 동시에 특정 연령의 구직자가 많아지는 현상도 실업률을 높이는 한 원인이 될 수 있다. 노년층 실업률 상승의 배경에는 노후대비책이 막막한 상황에서 정년퇴직 이후에도 적극적으로 일자리를 찾는 사람이 많아진 점도 작용했으리라고 추정해 볼 수 있겠다.

적당한 곳에 커서를 놓은 뒤 마우스 우클릭해 주석(annotation) 기능을 활용하면 다음 그림처럼 원하는 설명을 그래프 위에 달수도 있다.

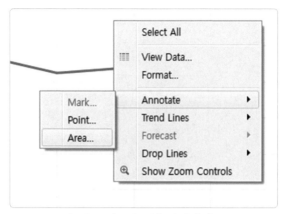

<그림 5-31> 그래프에 '주석 달기' 메뉴

이번엔 그래프 위에서 마우스 우클릭한 뒤 'TREND LINE' → 'SHOW TREND LINE' 메뉴를 선택해 추세선을 표시해 보자. 청년층과 중·장년층은 완만한 하락 추세이나, 노년층 실업률만 상승 추세로 선이 그려졌다. 데이터의 범위가 제한적인 데다, 실업률에 영향을 줄 수 있는 변인도 다양하므로, 이 같은 추세선 기능은 현재까지 상황을 이해하기 위한 참고용일 뿐 정확한 미래 예측에는 무리가 있다는 점은 감안하자.

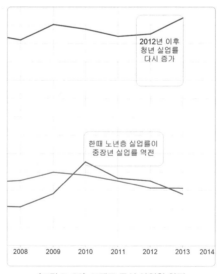

<그림 5-32> 그래프 주석 삽입한 화면

데이터 분석과 저널리즘

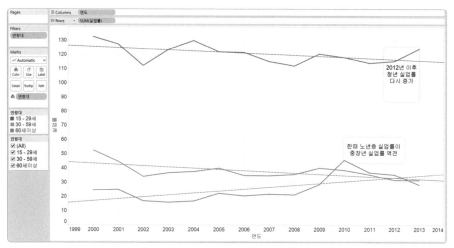

〈그림 5-33〉 연령대별 실업률 추세선 추가

　현재의 그래프를 보관하고 새로운 차트를 만들고 싶으면 하단의 새 시트 만들기 버튼을 선택해 새 창에서 작업하면 된다. SHEET1, 2처럼 기계적으로 이름이 붙여진 각 시트에서 마우스 우클릭하면 'RENAME SHEET' 기능으로 새 이름을 붙일 수 있다.

5.5. 버블 차트 만들기

　버블 차트도 데이터 항목 간 정량 비교에 자주 활용되는 흥미로운 그래프 유형이다. 데이터의 크기를 둥그런 덩어리로 표현해 이색적으로 시각화할 수 있다.

　다른 차트와 마찬가지로 버블 차트를 만드는 방법 역시 2가지 이상이다. 먼저 '연령대'는 Color와 Text에 '실업률'은 Size에 끌어다 놓는 방법이 있다. 명심해야 할 점은 앞서 실습한 대로 '실업률'을 끌어다 놓은 뒤 SUM을 AVG 평균값으로 변환해야 한다는 사실이다. 또 다른 방법은 Ctrl 키를 누른 상태에서 '연령대', '실업률' 두 항목을 연달아 클릭한 뒤 Show Me 박스에서 버블 차트를 선택하는 것이다. 합산 실업률을 평균 실업률로 변환해야 하는 점은 동일하다.

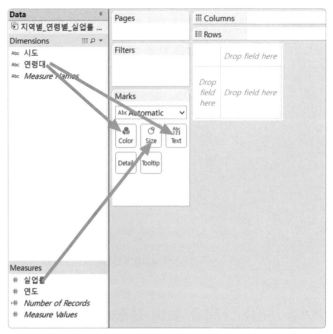

〈그림 5-34〉 연령대별 실업률 버블 차트 만들기

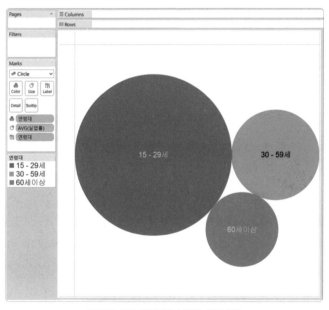

〈그림 5-35〉 연령대별 실업률 버블 차트

데이터 분석과 저널리즘

버블 차트로 지역별 데이터를 비교해 볼 수도 있을 것이다. Pages에 '연도'를 넣은 뒤, Color와 Label에 '시도', Size에 '실업률'을 넣고 2000년 실업률 평균을 지역별로 시각화했다. '연도'는 dimension, discrete로, '실업률'은 평균(AVG)으로 다시 조정했다. 페이지(Page) 아이콘의 연도 조정기를 사용해 연도를 연속으로 변화시키면 버블 차트도 순차적으로 모습이 변한다.

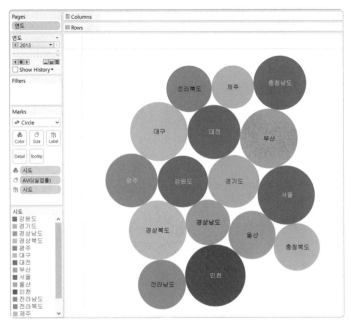

〈그림 5-36〉 지역별 실업률 버블 차트(2013년)

5.6. Box Plot으로 데이터 분포 파악하기

통계학적으로 평균에서 크게 벗어난 수치, 정상적인 분포를 벗어난 데이터를 이상치 또는 아웃라이어(Outlier)라고 한다. 아웃라이어는 실수로 입력되거나 잘못 측정된 오류일 수도 있지만, 정상에서 벗어난 수치는 그 자체로 우리의 흥미를 끌기에 충분하다. 가령 같은 조건에서 특정 지역만 비정상적으로 실업률이나 자살률, 범죄율이 높다면 기자로서 당연히 호기심을 갖고 취재해 봐야 할 것이다.

통계학적으로 아웃라이어를 파악하는 데는 여러 가지 방법이 있을 수 있다. 대표적인 방법은 평균을 중심으로 표준편차의 2배나 3배 정도의 범위를 벗어난 값을 아웃라이어로 잡는 방식이다. 혹은 사분위수를 활용할 수 도 있다. 사분위는 자료를 크기순으로 배열하여 4등분한 값을 말한다. 데이터값을 최솟값에서 최댓값까지 순서대로 나열해 1/4되는 지점에 오는 값이 제1사분위수, 2/4되는 지점에 오는 숫자, 즉 정중앙에 오면 제2사분위수(중앙값)이고, 3/4에 오면 제3사분위수이다. 이때 제3사분위수와 제1사분위수의 차이에 1.5배한 값을 아웃라이어를 찾기 위한 범위로 지정한다. 중앙값에서 이 범위를 벗어나면 일반적인 데이터 분포를 넘어선 이상치, 즉 아웃라이어로 주목하는 것이다.

지역별, 연령대별 실업률 평균치 중에서 특히 튀는 데이터를 골라내 보자. 이를 위해 Box and Whisker Plot(약칭 Box Plot 혹은 Whisker plot)이라고 불리는 그래프를 그려보겠다. 데이터 분포를 파악하는 데 매우 유용한 그래프이다. Ctrl을 누른 상태에서 '시도', '연도', '연령대', '실업률'을 클릭한 뒤, Show Me 박스에서 Whisker Plot을 선택해 차트를 그린다. (실업률은 평균값으로 변환시켜야 한다.)

〈그림 5-37〉 'Box Plot' 아이콘 선택

데이터 분석과 저널리즘

박스로 표시된 범위는 제3사분위와 제1사분위 사이를 의미한다. 박스의 중간 선은 제2사분위, 즉 중앙값(Median)이다. 중심축에는 각 데이터의 위치가 표시돼 있다.

Box Plot에서 아웃라이어는 한눈에 들어온다. 제3사분위와 제1사분위의 차이에 1.5를 곱한 값을 범위로 지정해, 추가로 선(수염을 닮았다고 해서 Whisker라고 함)을 그었다. 이때 〈그림 5-38〉에서 화살표로 표시한 점, 즉 상자를 넘어 양측 경계선을 넘은 점이 바로 아웃라이어이다.

이런 점들을 클릭해 언제 어느 지역의 데이터인지 팝업창(Tooltip)으로 확인해 보자. 청년 실업률은 2000년 부산 지역, 중·장년층은 2000년 부산과 광주, 노년 층은 2010년 울산과 2000년 부산이 해당된다. 2000년 부산과 2010년 울산의 일자리 사정이 얼마나 심각했는지 다양한 차트 형태로 재점검해 보고, 그 배경도 취재해 보자.

참고로 산술평균값을 BoxPlot 위에 추가로 표시하기 위해서는 실업률 평균을 Rows 선반 위에 올려 위아래 2단 그래프를 만든다. 녹색 커버(Pill) 옆의 화살표 메뉴를 꺼내 Dual Axis를 선택해 상하단 그래프를 하나로 합친다. 이어 Marks 에서 맨 밑단의 Avg(실업률)(2)란에서 '시도'와 '연도'를 뺀 뒤 Y축에서 우클릭해

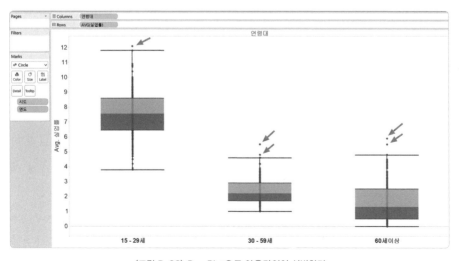

〈그림 5-38〉 Box Plot으로 아웃라이어 선별하기

Synchronize Axis를 선택하면 된다. 박스 안에 산술평균선이 추가로 표시될 것이다. '15-29세'는 산술평균이 7.53, 중앙값이 7.55로 거의 동일하고, 다른 연령대는 산술평균이 중앙값보다 크다는 점을 확인할 수 있다.

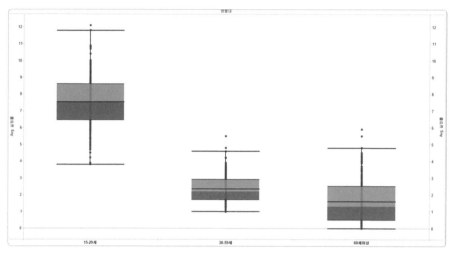

〈그림 5-39〉 Box Plo: 산술평균 추가

5.7. 피벗 테이블에 날개 달기: 하이라이트 테이블

스프레드시트의 각 셀을 데이터에 연동해 색상 농담으로 각기 다르게 표시한 '하이라이트 테이블'도 데이터 분포를 한눈에 파악하는 데 매우 효과적이다. 참고로, 엑셀에서도 상단 메뉴의 '홈' → '조건부 서식' → '색조'로 가면 태블로의 하이라이트 테이블과 비슷한 시각화를 할 수 있지만, 여기서는 태블로로 실습을 해보자.

'시도'를 Columns 선반에, '연령대'와 '연도'를 각각 Rows 선반에 넣고, 색상 마크와 사이즈 마크에 각각 '실업률' 데이터를 집어넣은 뒤 Marks 유형을 Automatic에서 Square로 변경하면 된다.

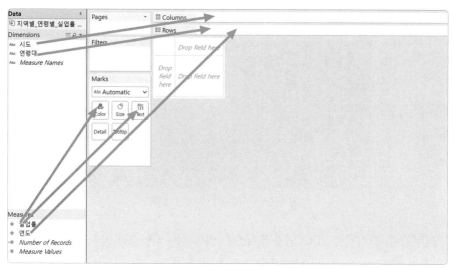

〈그림 5-40〉 하이라이트 테이블 만들기

Ctrl 키를 누른 상태에서 4가지 데이터 항목을 다 선택하고 Show Me 박스의 오른편 맨 위의 하이라이트 테이블 유형을 클릭하면 바로 시각화가 된다.

〈그림 5-41〉 '하이라이트 테이블'아이콘 선택

하이라이트 테이블은 피벗 테이블을 좀 더 이해하기 쉽도록 추가로 색상을 입힌 것이다. 마치 데이터 시트를 X-ray로 투시해 보는 것처럼 전체 데이터의 패턴을 한 눈에 살펴보고 진단하는 데 유용하다.

Pages
Filters
Marks
Square
Color Size Label
Detail Tooltip
AVG(실업률)
AVG(실업률)
AVG(실업률)
0.00   12.10
Columns 시도
Rows 연령대 연도

연령대	연도	강원도	경기도	경상남도	경상북도	광주	대구	대전	부산	서울	울산	인천	전라남도	전라북도	제주	충청남도	충청북도
15 - 29세	2000	5.80	6.20	5.80	8.80	11.80	9.40	12.10	8.10	8.30		8.30		9.00	6.50	7.20	
	2001	4.70	5.90	6.30	7.30	9.40	9.70	9.30	10.90	8.40	7.50	8.30	8.10	9.60	5.10	8.70	8.10
	2002	4.70	4.80	5.90	6.20	7.70	9.20	7.70	7.80	8.30	5.40	8.00	7.60	8.50	5.30	7.20	7.80
	2003	6.10	7.30	5.90	6.60	10.80	9.80	9.80	9.00	8.80	7.50	8.50	7.70	8.30	4.90	7.60	7.30
	2004	6.70	7.60	6.00	7.40	9.50	8.60	9.20	9.90	9.00	8.00	8.20	8.80	9.40	6.60	6.50	7.00
	2005	4.90	7.50	6.60	6.40	9.50	8.60	9.20	9.20	9.00	8.00	8.30	7.80	7.30	6.10	6.20	
	2006	3.80	6.90	6.30	8.00	10.70	9.40	8.90	9.10	8.20	7.10	9.20	5.90	5.50	6.20	6.40	
	2007	6.50	6.60	6.40	6.80	10.00	8.90	8.90	7.70	8.30	7.50	6.10	3.30	5.80	6.90	5.30	5.60	7.30
	2008	4.50	6.50	5.80	6.50	8.60	8.90	7.70	7.70	7.50	7.70	7.30	7.50		3.90	8.00	6.20
	2009	6.00	8.40	7.00	7.60	7.70	9.80	8.30	9.10	8.20	8.40	8.20	5.40	8.10		3.90	8.00	6.20
	2010	5.80	8.30	6.50	6.80	8.50	9.20	8.50	9.00	8.40	7.20	8.50	7.00	7.00	5.00	6.80	5.30
	2011	5.10	7.30	6.10	7.70	6.90	8.00	7.80	8.80	8.30	5.70	10.00	7.20	8.20	4.50	6.30	6.20
	2012	6.70	6.90	5.90	6.90	7.50	7.90	8.70	8.70	8.30	7.50	10.40	5.90	6.80	5.20	5.40	6.50
	2013	7.20	7.30	5.80	10.80	7.30	9.90	7.20	8.80	8.70	6.70	9.30	7.20	6.40	5.80	2.10	6.80
30 - 59세	2000	2.20	3.20	3.30	2.60	4.80	3.80	3.80	3.40	5.50	3.90	4.60	2.90	2.90	2.30	2.10	2.70
	2001	2.00	2.90	2.80	2.00	3.70	3.50	2.90	4.20	3.50	2.10	3.70	2.80	1.90	2.30	1.90	2.40
	2002	1.30	2.20	1.90	1.70	2.80	2.90	2.60	2.90	3.00	1.70	2.90	1.80	1.40	1.60	1.90	1.50
	2003	1.30	2.30	2.00	1.50	2.80	3.00	3.00	2.90	3.20	2.00	3.10	2.00	1.70	1.70	2.10	2.40
	2004	1.30	2.50	1.80	2.00	2.90	3.20	2.70	3.10	3.40	2.50	3.40	2.00	1.70	1.70	1.60	1.70
	2005	1.40	2.90	2.10	1.80	3.20	3.20	3.10	3.30	3.30	2.20	3.50	2.10	1.90	2.00	1.60	1.60
	2006	1.00	2.70	1.80	1.30	2.60	2.50	3.20	3.20	3.30	1.90	3.10	1.50	1.70	1.60	1.90	1.40
	2007	1.30	2.50	1.90	1.40	2.60	2.90	3.00	2.70	3.00	1.80	3.10	1.60	2.00	1.60	1.90	1.60
	2008	1.30	2.50	1.80	1.50	2.80	2.60	2.70	3.00	3.30	2.50	3.00	1.80	1.70	1.70	2.00	1.60
	2009	1.50	2.80	2.60	2.30	2.90	3.40	2.50	3.50	3.70	3.10	3.70	1.50	1.30	1.30	2.40	1.70
	2010	2.00	2.90	2.40	2.30	2.10	2.80	2.30	2.60	3.70	2.50	4.20	1.80	1.60	1.30	2.20	1.70
	2011	1.70	2.40	1.70	1.80	2.30	3.00	2.40	2.70	3.60	2.40	3.50	1.40	1.70	1.00	1.70	1.10
	2012	1.80	2.40	1.30	2.00	1.60	2.40	2.60	2.90	3.20	1.50	3.10	1.50	1.50	1.00	1.70	1.20
	2013	1.50	2.10	1.60	2.10	1.90	2.10	2.10	3.00	3.20	1.30	3.20	1.70	1.40	1.40	1.70	1.20
60세이...	2000	1.10	2.60	0.60	0.40	2.70	0.00		5.50	2.80	4.30	3.60	0.00		0.00	0.60	0.30

〈그림 5-42〉 하이라이트 테이블 생성 결과

필터를 통해 시기는 2009년부터 5년간, 연령대는 청년층만 골라내 차트의 범위를 좁혀보자. 색상 농담의 변화가 급격한 부분과 짙은 색상이 뭉쳐 나타난 부분은 어디인지 살펴보자. 때로는 예상치 못한 구간이 두드러져 보일 수도 있을 것이다. 가령, 〈그림 5-43〉의 오렌지색 화살표로 표시된 영역은 주목할 만한 부분이다. 해당 지역의 연령대의 실업률이 높아지거나 특이한 패턴을 보인 이유를 파악하려면 추가 취재와 분석이 필요할 것이다.

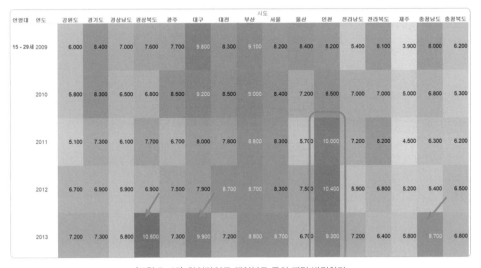

연령대	연도	강원도	경기도	경상남도	경상북도	광주	대구	대전	부산	서울	울산	인천	전라남도	전라북도	제주	충청남도	충청북도
15 - 29세	2009	6.000	8.400	7.000	7.600	7.700	9.800	8.300	9.100	8.200	8.400	8.200	5.400	8.100	3.900	8.000	6.200
	2010	5.800	8.300	6.500	6.800	8.500	9.200	8.500	9.000	8.400	7.200	8.500	7.000	7.000	5.000	6.800	5.300
	2011	5.100	7.300	6.100	7.700	6.700	8.000	7.800	8.800	8.300	5.700	10.000	7.200	8.200	4.500	6.300	6.200
	2012	6.700	6.900	5.900	6.900	7.500	7.900	8.700	8.700	8.300	7.500	10.400	5.900	6.800	5.200	5.400	6.500
	2013	7.200	7.300	5.800	10.800	7.300	9.900	7.200	8.800	8.700	6.700	9.300	7.200	6.400	5.800	8.700	6.800

〈그림 5-43〉 하이라이트 테이블로 특이 패턴 발견하기

데이터 분석과 저널리즘

5.8. 관심 데이터 표시하기: 피벗 테이블 Spotlighting 기법

여기서 한발 더 나아가 일정 기준 이상의 데이터만 골라 차별화된 색상으로 표시할 수 있다. 이른바 스폿라이팅(spotlighting) 기법이라고 불리운다.

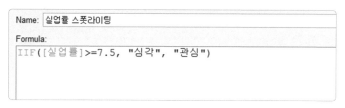

〈그림 5-44〉 실업률 7.5% 이상은 '심각'으로 표시하는 논리식

'실업률' → 'Create Calculated Field' 메뉴에서 〈그림 5-44〉과 같이 조건식을 입력하자. IIF 구문은 엑셀의 IF 구문과 유사한 논리식이다. 전체 평균 실업률이 7.5 이상일 경우엔, "심각"으로 분류하고, 7.5 미만은 "관심"으로 분류하라는 조건식이다. (2000~2013년 평균 청년실업률인 7.5%를 기준으로 삼았다.)

생성된 '실업률 스폿라이트' 필드를 색상 마크에 집어넣고, Columns엔 '시도', Rows에는 '연령대'와 '연도'를 이동시킨 상태에서 표를 만들자. 또 필터로 연령대는 '15-29세'만 걸러내자.

연령대	연도	강원도	경기도	경상남도	경상북도	광주	대구	대전	시도 부산	서울	울산	인천	전라남도	전라북도	제주	충청남도	충청북
15 - 29세	2000	5.800	6.200	5.800	8.800	11.800	9.200	9.400	12.100	8.100	8.300	8.100	9.000	9.000	6.500	7.200	7.20
	2001	4.700	5.900	6.300	7.300	9.400	9.700	9.300	10.900	8.400	7.500	8.300	8.100	9.600	5.100	8.700	8.10
	2002	4.700	4.800	5.900	6.200	7.700	9.200	7.700	7.600	8.300	5.400	8.000	7.900	8.500	5.300	7.200	7.80
	2003	6.100	7.300	5.900	6.600	10.800	9.800	7.000	8.800	7.500	8.800	7.700	8.300	4.900	7.600	7.30	
	2004	6.700	7.600	6.000	7.400	9.500	8.600	9.300	9.900	9.000	6.000	8.200	8.800	9.400	6.600	6.500	8.20
	2005	4.900	7.500	6.600	6.400	9.500	8.600	9.200	8.800	9.000	8.000	8.300	7.800	7.300	6.100	7.600	6.20
	2006	3.800	6.900	6.300	8.000	10.700	9.400	9.100	8.200	8.800	7.100	9.200	5.900	9.900	5.500	6.200	6.40
	2007	6.500	6.600	6.400	6.800	10.000	8.900	8.700	8.300	7.500	6.100	8.300	5.800	6.900	5.300	5.600	7.30
	2008	4.500	6.500	5.800	6.500	8.600	8.900	7.700	8.200	7.700	7.500	7.700	7.300	7.500	4.200	6.300	7.00
	2009	6.000	8.400	7.000	7.600	7.700	9.800	8.300	9.100	8.400	8.200	5.400	8.100	3.900	8.000	6.20	

〈그림 5-45〉 스폿라이팅(특정 범위 데이터 붉은색 표시) 결과

각 연도와 지역의 청년실업률 중 7.5% 이상은 주황색, 7.5% 미만은 청색으로 표시됐다. 서울, 부산, 광주, 대구 등 대도시는 거의 항상 7.5%가 넘었고, 충남 등의 지역도 2013년 들어서는 7.5% 선을 돌파했다는 점을 알 수 있다.

2010년 이후로 다시 필터링하면 이 같은 분포가 좀 더 명확해진다.

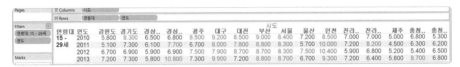

〈그림 5-46〉 스폿라이팅 표에서 2010년 데이터 필터링

5.9. 셀 색상+크기로 데이터 파악하기: 히트맵 작성

하이라이트 테이블을 변형해 각 셀의 색상뿐 아니라 크기로도 데이터 분포를 살펴볼 수 있도록 한 것이 히트맵(Heatmap)이다(퓨전테이블의 온도 지도를 뜻하는 히트맵과는 다른 의미이다).

각 사각형에 커서를 대면 Tooltip 기능을 통해 팝업창으로 해당 데이터 정보가 뜬다.

또한 실업률 이외에 자살률 등 다른 측정값 정보가 있다면, 색상은 실업률, 사각형 크기는 자살률 등 2차 정보에 연동해 표시할 수도 있다.

방대하고 복잡한 데이터에서 패턴을 읽을 때 유용한 분석방법이다.

〈그림 5-47〉 히트맵 아이콘 선택

데이터 분석과 저널리즘

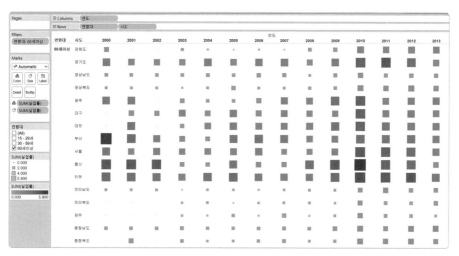

〈그림 5-48〉 실업률 히트맵 생성 결과

〈그림 5-49〉
Marks·Fliters·Pages 설정창

여기서 태블로의 필터(Filter)와 마크(Marks) 작업창의 활용법을 짚어보자. 마크의 각 상자에 데이터 항목을 끌어다 넣으면 그래프나 표는 새롭게 변신한다. Color는 특정 기호의 위치와 크기에 추가해 색상으로도 데이터 속성을 표현하는 방법이다. 중첩 막대그래프나 버블 차트, 하이라이트 테이블, 히트맵 등 다양한 방법으로 색상별 시각화가 가능하다. 이때 데이터의 성격에 따라 다른 결과가 나온다. 분리형 데이터는 각기 분절된 다른 색상으로 시각화되는 반면, 연속형 데이터는 연속으로 이어지는 색상 스펙트럼으로 그려질 것이다. Size 역시 X, Y축의 좌푯값이 아닌 특정 기호의 크기로서 데이터를 표현하는 것이고 Text는 그래프나 표에 데이터값을 표시하는 기능이다. Page 상자는 필터와 유사하나, X, Y축상의 데이터 표시에 변화를 주지 않는 필터 기능이라고 생각하면 된다. 이 때문에 각 연도별로 그래프의 변화 추이를 동적으로 시각화하는 데 편리하게 사용할 수 있다.

5.10. 데이터 쪼개고 묶어 새롭게 배열하기

　태블로는 시각화뿐 아니라 다양한 데이터 편집과 분석이 가능한 것도 강점이다. 대표적으로 Field Calculator 기능과 그룹(Group)과 세트(Set), 빈(Bin) 생성 기능을 꼽을 수 있다. 데이터를 일정 범주로 다시 나누고 묶어 배열해 새로운 시각으로 조명해 보는 기술이다. 음식 재료를 도마에 놓고 자르고 썰어 요리하듯이 데이터를 새롭게 나누고 세분화해 보는(Slicing and Dicing) 것도 포함한다. 편집 기능과 논리계산식으로 데이터를 가공하는 방법을 살펴보자.

　먼저 실업률 데이터를 기반으로 간단한 그룹을 만들어보자. 각 광역지자체를 수도권과 영남, 호남, 충청, 강원, 제주로 나눠보겠다. 여기엔 크게 3가지 방법이 있다. 가장 쉬운 방법은 그래프축상에서 그룹을 만드는 방법이다. 지역별 실업률 평균 데이터에서 축상의 서울과 경기, 인천을 클릭해 〈그림 5-50〉과 같이 설정하면, 해당 그래프만 활성화돼 나타날 것이다.

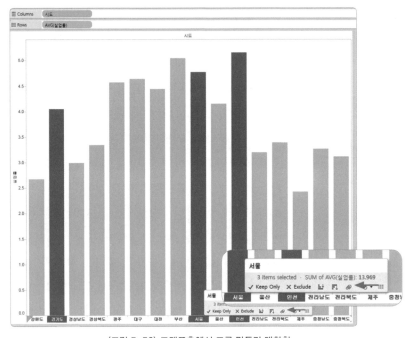

〈그림 5-50〉 그래프축에서 그룹 만들기 대화창

커서를 활성화된 그래프 위에 갖다 대면 팝업창이 나타난다. 클립 모양의 기호를 누르면 그룹이 만들어진다.

〈그림 5-51〉 서울·인천·경기도 그룹 생성 결과

마우스 우클릭한 뒤 'Edit Alias' 기능을 선택하고 그룹명을 '수도권'이라고 입력한다.

〈그림 5-52〉 그룹 이름 변경 메뉴(Edit Alias)

가나다순으로 배치되므로 '경기도, 서울, 인천' 그룹을 '수도권'으로 이름을 바꾸는 즉시 다시 X축 중간으로 위치가 이동한다.

〈그림 5-53〉 그룹 이름 '수도권'으로 변경 결과

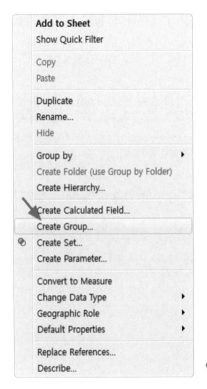

| Add to Sheet |
| Show Quick Filter |
| Copy |
| Paste |
| Duplicate |
| Rename... |
| Hide |
| Group by ▶ |
| Create Folder (use Group by Folder) |
| Create Hierarchy... |
| Create Calculated Field... |
| Create Group... |
| Create Set... |
| Create Parameter... |
| Convert to Measure |
| Change Data Type ▶ |
| Geographic Role ▶ |
| Default Properties ▶ |
| Replace References... |
| Describe... |

수도권이라는 새 그룹을 생성한 데 이어 호남, 영남 등 또 다른 그룹도 같은 방식으로 만들 수 있다. 많은 항목에서 데이터를 선택해 그룹을 만들 때는 왼편 목록창의 시도 데이터 항목에서 화살표를 누른 뒤, 'Create group' 메뉴를 활용해 대화창에서 작업할 수 있다.

〈그림 5-54〉 목록창에서 '그룹 만들기' 메뉴

〈그림 5-55〉 작업창에서 그룹 만들기

데이터 분석과 저널리즘

새 그룹에 들어갈 임의의 지명 위에서 'Group' 버튼을 클릭한 뒤 새 그룹명을 입력한다. 이어 'Add to' 메뉴에서 그룹에 추가할 개별 지명을 선택한다. 영남, 호남 등도 같은 방식으로 새 그룹으로 생성할 수 있다.

이밖에 논리식으로 그룹을 만드는 방법도 있다.

원 데이터가 변해도 그에 연동해 그룹도 자동으로 업데이트되는 편리한 방법이다. 왼편 목록창의 시도 항목에서 우클릭해 'Create Calculated Field'를 선택한다. 대화창의 'Name'란에 새로 만들 필드의 이름을 '권역'이라고 입력하자. 이어 'Formula' 창에 〈그림 5-57〉과 같은 조건식을 입력한다.

참고로 다음은 IF 조건문의 기본 구조이다.

THEN 지정할 새 그룹명

ELSEIF 2차, 3차 조건문

THEN 지정할 새 그룹명

ELSE [시도]

END

〈그림 5-56〉 '계산식으로 새 항목 만들기' 메뉴

```
Name: 권역
Formula:
IF [시도] = "서울" OR [시도]= "경기도" OR [시도]="인천"
THEN "수도권"
ELSEIF [시도] = "경상북도" OR [시도]="경상남도" OR [시도]="대구" OR [시도]="부산" OR [시도]="울산"
THEN "영남권"
ELSEIF [시도] = "전라북도" OR [시도]= "전라남도" OR [시도]="광주"
THEN "호남권"
ELSEIF [시도]="충청북도" OR [시도]="충청남도" OR [시도]="대전"
THEN "충청권"
ELSEIF [시도]="강원도"
THEN "강원권"
ELSE [시도]
END
```

〈그림 5-57〉 17개 시도를 '권역'으로 나누기

실제로 조건식을 입력해 보자.

IF [시도]= "서울" OR [시도]="경기도" OR [시도]="인천"

THEN "수도권"

ELSE [시도]

END

서울과 경기도과 인천은 수도권으로 설정하고, 나머지는 '시도' 필드 그대로 두라는 의미이다. IF 문에서 AND를 사용하지 않고 OR를 연산자로 쓴 점을 기억하자.

[시도]는 하단 메뉴에서 '시도'를 클릭하면 자동 입력되며, 문자열을 표시하는 큰따옴표는 작은따옴표로 대체해도 무방하다.

OK 버튼을 누르면 왼편 필드 항목에 '권역'이라는 필드가 만들어진다. 칼럼 선반에 '시도' 대신 '권역'을 옮겨 놓으면 새 그래프가 그려질 것이다. 평균 실업률 기준으로 정렬을 하니 수도권의 평균 실업률이 가장 높고 다음이 영남권의 순서로 나타난다. 물론 2000년부터 2013년까지를 평균한 수치 기준이다.

IF 대신 CASE 조건문을 사용할 수도 있다. 다음은 수도권 그룹을 만드는 CASE 논리식이다.

데이터 분석과 저널리즘

```
Formula:

CASE [시도]
WHEN "서울"
THEN "수도권"
WHEN "경기도"
THEN "수도권"
WHEN "인천"
THEN "수도권"
ELSE [시도]
END
```

〈그림 5-58〉 IF 대신 CASE 구문 활용 사례

5.11. 특정 집단과 다른 집단 비교하기

이번엔 그룹과는 또 다른 분류 방법인 세트(SET)를 생성하는 방법을 살펴보겠다. 세트는 데이터 중에서 특정 데이터만 골라 새로운 집단을 만든다는 점에서 그룹과 비슷하나, 세트를 형성한 뒤, IN/OUT 형태로 나머지 데이터와 비교할 수 있다는 점이 다르다. 무슨 의미인지 구체적으로 알아보자.

시도별 평균 실업률 막대그래프를 그린 뒤, 필터로 수도권의 청년 실업률을 골라내 분석해 보자. 왼편 'dimension' 창의 '시도' 항목에서 작은 화살표를 클릭해 메뉴를 꺼낸 뒤 'create set'를 선택한다. 다음과 같이 수도권 set를 설정해 만들어 보자.

〈그림 5-59〉 '세트 만들기' 대화창

　원편 'Measure' 창 밑에 추가로 수도권 Set 항목이 만들어졌다. 참고로 좀 더 복잡한 형태의 세트를 만들기 위해서는 'condition' → 'by formula' 메뉴를 선택하고 논리조건식으로 함수를 입력하는 방법도 있다. 여기서는 일단 메뉴에서 해당 지역명만 체크만 한 뒤 OK를 클릭한다.

　이제 Columns 선반에 '시도' 대신 '수도권' Set를 넣고, COLOR 마크 상자에도 수도권 Set를 갖다 놓자. 〈그림 5-60〉처럼 IN/OUT으로 각각 나뉜 막대그래프가 그려질 것이다. IN은 수도권이고, OUT은 다른 지역이다. X축상의 IN에서 우클릭해 Edit Alias 메뉴로 IN을 '수도권'으로 개명한다. 마찬가지로 OUT은 '다른 지역'으로 바꾸자.

　　　　　　　　　　　　　　　　　　　　　　　　　데이터 분석과 저널리즘

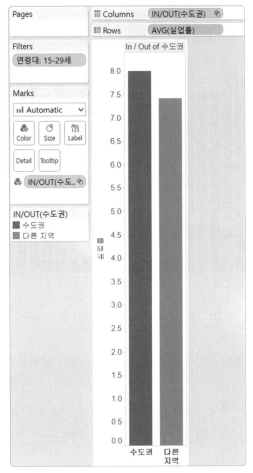

〈그림 5-60〉 수도권과 다른 지역 실업률 비교

'연도'를 Columns 선반의 '수도권' Set 왼편으로 이동시킨다.

수도권과 다른 지역의 연도별 실업률이 차례대로 그려진다.

매해 실업률의 변화추이를 살펴보자.

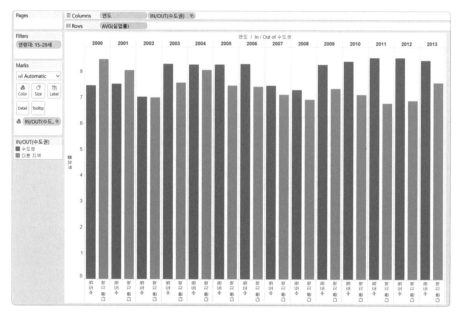

〈그림 5-61〉 연도별 수도권 대 다른 지역 실업률 비교

2000년에는 수도권의 청년층 실업률이 다른 지역보다 낮았지만, 다시 역전돼 2010년으로 향하면서 점점 격차가 벌어진 사실을 알 수 있다. 이상 범주(Dimension 혹은 Category) 데이터에서 그룹과 세트를 만드는 방법을 알아봤다. 이밖에 수치 데이터를 일정한 간격으로 나눠 따져보는 Binning 기법은 이 장의 지진 데이터 분석과정에서 학습할 것이다.

5.12. 태블로에서 지도 시각화하기

실업률 데이터를 지도에 표시해 보자. 태블로는 다채로운 그래프 생성 기능과 달리 지도 제작기능에는 여러 가지 측면에서 한계가 많다. 경위도 값을 점으로 표시해 주거나 영어나 독일어 주소를 지오코딩하는 것은 문제없이 작동하지만, 한글주소는 거의 인식하지 못한다. 광역지자체명으로 간단한 지오코딩이 가능할 뿐이다. 시·군·구 이하의 단위는 인식을 못할 뿐 아니라, 대도시 단위의 인식도 일부 오류가 발생한다. 서울, 부산은 지오코딩을 할 수 있지만, 서울특별시, 부산광역시

데이터 분석과 저널리즘

는 인식하지 못하는 식이다. 실습 데이터는 도시 이름에서 '특별시'와 '광역시' 부분은 제거하고 '서울', '부산'과 같은 두 글자 지명만 남도록 정리해 놓은 것이다. 입력 데이터를 이처럼 사전에 정리하지 않았다면 'Create Calculated Field' 메뉴에서 변환할 수도 있다. 태블로는 또 광역시 가운데 유독 인천만은 한글로 인식하지 못하므로 Incheon으로 바꿔줘야 한다. Dimensions 창의 '시도'에서 'Create Calculated Field' 메뉴로 들어가 작업창에서 다음과 같은 논리식을 입력하자.

```
Name: 시도2
Formula:
IF [시도]='인천'
THEN 'Incheon'
ELSE [시도]
END
```

〈그림 5-62〉 논리식으로 '인천'을 영문표기로 바꾸기

'시도' 필드에서 '인천'만 영문표기로 바꾸고 나머지는 그대로 두라는 내용이다.

OK를 누르고 새로 생성된 시도2 항목의 'Geographic Role' 메뉴로 들어가 '시도'로 유형을 설정한다.

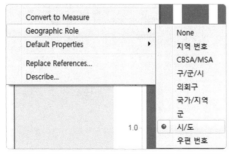

〈그림 5-63〉 '시도' 항목을 위치 데이터로 인식시키기

칼럼 선반에 '시도2'를 옮기고, '실업률' 데이터를 각각 Color와 Size 마크에 넣는다. 실업률 데이터는 AVG로 바꿔준다. Show me에서 지도 항목을 선택하면 각 광역시도의 위치가 시각화된다. Size 상자를 클릭한 뒤 지도상 원의 크기를 키울 수도 있다.

〈그림 5-64〉 점 지도(Point Map) 아이콘 선택

〈그림 5-65〉 광역시도별 실업률 지도 시각화

　　　　　　　　　　　　　　　　　　　　　　데이터 분석과 저널리즘

Show me의 두 번째 지도 아이콘을 선택하면 각 광역시도의 실업률에 연동해 농담을 달리해 영역을 색칠한 지도가 그려질 것이다.

각 연도마다 지역별 실업률의 변화도 살펴보겠다. '연도'를 필터창으로 옮기고, 대화창에서 Next와 OK를 클릭한다. 이어 필터창에서 '연도'의 데이터 유형을 discrete로 설정한다. Show Quick Filter로 필터 조정기를 생성한 뒤, 지도 왼편으로 끌어다 놓는다. 필터 조정기에서 메뉴를 꺼내 single value slider를 선택한다. 이제 슬라이더를 움직이면 각 연도별로 색상주제도의 색상이 변하며 시기별, 지역별, 실업률의 추이를 보여 주는 지도가 만들어진다.

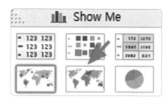

〈그림 5-66〉 행정경계 지도(Polygon Map) 선택

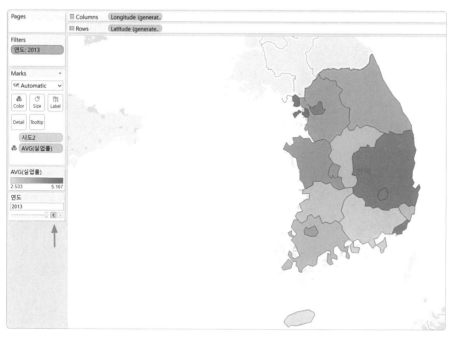

〈그림 5-67〉 '연도' 선택 슬라이더 방식 필터 달기

필터창에 연령대 데이터를 옮겨다 놓고, Show Quick Filter를 선택하면 청년층, 중·장년층, 노년층별로 실업률 지도를 그릴 수 있는 필터가 만들어진다. 실업률 평균을 Label로 옮기고 폰트 크기를 키워주면 각 행정경계마다 실업률 수치가 표시된다. 광역지자체 단위 지도는 태블로에 기본적으로 탑재된 기본 지도(base map)로 쉽게 만들어지지만, 시·군·구 단위나 읍·면·동 단위의 세분화된 행정경계에 색상을 칠하려면, 더 자세한 데이터와 함께 별도의 작업이 필요하다. GIS 소프트웨어에서 사용하는 ESRI 쉐이프 파일을 태블로가 읽을 수 있는 CSV 데이터 형태로 변환해야 하는 것이다. 유료 프로그램인 ARCGIS 연동프로그램을 이용하던지 QGIS에서 SHP 파일을 CSV 파일로 바꾼 뒤 다시 파이썬 스크립트로 2차 변환 과정을 거쳐야 한다.

5.13. 2개 이상의 데이터 '가로' 결합하기

우리는 앞서 4장에서 공통 칼럼을 기준으로 데이터 시트 2개를 결합(Merge)하는 방법을 익혔다. 태블로는 퓨전테이블보다 더욱 효과적인 데이터 결합 기능을 갖추고 있다.

컴퓨터 활용 취재에서는 종종 두 개 이상의 데이터를 결합해 분석하기도 한다. CAR의 초기 개척자인 탐사보도기자 엘리엇 재스핀(Elliot Jaspin)은, 1986년 미국 로드 아일랜드 주의 학교버스 운전기사들이 4명 중 1명꼴로 교통법규를 위반한 경험이 있고, 일부는 마약 거래와 사기 등의 범죄로 형사처벌을 받은 전과가 있다는 사실을 보도했다. 주 당국의 허술한 학교버스 관리 실태를 꼬집은 이 기사는 미국 전역에 파장을 일으켰다. 재스핀은 학교버스 운전기사의 명단과 교통법규 위반자 데이터베이스를 대조해 두 데이터를 결합함으로써 문제의 운전기사 명단을 추출할 수 있었다. 이름이나 주소, 주민번호(미국은 Social Security Number) 등을 기준으로 두 데이터 시트의 각 행을 가로로 결합(matching)시켜 양쪽에서 공통으로 발견되는 사람들의 목록과 관련 정보를 뽑아내는 방식이다.

국내 데이터베이스에도 응용해 보자. 가령, 국체청의 고액 세금 체납자 명단과 각종 선거 입후보자 명단을 결합하면, 선거 출마자 중 고액 세금 체납자가 있는지 체크할 수 있을 것이다. 동명이인으로 인한 오류를

데이터 분석과 저널리즘

막기 위해서는, 이름과 주소 등 2가지 이상의 데이터 칼럼을 공통 칼럼으로 삼아 결합하거나, 주민등록번호나 사업자번호 등 고유번호를 기준으로 잡는 것이 가장 바람직하다.

A와 B 두 데이터 시트를 합칠 경우, 공통 칼럼을 기준으로 양쪽 모두에서 동일한 데이터가 발견되는 경우만 결과로 내주는 것을 'Inner Join'이라고 하고, A의 데이터는 모두 살리고, B의 데이터는 합치되는 행만 내주는 것을 'Left Outer Join'이라고 한다. 마찬가지로 B의 데이터는 무조건 모두 결과값으로 남기는 'Right Outer Join'과 양쪽 데이터 시트에서 공통의 데이터나 고유번호가 찾아지지 않는 행(row)도 모두 결과로 내놓는 'Full Outer Join'도 있다.

데이터 저널리즘 분야에서는 데이터베이스 결합(Table Joining 혹은 Record Matching)에 Ms Access나 MySQL과 같은 데이터베이스 관리 프로그램을 많이 사용한다. 파이썬 프로그래밍으로도 Pandas 패키지의 merge 구문을 활용할 수 있다. 태블로 활용도 직관적인 인터페이스로 손쉽게 데이터를 결합할 수 있는 훌륭한 대안이다. 구글 퓨전테이블의 Merge 기능은 Left Outer Join 방식만 가능하다.

태블로 8.0 이상의 버전에서는 데이터를 불러오는 초기 단계에서 결합(Joining) 메뉴가 자동적으로 나타난다. 이미 실업률 데이터를 불러온 상태에서, 상단 메뉴의 Data → '지역별 연령별 실업률' → Edit Data Source로 가자.

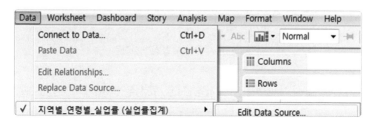

〈그림 5-68〉 데이터 추가 결합 메뉴

실업률 데이터를 처음 불러왔을 때의 초기화면으로 돌아갔다. '지역별_연령별_자살률' 워크시트를 오른편으로 끌어서 이동시키자. 기존의 실업률과 자살률 데이터가 바로 가로로 연결돼 결합될 것이다.

〈그림 5-69〉 실업률·자살률 데이터 1차 자동 결합

미리보기 창의 데이터 내역을 보면, '연도'는 서로 결합됐지만, '시도'와 '연령대'는 양쪽 데이터의 각기 다른 지역과 연령대가 같은 행으로 잘못 붙어 있음을 알 수 있다(〈그림 5-68〉 참고). 수동으로 조정하자. 두 데이터 사이의 교집합 표시 기호를 클릭한다(〈그림 5-69〉 중간의 두 원을 클릭하면 된다).

〈그림 5-70〉 데이터 결합 상태 아이콘

이어서 작업창을 살펴보면 Inner Join으로 표시된 상태에서, '연도'만 기준으로 임시로 결합한 것을 알 수 있다.

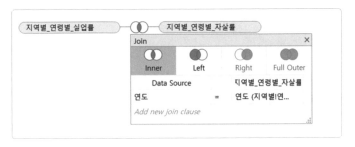

〈그림 5-71〉 데이터 결합 기준 칼럼 추가하기

데이터 분석과 저널리즘

'Add new join clause'를 눌러 '시도'와 '연령대'도 결합 기준에 추가하자.

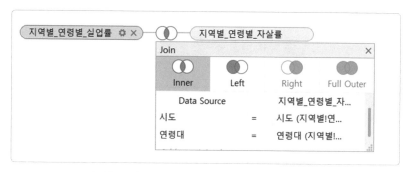

〈그림 5-72〉 데이터 결합 기준 칼럼에 '시도', '연령대' 추가

하단의 미리보기 창에 양쪽 데이터가 '연도', '시도', '연령대'를 기준으로 잘 합쳐진 것을 볼 수 있다. 'Go to Worksheet'를 클릭하면 작업창으로 연결된다.

결합 기준으로 삼을 만한 공통 칼럼만 있다면 3개 이상의 워크시트도 같은 방법으로 합칠 수 있다. 이렇게 결합한 데이터 시트는 작업창에서 우클릭하고 'View Data'를 선택해 표를 꺼내 복사하면 엑셀 시트로 다시 붙여 넣을 수 있다. 태블로에서 데이터 시트를 결합한 뒤 엑셀에서 재편집할 수도 있는 것이다.

지금까지 실습한 데이터 결합 방법은 하나의 엑셀 파일에 복수의 워크시트가 들어가 있는 경우이다. 별도의 파일에 담긴 각기 다른 데이터를 합치는 방법도 있다. 텍스트 파일과 엑셀 파일을 결합하거나, 관계형 데이터베이스인 액세스 파일과 외부 데이터 서버에서 다른 파일을 불러와 합칠 수도 있을 것이다. 앞서 익힌 대로 하나의 파일 안에 포함된 복수의 워크시트를 공통의 칼럼을 기반으로 결합하는 작업이 데이터 조이닝(Data Joining)인 데 반해, 서로 다른 종류의 여러 개 파일을 합치는 작업은 데이터 블렌딩(Data Blending)이라고 한다. 데이터 블렌딩은 태블로의 데이터 처리 속도 저하를 일으킬 수 있어 소규모 데이터 작업에는 데이터 조이닝을 권유한다.

여기서는 연습 삼아 자살률과 실업률을 각각 담은 엑셀 파일 2개를 데이터 블렌딩 메뉴를 활용해 합쳐보기로 하자. 이미 연결한 실업률 데이터에 다른 자살률 데이터 파일을 추가로 불러 결합해 보자. 'Data' → 'Connect to Data'로 가서 엑셀 시트 항목을 선택해 '자살률 집계'를 불러온다.

〈그림 5-73〉 데이터 추가 결합 메뉴(Connect to Data)

화면 왼편 위쪽에 실업률과 함께 자살률 데이터가 새로 표시될 것이다.

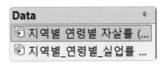

〈그림 5-74〉 실업률·자살률 워크 시트 제목 표시

두 데이터 시트의 관계를 설정해 주자. 여기서는 '시도', '연도', '연령대' 3가지 항목으로 두 시트를 연결한다. 공통 항목으로 지정하려면 3가지가 모두 Dimensions 창에 있어야 한다.

일단 자살률 데이터의 '연도'를 Dimensions 창으로 끌어다 옮긴다.

이제 'Data' → 'Edit Relatioships'로 간다. 두 데이터 시트를 공통 칼럼으로 삼아 연결할 '시도', '연도', '연령대' 3가지가 자동으로 공통 항목으로 지정돼 있을 것이다. 자동 설정이 되어 있지 않다면 Custom 메뉴로 들어가 수동으로 공통 필드를 지정하면 된다.

데이터 분석과 저널리즘

〈그림 5-75〉데이터 결합 기준 설정 메뉴(Edit Relationships)

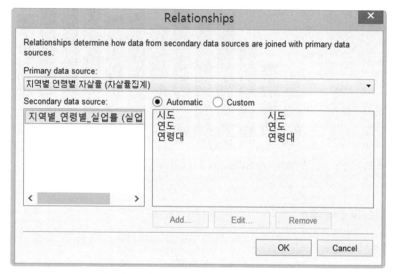

〈그림 5-76〉결합 데이터 간 공통 칼럼 지정하기

OK를 누르면 실업률과 자살률 데이터가 결합된다.

이제 작업창에서 두 데이터를 함께 활용해 그래프를 그려보자. 연도별로 실업률과 자살률 막대그래프를 만드는 것이다. '실업률'과 '자살률'을 각기 Rows에 옮기고, '연도'는 Columns에 넣는다. 이때 '실업률'과 '자살률'은 모두 평균치로 바꿔놓자.

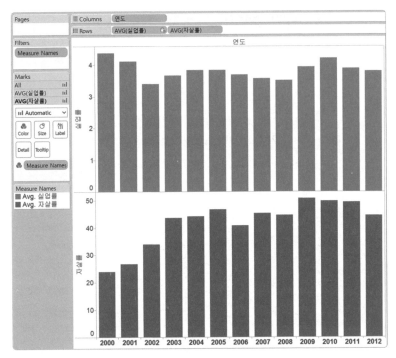

〈그림 5-77〉 실업률·자살률 데이터 차트 나란히 그리기

〈그림 5-78〉 산포도(Scatter Plot) 아이콘 선택

다음에는 두 데이터 간의 상관 관계를 파악하기 위해 X축엔 '자살률', Y축엔 '실업률'이 표시되도록 설정해 산포도(Scatter Plot)를 그려보자. '연도'와 '시도'를 Marks의 Detail에 넣고 Show Me 상자에서 하단 두 번째 왼편 아이콘을 클릭하자. Shape 메뉴를 활용하면 그래프상의 기호를 변경할 수도 있다.

데이터 분석과 저널리즘

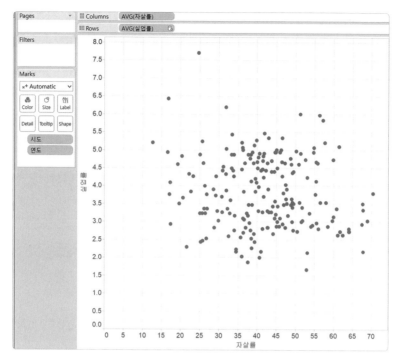

〈그림 5-79〉 자살률·실업률 산포도(상관 관계 불명확)

점들이 사방으로 무질서하게 흩어진 모습이다. 실업률과 자살률이 서로 상관 관계가 있다는 기존의 연구결과와 달리 통계청의 집계 데이터만으로는 별다른 관계가 없어 보인다. (물론 단정할 수는 없을 것이다. 두 지표는 행복지수와 밀접한 연

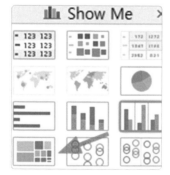

〈그림 5-80〉 트리맵(Tree Map) 아이콘 선택

관이 있다. 물론 지역과 계층을 세분화한 정밀한 데이터가 있다면, 실업률과 자살률의 상관 관계는 다른 양상으로 나타날 가능성도 있다.)

이번에는 자살률은 색상 농담으로, 실업률은 크기로 표시한 Tree Map도 그려보자. '시도'와 '연령대'는 Label에 넣고, '자살률'은 Color, '실업률'은 Size에 넣은 뒤 Show Me 상자에서 Tree Map을 선택하자.

인천과 대전, 경기도에서 60세 이상의 연령대의 자살률과 실업률이 높은 편임을 알 수 있다.

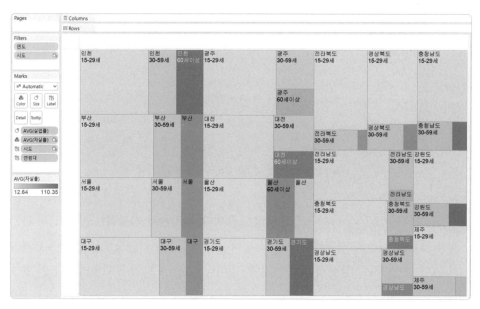

〈그림 5-81〉 실업률·자살률 트리맵 시각화

다시 '시도'를 Columns에 '연도'를 Rows에 넣고 '자살률'은 Color, '실업률'은 Size에 넣어 Heatmap을 그려보자. Size 메뉴를 클릭해 네모의 크기를 좀 더 키우면 식별이 더 잘 된다. 실업과 자살률이란 2가지 주요 사회경제 지표로 봤을 때의 각 지역과 시기의 불행지수가 데이터 시각화된 것이다.

데이터 분석과 저널리즘

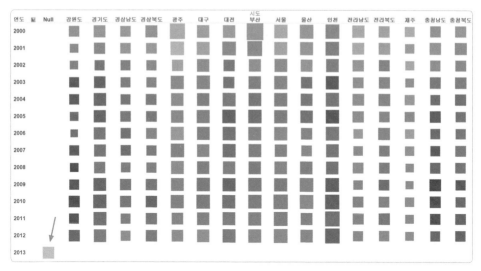

〈그림 5-82〉 실업률·자살률 트리맵(좌하단에 Null 값 표시)

왼편 아래쪽을 보면 Null 표시와 함께 커다란 사각형이 하나 만들어졌다. 자살률 데이터에 2013년 자료가 빠져 발생한 오류이다. 네모 위에 커서를 대면 팝업창이 나타난다. Exclude를 클릭하면 시각화하기 곤란한 빈 셀(Blank 혹은 Null)을 그래프에서 제거할 수 있다.

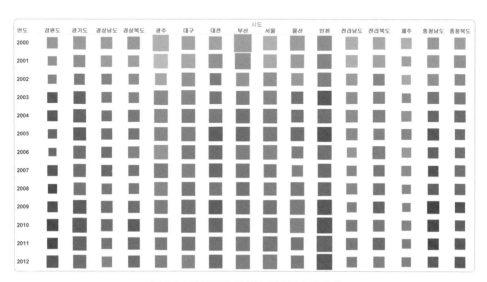

〈그림 5-83〉 자살률·실업률 트리맵(Null 값 제거)

사각형 크기가 상대적으로 크고, 녹색의 진하기도 짙은 부분이 어디인지를 살펴보자. 일단 2010년 이후 인천 지역이 눈에 띈다. 당시 해당 지역의 다른 관련 사회경제적 지표에 대해서는 추가적인 조사가 필요한 부분이다. 트리맵이나 히트맵은 일반인에게는 다소 생소한 시각화 방식이지만, 많은 변수를 놓고, 데이터의 패턴을 직관적으로 파악하고 취재의 단서를 얻는데, 유용하다.

5.14. 2개 이상의 그래프 합치기

자살률과 실업률은 통계청 자료만으로는 별다른 상관 관계가 파악되지 않는다는 점을 확인했다. 자살률과 경제성장률을 비교하면 어떨까? 12년간의 연도별 자료를 담은 데이터로 확인해 보자. 실습 데이터 중 '경제성장률-자살률' 파일을 불러온다. 연도를 기준으로 자동 결합될 것이다.

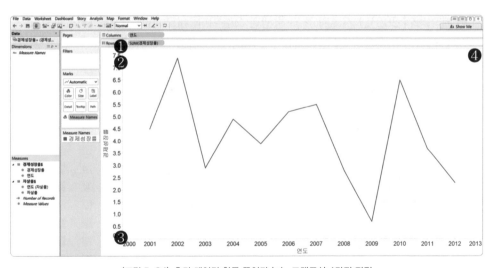

〈그림 5-84〉 추가 데이터 항목 끌어다 놓는 그래프상 4가지 지점

작업창으로 가서 Columns에 '연도'를 놓고, Rows엔 '경제성장률'을 이동시킨다. 경제성장률 추이를 선그래프로 그린 다음, 여기에 자살률도 함께 시각화하자. 이를 위해 2개 이상의 그래프를 하나의 화면에 함께 표시하는 방법을 살펴보자.

데이터 분석과 저널리즘

왼편 목록 창으로부터 그래프 상으로 자살률 데이터를 끌어다 놓으면 새 그래프를 추가할 수 있다. 2번째 데이터를 끌어놓을 곳은 〈그림 5-84〉에 번호를 매긴 대로 네 곳이 있다. 1~4번 중 4번 위치에 갖다 놓으면 다음과 같이 이중 Y축이 생기면서 경제성장률과 자살률 선그래프가 함께 그려진다.

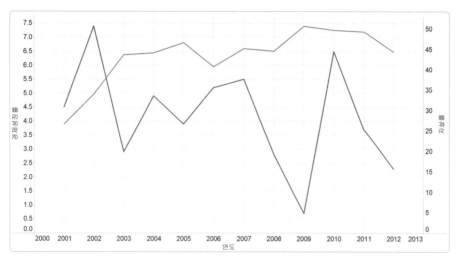

〈그림 5-85〉 자살률·경제성장률 중첩 선그래프

자살률 데이터를 1번과 3번 위치에 놓으면 2개의 선그래프가 별도의 X, Y축에 분리돼 그려진다. 2번 위치(점선 사각형이 나타나는 위치)에 이동시키면, 동일한 Y축에 선그래프 2개가 함께 그려진다.

중첩시킨 2개의 그래프를 살펴보니 경제성장률이 급격히 하락한 2003년과 2009년에는 자살률이 상승했다. 두 지표 사이에 상관 관계가 있는지가 관심이다. 산포도(Scatter Plot)를 그려보자. X축에 '경제성장률'을 Y축에 '자살률'을 놓고 '연도'를 Marks의 Detail에 끌어 넣는다. 추세선을 그려보니 그래프 상으로는 약한 음의 상관 관계로 보인다.

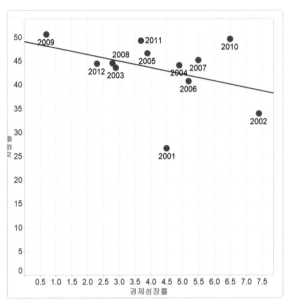

〈그림 5-86〉 경제성장률·자살률 산포도

　상관 관계가 신뢰할 만한 것인지 판단하기 위해서는 통계 검정이 필요하다. 여기서는 가장 기초적인 내용만 알아보기로 한다.

　두 변수 간의 상관성이 어느 정도인지를 계량적으로 가늠해 보기 위해 상관계수를 산출한다. 추세선 위에서 우클릭해 'Describe Trend Model'을 선택하자. 정보창에서 R-Squared가 0.143841이라는 사실을 알 수 있을 것이다. 0.143841의 제곱근을 취하면, R은 약 0.379263로 계산된다.

　음의 상관 관계에 맞게 R 값에 마이너스를 붙이면 -0.379263이다. 이 숫자가 경제성장률과 자살률의 상관 관계를 보여주는 피어슨 상관계수(Pearson Correlations Coefficient)가 된다.

　데이터 분석과 저널리즘

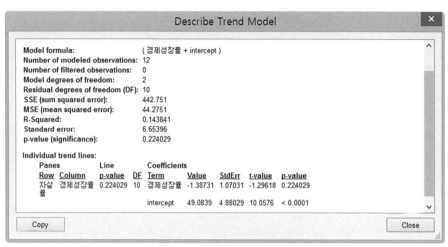

〈그림 5-87〉'추세선 모델 설명' 정보창

피어슨 상관계수는 독립변수와 종속변수 간의 상관 관계, 즉 X축의 변수가 변할 때, Y축의 변수는 얼마만큼 함께 변하는지를 가늠하는 수치이다. 피어슨 상관계수는 항상 -1에서 1 사이의 범위에 놓인다. 1이나 -1은 각각 두 변수가 완벽한 상관 관계를 가짐을 의미하며, 0은 아무 관계가 없다는 뜻이다. 일반적으로 상관계수의 절대값이 0.2~0.4 사이에 놓일 때 '상관 관계가 낮다', 0.4~0.6 사이에 놓이면 '상관 관계가 있다', 0.6 이상이면 '상관 관계가 높다'고 해석한다.

따라서 위에서 산출된 -0.3792는 낮은 수준의 상관 관계에 해당한다. 상관계수를 제곱한 0.143841라는 수치는 자살률 변화의 14% 정도를 경제성장률과 자살률의 상관 관계로 설명할 수 있음을 뜻한다. 반대로 말하면 자살률 추이의 86%는 경제성장률만으로 설명하기가 힘들다는 말이다. P-value가 0.224라는 것은 별다른 통계적 유의성을 찾기 어렵다는 의미이다(P-Value가 0.05 미만일 때 95% 신뢰구간에서 통계적으로 유의하다). 무엇보다 경제성장률과 자살률 데이터가 12개씩에 불과한 점, 데이터양의 부족이 유의성을 떨어뜨렸을 것이라고 볼 수 있다. 아울러 각 연도의 자살률 통계는 평균치라는 점도 유념해야 한다. 실제로는 넓은 범위에 분산된 데이터를 평균치로 단순화해 상관분석을 하면, 상관계수가 과대평가되어 나타날 수 있다. (상관 관계의 유형은 실로 다양하다. 상관 관계 분석에 대한 보다 자세한 내용은 기초 통계학 서적을 참고하기 바란다.)

뉴스기사 중에는 상관 관계와 인과관계를 혼동해 논리적 오류를 범하는 경우가 의외로 많다. 두 개념이 근본적으로 다르다는 점을 꼭 기억하자. 상관 관계가 있다는 말은 X라는 변수가 바뀔 때 Y라는 변수도 함께 변하는 경향이 있다는 것이지, X가 Y의 직접적인 원인이 됐다는 얘기는 아니다. 가령 골프 타수가 적은 CEO일수록 회사 경영실적도 좋았다는 자료가 있다고 가정하자. 과연 골프 실력이 경영성과의 직접적인 변수가 됐다고 단정할 수 있을까? 골프 구력이 길고 운동 신경이 좋은 사람이 경영도 잘 한다기보다는, 사업상 골프 칠 기회가 많으면 골프 실력도 부수적으로 향상된다고 보는 것이 더 타당할 것이다.

언론인은 전문기관의 연구보고서에서 특정 사실이 어떤 현상의 '원인'이 됐다며 인과관계를 단정하는 표현을 접할 경우, 특히 경계할 필요가 있다. 거꾸로 얘기하면, 어떤 변수가 특정 현상의 원인이 됐다고 인과관계를 단정 짓는 표현을 사용하는 보고서라면 과학적 근거가 떨어질 가능성이 높다는 것이다. 과학자들은 인과관계를 분명히 규정짓기보다는, "강한 연결 고리가 있다(a strong link to)"거나, "위험성이 높아졌다(increased risk)"는 우회적인 표현을 많이 사용한다.

(Lori Luechtefeld, 'Covering Pollution', p.116, 2004, IRE)

빅데이터 분석이 발전하면서, 최근에는 방대한 자료의 상관성 분석을 통해 유용하고도 강력한 통찰을 끌어내는 사례가 더 많아지고 있다. 모집단 자료에 가까운 규모의 빅데이터 처리가 가능해져 굳이 표본조사 분석과 추론 통계를 거치지 않고도 정확성 높은 분석이 가능해졌다는 것이다.

"사람들은 모든 결과에는 원인이 있다고 믿고 싶어 한다. 하지만 모든 게 다른 무언가에 의해 유발된다면 논리적으로 우리는 아무 것도 자유롭게 결정할 수 없다는 얘기가 된다. (···중략···) 스몰 데이터의 세상에서는 인과적 직관이 틀렸다는 것을 보여 주는 데 긴 시간이 걸렸다. 하지만 상황은 바뀌어가고 있다. 미래에는 빅데이터와 상관성을 이용해 우리의 인과적 직관이 틀렸음을 증명하는 일이 일상화될 것이다."

(빅토르 마이어 쇤버거, 케네스 쿠키어, 『빅데이터가 만드는 세상』, pp. 119~122)

데이터 분석과 저널리즘

5.15. 지진 데이터 분석하기

이번엔 한반도 진앙 분포 데이터를 불러오자. 기상청 홈페이지의 지진 관측 자료를 가져와 정리한 자료이다. 지진 관측이 시작된 1978년부터 2014년 7월 10일까지 한반도에서 일어난 모든 지진의 위치와 지진 규모가 담겼다.

먼저 시간이 흐르면서 지진 발생 추이가 어떻게 변했는지 살펴보자. Dimensions 창의 '진원시'를 Columns 선반으로 옮긴 뒤, 데이터 타입을 'May 8, 2011' 형태로 표시하는 'Day'로 설정해 준다. 다음과 같이 바코드 형태로 지진 빈도가 시각화된다.

〈그림 5-88〉 연도별 지진 발생 빈도 시각화

상단 메뉴의 화면 크기를 Entire View로 지정하고, Format 메뉴의 폰트 크기를 14로 조정해 그래프를 키운다. 'Show Me'에서 Gantt 그래프를 선택하면 발생 빈도가 시각화된다. 2000년도 들어 지진 발생이 더 잦아졌고 특히 2010년 전후로는 훨씬 촘촘히 시각화된 사실을 알 수 있다. 대략적인 발생빈도의 패턴을 직관적으로 파악할 수 있는 그래프이다.

새 시트에서 '진원시'를 Columns 선반에 넣고 데이터 유형은 Month(May, 2011 형태)로 설정하자. '일련번호'는 Rows에 넣고 Measure Count, Continuous로 지정한다(일련번호 대신 Number of Records를 Rows에 넣어도 결과는 같다).

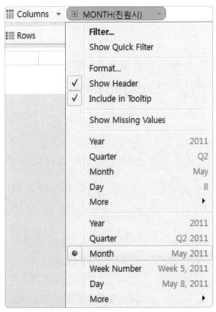

〈그림 5-89〉 '지진발생 시기', 연월(年月) 기준으로 표시 설정

　'일련번호'는 1978년부터 2014년까지 일어난 지진에 순서대로 매긴 고유번호이고, cnt는 지진 일어난 횟수를 세는(count) 함수이다. 자동적으로 그려진 그래프의 폰트 크기를 14로 키워주고 축상에서 마우스 우클릭해 나타난 작업창을 통해 X축과 Y축의 제목을 각각 적당히 바꿔준다. 아울러 추세선도 표시해 보자.

　지진발생 횟수가 시기별 편차는 있지만, 시간이 지날수록 현저히 늘어나는 추세임을 알 수 있다. 단정지을 수는 없겠지만, 참고로 기상청은 1970년대의 아날로그 관측 장비가 1990년대 이후 디지털 첨단 장비로 바뀌면서 관측 성능이 우수해진 점을 지진관측 횟수가 증가한 한 가지 배경으로 꼽고 있다.

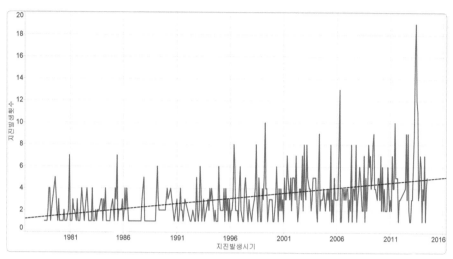

〈그림 5-90〉 연도별 지진발생 횟수와 추세선 표시

2013년 6월에는 19번이나 지진이 발생해 월별 최다 지진 기록을 세웠다. 대부분 규모 2대의 약한 지진이었고, 충남 보령시 부근 서해 앞바다에서 생긴 지진이 대부분이다.

흥미로운 점은 7년 단위로 뾰족한 봉우리가 만들어지고 있다는 점이다. 그래프에 화살표로 표시된 시점은 1999년 4월과 2006년 4월, 2013년 6월이다. 1999년 4월엔 강원도 태백 북서쪽 내륙에서 지진이 빈발했고, 2006년 4월엔 경북 울진군 앞바다에서 집중적으로 지진이 발생했다. (원 데이터는 왼편 상단의 '지진 데이터'에서 마우스 우클릭해 View Data를 선택해 조회해 볼 수 있다.) 다만 아직까지 2번 반복된 현상에 불과해 통계적인 의미를 찾기는 어렵다. 우연히 일어난 현상인지 아닌지 아직은 알 수가 없는 것이다. 주기적으로 일어나는 패턴인지는 장기관측자료가 확보된 뒤에나 가늠할 수 있을 것이다. 또한 정밀한 분석을 위해서는 각 지진이 일어난 지역을 세분화해 살펴볼 필요도 있을 것이다.

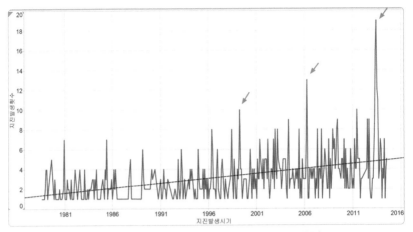

〈그림 5-91〉 지진 발생 빈도 패턴 파악(7년 단위 피크 출현)

시계열 그래프가 가파르게 치솟거나, 떨어지는 모습은 언제나 기자들이 가장 주목해야 하는 부분이다. 급
격한 수치 변화는 잘못된 숫자 입력으로 인한 실수일 수도 있지만 때로는 특종 기사거리를 암시하기도 한
다. 미국 필라델피아 인콰이어리지의 취재팀은 1997년에 필라델피아의 자동차 도난사고 건수 통계치가 널
뛰기 하고 있음을 발견했다. 상반기엔 갑자기 증가했다가, 하반기엔 크게 하락했던 것이다. 심층취재를
해 보니, 경찰당국이 자동차 도난사고 2,500개를 보도자료에서 누락시킨 사실이 발견됐다. 당초 필라델
피아 경찰당국은 해당연도에 전체 범죄가 2% 줄었다고 발표했지만, 실제로는 2% 증가한 사실이 밝혀
졌고, 주요 범죄 37,000건을 통계자료에서 빠뜨린 점도 드러났다(Kurt Silver, Understanding Crime
Statistics, p. 73, 2009, IRE). 아무리 사소한 항목이라도 급격한 데이터 수치의 증가와 하락은 그 배경
을 반드시 조사해 보는 습관을 갖자.

이번엔 시간이 지남에 따라 지진 규모는 어떻게 바뀌고 있는지 살펴보자. 시계열
분석엔 동일한 조건에서 측정한 데이터가 장기간 쌓여야 통계적 의미를 찾을 수
있다. 따라서 본 실습은 태블로의 시계열 분석 기능을 살펴보기 위한 참고용일 뿐
지진 발생 패턴에 큰 의미를 두기는 어렵다는 점을 거듭 밝혀둔다.

'규모'를 Rows 선반에 넣고 평균치로 설정하자.

데이터 분석과 저널리즘

〈그림 5-92〉 '일련번호'와 '지진 규모' Marks에 포함

CNT 일련번호와 AVG 규모가 다음과 같이 마크 창에 자동으로 표시됐는지 확인한 뒤, Dimensions의 Measure Names를 Color 마크에 옮겨놓자. 선그래프 2개가 각기 다른 색으로 그려질 것이다. 〈그림 5-93〉를 보면 지진 횟수와 지진 규모 변화 추이가 다른 색상으로 시각화된 사실을 확인할 수 있다.

지진 발생빈도는 갈수록 상승하고 있는데 반해, 지진 규모는 낮아지고 있는 추세다. '진원시'의 데이터 유형을 Year이나 Quarter(4분기), 혹은 Day(일) 단위로 설정하면 각기 다른 그래프를 그릴 수 있다. 이처럼 시간 데이터의 단위를 바꿔가면서 다양한 그래프를 손쉽게 시각화할 수 있는 것은 태블로의 큰 장점 중 하나이다.

다음은 4분기별 그래프를 시각화한 것이다.

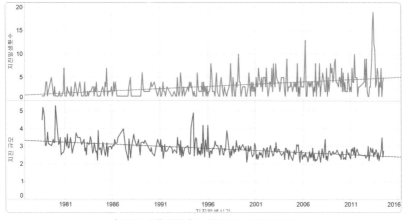

〈그림 5-93〉 지진 횟수·지진 규모 추세선 표시

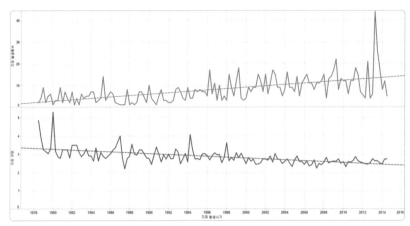

〈그림 5-94〉 지진 횟수·지진 규모 추세선 표시

이상의 시계열 그래프를 그린 sheet1은 마우스 우클릭해 Rename sheet에서 '지진 발생 추이'로 이름을 바꿔놓자.

이번엔 개별 지진의 규모를 모두 시각화해 보자. 〈그림 5-95〉는 진원시(Day : May 8, 2015 모드) 데이터를 Columns에, 규모(평균) 데이터를 Rows에 옮기고, Marks(마크)에서 그래프 모양을 Circle(원)으로 설정한 모습이다.

각 시기별 모든 지진의 규모가 점으로 표시됐다. 붉은 네모로 표시한 점들은 1990년대 이후에 규모 4.5 내지 규모 5 이상을 넘는 지진들이 일어난 구간이다.

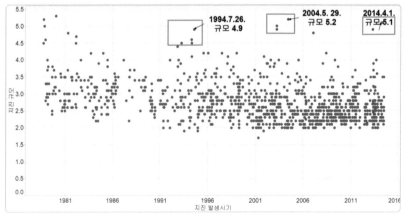

〈그림 5-95〉 지진 규모 시기별 분포 그래프

데이터 분석과 저널리즘

1990년대 들어서 10년 단위로 상대적으로 규모가 큰 지진들이 주기적으로 나타나고 있는 사실이 흥미롭지만 이 역시 관측기간이 짧기 때문에 아직 통계적 유의성을 찾기는 어렵다.

여기서 더 나아가 그래프상에서 관심 지진들만 따로 추출할 수도 있다. 그래프에서 마우스 좌클릭한 상태에서 그대로 끌어당기면 사각형의 블록이 설정된다. 규모 4 이상의 지진만 블록 안에 포함시켜 선택하면 해당 지진을 나타내는 점만 강조돼 표시되고 나머지 점들은 흐려진다. 점 위에 커서를 위치시킨 뒤, 팝업창에서 Keep Only('이 항목만 포함') 항목을 체크하면, 선택한 지진 데이터만 남게 된다. 마우스 우클릭한 뒤 View Data 메뉴로 가면, 규모 4.0 이상 지진들의 속성만 정렬해 분석하거나 2차, 3차 시각화할 수 있다.

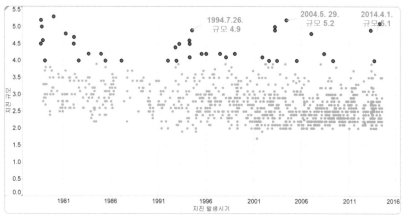

〈그림 5-96〉 규모 4.0 이상 지진만 그래프상에서 선택

5.16. 역대 지진 TOP 10 추출하기

이번엔 역대 지진 가운데 규모가 가장 큰 지진 10개를 꼽아 크기순으로 정렬해 막대그래프로 그려보겠다. 하단에서 새 그래프 추가 버튼을 누르고 새 시트를 연다. '규모'를 Columns 선반에, '일련번호'를 Rows 선반에 넣는다.

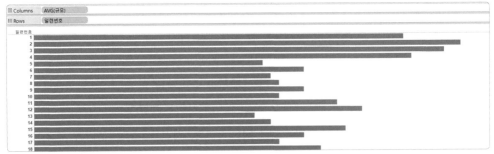

〈그림 5-97〉 지진 규모 막대그래프

Rows 선반 위 일련번호 커버에서 Filter 메뉴를 꺼내 Top 탭으로 간 뒤 다음과 같이 지진 규모가 큰 순서로 10개를 고르도록 필터링한다.

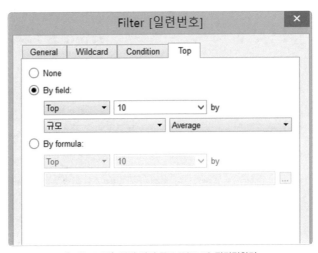

〈그림 5-98〉 역대 지진 규모 TOP 10 필터링하기

OK를 누른 뒤, 그래프 상단에 커서를 대면 작은 정렬 아이콘이 나타난다. 아이콘을 클릭해 내림차순으로 정렬한다.

데이터 분석과 저널리즘

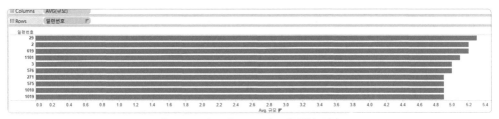

〈그림 5-99〉 지진 규모 그래프 내림차순 정렬

'위치'와 '진원시'를 Label과 Tooltip으로 이동시킨다. Y축에서 우클릭해 Show Header의 체크 상태를 해제하고 Y축상의 일련번호 표시는 제거한다. 그래프 크기를 Entire View로 키우고 글자와 숫자 크기는 'Format' 메뉴 → 'Font'로 가서 14 정도로 설정한다. X축의 표제 'Avg of 규모'는 우클릭 후 Edit Axis로 가서 '규모'로 바꾼다. 그래프상에 나타나는 팝업창은 왼편 Marks 코너의 Tooltip 메뉴를 클릭해 작업창을 꺼낸 뒤 형식과 항목을 변경할 수 있다.

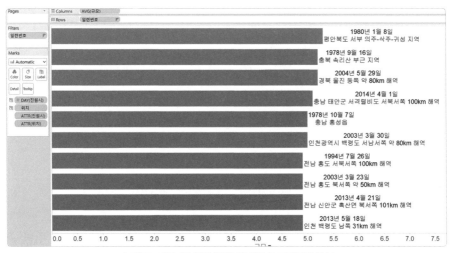

〈그림 5-100〉 '위치'와 '진원시' 내용을 그래프에 표시

5.17. 10년 단위로 지진 규모 순위 추출해 정렬하기

이번엔 10년 씩, 규모가 큰 지진을 순위별로 추출해 시각화하겠다. 카테고리 별로 데이터값을 내림차순으로 정렬하는 기술은 지금까지 배운 것보다 난이도가 한 단계 더 올라가는 고급편이다.

먼저 '진원시'를 다시 분류한 '10년 단위 구분' 항목을 만들어 보자. 지진발생시간인 '진원시'를 10년 단위로 구분해 각 연대별 지진 발생 추이를 살펴보기 위해 필요한 것이다. 새로운 시트에서 먼저 논리 계산식을 활용해 1970, 1980, 1990, 2000년대와 2010년대 이후의 5개 그룹으로 '진원시'를 나눠보자.

Dimensions 목록의 진원시에서 마우스 우클릭해 'Create Calculated Field (한국어 버전: 만들기 → 계산된 필드)' 메뉴로 간다. 작업창에 다음과 같은 논리식을 입력한다.

〈그림 5-101〉 지진 발생시기를 10년 단위로 구분해 묶는 논리식

새 시트 창을 열고 '규모'를 Columns에 넣은 뒤 평균값으로 고쳐주고, '10년 단위 구분' 항목과 '일련번호'를 각각 Rows에 끌어다 넣는다. 시험 삼아 앞서 학습한 대로 '일련번호'의 'Filter' → 'top' → 'by field'에서 지진규모가 가장 큰 10개 지진을 골라낸 뒤, 그래프 상단을 클릭해 내림차순으로 정렬해 보라. 역대 지진 중 가장 큰 10개의 지진을 크기 순서로 정렬해 표시해 준다. 하지만 10년 단위 연대별로 규모가 큰 지진 10개씩을 골라 정렬한 것은 아니므로 수정이 필요하다.

데이터 분석과 저널리즘

10년 단위로 각각 10위까지를 추출하기 위해서는 '10년 단위 구분'과 '일련번호' 항목을 결합한 새로운 데이터 항목을 만들어야 한다. 앞서 지진 10개를 필터링한 설정은 해제한 뒤, Dimensions 목록에서 Crtl키를 누른 상태에서 '일련번호'와 '10년 단위 구분'을 차례로 선택하고, '10년 단위 구분' 위에서 마우스 우클릭해 'Combine Fields(한국어 버전: 만들기 → 결합된 필드)'를 클릭한다.

〈그림 5-102〉 복수의 항목 합해 새 항목 만들기(Combined Fields)

데이터 항목을 묶어 생성된 새 항목을 Rows 선반의 이미 옮겨 놓은 두 데이터 항목 사이로 이동시킨다(〈그림 5-102〉).

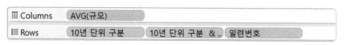

〈그림 5-103〉 '결합 항목(Combined Field)'을 Rows 선반에 배치

상단 메뉴의 'Analysis' → 'Create Calculated Filed'로 가서 다음과 같이 입력하고 OK를 클릭한다. 이때 INDEX는 순서대로 일련번호를 매겨주는 함수이다.

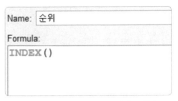
〈그림 5-104〉 일련번호 매기는 함수

왼편 목록창에 생성된 '순위' 항목을 Marks의 Label 상자에 끌어다 넣는다. 막대그래프에 순서대로 일련번호가 매겨졌다. 지진 규모를 기준으로 내림차순으로 정렬해 보자.

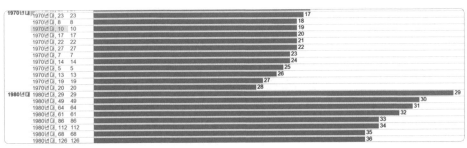
〈그림 5-105〉 지진 규모 그래프에 일련번호 표시

'10년 단위 구분'과 '일련번호' 항목을 결합시킨 뒤, 1970년대, 1980년대 별로 각각 정렬이 되지만, 아직 일련번호는 연대별로 매겨지지 않은 상태다. 1970년대 지진을 28개까지 순서대로 번호를 부여한 뒤, 1980년대로 들어가면서 다시 1부터 일련번호를 매기기 시작하도록 만들자. 정렬된 상태에서 다시 10년 단위로 일정 숫자의 지진을 필터링하기 위한 준비작업이다.

Label의 '순위'에서 마우스 우클릭해 Edit Table Calculation(테이블 계산 필드) 메뉴로 들어가 대화창의 'Computer using(한국어 버전: 다음을 사용하여 계산)' 항목에서 advanced(고급)을 선택한다.

데이터 분석과 저널리즘

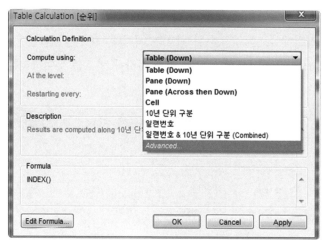

〈그림 5-106〉 Table Calculation 대화창에서 'Advanced' 설정

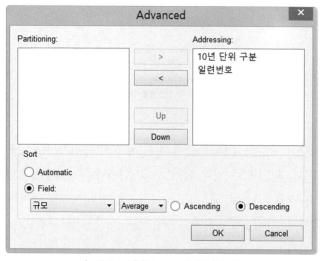

〈그림 5-107〉 'Advanced' 대화창 설정

'10년 단위 구분'과 '일련번호' 항목을 모두 Addressing으로 옮긴 뒤 대화창 하단의 Filed 항목에서 규모 기준으로 내림차순 정렬한다.

OK를 누르고 대화창에서 다음과 같이 설정한다. 지진 고유번호인 일련번호를 규모순으로 정렬해 1, 2, 3··· 순위 번호를 매기되, 10년 단위 연대가 바뀔 때마다(Restarting every) 1부터 다시 순위를 시작해 번호를 부여하라는 의미이다.

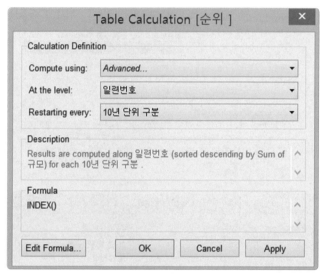

〈그림 5-108〉 10년마다 일련번호 1부터 시작하도록 설정

OK를 누르면 〈그림 5-109〉과 같이 지진 규모의 순위가 10년 단위로 구분되어 매겨진 사실을 확인할 수 있다. (참고로 〈그림 5-107〉 단계에서 Partitioning 에 '10년 단위 구분'을 남겨두고, Addressing에 '일련번호'를 위치시킨 뒤, 〈그림 5-108〉 단계에서 'At the level'과 'Restarting every'는 공란으로 두고 실행시켜도 결과는 같다.)

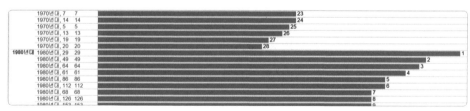

〈그림 5-109〉 10년 단위로 구분해 일련번호 표시한 화면

데이터 분석과 저널리즘

10년 단위 연대가 바뀌면 순위가 1부터 다시 시작하는 것이다. 이제 '순위'를 Filter 상자로 옮기고 대화창에서 순위 몇 위까지 필터링할지 정한다. 10위까지로 설정해 보자.

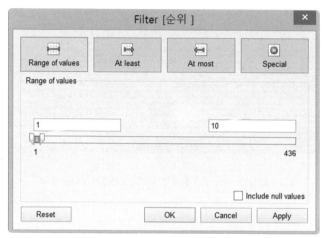

〈그림 5-110〉 지진 규모 1위에서 10위까지 필터 설정

다시 Label에 '위치'를 넣어 지진이 발생한 위치 설명도 그래프에 표시되도록 하자. 이때 Label에 넣는 데이터 항목은 반드시 우클릭해 ATTR로 형식을 바꿔야 한다.

Tooltip에는 '위치'와 '진원시', '규모'가 각각 나타나도록 설정한다. Color에 '10년 단위 구분'을 이동시킨다. Y축상의 일련번호 표시 등을 삭제하니 다음과 같은 그래프가 그려졌다.

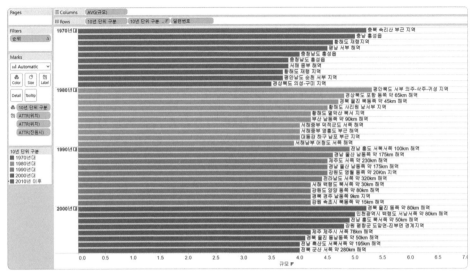

〈그림 5-111〉 연대별로 지진 규모 Top 10을 추출해 정렬한 그래프

　10년 단위 연대별로 가장 큰 지진 10개씩을 차곡차곡 포개서 그래프로 그려진
것을 확인할 수 있다. 이상의 작업시트 이름은 '연대별 지진 TOP 10'이라고 입력
하자.

5.18. 지진 규모별 비율 살펴보기: 측정값을 단계별로 나누기(Binning)

　측정값 같은 수치 자료를 일정한 간격으로 구분한 세부그룹으로 나눠 놓으면,
데이터 시각화를 하기에 편해진다. Tableau에서는 이를 binning이라고 한다.
　규모 항목에서 우클릭해 'Create bins(한국어 버전: 만들기 → 구간차원)'으로
가 다음과 같이 설정한다. 지진 규모를 0.5 단위로 끊어 나눠보는 것이다.

데이터 분석과 저널리즘

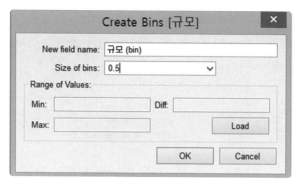

〈그림 5-112〉 일정 구간으로 데이터 분할해 Bin 만들기

OK를 누르고, '10년 단위 구분'을 Columns 선반에, 'Number of Records'를 Rows에, '규모 bin'을 Color과 Label에 넣자. 그리고 상단 'Analysis' 메뉴 → 'Percentage of' → 'Cell(혹은 Column in Pane)'을 체크하자.

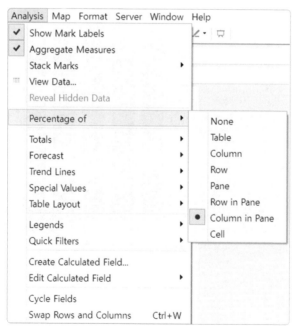

〈그림 5-113〉 연도별 지진 규모 비율 분석

2000년대로 넘어오면서 규모가 작은 지진의 비중이 더 높아지고 있는 사실을 알 수 있다. 앞서 살펴본 바와 같이 지진 횟수는 최근 들어 늘어나는 추세인데, 주로 '규모 2'대의 지진이 대다수를 차지하고 있음을 알 수 있다.

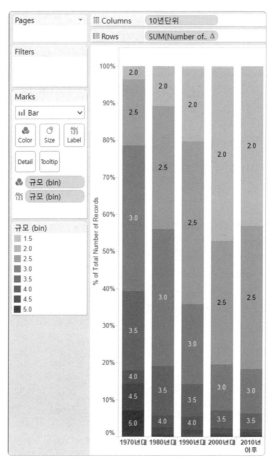

〈그림 5-114〉 연대별 지진 규모 비율 막대그래프

데이터 분석과 저널리즘

5.19. 지진 경위도 값으로 매핑하기

이번에는 새 시트를 꺼내 지도 위에 진앙의 분포를 표시하자. 목록창의 경도와 위도 항목에서 마우스 우클릭해 'Geographic Role'을 longitue와 latitude로 각각 설정한다. 경위도를 선반 위에 이동시킨 뒤 데이터 유형을 Dimension으로 설정하면 바로 지도 위에 수천 개의 진앙이 점으로 표시된다. Shift 키를 누르고 마우스로 끌어서 한반도를 화면 중앙에 위치시켜 보자.

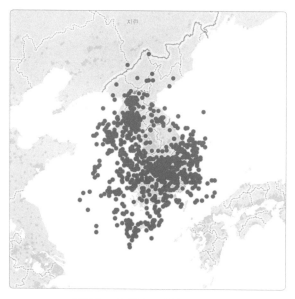

〈그림 5-115〉 한반도 진앙 분포 시각화

차례로 4가지 사항을 조정하자.

1) '규모'를 Color에 이동하고 Dimension으로 변환
2) '10년 단위 구분'을 Filter로 이동
3) Show Quick Filter 클릭
4) Quick Filter 조정기를 마우스 우클릭해 슬라이더형으로 변환

점의 농도는 지진 규모에 비례해 짙게 표시됐다. 슬라이더를 조정하면 10년 단위 한반도의 지진 분포가 잇따라 나타난다.

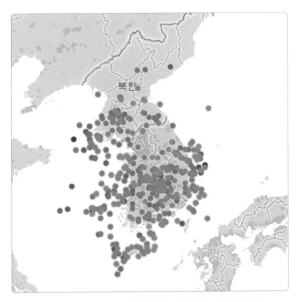

〈그림 5-116〉 2000년대 진앙 분포(규모 클수록 색상 짙음)

Color edit 기능을 사용해 지진 규모별 색상 농담 표시를 몇 단계로 나눠 다음과 같이 설정할 수도 있다.

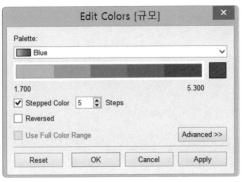

〈그림 5-117〉 지진 규모 5단계로 분할해 색상 설정

데이터 분석과 저널리즘

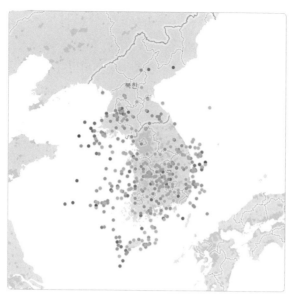

〈그림 5-118〉 2000년대 진앙 분포도

2000년대만 추출해 분포도를 다시 그려본 것이다. Size를 클릭해 점의 크기를 적당히 조정해 보자. 이상 작업한 워크시트 이름을 '한반도 지진 분포'라고 입력 하자.

5.20. 인터랙티브 대시보드 만들기

태블로의 핵심기능인 대시보드(Dashboard)는 시청자나 독자가 웹에서 스스로 탐색할 수 있는 인터랙티브 콘텐츠를 만드는 기능이다. 그래프와 지도, 표 등에 필터 조정기와 범례를 달고, 콘텐츠가 서로 연동돼 시각화되도록 할 수 있다. 지도 위의 특정 지점만을 골라 필터링하면 해당 지점에 해당되는 데이터만 자동적으로 추출돼 그래프가 그려지도록 할 수도 있다. 별도의 코딩을 하지 않고도 다양한 콘텐츠를 만들 수 있다는 것이 대시보드의 큰 장점이다. 특히 이미지를 삽입하는 등 인포그래픽 요소를 결합하면 그 응용범위는 무한하다. 전 세계 태블로 사용자의 콘텐츠를 모아 놓은 '태블로 퍼블릭 갤러리(http://www.tableausoftware.

com/public/gallery)'를 살펴보면, 고정관념을 깨는 다채롭고 창의적인 콘텐츠를 만날 수 있다.

이제 앞서 만든 지진차트를 지도와 연결시켜 인터랙티브 웹 콘텐츠를 만들어 보자. 특히 지도와 그래프를 Action이라는 기능으로 연동시키는 방법을 알아보겠다.

상단 메뉴의 'Dashboard' → 'New Dashboard'로 가서 새 작업창을 연다. 왼편의 워크시트 이름 중 대시보드에 넣을 워크시트를 끌어다 중앙 화면에 이동시킨다. 먼저 '한반도 지진 분포' 지도를 중앙부에 끌어다 넣고, '지진 규모 TOP 10' 그래프는 지도 하단부로 이동시키자.

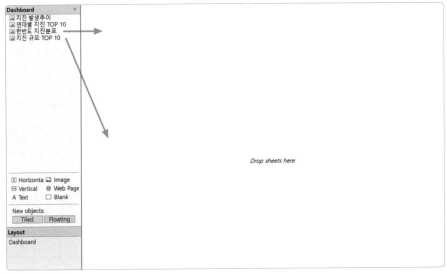

〈그림 5-119〉 대시보드 만들기: 해당 데이터 항목을 이동

다음에는 '지진 TOP 10'을 끌어다 지도 하단에 위치시킨다. 이어 왼쪽 하단의 Size 조정 메뉴에서 Desktop을 선택한다.

데이터 분석과 저널리즘

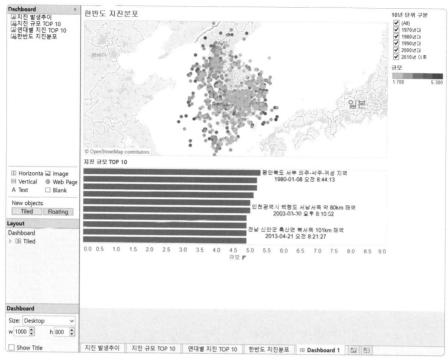

〈그림 5-120〉 한반도 지진 분포와 지진 규모 Top 10 대시보드

5.21. 그래프와 지도를 Action 기능으로 연동시키기

대시보드 형태가 대략 만들어졌지만, 아직 지도와 차트가 연동된 상태는 아니다. 지도를 연도별로 필터링해도 그래프는 필터링되지 않을 것이다. 우리의 목표는 지도를 필터링하거나 특정 진앙을 선택하면 하단의 그래프도 함께 변하고, 거꾸로 그래프상의 지진을 선택하면 지도상에 해당 진앙 위치가 표시되는 동적인 콘텐츠를 만드는 것이다.

'한반도 지진 분포' 지도 위 아무 곳에서나 한 번 클릭한 뒤, 우상단의 작은 화살표를 연이어 클릭하면 메뉴가 뜬다. Use as a Filter를 체크해 활성화한다. (참고로 화면에 3개 이상의 차트나 지도를 담았지만, 그중 일부만 서로 연동시키려면, 상단 메뉴의 'Dashboard' → 'Actions'에서 설정하면 된다.)

〈그림 5-121〉 차트끼리 연동시키기: Use as Filter 메뉴

'지진 규모 Top 10' 막대그래프에서도 같은 방법으로 'Use as a Filter'를 체크 해 준다. 지도와 그래프를 서로 연동시킨 것이다. 여기서 한발 더 나아가 지진 메뉴 에서 'Quick Filters'에 '10년 단위 구분' 필터가 체크돼 있는지 확인한다.

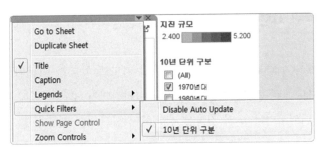

〈그림 5-122〉 Quick Filters 메뉴에서 기준 필터 확인

이어서 오른편의 '10년 단위 구분' 필터 조정기에서 메뉴를 꺼내 'Apply to worsheets' → 'Selected worksheets'를 체크한다.

〈그림 5-123〉Selected Worksheet 체크 확인

이어서 다음과 같이 체크 표시를 하고 OK를 클릭한다.

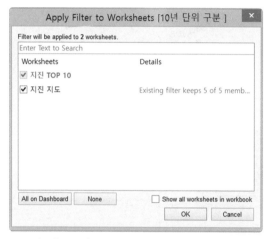
〈그림 5-124〉Apply Filter to Worksheet 대화창

OK를 누르면 지도와 그래프가 완벽히 함께 움직이기 시작한다. 필터에서 2000년대를 체크하면 해당 연대의 지진 분포도가 시각화되면서 2000년대의 지진 TOP 10이 그래프로 표시될 것이다.

5.22. 지도나 그래프상에서 직접 필터링하기

2000년대와 2010년 이후에 백령도를 비롯한 서해 도서에서 발생한 지진 분포를 알고 싶다고 가정하자.

'2000년대'와 '2010년 이후'를 체크해 해당 지도를 표시한다. 지도 위에서 동해

상으로 확대하고, 〈그림 5-125〉와 같이 마우스를 좌클릭한 채 대각선으로 살짝 끌어내려 서해상 진앙 점들을 블록 선택한다. 결과적으로 지도상의 해당구역이 하이라이트 처리되고, 하단의 막대그래프는 2000년대와 2010년 이후 백령도 부근에서 일어난 지진 중 규모가 큰 10개를 크기 순서대로 보여 준다. 커서를 그래프에 대면 상세한 내역이 팝업창으로 표시되는 것은 물론이다.

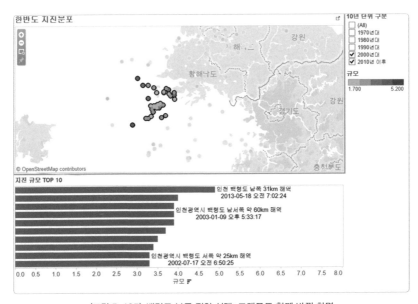

〈그림 5-125〉 백령도 부근 진앙 선택: 그래프도 함께 바뀐 화면

지도상의 아무 곳에서나 클릭만 하면 선택은 해제된다.

이번엔 그래프상에서 임의의 지진을 선택해 클릭해 보자. Ctrl을 누르고 2000년 이후에 일어난 가장 규모가 큰 지진 3곳을 연달아 선택하자. 지도상에 해당 진앙 3곳의 위치가 표시된다.

데이터 분석과 저널리즘

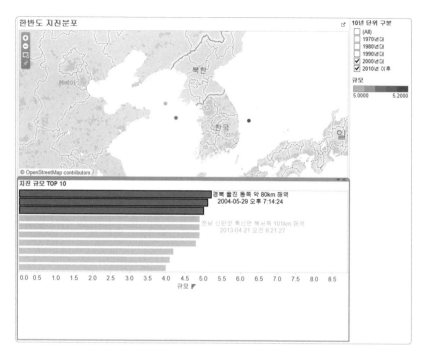

〈그림 5-126〉 지진 그래프 선택: 해당 진앙만 지도에 표시

울진 앞바다 1곳과 서북도서 근방 2곳이다.

이상과 같은 방법을 사용해 각 시기별 한반도 지진의 분포와 주목할 만한 지진 기록을 상세하게 살펴볼 수 있다. (참고로 지도상에서 점들을 커서로 선택해 골라 냈듯이, 산포도 등 그래프상에서도 일정 범위의 점들을 블록으로 지정해 필터링할 수 있다.)

작업 결과를 웹상에 올리기 위해서는 'File' → 'Save to Web' 메뉴를 선택한다. 미리 등록한 태블로 계정으로 로그인하면 대시보드가 태블로 갤러리에 자동으로 저장되면서, 웹상에 공개된다. 이와 함께 이메일 등에 사용할 하이퍼링크와 웹사이트에 심을 수 있는 자바스크립트 코드도 생성된다.

〈그림 5-127〉 대시보드 링크와 웹사이트 삽입 코드 생성

5.23. 태블로 '스토리 포인트' 기능 활용하기

마지막으로 태블로의 스토리(Story Points) 기능도 살펴보자.

대시보드가 하나의 화면에 여러 차트와 지도를 함께 넣어 꾸미는 것이라면, 스토리는 대시보드나 차트, 지도를 별도의 페이지에 각각 심는 방식이다. 화면 상단의 캡션 탭을 클릭할 때마다, 미리 입력된 콘텐츠가 차례로 나타난다. 차트, 지도를 여러 페이지에 연속으로 띄워 스토리텔링을 하듯 효과적으로 정보를 전달할 수 있다.
　먼저 상단 메뉴의 'Story' → 'New Story'를 선택한다.

〈그림 5-128〉 '스토리 포인트' 만들기 작업창

빈 작업창에서 전체 제목을 입력한 뒤, 소제목 격인 캡션을 달아준다. 이어 왼편 창에서 미리 만든 차트나 지도, 대시보드를 옮겨 심으면 된다. 구체적인 설명이 필요 없을 정도로 작업 방식이 간단하고 직관적이지만, 매우 전달력 있는 콘텐츠를

데이터 분석과 저널리즘

만들 수 있다. 다만, 캡션의 글자 크기나 형식을 조정할 수 없는 단점이 있다. 상자 크기에 맞는 간단명료한 부제목을 다는 것이 요령이라면 요령이다. 이미 심은 스토리를 기반으로 추가로 변형된 스토리 콘텐츠를 만들고 싶다면 Duplicate 버튼을 사용해 복제한 뒤, 가공하면 된다.

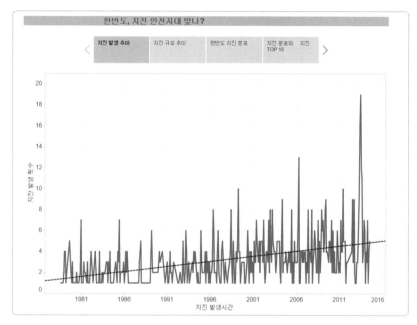

〈그림 5-129〉 '스토리 포인트' 생성 화면

지금까지 주로 언론인들에게 도움이 될 만한 태블로의 데이터 시각화 기법과 분석방법을 살펴봤다. 태블로는 다양한 데이터 시각화와 편집 분석 기능이 큰 강점이고, 대시보드 기능과 같은 인터랙티브 콘텐츠를 쉽게 만들 수 있다는 점도 매력이다. 사용법이 쉬워 데이터 분석의 대중화를 앞당긴 대표적인 도구로 꼽힌다. 태블로 갤러리를 찾아 전 세계 이용자들이 만든 탁월한 콘텐츠를 살펴보자. 단순한 그래프와 지도를 뛰어넘는 독특한 인포그래픽을 만나볼 수 있을 것이다. 숙련도와 창의성에 따라 얼마든지 응용범위를 넓힐 수 있는 것이 태블로의 세계이다.

데이터 분석과
저널리즘

6장 공간 패턴을 읽으면 세상이 보인다

지지(地志: 통계와 정보를 담은 지리서)는 지도(地圖)의 근본이다.

—고산자 김정호

영국 의사 존 스노우가 런던 콜레라 사망지도를 만들었던 19세기 중반, 지구 반대편 조선 땅에서 고산자 김정호 선생은 우리나라 고지도의 백미로 꼽히는 대동여지도를 탄생시켰다. 대동여지도는 국토의 윤곽과 지형, 지물을 정확히 담은 실측 대형 지도일 뿐 아니라, 당시의 국토정보가 집대성된 종합적인 공간 통계자료이기도 했다. 가로 3.8m, 세로 6.7m에 달하는 22권의 지도엔 지역별 인구와 호구수, 창고 수와 곡식의 양, 역참, 군사시설 등의 통계가 상세하게 담겨 있다. 선생은 '지지는 지도의 장본(근본)(志圖之張本夜)'이라는 말을 남겼다. 각 지역의 사회, 경제, 문화 정보를 담은 지리서인 지지를 바탕으로 지도를 활용하는 것이 지리연구

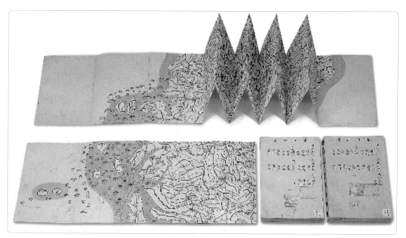

〈그림 6-1〉 대동여지전도와 대동여지도

의 기본이라는 의미이다. 공간 정보와 관련 통계자료를 연계해 생각해 보는 김정호 선생의 접근법은 현대의 지리정보시스템(GIS, Geographical Information System)의 원리와도 맞닿아 있다.

실사구시 정신의 총화라고 할 만한 〈대동여지도〉가 만들어진 지 150여 년이 지난 이제 우리에게는 발품을 팔지 않고도 세상을 읽을 수 있는 기술이 있으니 GIS가 바로 그것이다.

현대인들에게 인터넷지도 활용은 생활의 일부가 됐다. 각종 포털에서 제공하는 PC와 모바일 기기용 지도는 특정 지점의 위치를 알려주는 지도의 전통적인 기능을 넘어 긴요한 실생활 정보도 함께 제공해 준다. 또 현재 위치에서 목적지까지 가기 위한 최적의 경로를 계산해 시각화해 준다. 때로는 주변의 주유소의 위치나 맛집을 표시하기도 한다. 우리가 무심코 이용하는 인터넷지도는 이미 GIS가 우리의 일상으로 깊숙이 들어와 있음을 말해 준다.

GIS는 공간 정보 수집에서 시각화와 분석과 출력까지 데이터 지도를 만들고 이용하는 모든 과정을 포괄한다. 공공데이터의 80% 정도는 위치 정보를 담고 있다. 주소나 행정구역, 경위도와 같은 공간 정보이다. 이 공간 정보를 앞서 익힌 데이터 결합(Joining)을 통해 다양한 일반 데이터와 연동한다고 생각해 보자. 특정 지점이나 구역의 인구, 실업률, 부동산 매매정보, 기온, 오염도, 범죄율, 건물 안전등급, 선거 개표결과를 지도에 투영해 살펴보면 경제와 사회문제에 대한 새로운 통찰과 안목을 얻을 수 있다. 검색과 편집이 가능한 관계형 데이터베이스와 지도를 연결해 다채로운 통계분석 작업을 할 수도 있다. 특히 최근에는 QGIS 등 무료 오픈소스 GIS 소프트웨어의 성능이 크게 향상되고 있다. 기능은 갈수록 다양해지고, 사용 환경은 일반인도 도전해 볼 수 있을 정도로 편리해졌다.

그런데 우리 사회에 인터넷지도의 활용은 이처럼 보편화되고 있지만, 정작 GIS 분석으로 고부가가치를 창출하는 데에는 소홀한 편이다. 공공기관과 기업, 언론 모두 GIS의 효용과 잠재력을 충분히 살리지 못하고 있는 것이다.

필자가 수년 전 경험한 에피소드이다. 전국의 초·중·고등학교 주변 반경 1km 안에도 성범죄자들이 상당수 살고 있다는 뉴스기사가 신문에 보도됐다. 전형적인 GIS 분석 기사라고 생각한 필자는 뉴스 자료의 출처가 된 국회의원 사무실에 전화를 걸어 관련 공간 통계데이터 제공을 요청했다. 돌아온 대답은 의외였다.

"GIS가 뭔가요?"

집계치를 산출한 방법을 물으니 다음 대답은 더 허탈했다.

"전국 각 지역 교육청 별로 일선 학교에 지시해 자료를 일일이 취합했다죠. 아마도 수백 명이 동원돼, 몇 달을 걸려 작업했을 걸요."

지리정보시스템을 사용하면 한 사람이 반나절에 끝낼 일을, 전국 교직원을 동원한 대형 프로젝트로 만들어 버린 것이다. 이 웃지 못할 사례를 언론계에 적용해 보자. GIS를 이용할 줄 모르는 기자와 GIS를 잘 다루는 기자 사이의 간극은 어떤 걸까? 수십 명의 기자가 한 달 넘게 전국을 누벼도 하기 힘든 일을, 공공데이터 분석만으로 한 사람의 기자가 단 며칠 만에 해낼 수 있다면? 때로는 이렇게 신통한 역할을 하는 것이 데이터 지도 분석의 힘이기도 하다.

6.1. GIS의 기본 개념

앞서 4장에서 소개했던 홀로바티의 범죄지도 사례처럼, 각종 사건 사고의 발생 현황을 데이터 지도로 그려보는 것은 매우 효과적인 데이터시각화 기법이다. 미국 시카고 경찰당국의 범죄지도 서비스인 CLEARMAP과 시카고 트리뷴 신문의 범죄지도 서비스인 CRIME IN CHICAGOLAND를 인터넷에서 살펴보시기 바란다. 이 같은 사이트는 단순히 개별 범죄 사실을 알려줄 뿐 아니라, 대도시의 범죄를 장기간에 걸쳐 추적해 하나의 사회 현상으로서 조망할 수 있도록 돕는다. 어떤 범죄가 어디서 어떻게 일어나고 있고, 가해자와 피해자는 어떤 사람들인지, 자세히 살펴볼 수도 있다. 여기에 GIS 전문 소프트웨어를 접목하면 더 심층적인 취재를 할 수 있을 것이다. 각 경찰서와 범죄 발생 지역 간의 평균거리를 계산할 수도 있을 것이고, 각 경찰서의 관할 구역 내에서 발생한 범죄 발생빈도와 종류, 특징을 분석할 수 있다. 공간 통계알고리즘을 사용하면, 범죄가 일어날 가능성이 특히 높은 지역을 짚어낼 수도 있다. 특정 시간대와 범죄 장소, 범죄 유형, 피해자 성별, 나이 등의 변수를 연계해 분석해 보면 범죄 발생 패턴을 읽어낼 수도 있을 것이다.

여기서 한발 더 들어가자. '누가 언제 어디서 무엇을 어떻게'라는 질문에 더해

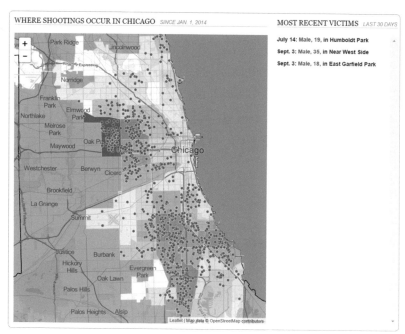

WHERE SHOOTINGS OCCUR IN CHICAGO *SINCE JAN. 1, 2014*

MOST RECENT VICTIMS *LAST 30 DAYS*

July 14: Male, 19, in Humboldt Park
Sept. 3: Male, 35, in Near West Side
Sept. 3: Male, 18, in East Garfield Park

〈그림 6-2〉 시카고 총격 사건 지도(시카고 트리뷴즈 사이트)

'왜?'라는 질문도 조심스럽게 던져보자. 왜 특정 지역에 범죄가 몰릴까? 더욱 입체적인 GIS 분석이 필요한 대목이다. 우범지대엔 여러 가지 변수가 작용하고 있을 것이다. 단순화해 생각해 보자. 폭력과 절도가 많이 발생하는 유흥가가 많다거나, 경찰서나 지구대로부터 거리가 멀어 철저한 순찰과 단속이 이뤄지지 않는지, CCTV 같은 방범시설이 부족할 수도 있을 것이다. 때로는 소득 분포와 연관성이 있을 수도 있다. 유동 인구와 유흥가 분포, 소득 분포, 경찰서와 지구대 위치 등 여러 변수의 현황을 지도에 표시하고, 범죄 발생지점과 비교해 보면 범죄현상의 맥락을 살펴보는 데 도움이 될 수 있을 것이다. 어떤 범죄가 특정 지역에 집중적으로 출현할 때, 여기에 영향을 끼치는 다른 변수의 공간 분포를 함께 살펴보는 것이 중요하다. 인과관계는 아니더라도 상관 관계를 추론해 볼 수 있을 것이다. 컴퓨터 활용 보도기법을 통해 우리는 '왜?'에 대한 딱 떨어지는 즉답은 구하지 못하더라도, 공간 패턴을 읽을 수 있고 추가 취재를 위한 중요한 단서로 활용할 수 있다. 1장에서 소개한 스티브 도이의 허리케인 지도가 그 대표적인 사례이다.

앞서 공부한 구글 퓨전테이블이 간이 시각화 도구라면 GIS는 전문적인 분석을 위해 개발된 소프트웨어이다. 그만큼 학습에 더 많은 시간과 노력이 필요하다. 다행히 언론 현업에서 주로 활용하는 GIS의 기능은 많아야 10가지 이내로 압축된다. 체계적인 학습 프로그램에 개개인의 노력이 수반된다면 전문 데이터 저널리스트가 아닌 현장 취재기자도 도전해 볼 만하다는 얘기다. 이제 지도 시각화와 벡터 분석 기능을 중심으로 기본적인 GIS 사용법을 알아보자.

6.2. GIS의 기본 요소

데이터 지도에 표현되는 지리적 요소는 점(Point)과 선(Line), 폴리곤(다각형: Polygon)으로 나뉜다. 점은 시설이나 주택, 건물, 도시 등을 표현하고, 특정 사건이 발생한 위치를 표시할 수도 있다. 선은 하천이나 도로 등 곡선이나 선을 나타내며, 폴리곤은 행정경계나 공원 혹은 공장 단지의 영역 등을 표시한다. 행정구역의 경계는 육안으로는 곡선으로 보이지만, 데이터 지도에서는 여러 개의 짧은 직선을 연결한 폴리곤으로 표현한다.

GIS의 특징 중 하나는 여러 장의 지도를 손쉽게 중첩해 볼 수 있다는 사실이다. 이때 겹쳐서 보는 데이터 지도 한 장, 한 장을 레이어(Layer)라고 부른다. 투명 필름 위에 그린 한 장의 지도를 상상하면 된다. 한 장의 레이어에는 각기 점, 선, 도형 중 한 가지 종류의 지리적 요소만 표시될 수 있다. 다시 말해 점으로만 구성된 지도 레이어, 선으로만 구성된 레이어는 있어도, 점과 선을 한 장에 동시에 담은 지도

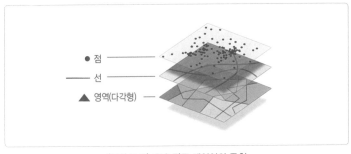

〈그림 6-3〉 GIS 지도 레이어의 중첩

데이터 분석과 저널리즘

레이어는 없다는 얘기이다. GIS 프로그램은 여러 장의 지도를 중첩시킴으로써 이 문제를 해결한다. 예를 들어, 전국 행정경계를 표시한 레이어 한 장과, 주요 하천을 나타낸 레이어 한 장, 그리고 댐의 위치를 표시한 레이어 한 장, 모두 세 장을 겹쳐서 보면 행정구역과 하천, 댐의 위치가 한데 어우러진 지도가 시각화될 것이다.

GIS의 지도 파일은 벡터(VECTOR) 파일과 래스터(RASTER) 파일로 나뉜다. 벡터 파일은 점이나 선, 폴리곤 3가지 중 한 종류의 지리적 요소가 담겨 표시된다. 해상도에 따라 화소의 크기가 조정되므로 배율에 상관없이 작업할 수 있다. 일러스트레이터 프로그램의 그래픽 파일이나 구글맵처럼 아무리 확대해도 화소가 깨지지 않는다. GIS의 대표적인 벡터 지도 파일 포맷은 쉐이프(SHP) 파일이다. 쉐이프 파일에는 파일명 뒤에 .shp 확장자가 붙는다. Arcgis 프로그램의 제작사인 Esri가 만든 파일이란 의미에서 Esri 쉐이프(Shape) 파일로도 불리운다. 쉐이프 파일은 GIS 업계의 엑셀 파일이라고 비유할 만하다. 마이크로소프트사의 엑셀 파일이 다른 스프레드시트 분석도구에서 사용 가능하듯이 쉐이프 파일도 각종 GIS 소프트웨어에서 쉽게 호환이 된다. 반면에 래스터 파일은 일정한 크기의 격자에 이미지가 담긴 파일이다. 확대하면 이미지 화소가 깨지는 것이 특징이다. .tiff, .xml, .img 등의 다양한 확장자가 붙는다.

쉐이프 파일은 .shp 외에 .shx, .dbf 등의 확장자가 붙은 3~5개의 파일이 한 묶음으로 작동한다. 이 중에 .shp 확장자가 붙은 파일이 지도의 형상을 규정하는 가장 중요한 파일이다. .shx는 공간데이터 처리를 용이하게 하기 위한 인덱스 정보를 관리해 주는 파일이며 .dbf 파일은 데이터베이스를 담고 있다. 이밖에도 지도의 좌표체계를 규정하는 .prj 확장자 파일도 있다. 이 파일들은 일반적으로 PC의 같은 폴더에 저장되며, .shp와 .shx, .dbf 3가지 파일은 필수적이다.

6.3. QGIS 설치 및 인터페이스 살펴보기

백문이 불여일견이다. GIS 프로그램 중 가장 각광받는 오픈소스 무료 소프트웨어인 QGIS를 다뤄보자. QGIS 공식 사이트(http://www.qgis.org)로 가서 '지금 다운로드'를 선택해 들어가 적당한 버전을 선택해 설치하자. 일단 안정적인 분석 작업을 원하는 분이나, 이 책의 독자인 초보자는 장기 버전(Long-term release)을 내려받기를 권한다. 참고로, QGIS 버전은 크게 세 가지 종류가 있다. 장기 버전인 LTR(Long-term release)과 일반 버전(LR, PR 등) 그리고 최신 버전(Master, Nightly build)으로 나눌 수 있다. LTR은 글자 그대로 소프트웨어의 내용이나 기능을 거의 고치지 않고 장기적으로 끌고 가는 버전으로 본 책의 3판 원고를 쓰는 2018년 5월 현재 LTR은 QGIS 2.18.19 'Las Palmas'다(영문명은 개발 당시 QGIS 개발자 회의가 개최된 도시 이름이다). 최신 버전(Master)은 새로운 여러 기능이 추가된 장점은 있지만, 개선의 과정을 거칠 여지가 많고, 버그가 남아 있을 가능성도 더 높다. 최신 버전과 LTR 사이에는 4개월마다 이전보다 조금씩 더 개선된 QGIS 일반 버전이 나온다.

본 챕터의 설명은 2014년 책의 초판 원고를 쓸 당시의 QGIS 구(舊)버전 기준이다. 따라서 이 책의 설명에 따라 학습을 하려면, QGIS 2.18.19 버전을 선택해 설치할 것을 권유해드린다. 다운로드 페이지에서 'Long-term release repository'라고 표시된 QGIS 버전을 클릭한 뒤 2.버전 번호를 확인 후 설치하든지, '모든 배

〈그림 6-4〉 QGIS공식 홈페이지의 '내려받기' 메뉴

데이터 분석과 저널리즘

포본' 탭으로 들어가 해당 PC 운영체제와 사양을 고른 뒤, 적절한 QGIS 버전을 택해 내려받아도 된다. 2018년 초에 공개된 QGIS 3.0 이후에는 벡터 공간 분석의 기본 메뉴와 작업 창 모습이 바뀌고, 공간 처리 툴박스로 상당수가 편입되는 변화가 있었다. 또 온도 지도 만들기 기능이 래스터 메뉴에서 사라지고 공간 처리 툴박스 안에 남게 되었다.

설치에는 PC와 인터넷 환경에 따라 몇 분이 소요된다. 설치가 마무리되면 데스크 배경화면의 QGIS 아이콘을 클릭해 실행시킨다. 프로그램이 실행되면 다음과 같은 빈 지도 창이 자동으로 나타날 것이다.

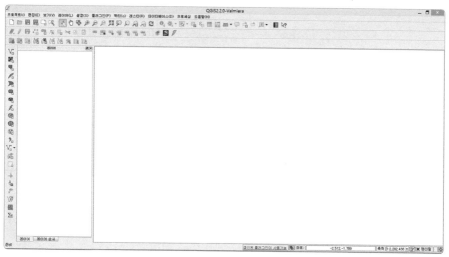

〈그림 6-5〉 QGIS 작업창 첫 화면

중앙부의 빈 공간이 지도 파일을 띄워 여러 가지 공간분석을 수행할 지도 창이다. 좌단은 불러온 파일 이름이 차례대로 표시되는 목록창(Table of Contents: TOC)이다. 상단에는 다양한 기능을 선택할 수 있는 메뉴 바가 있고, 좀 더 빠르게 기능을 사용할 수 있는 단축 아이콘도 도구 모음 형태로 정리돼 있다. 또 하단엔 현재 지도의 좌표 등 상태를 표시하는 상태표시줄이 있다. 메뉴는 엑셀의 상단 메뉴와 비슷한 형태이며, 도구 모음은 각 메뉴 기능을 한 번의 클릭으로 활용할 수 있는 단축키 역할을 한다.

먼저 맛보기로 지도 한 장을 불러와 보자.

〈그림 6-6〉 QGIS 도구 모음 확대화면

도구 모음에서 벡터 레이어 불러오기 단추를 선택한다(그림 6-6의 맨 왼쪽 아이콘. 이 도구 박스가 안 보이면 '보기' → '툴바' → '레이어 관리 툴바'를 체크한다. 도구 박스 모음은 화면 좌측에는 세로로, 화면 상단부에는 가로로 배열된다. 마우스로 끌어다 이동시켜 배열 방식을 바꿀 수 있다). 혹은 상단 메뉴에서 '레이어' → '벡터 레이어 추가'를 선택한다.

레이어 생성	▶
레이어 추가	▶
레이어와 그룹 활성화...	
레이어 정의 파일에서 추가...	
스타일 복사	
스타일 붙여넣기	
속성 테이블 열기	
편집 전환	
레이어 수정사항 저장	
현재 수정사항	
다른 이름으로 저장...	
레이어 정의 파일로 저장...	

벡터 레이어 추가...	Ctrl+Shift+V
래스터 레이어 추가...	Ctrl+Shift+R
PostGIS 레이어 추가...	Ctrl+Shift+D
SpatiaLite 레이어 추가...	Ctrl+Shift+L
MSSQL Spatial 레이어 추가...	Ctrl+Shift+M
Oracle Spatial 레이어 추가...	
WMS/WMTS 레이어 추가...	Ctrl+Shift+W
Oracle GeoRaster 레이어 추가...	
WCS 레이어 추가...	
WFS 레이어 추가...	
구분자로 분리된 텍스트 레이어를 추가...	

〈그림 6-7〉 '벡터 레이어 추가' 메뉴

QGIS 2.18 이전 버전이면 대화창에서 탐색을 클릭하고 PC 폴더에 미리 저장한 실습 파일 중 '시·군·구 행정경계'를 찾아 불러온다. QGIS 3.0 이후 버전에서는, 대화창에서 '...' 버튼을 클릭해 PC 폴더에서 '시·군·구 행정경계'를 찾아 불러온다. 파일명이 입력됐으면 '추가'를 클릭한다. 파일명이 입력됐으면 Open을 클릭한다.

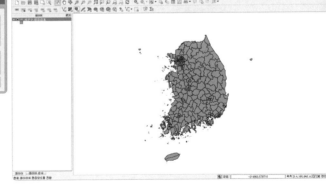

〈그림 6-8〉 '벡터 레이어 추가' 대화창

〈그림 6-9〉 행정경계지도 불러온 첫 화면

데이터 분석과 저널리즘

이제 좌측 TOC에는 지도파일의 이름이 뜨고 지도 창에는 전국 지도가 표시됐다.

화살표 커서를 지도 창에 올려놓고 마우스 휠을 돌려 지도를 확대 혹은 축소해 보자. 다시 키보드의 화살표를 이용하면 좌우로 지도 위치를 이동시킬 수 있다. 지도의 아무 곳에서나 좌클릭하면 원하는 곳으로 지도를 움직일 수 있다. 마찬가지로 도구 모음에서 확대나 축소, 이동 등의 다양한 단축 아이콘을 활용해 지도를 조작해 볼 수 있다. 언제든 기본 모드로 돌아오려면 손 모양의 지도 이동 모드를 선택하면 된다.

〈그림 6-10〉 QGIS 도구 모음

도구 모음에서 알파벳 소문자 i로 표시된 아이콘을 클릭해 보자. 이어 지도 위의 적당한 행정구역 한 곳을 선택하면 해당 지리적 요소의 정보가 담긴 팝업창이 나타난다.

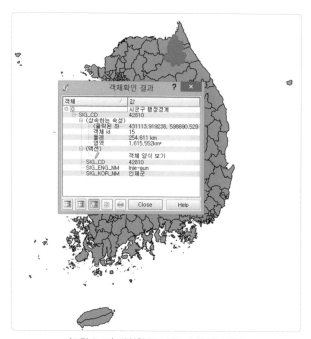

〈그림 6-11〉 팝업창으로 지도 속성 정보 확인

이번엔 목록창(TOC)의 행정경계 파일명 위에 마우스 커서를 놓고 우클릭한 뒤 속성 테이블을 선택하자. 행정경계지도의 데이터가 표로 나타난다. 이 지도의 경우 252개의 시·군·구 행정구역명이 속성 테이블에 수록돼 있다.

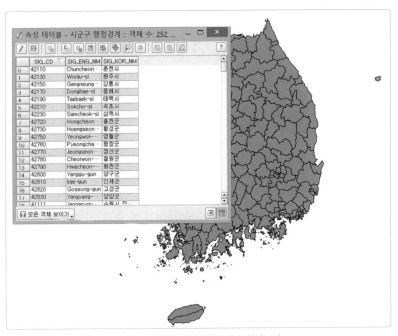

〈그림 6-12〉 지도 레이어 속성표 살펴보기

이처럼 GIS 지도 밑에는 각 지리적 요소의 데이터를 담은 데이터베이스가 깔려 있다. 이 속성 테이블을 꺼내면 추가적인 정렬과 필터링, 연산, 편집 작업을 할 수 있다. 속성 테이블에서 강원도 고성을 선택해 클릭해 보자.

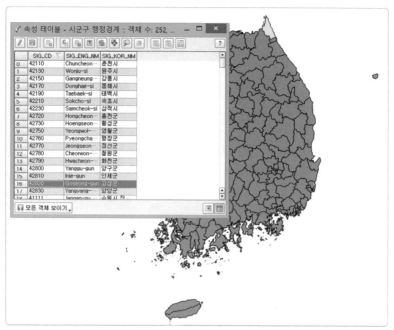

〈그림 6-13〉 속성표에서 특정 데이터 선택

　그림과 같이 강원도 상단의 고성 지역이 노란 색상으로 차별화돼 표시된 것을 확인할 수 있다. 속성 테이블 윗단의 '모두 선택 해제' 아이콘을 찾아 선택을 해제한 뒤 속성 테이블을 닫는다.

　이번엔 지도의 색상과 모양을 바꿔 보자. 독자가 보고 있는 지도의 색상은 QGIS가 무작위로 선택한 색상이다. 다음번 불러올 때는 같은 지도 파일이라도 또 다른 색상으로 시각화될 수 있다. 색상은 사용자가 임의로 조정할 수 있다. 목록창(TOC)의 지도 레이어 이름 위에서 우클릭해 속성으로 들어가 스타일 탭을 선택한다. 대화창 중앙에 색상을 표시한 막대를 클릭하면 팔레트 형태의 대화창이 다시 나타난다.

　왼편의 기본색에서 1차적으로 마음에 드는 색을 고르고 오른편의 색상표에서 농담을 세부 조정한 뒤 최종 선택하면 된다.

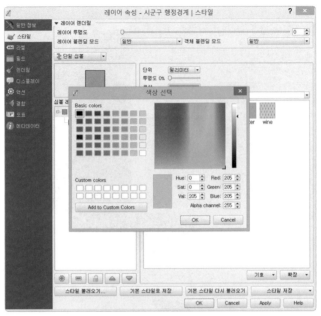
〈그림 6-14〉 지도 레이어 색상 조정하기

OK를 선택해 지도 창으로 돌아가니 다음과 같이 지도의 색상이 바뀌었다.

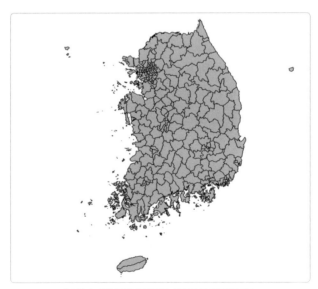
〈그림 6-15〉 지도 레이어를 회색으로 변경한 모습

데이터 분석과 저널리즘

이밖에 속성 스타일 탭에서는 행정구역 경계를 더 두껍게 혹은 가늘게 조정하거나, 지도에 행정구역명이 뜨게 하는 스타일 조정 기능이 있으니 탐색해 보자.

6.4. 지도 제작의 열쇠: 좌표체계의 이해

좀 더 본격적인 지도 시각화와 분석에 들어가기에 앞서 반드시 알아야 할 사항이 있다. 바로 지도 좌표체계에 대한 이해이다. 지도를 만드는 기본 방식인 좌표체계에 대한 지식은 올바른 지도 시각화와 공간분석의 중요한 토대가 된다.

지구는 울퉁불퉁하고 불규칙한 모습으로 생긴 타원체이다. 비정형 타원체의 위치정보를 지도로 나타내기 위해서는 복잡한 수학적 계산을 거친다. 지리적 정보에 좌푯값을 부여하는 이 방식을 좌표체계라고 한다. 그 종류는 수천 가지에 달할 정도로 매우 다양하다. 하지만 어떤 좌표체계도 실제 지구의 공간정보를 100% 정확히 표현하지는 못한다. 지도 제작과정에서 지리적 형상과 위치, 면적, 길이는 어느 정도 왜곡되기 마련이라는 얘기이다.

실제 지구는 완전한 타원체가 아니므로 좌표를 구하기 위해 가상의 완전 타원체(Earth Ellipsoid)를 설정해야 한다. 이 타원체의 크기와 중심 위치를 정하는 방식을 측지계(datum)라고 부른다. 좌표체계 이름 앞에는 베셀(Bessel)이니 WGS84이니, GRS80이니 하는 단어가 붙는다. 이는 가상의 준거 타원체의 다양한 이름이면서 동시에 해당 타원체를 사용하는 측지계의 종류를 지칭하기도 한다.

좌표계는 경위도 좌표계(지리좌표계)와 투영 좌표계로 나뉜다. 경위도 좌표계는 지구 중심에서 뻗은 기준선과 특정 위치 사이의 각도를 단위로 한다. 이때 북위 몇 도, 동경 몇 도로 표현되는 경위도 값은 절대적인 수치가 아니다. 같은 장소라도 측지계가 다르면 조금씩 다른 경위도 수치가 나오는 것이다. 또 동일한 경위도 값이라도 사용한 측지계가 다르면 수백 미터씩 떨어진 다른 점에 위치를 표시할 수 있다. 지도상 오차는, 때로 중대한 문제를 야기한다. 군부대의 정확한 동선과 위치 파악이 중요한 군사작전의 경우 특히 큰 지장을 받을 수 있다. 이 때문에 미국 국방부는 1950년대부터 경위도 좌표계의 혼선을 막기 위한 표준측지계 개발에 나섰다. 1960년에 나온 WGS60을 시작으로 일련의 측지계를 내놓다가, 80

년대에 이르러 WGS84를 개발했다. 미군이 만든 WGS84, 이어서 국제측지학협회가 정한 GRS80, 이 2가지 준거 타원체를 기준으로 한 측지계는 지금도 보편적으로 사용되는 세계 표준 측지계이다. 우리나라는 일제강점기 일본이 만들어 놓은 베셀(Bessel) 타원체에 근거한 동경 측지계를 사용하다가 2002년에야 뒤늦게 한국측지계를 만들었다. (하지만 아직도 국내엔 여전히 베셀 측지계를 비롯한 여러 가지 체계가 혼용된다.)

각도를 단위로 한 경위도 좌표계는 세계적으로 널리 통용된다는 장점이 있는 반면 정밀하지가 못하다. 이런 문제점을 극복하기 위해 각도 대신 거리를 단위로 한 2차원 지도를 다시 만드는데, 여기엔 '투영(Projection)'이란 계산 과정을 거친다. 국가와 지역에 따라 여러 가지 투영방법을 사용할 수 있고, 같은 지역이라도 선택할 수 있는 좌표체계의 종류는 다양하다. 투영과정의 계산방식에 따라 TM과 UTM으로 나뉘고 또 다시 기준 원점을 한반도의 어디에 잡는가에 따라 서부 원점, 중부 원점, 동부 원점, 동해 원점 투영계로 구분된다. 서부 원점과 중부 원점, 동부 원점은 각각 200km 정도씩 그 위치에 차이가 난다.

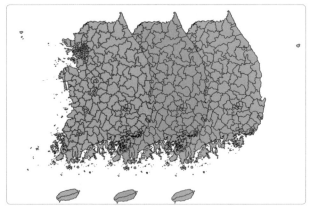

〈그림 6-16〉 투영 좌표체계에 따른 위치 차이(동부·중부·서부 원점 비교)

데이터 분석과 저널리즘

중부 원점 좌표체계라도 측지계를 무엇으로 사용했는지, 보정값을 줬는지에 따라 매우 다양한 중부 원점 좌표계가 존재한다. 부처나 자치단체에 따라 서로 다른 좌표계로 지도를 만드는 경우도 비일비재하다.

가령 국립지리원의 국가표준은 서부, 중부, 동부 원점 지도이지만, 서울 성북구청은 카텍 좌표계를 사용한다. 지도파일을 입수할 때 메타데이터(데이터가 어떻게 만들어졌는지 기본 정보를 담은 자료)를 함께 구해서 해당 지도 파일의 다양한 측지계와 지리 투영 좌표계를 정확히 파악할 필요가 있다. 어떤 좌표체계를 채택하든지 가장 중요한 점은 자신이 작업하는 프로젝트의 파일들을 한 가지 좌표계로 통일하는 습관을 들이는 것이다. 이 책에서는 카텍 좌표계를 주로 사용할 것이다. 국내 GIS 분석가 상당수가 즐겨 사용하는 좌표계이지만 국제적인 좌표계 고유번호인 EPSG 번호가 없는 비공식 좌표계이기도 하다. 이 때문에 QGIS에는 기본 좌표계로 등록돼 있지 않아 직접 좌표계 정보를 입력시켜 줘야 한다.

상단 메뉴의 '설정' → '사용자 정의 좌표계'로 가자(QGIS 3.0 이후 버전이라면 '설정' → '사용자 지정 투영체').

〈그림 6-17〉 '사용자 정의 좌표계' 메뉴

'새로운 좌표계 추가'를 누른 뒤 이름은 Katec으로, 매개변수 창에는 다음의 설정값을 입력한 뒤 '확인'을 누른다. ('글로벌콘텐츠출판그룹' 홈페이지 자료실에서 매개변수를 복사해 붙이기해도 무방하다.)

```
+proj=tmerc   +lat_0=38   +lon_0=128   +k=0.9999   +x_0=400000   +y_0=600000
+ellps=bessel +towgs84=-145.907,505.034,685.
756,-1.162,2.347,1.592,6.342 +units=m +no_defs
```

〈그림 6-18〉 대화창에서 카텍 좌표계 입력

6.5. 지진 분포도 만들기

이제 본격적인 데이터 지도 만들기에 도전해 보자. 1978년부터 최근까지 발생한 모든 진앙의 위치를 남한 행정경계지도 위에 중첩해 표시해 보겠다. 구글 퓨전테이블로 실습한 바와 같이 일정 지점의 공간정보를 담은 데이터 파일을 지도로 시각화하는 방법에는 주소값을 지오코딩하는 방식과 경위도값을 바탕으로 시각화하는 방법이 있다.

먼저 진앙의 경위도 자료를 바탕으로 분포도를 그려보겠다. 기상청 홈페이지에서 가져온 '지진발생지점' 실습 데이터를 불러온다. (참고로 실습 데이터는 1978년 8월 30일부터 2014년 7월 4일까지 한반도에서 관측된 모든 진앙의 위치를 담은 자료이며, 경위도가 제대로 기록되지 않은 지진 23개는 사전에 제거했다. 기상청 홈페이지가 출처인 본 실습 데이터는 진앙의 경위도 좌표가 소숫점 둘째 자리까지만 표시되어 있어, 적지 않은 오차 가능성을 안고 있다. 학습 목적으로만 사용하되, 실제 보도나 연구용으로는 정밀 보정된 데이터가 필요함을 알려드린다.) 이 데이터는 공간 정보가 담긴 CSV 파일 형태이며, 정식 지도 파일은 아니다. QGIS는 지도 파일이 아닌 일반 속성 데이터의 경우 .xlsx 확장자의 엑셀 파일을 CSV처럼

데이터 분석과 저널리즘

구분자로 분리된 텍스트 파일로 변환해 불러온다. (다만 XY Tools라는 플러그인을 설치하면 엑셀 파일도 QGIS로 바로 불러와 지도로 시각화할 수 있다.) 다음에 상단 메뉴에서 '레이어' → '구분자로 분리된 텍스트 레이어를 추가'를 선택하자.

〈그림 6-19〉 '구분자로 분리된 텍스트 레이어를 추가' 메뉴

대화창에서 탐색 단추를 통해 PC 폴더의 실습 파일을 불러온 뒤, X필드는 경도, Y필드는 위도로 설정하고 OK를 누른다. 이어서 나타나는 좌표계 선택창의 필터창에서 EPSG번호인 4326를 검색해 WGS 84를 선택한다. 하지만 OK를 클릭해도 아직 작업창에는 지진의 위치가 제대로 뜨지 않을 것이다. 행정경계지도는 카텍좌표계인 반면, 지진 파일은 WGS84로 다르게 설정돼 있기 때문이다.

〈그림 6-20〉 대화창에서 WGS 84 좌표계 선택

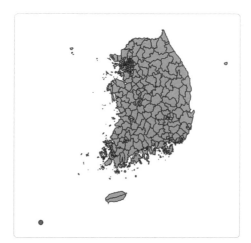

〈그림 6-21〉 지진 발생지점이 한반도 남서쪽에 뭉쳐 나타난 화면

〈그림 6-21〉에서 제주도 남서쪽의 큰 점 하나가 바로 30년 동안의 진앙 천여 개가 뭉쳐서 나타난 모습이다. 지진 파일 이름에서 우클릭해 '레이어 영역으로 확대'를 선택한다(QGIS 3.0 이후 버전은 '레이어로 확대/축소'). 지도가 적정한 축척으로 작업창 중앙부에 나타나도록 하는 기능이다. 특정 지도를 불러왔지만 작업창에 제대로 나타나지 않을 때 꼭 기억해야 할 메뉴이다.

〈그림 6-22〉 레이어 영역으로 확대한 진앙 분포

데이터 분석과 저널리즘

6.6. '실시간 좌표계 변환(On the Fly)' 이용하기

서로 좌표계가 다른 지도 레이어들은 '실시간 좌표계 변환 활성화(On the Fly)' 기능을 사용해 좌표계를 일시적으로 통일할 수 있다. 처음에 불러온 지도 레이어의 좌표체계를 기준으로 다음에 불러오는 지도 레이어의 좌표체계도 자동으로 통일시켜 주는 것이다. 지도 파일 자체에 물리적 변화를 주진 않지만, 임시로 여러 장 지도의 좌표계를 동일하게 맞춰준다. '실시간 좌표계 변환 활성화', 즉 OTF는 QGIS 화면 우하단의 '좌표계 상태' 아이콘을 클릭해 대화창을 꺼낸 뒤 '실시간 좌표계 변환 활성화'를 체크해 실행한다.

〈그림 6-23〉 '좌표계 상태' 표시 아이콘

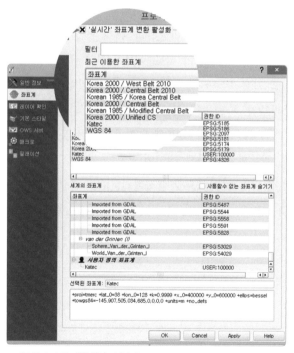

〈그림 6-24〉 대화창에서 '실시간 좌표계 변환 활성화(OTF)' 체크

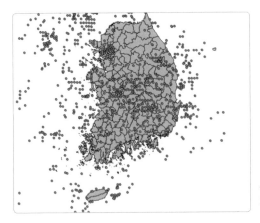

〈그림 6-25〉 OTF 실행해 한반도
지도에 진앙 분포 중첩

6.7. 지도 좌표계 변환하기

이제 OTF가 제대로 작동해 남한 지도 위에 진앙 분포도가 올바르게 그려졌다. 단순한 시각화를 넘어 안정적으로 공간분석을 하기 위해서는 이와 같은 임시 조치가 아니라 지도 창에 올려놓은 여러 지도파일의 물리적 속성을 변환시켜 한 가지의 좌표체계로 통일시키는 것이 필요하다. 현재 행정경계지도의 좌표는 카텍, 진앙 지도는 WGS84이다. 또한 진앙 지도는 아직 정식 쉐이프(SHP) 지도 파일이 아니다. 진앙 파일의 좌표계는 카텍으로 변환하고 파일형식도 정식 지도 파일인 쉐이프 파일로 바꿔보자. 파일 이름 위에서 우클릭해 '다른 이름으로 저장' 메뉴를 활용하면 지도 레이어의 형식과 좌표체계를 동시에 바꿀 수 있다.

일단 진앙 파일 위에서 우클릭해 '레이어 좌표계 설정'으로 간 뒤 대화창에서 원래 좌표계인 WGS84(EPSG:4326)으로 설정한다(QGIS 최신 버전은 'Set Layer CRS'로 가면 된다. CRS는 Coordinate Reference System, 즉 좌표계를 의미한다).

앞서 설명한 EPSG는 European Petroleum Survey Group의 약자이다. 유럽 석유회사의 측량 전문가와 지도 전문가들이 소속된 단체이다. 이 단체가 고유번호를 부여한 좌표계는 국제적인 공식 좌표계로 통한다. WGS84는 경위도좌표인 EPSG:4326 외에도 투영 좌표계인 EPSG:32651, EPSG:32562 등이 있다. 이 책에서는 EPSG:4326임을 잊지 말자. 좌표계 선택창의 필터에서 해당 번호를 입력하면 쉽게 찾을 수 있다.

데이터 분석과 저널리즘

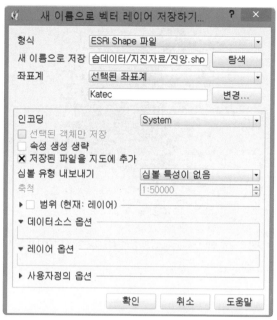

〈그림 6-26〉 '새 이름으로 벡터 레이어 저장하기' 대화창

이어서 역시 진앙 파일에서 우클릭해 '다른 이름으로 저장'을 선택하고 대화창을 꺼낸다(QGIS 3.0 이후 버전은 'save as'를 선택). 형식은 쉐이프 파일로, 좌표계는 카텍으로 설정하자. QGIS '좌표계 선택' 대화창의 필터에서 카텍을 입력해 찾으면 된다. 새로 파일을 생성하는 것이므로 적당한 PC 폴더 위치를 지정하고 새 파일 이름을 입력해줘야 한다.

'확인'을 클릭하면 몇 초 뒤에 또 하나의 진앙 분포도가 나타난다. 목록창의 행정경계 레이어를 마우스 좌클릭한 상태에서 끌어올려 진앙 위로 올리자. 남한 지도 밑에 가려졌던 진앙 분포도가 시야에 나타날 것이다. 기존에 처음 불러온 지앙지 CSV 파일은 필요 없으니 목록창에서 삭제한다. 마우스 우클릭해 '삭제'를 선택하면 된다. 지도 레이어 여러 개를 중첩시킬 때는 목록창의 레이어 순서를 바꿔 지리적 요소들이 잘 보이게 조정할 수 있다. 폴리곤 지도 파일의 속성 스타일 탭에서 투명도를 조정해 중첩된 지리적 요소가 잘 보이게 만드는 것도 좋은 방법이다.

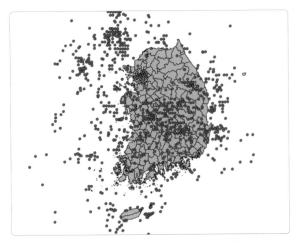

〈그림 6-27〉 진앙 레이어를 남한 행정경계지도 위에 위치시킨 화면

6.8. 색상주제도 그리기

이번엔 지진 규모별로 진앙 분포를 살펴보자. 규모에 따라서 진앙의 색상을 달리 표시해 보려는 것이다. '지진 파일의 속성' → '스타일' 탭으로 가서 다음 그림처럼 설정해 보자. '단계로 나누어진' 메뉴에서 '규모'를 기준 칼럼으로 선택하고 클래스는 5, 모드는 '내추럴 브레이크'를 선택한다. 이어 색상표에서 적당한 색상 스케일을 고른다.

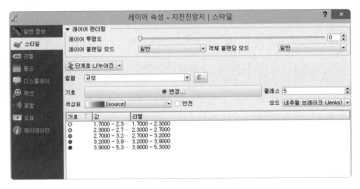

〈그림 6-28〉 지진 규모 기준으로 진앙 색상 표시 설정

데이터 분석과 저널리즘

OK를 누르면 지진의 규모가 강한 곳은 진하게, 약한 곳은 연하게 표시된다.

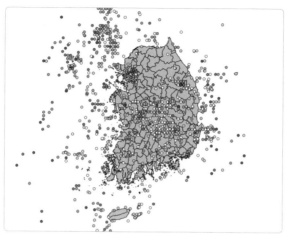

〈그림 6-29〉 색상 농담으로 지진 규모를 표시한 진앙 분포도

QGIS가 특정 칼럼의 데이터에 기반해 지도 색상을 분류하는 알고리즘은 다음의 5가지로 나뉜다.

〈표 6-1〉 색상주제도 데이터 구간 설정 방식

등간격	일정한 간격으로 구간을 나눔
분위수(동일 개수)	구간마다 동일한 개수의 데이터 포함
내추럴 브레이크(Jenks)	수치가 크게 변하는 곳을 기준으로 구간 설정
표준편차	평균값으로부터 편차를 기준으로 구분
프리티 브레이크	5, 10 등의 정수 단위로 단락 구분

먼저 '등간격'은 같은 간격으로 데이터 구간을 나눠준다. 데이터의 시작점부터 일정 간격을 두고 구간을 나눈다. 반면에 '프리티 브레이크'는 시작점과 관계없이 2, 2.5. 3, 3.5, 4....처럼 누구나 쉽게 이해할 수 있도록 0이나 5라는 숫자를 기준으로 구간을 나눈다. 언론 보도에서 가장 보편적으로 사용하는 방식이다. '내추럴 브레이크'는 히스토그램상에서 데이터값이 의미 있는 변화를 보이는 구간에서 단락을 만든다. '분위수(동일간격)'는 지진 규모의 구간마다 동일한 개수의 지진이 배

치되도록 고르게 분포시키는 방식이다. 이렇듯 구간을 나누는 알고리즘은 여러 가지이며 딱히 하나의 정답은 없다. 데이터 지도의 성격에 따라 경험과 직관에 근거해 가장 알맞은 모드를 선택하는 수밖에 없다.

이제 앞서 그린 진앙 분포를 언론에서 자주 사용하는 프리티 브레이크로 5단계로 나눠 시각화해 보자.

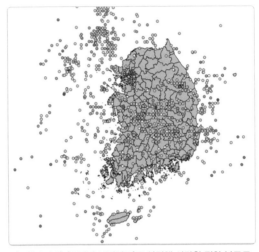

〈그림 6-30〉 '프리티 브레이크'로 설정해 시각한 진앙 분포도

'내추럴 브레이크' 모드보다 전반적으로 연한 색상이 많아졌음을 알 수 있다. 이렇듯 색상주제도는 동일한 데이터로도 다른 느낌의 분포도를 만들어낸다.

STATIST라는 플러그인을 설치한 뒤 전체 지진 규모의 통계적 분포를 히스토그램으로 살펴보면, 데이터 구간 설정에 따라 색상 주제도의 모습이 달라진 이유를 더 구체적으로 파악할 수 있다. (상단 메뉴의 '플러그인' → '플러그인 설치 및 관리' → '모두' → 'STATIST' 클릭 → '플러그인 설치'를 클릭한다. STATIST를 설치하면 벡터 메뉴에 항목이 표시된다.)

데이터 분석과 저널리즘

〈그림 6-31〉 '플러그인 관리 및 설치' 메뉴

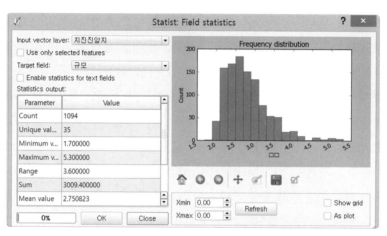
〈그림 6-32〉 Statist 대화창-기초 통계표와 히스토그램 생성

규모 2와 3 사이의 지진이 가장 많다. '프리티 브레이크'는 규모 2와 3 사이를 단일한 연한 청색으로 표현한 것이다. 반면에 '내추럴 브레이크'는 3.2에서 5.3 사이의 지진들을 2단계에 걸쳐 짙은 청색으로 표현했다.

히스토그램을 활용해 데이터값이 몰려 있는 구간이 있는지 아웃라이어는 없는지 살펴보고 수동으로 구간 값을 직접 입력해 조정할 수도 있다. 나아가서 스타일 대화창에서 단계별 색상 동그라미를 클릭하면 수동으로 단계마다 색을 조절할 수도 있다. 또 스타일 대화창의 색상표 메뉴에서 '새로운 색상'을 선택하면 나만의 색상띠(color ramp)를 새로 만들 수 있다. 각자 기능을 더 탐색해 보자.

6.9. 진앙 간 평균거리 계산하기

Statist의 기초 통계분석을 넘어 좀 더 GIS다운 공간 통계를 내어보자. QGIS에는 공간 분포에 따른 통계치를 내는 기능이 별도로 있다. 예를 들어 진앙 사이의 평균거리는 얼마나 떨어져 있는지를 계산하고, 점들이 전체적으로 얼마나 조밀하게 혹은 산만하게 분포돼 있는지 공간 밀도를 수치로 산출할 수도 있다.

상단 메뉴의 '벡터' → '공간분석' → '최근린 분석'으로 간다(QGIS 3.0 이후 버전은 상단 메뉴의 '벡터' → 분석도구 → '최근접 이웃 분석'으로 가면 된다. 최신 버전은 실행 후 분석 결과가 영어로 표시된다). 지진 레이어를 선택한 뒤, OK를 누른다. 최단 거리를 계산하는 공간분석에서는 반드시 경위도 좌표계가 투영 좌표계로 변환돼 있어야 한다는 사실을 기억하자. 경위도 값에서 시각화한 WGS84와 같은 경위도 좌표계는 각도를 단위로 하므로 직접 거리가 계산되지 않는다. 이 책에서 사용하는 카텍이나 UTM-K(EPSG 5179 등), TM 중부원점(EPSG 5181 등)을 비롯한 여러 투영 좌표계 중 하나로 변환해야, 단위가 비로소 미터로 바뀌어 온전히 거리계산 기능이 수행된다.

최근린 분석을 실행하니 다음과 같이 나타났다.

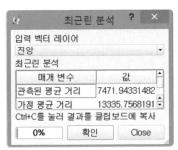

〈그림 6-33〉 최근린 분석 결과

하나의 진앙에서 가장 가까운 다른 진앙과의 평균거리는 7.4km로 계산됐다. 가정 평균거리는 각 진앙의 점을 지도상에 무작위로 뿌렸을 때의 진앙 사이의 평균거리를 말한다. 추론 통계 개념으로 보자면 우연(chance)에 의해 발생할 값을 의미한다. 최근린 인덱스는 관측된 평균거리를 가정 평균거리로 나눈 값이다. 최근린 인덱스가 1보다 작으면 각 진앙, 즉 점들은 서로 무리를 이루는 '밀집형'이고,

데이터 분석과 저널리즘

1보다 크면 흩어지는 분산형으로 간주한다. 다시 말해 0.5602라는 인덱스는 진앙 위치가 사방에 분산되기보다는 일정한 지역에 뭉쳐 나타나는 공간 패턴을 보이고 있다는 뜻이다. N값은 진앙의 숫자를 말하며, Z값은 표준정규분포에서의 통계적 유의성을 검증하기 위한 Z 통계값(Z Score)이다(다만 이 경우 지진 데이터는 정규분포를 따르지 않고 있다).

관측된 평균 거리:7471.94331482

가정 평균 거리:13335.7568191

최근린 인덱스:0.560293908788

N:1094

Z 값:-27.8228763567

간단한 기능이지만 최근린 분석도 분석 기사에 응용할 수 있다. 가령 자영업 점포의 난립에 따른 출혈경쟁 실태를 취재한다고 가정할 때 유용한 공간 통계를 얻을 수 있을 것이다. 서울의 치킨전문점의 위치를 지도 위에 표시해 보고, 각 치킨집 사이의 평균거리를 계산할 수 있다. 특정 구나 동의 레이어를 필터링해 '다른 이름 파일'로 저장해 추출한 뒤, 최근린 분석을 하면, 해당 지역 치킨집 사이의 평균거리가 산출돼 나올 것이다. 서울 전체와 각 구별로 평균거리를 각각 계산해 보면 어느 지역의 치킨집이 가장 조밀하게 분포하는지 파악할 수 있다. 지역별 치킨집의 최근린 인덱스를 산출하면, 1보다 큰지, 작은지를 기준으로 해당 도시 영업점의 분포 패턴을 '밀집형' 혹은 '분산형'으로 구분해 볼 수도 있을 것이다.

6.10. 지도 데이터 속성으로 검색하기

질문을 던져보자. 최근 4년 동안 규모 3.5 이상의 지진은 어디에 얼마나 일어났을까? 시기마다 어떤 차이가 있었을까? GIS의 필터링 기능을 활용해 답을 구해 보자. (참고로 지진 규모 3.5는 피해가 거의 발생하지 않는 단계이지만 원전과 같은 중요시설이 위치하고 있거나 인구밀도가 높은 내륙에서 규모 3.5 이상의 지진이 발생할 경우에는 뉴스보도의 가치가 있다. 기상청은 지진 규모 3.5 이상일 때 발생 2분 이내에 자체 속보를 발표하도록 하고 있다.)

지진 파일의 속성 테이블을 꺼내 대화창 상단에서 '표현식을 이용해 객체 선택' 아이콘을 클릭한다(대화창 좌하단에서 고급필터 선택을 찾아 클릭하거나 QGIS 상단 메뉴의 '보기' → '선택' → '표현식별 선택'을 클릭해도 된다).

	진원시	규모	위도	경도	위치
0	2014-07-0…	2.2000000…	34.5099999…	125.409999…	전남 신안…
1	2014-07-0…	2.9000000…	35.6599999…	129.780000…	울산 동구…
2	2014-07-0…	2.5000000…	35.6499999…	129.810000…	울산 동구…
3	2014-07-0…	2.6000000…	35.6599999…	129.819999…	울산 동구…
4	2014-07-0…	3.5000000…	35.6599999…	129.759999…	울산 동구…
5	2014-06-2…	2.6000000…	38.7700000…	125.890000…	북한 황해…
6	2014-06-1…	2.1000000…	35.9099999…	128.659999…	대구 동구…
7	2014-06-0…	2.6000000…	33.5200000…	125.959999…	제주 제주…
8	2014-06-0…	2.3000000…	35.9699999…	128.620000…	대구 동구…
9	2014-05-1…	3.5000000…	32.9399999…	126.069999…	제주 제주…
10	2014-04-2…	2.2000000…	36.4699999…	127.930000…	경북 상주…
11	2014-04-2…	2.3000000…	35.9699999…	128.039999…	경북 김천…
12	2014-04-1…	2.8000000…	36.9799999…	124.510000…	충남 태안…
13	2014-04-1…	2.4000000…	33.5200000…	126.900000…	제주 제주…
14	2014-04-0…	2.6000000…	37.0399999…	124.620000…	충남 태안…
15	2014-04-0…	2.3000000…	36.9500000…	124.500000…	충남 태안…

〈그림 6-34〉
속성표의 '표현식별 선택' 아이콘

이어서 대화창에서 〈그림 6-35〉와 같이 설정한다(QGIS 3.0 이후 버전은 대화창 모습이 달라짐). 2010년 이후에 발생한 지진 중 규모 3.5 이상인 것을 골라내라는 조건 표현식이다.

〈그림 6-35〉 '2010년 이후,
규모 3.5 이상 지진' 필터링

데이터 분석과 저널리즘

필드와 값의 해당 항목을 더블 클릭하면 표현식 창에 "진원시"와 "규모"가 뜬다. 여기에 적당한 수식을 추가하면 된다. AND는 나열한 조건을 모두 만족해야 한다는 의미이고 OR는 여러 조건 중 한 가지만 충족해도 채택하도록 하는 것이다.

'선택'을 클릭하면 전체 1,094번의 지진 중 15개의 지진이 선택된다. 우측 슬라이더를 활용해 파란색으로 '선택' 표시가 된 지진을 살펴보자.

	진원시	규모	위도	경도	위치
0	2014-07-0···	2.20000000···	34.5099999···	125.409999···	전남 신안···
1	2014-07-0···	2.90000000···	35.6599999···	129.780000···	울산 동구···
2	2014-07-0···	2.50000000···	35.6499999···	129.810000···	울산 동구···
3	2014-07-0···	2.60000000···	35.6599999···	129.819999···	울산 동구···
4	2014-07-0···	3.50000000···	35.6599999···	129.759999···	울산 동구···
5	2014-06-2···	2.60000000···	38.7700000···	125.890000···	북한 황해···
6	2014-06-1···	2.10000000···	35.9099999···	128.659999···	대구 동구···
7	2014-06-0···	2.60000000···	33.5200000···	125.959999···	제주 제주···
8	2014-06-0···	2.30000000···	35.9699999···	128.620000···	대구 동구···
9	2014-05-1···	3.50000000···	32.9399999···	126.069999···	제주 제주···
10	2014-04-2···	2.20000000···	36.4699999···	127.930000···	경북 상주···
11	2014-04-2···	2.30000000···	35.9699999···	128.039999···	경북 김천···
12	2014-04-1···	2.80000000···	36.9799999···	124.510000···	충남 태안···
13	2014-04-1···	2.40000000···	33.5200000···	126.900000···	제주 제주···
14	2014-04-0···	2.60000000···	37.0399999···	124.620000···	충남 태안···
15	2014-04-0···	2.30000000···	36.9500000···	124.500000···	충남 태안···
16	2014-04-0···	5.10000000···	36.9500000···	124.500000···	충남 태안···
17	2014-03-2···	2.60000000···	36.4699999···	127.920000···	경북 상주···
18	2014-03-1···	2.50000000···	39.4099999···	126.090000···	북한 평안···
19	2014-03-1···	2.70000000···	35.8599999···	128.469999···	대구 달성···

〈그림 6-36〉 표현식 조건에 맞는 지진 선택된 결과

이제 TOC의 지진진앙 레이어명에서 우클릭해 '선택한 레이어의 객체를 다른 이름으로 저장'을 클릭한다. 선택한 지진만 추려서 별도의 지도 파일로 생성하려는 것이다. 다음 그림과 같이 설정하고 새로 만드는 레이어의 이름을 정해 준 뒤 저장한다.

〈그림 6-37〉 필터링된 데이터만 추출해 새 지도 파일로 저장하기

색상은 4단계 '프리티 브레이크'로 나누고, '속성 스타일 탭의 기호 변경' 메뉴에서 동그라미의 크기를 5로 키웠다.

〈그림 6-38〉 2010년 이후 발생한 규모 3.5 이상 지진

데이터 분석과 저널리즘

백령도 주변에 4번의 지진이 일어났고, 격렬비열도 부근에서 규모 5.1의 지진이 일어나는 등 서해 도서 부근에서 지진이 빈번했음을 알 수 있다. 이와 함께 10년 단위로 나눠 지진의 분포가 어떻게 변화했는지도 각자 탐색해 보시기 바란다.

이번엔 특정 문자열을 속성으로 가진 지진 데이터만 추출해 보겠다. 속성 테이블에서 '표현식으로 선택' 창을 꺼내 〈그림 6-39〉와 같이 입력한다.

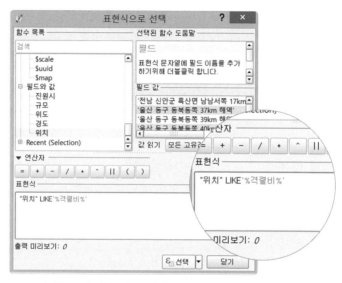

〈그림 6-39〉 와일드카드 % 활용한 조건표현식

서해 격렬비열도 해상에서 '규모 5'의 비교적 강한 지진이 발생했다. 격렬비열도 부근 해역에서 일어난 지진을 검색해 본다. '격렬비열도'나 '격렬비도', '서격렬비열도' 등 다양한 표현을 포함한 모든 정보를 찾아야 한다. 이런 경우 와일드카드인 %를 사용하고 등호(=) 대신 LIKE(비슷한 문자열을 찾는 기능)를 활용한다.

'선택'을 클릭하면 위치 칼럼에 '격렬비열도'란 단어가 포함된 항목 33개가 하이라이트 처리되어 나타난다. 속성 테이블 상단에 '선택됨:33'이라는 설명이 뜰 것이다. 속성 테이블 좌하단의 메뉴에서 '선택된 개체만 표시'를 누르면 필터링된 객체만 남게 된다. 필드 제목의 '규모'를 1번 혹은 2번 클릭하면 각각 오름차순과 내림차순으로 데이터가 정렬된다.

16	2014-04-0···	5.1000000···	36.9500000···	124.500000···	충남 태안군 서격렬비도 서북서쪽 100km 해역
343	2008-01-1···	3.9000000···	35.6499999···	125.370000···	충남 태안군 서격렬비열도 남쪽 107km 해역
723	1998-09-0···	3.8000000···	36.6000000···	125.700000···	충남 격렬비열도 주변해역
672	2000-04-1···	3.5000000···	36.8999999···	125.299999···	격렬비열도 북서쪽 약 40km 해역
689	1999-05-0···	3.5000000···	36.2000000···	123.700000···	충남 격렬비열도 남서쪽 약 200km해역
776	1996-11-1···	3.5000000···	36.7000000···	125.400000···	격렬비열도 북서쪽 약 20km 해역
790	1996-05-2···	3.5000000···	36.3999999···	125.500000···	서해 격렬비열도 남쪽 약 20km 해역
959	1986-04-2···	3.5000000···	36.6000000···	125.500000···	충청남도 격렬비열도 부근 해역
1014	1983-08-2···	3.5000000···	36.3999999···	126.000000···	서해중부 격렬비열도-대청도 해역

〈그림 6-40〉 조건 표현식으로 선택된 데이터

2014년 4월 1일 발생한 규모 5.1의 지진은 격렬비열도 부근 해상에서 일어난 많은 지진 중에서도 예외적으로 규모가 큰 편이었음을 알 수 있다. 목록창의 지진 레이어명 위에서 우클릭하고 선택된 객체만 '다른 레이어로 저장'을 선택해 별도의 지도 레이어를 만들어 저장할 수 있다. 좌단에서 기존의 지도 레이어의 체크 표시를 해제하면 서해 격렬비열도 부근 해상의 지진만 다음과 같이 표시될 것이다. 참고로, 다음 실습으로 넘어가기 전에 지금까지의 작업 결과를 파일로 저장하려면, 상단 메뉴의 '프로젝트' → '저장'으로 가서 저장 폴더에 파일 이름을 입력한 뒤, QGIS Project 파일을 저장하면 된다. QGIS Project 파일을 불러오면, 해당 폴더에서 개별 지도 파일이나 텍스트 파일 등을 호출해, 특정 작업 결과를 쉽게 재현할 수 있다.

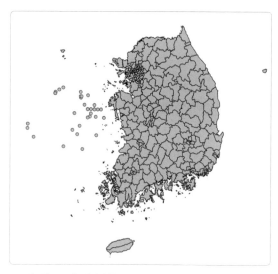

〈그림 6-41〉 격렬비열도 부근 해상에서 발생한 지진 분포

데이터 분석과 저널리즘

6.11. 진앙과 원자력 발전소 위치 반경 분석하기

〈그림 6-42〉 원자력발전소 아이콘 색상·모양·크기 조정

이번엔 진앙 분포도와 연관지어 국내 원전의 위치도 살펴보겠다. 원자력발전소 파일을 불러오자. 국제기구 공개 자료와 구글지도를 참고해 정리한 데이터이다. 여기에 대표적인 연구용 원자로인 대전의 '하나로 원자로'도 포함시켰다. X, Y 좌표는 카텍 좌표계 기준이다. '레이어' → '구분자로 분리된 텍스트 레이어를 추가'에서 파일을 불러와 좌표계를 카텍으로 설정한 뒤 지도에 시각화한다. 속성 스타일 탭에서 동그라미 아이콘을 진앙 표시와 차별화되는 다른 도형(다이아몬드 등)으로 바꿔주고 크기도 5로 키운다. 이어서 원전 위치가 지도 위에 제대로 나타났는지 확인하자.

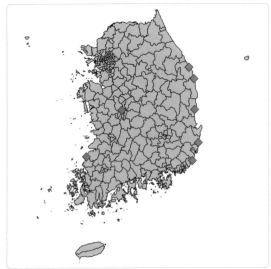

〈그림 6-43〉 국내 원전 및 원자로 위치

이번엔 각 원전의 이름도 지도상에 표시해 보자.

'속성' → '라벨'로 가서 '이 레이어의 라벨'을 '원전 이름' 칼럼으로 설정해 준다.

이어서 텍스트 메뉴에서 글자체는 '함초롬돋움'으로 글자 크기는 15로 설정하고 버퍼 메뉴에서 '텍스트버퍼 그리기'를 체크한다(글자체나 크기는 각자 임의로 설정해도 된다. 글자 버퍼 기능은 글자를 더 명확하게 표시해 준다).

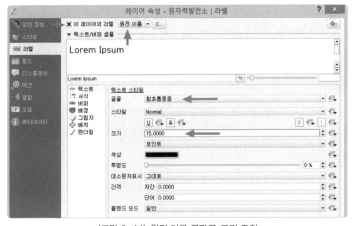

〈그림 6-44〉 원전 이름 글자꼴·크기 조정

OK를 클릭하면 다음과 같이 원전의 이름이 표시돼 지도에 나타난다.

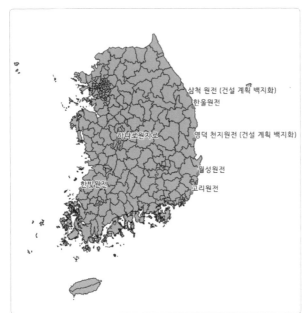

〈그림 6-45〉 국내 원전 이름
지도상 표기

원전과 진앙을 중첩해 비교해 보자. 원전 주변마다 수많은 진앙이 분포하고 있음을 확인할 수 있다.

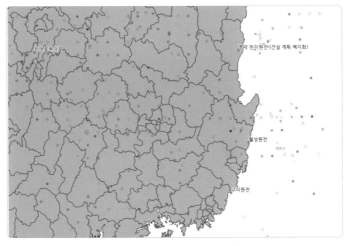

〈그림 6-46〉 동해안 원전과 진앙 중첩 비교

원전 파일은 앞서 진앙 파일을 만든 것과 같이 '쉐이프 파일'로 변환한다. 레이어 좌표계를 카텍으로 설정한 다음, '다른 이름으로 저장' 기능으로 쉐이프 파일로 바꿔 저장하면 된다.

여기서 질문을 2개 던져본다.

1. 국내 원자력 발전소 반경 50km 안에서 규모 3 이상의 지진은 몇 번이나 발생했나?
2. 50km 반경 안에 가장 많은 지진이 발생한 원전은 어디인가?

버퍼링(buffering)이라고 불리우는 공간분석 기능과 함께 공간검색 기능을 함께 활용하자. 지도상 특정 지점에서 컴퍼스로 원을 그리듯 반경을 표시하고 그 안의 지리적 요소를 검색해 내거나 통계를 내는 작업이다. (참고로 버퍼링을 점이 아닌 선이나 폴리곤을 기준으로 실행하면 버퍼링 영역이 원 대신 다른 형태로 그려진다.)

버퍼링과 공간검색 기능을 함께 사용하면 다수의 지점을 중심으로 일정 반경 안에 들어오는 지리적 요소의 통계를 낼 수 있다. 빅데이터 공간분석에 대단히 유용한 기능이라고 할 수 있다. (필자가 1장에서 소개한 유독물 사업장 반경 500m 내의 보육 교육시설을 합산할 때도 바로 이 기능을 활용했다.)

먼저 상단 메뉴 '벡터' → '공간 연산 도구' → '버퍼'를 선택한다(QGIS 3.0 이후 버전에서는 '벡터' → '지리 정보 처리 도구' → '버퍼'를 선택. 대화창의 모습이 다를 수 있음).

〈그림 6-47〉 공간연산도구 중 버퍼 생성 메뉴

데이터 분석과 저널리즘

먼저 대화창에서 새 파일의 이름을 임의로 정해 입력해줘야 한다. '원전반경 50K'라고 이름 붙였다. 단위는 m이므로 '버퍼 거리'를 50000이라고 입력해 준다. '원 묘사에 사용할 세그먼트 수'는 기본값인 5보다 좀 더 높여서 10 이상으로 설정한다. 원의 모양이 좀 더 완만한 곡선에 가깝게 표현된다(GIS의 원은 완벽한 원이 아니라 이처럼 여러 개의 직선을 이어붙인 폴리곤이다).

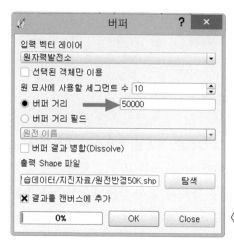

〈그림 6-48〉 버퍼 설정창: 원전 반경 50,000미터 설정

〈그림 6-49〉 버퍼 투명도 및 색상 조정

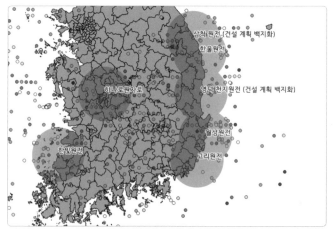

〈그림 6-50〉 원전 주변 반경 50 km 진앙 분포

버퍼링의 목적은 단순 시각화를 뛰어 넘어 설정한 영역을 바탕으로 별도의 공간 검색을 하거나 공간 통계를 내는 데 있다. 이때 지도 레이어의 좌표체계는 모두 하나로 통일돼 있어야 한다. 이를 무시하고 분석할 경우 잘못 산출된 결과값을 얻을 수도 있다. 또한 앞서 설명했듯이 거리 분석은 모두 투영 좌표계를 기준으로 한다. 특히 각도가 단위인 경위도 좌표계(WGS84 등) 지도라면 투영 좌표계로 반드시 변환시켜야 올바른 거리 분석이 가능하다.

〈그림 6-51〉 벡터 – 공간검색 메뉴

〈그림 6-52〉 공간검색 설정 대화창

먼저 '벡터' → '공간 질의' → '공간 질의'로 가서 다음과 같이 설정한다(QGIS 3.0 이후 버전에서는 '벡터' → '조사 도구' → '위치로 선택'으로 간다. 또한, 이하 설명과는 다른 대화창이 나오며, 분석 결과를 별도로 보여주지 않는다. 해당 파일의 속성 테이블로 가서 선택된 지리적 요소를 확인한 뒤, 새 파일로 저장하면 된다. 또는 공간처리 툴박스의 '위치로 추출' 기능을 사용하면 선택된 요소를 자동으로 별도 파일로 만들어준다).

원전 50km 내 반경의 범위에 진앙이 몇 개 있는지 검색하라는 실행명령이다. '객체의 위치'를 '들어감'(QGIS 구 버전은 '범위')로 지정하는 것을 잊지 말아야 한다. (참고로 GIS 소프트웨어마다 설정방법은 다르다. 상용 프로그램인 ARCMAP이라면 이 경우 '들어감' 대신 '교차(Intersect)'로 지정해야 한다.) 'Apply'를 클릭하면 다음과 같은 통계값이 산출된다. 지진 1,994회 중 266번이 원전 반경 50km 이내에서 발생했음을 알 수 있다.

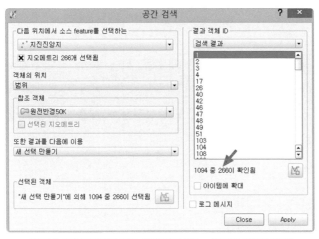

〈그림 6-53〉 공간검색 결과: "원전반경 50km 내 지진 266번 발생"

이제 지도 위의 진앙 중 반경 50km 안에 포함된 곳은 모두 노란색으로 표시됐을 것이다. 속성 테이블을 열어봐도 해당 진앙은 다른 색상으로 차별화돼 표시된다. 추가 분석을 위해 필요하면, 레이어 이름 위에서 우클릭한 뒤 '선택한 레이어의 객체를 다른 이름으로 저장' 기능을 활용해 새 쉐이프 파일로 만들어 저장할 수 있다.

이번엔 '벡터' → '분석도구' → '폴리곤의 점'을 선택하고 다음과 같이 설정한다 (QGIS 3.0 이후 버전에서는 '벡터' → '분석 도구' → '폴리곤 내부에 있는 포인트 개수 구하기').

〈그림 6-54〉 분석도구 – 폴리곤의 점 메뉴

폴리곤 영역 안에 들어간 점의 개수를 세어 속성 테이블에 새로운 칼럼 PNTCNT(POINTS COUNT)을 만들어주는 기능이다. 원전마다 반경 50km 안에서 발생한 진앙의 숫자를 세어 주도록 설정하자. 새롭게 파일을 생성하므로 파일 이름도 새로 지정해 준다.

데이터 분석과 저널리즘

〈그림 6-55〉 '폴리곤 내 점 개수 세기' 대화창

	원전 이름	주소	결과	x	y	PNTCNT
ㄱ	하나로원자로	대전광역시 유⋯	정좌표	343945	424766	68
ㅣ	월성원전	경상북도 경주⋯	정좌표	533497	346586	53
ㄴ	삼척 원전 (건설 계획 백지화)	강원도 삼척시 ⋯	법정동⋯	510037	527737	53
✓	한울원전	경상북도 울진⋯	정좌표	522551	500169	51
ㄱ	영덕 천지원전 (건설 계획 ⋯	경상북도 영덕⋯	법정동⋯	524717	426062	41
ㅈ	한빛원전	전라남도 영광⋯	정좌표	255970	313280	28
ㄷ	고리원전	부산광역시 기⋯	정좌표	517852	303130	15

〈그림 6-56〉 원전 반경 50km 내 진앙 숫자(PNTCNT 칼럼 정렬 화면)

생성된 원전 버퍼 레이어에서 속성 테이블을 꺼내보고 PNTCNT 칼럼명을 2
번 클릭해 내림차순으로 정렬한다. 대전의 하나로 원자로 반경 50km에서 68번,
월성 원전은 53번, 그리고 한때 원전 건설 예정지였던 삼척 부근에는 53번 지진
이 발생했다. 이번에는 '규모 3' 이상의 지진만 추려내 같은 방식으로 분석해 보자.
'규모 3' 이상 지진은 월성 원전 부근에서 가장 많이 발생했다. 반경 50km 안
에서 16번이다.

여기에 더해 각 원전과 진앙까지의 최단 거리를 측정해 별도의 칼럼으로 생성
할 수도 있다. QGIS의 거리 계산 기능은 유독물 공장 파일 실습 부분에서 별도
로 학습하기로 하겠다.

	원전 이름	주소	결과	x	y	PNTCNT
ⅰ	월성원전	경상북도 경…	정좌표	533497	346586	16
ㄱ	영덕 천지원전 (…	경상북도 영…	법정동좌표	524717	426062	10
ㅊ	한빛원전	전라남도 영…	정좌표	255970	313280	9
ㅎ	하나로원자로	대전광역시 …	정좌표	343945	424766	9
✓	한울원전	경상북도 울…	정좌표	522551	500169	8
₄	삼척 원전 (건설 …	강원도 삼척…	법정동좌표	510037	527737	8
∪	고리원전	부산광역시 …	정좌표	517852	303130	2

〈그림 6-57〉 원전 반경 내 규모 3이상 지진 발생 횟수(PNTCNT 칼럼)

참고로 이 책에서 사용한 실습 데이터인, 기상청 홈페이지의 국내 진앙 위치 데이터는 보정 전 자료로, 오차 범위가 땅에서는 10km, 바다에서는 20km에 달한다고 한다. 이 책에서 소개하는 진앙 거리 분석 사례는 QGIS 학습 차원일 뿐, 실제 분석을 할 때는 지진 데이터에 대한 추가적인 정밀 보정이 필요하다는 점을 밝혀둔다.

아울러 한때 원전 건설 예정지였던 삼척과 영덕은 특정 지번이 아닌 해당 행정구역의 중앙점을 기준으로 주변 지진 분포를 살펴본 것이므로 이 또한 대략적인 지진 발생의 경향성을 파악하는 정도 이상의 의미를 부여하기에는 한계가 있음을 밝혀둔다.

앞서 언급했듯이 버퍼링은 점뿐만이 아니라 선이나 폴리곤을 기준으로도 실행할 수 있다. 하천, 행정구역, 공원이나 단지 주변에서 일정 범위의 영역을 버퍼링으로 설정할 수 있는 것이다. 예를 들어 한강 주변 500m 이내에 위치하는 오염 시설을 골라내든지, 지하철 노선에서 200m 이내에서 발견된 싱크홀을 찾아낼 수 있을 것이다. 마찬가지로 국립공원 구역에서 일정 반경 이내에 환경오염시설이 있지는 않은지도 살펴볼 수 있을 것이다.

6.12. GIS의 묘수, 핫스폿 구하기

여기서 한발 나아가 지진이 일어날 가능성이 많은 지대는 어디인지 더 직관적으로 쉽게 파악하는 방법을 학습해 보자. 이른바 '밀도 지도(Density Map)'라고도 하고 온도 지도라고도 하는 시각화 방법이다(앞서 구글 퓨전테이블에서는 Heat Map이라고 칭했다). 온도 지도는 등고선과 같은 모양으로 그려지는데, 지리적 요소가 조밀하게 뭉쳐 등고선 패턴의 중심에 위치하는 곳을 핫스폿(Hot Spot)이라고 부른다. 진앙 분포도에서는 지진이 가장 많이 일어난 곳이 핫스폿으로 나타난다. 핫스폿은 확률적으로 봤을 때 우연히 발생했다고는 보기 힘든 '이유 있는' 공간분포를 의미한다. 다시 말해 발생한 지진들이, 무작위로 일어난 것이 아니라, 특정 변수의(이를테면 지진단층의 활동 등 지질학적 특성), 영향을 받아 발생한 것이라고 의심해 볼 만한 상황을 말한다. 주사위를 던지듯 각 진앙을 나타내는 점들을 한반도 지도상에 눈감고 마음대로 뿌린다고 상상해 보자. 수십 번, 수백 번 던질수록 점들의 평균적인 분포는 한반도와 주변 해역에 골고루 분산돼야 할 것이다. 하지만 무작위로 뿌린 점이 특정 지역이나 해역에 유독 몰린다면 우연이라고는 생각하기 힘들 것이다. 비유컨대 지도 밑의 특정 지점에 자석을 설치하고 쇳가루를 뿌릴 경우에나 이런 쏠림현상이 일어날 것이다. 확률분포곡선의 Z값이 매우 크거나 작고, P값은 극히 작아 실제로 무작위로 일어날 확률이 희박하다고 판단되는 경우이다. Z값이 극히 크거나 작은 지점을 핫스폿(Hot Spot) 혹은 콜드스폿(Cold Spot)이라고 하며, GIS 프로그램의 공간 통계기능을 활용해 구할 수 있다. 다시 말해 귀무가설은 기각되고, 통계적 유의성이 인정되는 공간 패턴이다.

온도 지도를 그리기 위한 연산 알고리즘은 다양하다. 대표적으로 많이 활용되는 것이 '커널 덴서티 에스티메이션(Kernel Density Estimation)'이다. 복잡한 연산과정을 거쳤지만, 다행히 QGIS에서는 기본 메뉴의 간단한 설정만으로도 실행이 가능하다.

QGIS 3.0 이후 버전에서는 래스터기본 메뉴의 온도 지도 기능이 없어져, 공간처리 툴박스의 열지도 기능을 대신 사용해야 한다.

본 챕터의 설명은 QGIS 2.18 이전 버전 기준이다.

온도 지도는 언제나 점으로 이뤄진 지도 레이어를 기반으로 한다. 폴리곤 레이어는 각 영역의 센트로이드(폴리곤 안의 정중앙점)을 산출해 중앙점으로 이뤄진 점 레이어를 만든 뒤, 온도 지도를 생성한다. 이때 폴리곤은 격자 단위로 자세하게 나뉘어진 영역이어야 한다. 가령 대도시를 동 단위 이하 일정한 소구역으로 나눠 인구를 조사한 인구집계 파일이 있다고 가정하면, 각 인구조사 영역의 중앙점을 산출해, 각 점마다 부여된 인구에 가중치를 두어 온도 지도를 작성할 수 있을 것이다.

상단 메뉴의 '래스터' → '온도 지도'로 가서 대화창에서 〈그림 6-59〉와 같이 설정하자. 반지름은 25,000m로 셀 크기는 3,000m로 입력하고 지진 규모를 가중치로 설정했다.

〈그림 6-58〉 온도 지도 생성 메뉴

〈그림 6-59〉 온도 지도 설정 대화창

OK를 누르면 래스터 파일이 생성돼 형체를 알아보기 힘든 흑백 지도가 나타난다. 정상적으로 온도 지도 래스터 파일이 만들어진 것이다.

〈그림 6-60〉 진앙 온도 지도 생성 뒤 첫 화면

데이터 분석과 저널리즘

생성된 온도 지도 레이어의 '속성' → '스타일 탭'으로 들어가 제대로 된 온도 지도로 나타나도록 조정해 준다. '렌더' 유형을 '단일밴드 의사색채'로 설정하고 적당한 색상 램프를 정한 뒤, '분류'를 클릭한다.

OK를 누르니 제법 그럴 듯한 온도 지도가 만들어진다.

행정경계 레이어를 온도 지도 위로 올린 뒤, 투명도를 70으로 조정하면 〈그림 6-61〉과 같이 나타날 것이다.

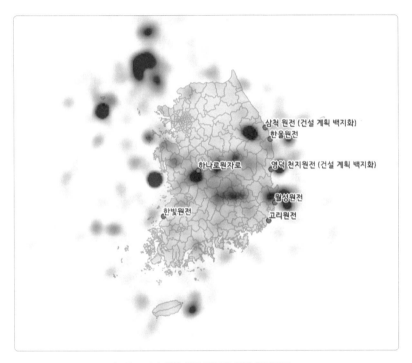

〈그림 6-61〉 진앙 온도 지도와 원전 위치 비교

만약 깔끔하게 핫스폿 부근만 표시하려면 속성의 투명도 탭으로 들어가서 〈그림 6-62〉와 같이 설정한다. 스타일 탭 색상 분류에서 지진이 상대적으로 덜 일어나는 구역, 즉 하위의 3단계를 투명하게 만들어 아예 시야에서 사라지게 하려는 것이다. 우측의 + 표시를 클릭한 뒤 '시작: 0, 끝: 0.270114'를 입력하고 OK를 누른다. 이 때 입력하는 숫자는 온도 지도의 구간별 범위 중에서 하위의 3단계에 해

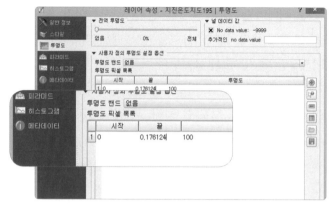

〈그림 6-62〉 온도 지도 투명도 조정

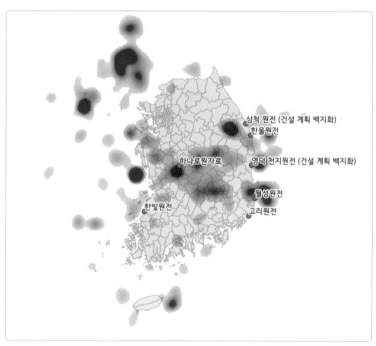

〈그림 6-63〉 지진 온도 지도와 원전 위치(투명도 조정 결과)

당하는 숫자로, 설정값이나 QGIS 버전에 따라 크게 차이가 날 수 있다. 이때 행정 경계 레이어는 다시 투명도 0%로 되돌려 온도 지도 레이어 밑으로 원위치 시키자.

데이터 분석과 저널리즘

월성 원전과, 한때 건설이 추진되다가 계획이 백지화된 영덕 원전 그리고 원자력 연구단지에 있는 연구용 시설인 대전의 하나로 원전은 국내에서 지진이 비교적 빈번히 일어나는 핫스폿이나, 그 부근에 위치하고 있다. 월성 주변엔 방사성 폐기물 저장 시설이 있고 대전 역시 마찬가지다. 다른 한울(울진)원전과 건설 예정인 삼척도 핫스폿과 가까운 편이다.

QGIS는 온도 지도 기능을 실행하면 지도 레이어 위에 일정한 격자들을 그린 뒤, 격자의 중앙점마다 특정 반경으로 격자보다 큰 원을 그려서 그 안에 들어오는 진앙의 개수를 합산한다. 이어서 원의 넓이로 나눠서 그 값을 격자 셀마다 부여한다. 여기에 지진 규모 등 추가적인 수치를 가중치로 줄 수 있다. 앞서 그린 온도 지도는 원의 크기를 25,000m로 잡고 격자 크기는 3,000m로 설정했으며 지진규모로 가중치를 뒀다.

'반지름'과 '셀 크기' 설정값을 변화시키면 온도 지도는 각기 다른 모습으로 그려진다. 색상주제도의 데이터 구간 분류 방식을 결정할 때와 마찬가지로 일정한 정답은 없다. 각기 지도레이어의 범위와 특성에 따라 경험칙에 의거해 최적의 설정값을 넣어줘야 한다. 진앙의 밀도 분포가 가장 명쾌하게 파악되는 설정값은 데이터 성격과 지도 축척에 따라 달라진다. 다행히 요령은 있다. 일반적으로 '반지름'이 커지면 온도 지도가 더 완만하고 뭉개진 형태로 그려지고 '반지름'이 작아지면 등고선 형태가 더 뚜렷해지지만 핫스폿의 크기는 작아진다. '셀 크기'가 커질수록 래스터 격자의 크기는 커지고, 작으면 더 조밀하고 상세하게 분포가 그려진다. 다음 그림들을 보면서 감을 익힌 뒤, 각자 다양한 설정값을 넣어 그려보고 비교해 보자.

〈그림 6-64〉 반지름 25,000
셀 크기 3,000

〈그림 6-65〉 반지름 25,000
셀 크기 1500

〈그림 6-66〉 반지름 25,000
셀 크기 150

〈그림 6-67〉 반지름 40,000
셀 크기 2,000

〈그림 6-68〉 반지름 30,000
셀 크기 2,000

〈그림 6-69〉 반지름 20,000
셀 크기 2,000

6.13. 격자형 밀도 지도 만들기

커널 덴서티 에스티메이션에 의한 온도 지도와는 또 다른 방법으로 밀도 지도를 만드는 방법이 있다. 일정한 간격으로 사각형 혹은 육각형 격자를 만든 뒤, 개별 격자 안에 들어오는 점의 개수를 계산한 뒤, 그 개수에 비례해 격자의 색상을 달리 표현하는 것이다. 너무 많은 점들이 지도에 뿌려져 정확한 공간 패턴이 눈에 들어오지 않는 경우 이 같은 밀도 지도를 쓰면 특히 유용하다. 앞서 설명한 온도 지도처럼 공간 분포를 살펴보기 쉽다는 장점이 있으면서도 제작 원리가 훨씬 더 간단한 점도 특징이다.

먼저 격자 폴리곤을 만들기 위해서는 QGIS의 플러그인인 MMQGIS을 설치해 Create Grid Layer 기능을 활용한다. (MMQGIS의 분석 기능은 작업 폴더와 파일, 칼럼명을 모두 영어 이름으로 바꿔줘야 실행이 가능하지만, 그리드 생성 기능만은 한글명 폴더와 파일, 칼럼도 문제없이 처리한다.)

먼저 지진분포도를 적당한 축적으로 화면에 띄워 놓은 상태에서 'Create Grid Layer' 작업창을 띄운다. 일단 자동으로 설정되는 초기값으로 격자를 그려본 뒤, 시행착오를 반복하면서 격자 크기가 다른 몇 장의 레이어를 시험적으로 그려보는 것이 필요하다. 사각형 격자의 가로 폭을 결정하는 H Spacing과 세로 높이를 설정하는 V Spacing을 적당한 크기로 축소해 준다.

데이터 분석과 저널리즘

〈그림 6-70〉은 지진 밀도 지도를 그리기 앞서 격자 레이어 생성을 위해 임의로 설정한 화면이다.

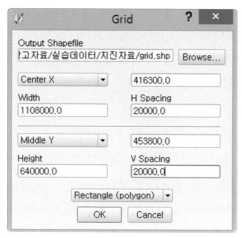

〈그림 6-70〉 격자(Grid) 만들기 대화창

정사각형 격자 폴리곤을 만든 뒤, 개별 격자 안에 들어오는 진앙의 개수를 세어 속성 테이블의 새 칼럼으로 만들어준다. '벡터' → '분석도구' → '폴리곤의 점' 기능을 사용한다. 새로 생성된 SHP 파일에서 PNTCNT 칼럼을 기준으로 색상 농담을 달리해 색상주제도를 그리면 된다.

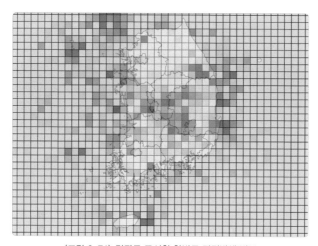

〈그림 6-71〉 격자로 표시한 한반도 지진발생 빈도

지진이 한 번 이상 발생한 구역만 선별해 다시 시각화해 보면 〈그림 6-72〉와 같이 그려진다. 데이터 단계 구분은 '내추럴 브레이크' 방식을 사용했고, 8단계로 구분했다. 격자의 크기와 데이터 단계 구분 방식의 선택에 따라 지도의 모습이 어떻게 달라지는지도 관찰해 보자. MMQGIS의 그리드 생성 메뉴에서 사각형 대신 벌집 모양의 육각형 폴리곤 격자를 선택해 밀도 지도를 생성할 수 있다는 점도 기억하자.

격자를 기반으로 한 밀도 지도는 온도 지도보다는 정밀도는 떨어지나, 시청자나 독자가 더 쉽게 공간 패턴을 이해할 수 있다는 점에서, 하나의 훌륭한 시각화 대안이 될 수 있다. 다만 지진 규모까지 감안한 격자밀도 지도를 그리려면, 이 장의 후반부에 학습할 '위치에 따라 속성 결합', 즉 공간결합 기능(Spatial Joining)을 활용해 각 격자 안에 들어오는 지진규모의 총합을 구해 색상을 입혀 시각화해야 할 것이다. 또한 속성 테이블을 CSV 파일로 추출해 엑셀로 통계분석을 해 볼수도 있다.

〈그림 6-72〉 격자로 표시한 지진발생 빈도(지진 발생 구역만 표시)

데이터 분석과 저널리즘

6.14. 행정경계 색상주제도 만들기

GIS에서 빈번하게 사용하는 또 다른 데이터 시각화 방식은 행정경계와 같은 폴리곤 지도의 영역에 색상을 채워 데이터값을 표시하는 것이다. 행정경계지도 레이어에는 인구나 범죄율, 실업률 같은 데이터값이 포함되어 있지 않으므로 지도에 일반 데이터를 추가로 결합해야 한다. 데이터 속성(Attribute)을 기반으로 한 결합이라는 의미에서 '속성결합(Joining by Attributes)'이라고 부른다.

먼저 '시·군·구 단위 행정경계지도'와 '인구집계자료'를 각각 불러오자. 2014년 5월 기준의 경계지도와 안전행정부의 주민등록인구 집계 자료이다.

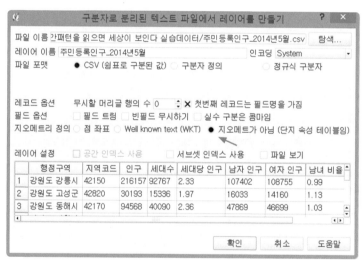

〈그림 6-73〉 CSV 파일 불러오기('지오메트리 아님' 체크)

시·군·구 인구집계 파일은 지도가 아닌 일반 CSV 데이터 파일이다. 〈그림 6-73〉처럼 지오메트리 정의 항목에서 '지오메트리가 아님'을 체크해야 한다.

'시·군·구 행정경계 속성' → '결합' 탭으로 가서 좌하단의 녹색 십자 표시를 클릭한 뒤 대화창에 〈그림 6-74〉와 같이 설정한다. 중요한 점은 지도 파일과 일반 데이터 파일 양쪽에 이름이나 고유번호 같은 공통의 칼럼이 존재해야 한다는 사실이다. 여기서는 행정경계 파일의 SIG_CD와 인구집계 파일의 행정구역코드를 공통 칼럼으로 각각 설정했다(이 행정경계파일은 법정동 코드 중 시·군·구 식별을 위한 앞 5자리를 지역번호로 삼고 있다. 앞서 구글 퓨전테이블 실습에서 접한 행정구역 분류번호와는 차이가 난다는 점을 기억하자. 입수한 행정경계파일의 지역코드가 어떤 지역 분류법을 기준으로 하고 있는지에 따라 속성결합의 기준도 달라진다).

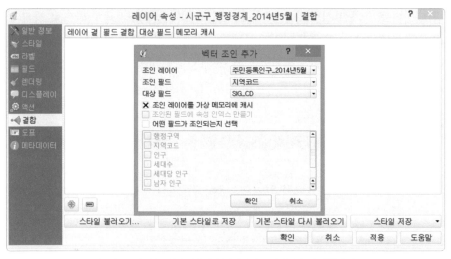

〈그림 6-74〉 인구집계 파일과 행정경계지도 레이어 속성 결합하기

OK를 차례로 클릭하고 지도 레이어 속성을 열어보면 인구집계자료가 행정경계 지도의 속성에 결합됐음을 알 수 있다. 참고로 지도와 인구자료를 결합했어도 행정경계지도 파일의 물리적 속성에 변화를 준 것은 아니다. QGIS 작업 프로젝트에서만 사용하도록 임시로 생성된 데이터일 뿐이다. PC 폴더 안의 원파일은 변한 것이 없고, 작업 프로젝트를 저장하지 않으면 모두 없어진다는 점을 기억하자.

	SIG_CD	SIG_ENG_NM	SIG_KOR_NM	주민등록인구_2014년5월_행정구역	주민등록인구_2014년5월_인구	주민등록인구_2014년5월_세대수	주민등록인구_2014년5월_세대당 인구
11	42110	Chuncheon-si	춘천시	강원도 춘천시	275014	112099	2.45
1	42130	Wonju-si	원주시	강원도 원주시	325241	132853	2.45
2	42150	Gangneung-si	강릉시	강원도 강릉시	216157	92767	2.33
3	42170	Donghae-si	동해시	강원도 동해시	94568	40090	2.36
4	42190	Taebaek-si	태백시	강원도 태백시	48827	22500	2.17
5	42210	Sokcho-si	속초시	강원도 속초시	82778	37039	2.23
6	42230	Samcheok-si	삼척시	강원도 삼척시	73966	35983	2.04
7	42720	Hongcheon-…	홍천군	강원도 홍천군	70613	31033	2.28
8	42730	Hoengseong…	횡성군	강원도 횡성군	45270	20170	2.24
9	42750	Yeongwol-gun	영월군	강원도 영월군	40219	19449	2.07
10	42760	Pyeongchan…	평창군	강원도 평창군	43777	20179	2.17
11	42770	Jeongseon-…	정선군	강원도 정선군	39648	19294	2.05
12	42780	Cheorwon-gun	철원군	강원도 철원군	47376	19858	2.39

〈그림 6-75〉 행정경계지도 속성표와 인구통계 결합 결과

데이터 분석과 저널리즘

인구 분포 지도 작성에는 총인구보다 '인구밀도'를 기준으로 시각화하는 것이 더 합리적일 것이다. QGIS의 계산 편집 기능을 활용해 '인구밀도' 칼럼을 새로 만들어보자. 행정경계 레이어를 다른 이름으로 저장해 복사본으로 편집을 하자.

속성 테이블 상단의 맨 왼쪽의 연필표시 아이콘(편집모드 전환)과 맨 오른쪽 아이콘인 필드 계산기를 선택한다. 새 필드 생성 모드에서 출력 칼럼 이름을 '인구밀도'라고 입력한다. 대회창 하단의 표현식 입력란에 다음 수식을 넣는다.

"주민등록인구_2014년5월_인구" / $area * 1,000,000

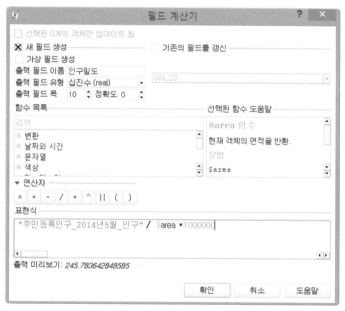

〈그림 6-76〉 필드계산기에 인구밀도 계산 표현식 입력

인구를 면적 칼럼의 수치로 나누면 제곱미터(㎡) 당 인구, 즉 인구밀도가 계산된다. 인구에 해당하는 "주민등록인구_2014년5월_인구"는 직접 입력하든지, 검색창의 필드와 값에서 선택해 클릭한다. QGIS에서 칼럼과 필드는 동일한 개념이다. 필드 이름은 큰따옴표로 시작과 끝을 표시해준다는 점을 잊지 말자. 면적 산출함수는 지오메트리 항목의 십자 표시를 클릭한 뒤 $area를 찾아 선택한다. 제곱미터(㎡)를 단위로 한 면적이다. 여기에 제곱킬로미터(㎢) 당 인구를 구하기 위해서

는 다시 1,000,000을 곱해야 한다. OK를 클릭하고 상단 메뉴 맨 왼편의 연필 모양 아이콘을 클릭하면 나타나는 '편집 종료' 대화창에서 '저장'을 클릭한다. 결과적으로 속성 테이블에 인구밀도 필드가 생겼을 것이다.

	SIG_CD	SIG_ENG_NM	SIG_KOR_NM	인구밀도	주민등록인구_2014년5월_행정구역	주민등록인구_2014년5월_인구
	42110	Chuncheon-si	춘천시	246	강원도 춘천시	275014
	42130	Wonju-si	원주시	374	강원도 원주시	325241
	42150	Gangneung-si	강릉시	207	강원도 강릉시	216157
	42170	Donghae-si	동해시	522	강원도 동해시	94568
	42190	Taebaek-si	태백시	160	강원도 태백시	48827
	42210	Sokcho-si	속초시	782	강원도 속초시	82778
	42230	Samcheok-si	삼척시	62	강원도 삼척시	73366
	42720	Hongcheon-gun	홍천군	39	강원도 홍천군	70613
	42730	Hoengseong-gun	횡성군	45	강원도 횡성군	45270
	42750	Yeongwol-gun	영월군	36	강원도 영월군	40219
	42760	Pyeongchang-····	평창군	30	강원도 평창군	43777
	42770	Jeongseon-gun	정선군	32	강원도 정선군	39648
	42780	Cheorwon-gun	철원군	57	강원도 철원군	47376

〈그림 6-77〉 인구밀도 칼럼 생성 결과

편집모드 전환 아이콘을 다시 클릭해 초기 모드로 원위치 시킨다. '속성' → '스타일'에서 '단계로 나누어진'을 선택하고 인구밀도 칼럼을 기준 칼럼으로 설정한다. 색상을 6단계로 나눈 상태에서 '분위수(동일 개수)'를 선택한 뒤 OK를 클릭하자.

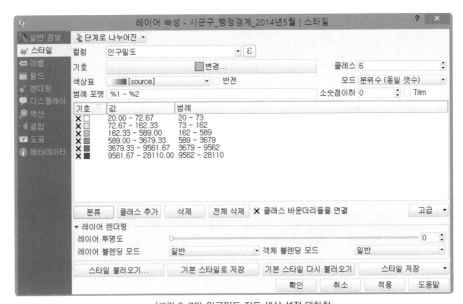

〈그림 6-78〉 인구밀도 지도 색상 설정 대화창

데이터 분석과 저널리즘

비로소 인구밀도에 기반한 색상주제도가 만들어졌다. 지도를 확대해 수도권을 비롯한 전국 곳곳을 살펴보자. 아울러 '프리티 브레이크'가 아닌 다른 알고리즘으로도 색상주제도를 그려보고 비교해 보자. 수도권 지역으로 지도를 확대해 대조해 비교해 보면, 같은 데이터라도 여러 가지 다른 모습의 색상주제도가 만들어짐을 알 수 있을 것이다.

앞서 진앙 분포도와 마찬가지로 데이터 구간을 나누는 방법과 색상 스케일에 따라 데이터 지도는 전혀 다른 느낌과 형상을 띨 수 있다. 색상으로 주제를 표현한 데이터 지도는 자연현상과 사회문제를 시각화하는 효과적인 수단이지만, 자칫 잘못 사용되면 현실을 오도하는 도구가 될 수도 있음을 명심하자.

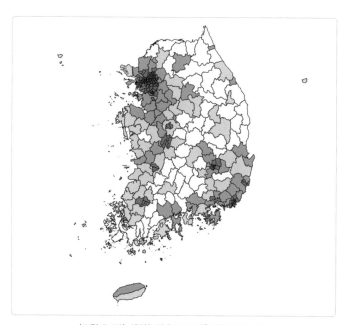

〈그림 6-79〉 색상농담으로 표시한 인구밀도 지도

6.15. 주소에 공간좌표 부여하기: 지오코딩의 요령

언론현업에서 데이터 지도를 만들 때는 경위도 값보다 주소록을 바탕으로 하는 경우가 더 많은 편이다. 주소에서 X, Y 공간 좌푯값을 구하는 작업을 지오코딩 (Geocoding)이라고 한다고 설명한 바 있다. 데이터 지도제작엔 필수적인 작업이지만 아쉽게도 QGIS는 한글 주소를 지오코딩하는 기능이 없다. 대안은 네이버나 다음 포털의 오픈 API를 호출해 지오코딩 작업을 수행하거나, 다른 지오코딩용 소프트웨어의 도움을 받는 것이다. 초보자에게는 컴퓨터 코딩이 필요 없는 후자의 방법을 추천한다. 민간 GIS 분석회사인 biz-gis.com에서 제작해 무료로 제공하는 X-Ray Map은 지번 주소를 빠른 속도로 지오코딩해 주는 온라인 애플리케이션이다. X-Ray Map은 다양한 국내 데이터베이스가 장착돼 있을 뿐 아니라 간단한 공간분석과 시각화를 할 수 있는 GIS 분석 기능도 갖추고 있다. 유독물 사업장 실습 데이터 파일을 불러와 X-Ray Map으로 지오코딩을 해 보자.

먼저 엑셀로 실습파일 폴더에서 '유독물사업장' 파일을 열어보자. 전국의 유독물 사업장 2,833곳의 주소가 담겨 있을 것이다. 참고로 이 파일은 국립환경연구원이 공개하는 화학물질 이동 배출량 공개 시스템에서 일부 데이터를 추출해 정리한 자료이다. 화학물질 중 유독물로 분류된 물질을 취급하는 전국의 공장 중에서 지번 주소가 불명확한 21곳을 제외하고 정확한 위치정보가 확인되는 곳만 골라 종합했다.

www.biz-gis.com의 초기 화면에서 웹용 X-Ray Map 섹션을 찾아 들어간다. 온라인 도구가 자동으로 뜰 것이다. 화면 상단 메뉴의 '추가 및 심볼' → 'Geocoding Tool'로 간다.

X-Ray Map 지오코딩 기능을 사용하면, 단일 IP에서 하루에 10,000건의 주소까지 지오코딩이 가능하다. 따라서 유독물 사업장 데이터는 한 번 실행으로 모두 지오코딩할 수 있다. 데이터를 입력하는 방법은 두 가지다. 주소 칼럼이 포함된 엑셀 파일을 도구로 불러오거나, 주소 칼럼을 포함한 데이터를 복사해 도구의 입력창에 붙이기 할 수 있다.

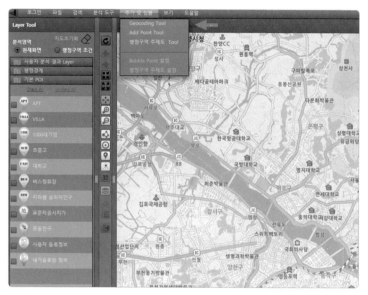

〈그림 6-80〉 X-Ray Map의 지오코딩 메뉴

대화창 좌단에 '주소를 포함한 문자열을 붙여넣기 하세요'라고 쓰여진 빈 상자에 엑셀 파일에서 복사한 사업장 이름과 주소를 붙여 넣는다.

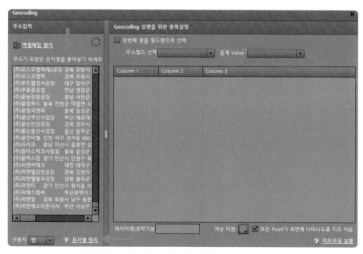

〈그림 6-81〉 지오코딩 작업창에 주소록 붙여 넣기

구분자가 탭인지 확인하고 좌하단의 문자열 정리를 선택한다.

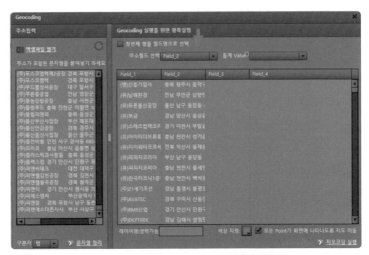

〈그림 6-82〉 지오코딩 실행 직전 화면

우측 박스에 사업장 이름과 주소가 가지런히 정리돼 나타날 것이다. 첫 줄에 칼럼 이름이 있으면 '첫 번째 행을 필드명으로 선택'을 체크한다.

주소 필드가 제대로 설정됐는지를 본다. 화면의 실습 데이터의 경우 '필드2'로 돼 있으면 올바르게 설정된 것이다. 마지막으로 우하단의 '지오코딩 실행'을 클릭한다. 〈그림 6-83〉과 같이 지오코딩 진행 상황이 뜰 것이다.

지오코딩이 마무리되면 X-Ray Map에 해당 지점들이 표시되고, 표에도 주소값마다 X, Y 좌푯값이 부여됐는지 확인해 보자. 결과물을 QGIS로 가져가 2차 분석을 하기 위해 파일을 내려받자. 엑셀 저장 버튼을 선택한다. 좌표계를 묻는 창이 나오면 적당한 좌표계를 정한다.

실습에서 사용할 기본 좌표체계인 카텍으로 설정한다. 저장한 엑셀 파일은 엑셀에서 '유독물 사업장 지오코딩'으로 이름을 바꿔 저장한다.

이 같은 방법으로 나머지 사업장 주소도 100개 씩 나눠 29번에 걸쳐 지오코딩한 뒤 그 결과를 하나의 엑셀 파일로 합쳐야 한다. 이를 '다른 이름으로 저장' 기능으로 CSV 파일로 변환하면 유독물 사업장 2,833곳의 X, Y 좌푯값이 담긴 엑

　　　　　　　　　　　　데이터 분석과 저널리즘

셀 CSV 파일이 만들어진다.

〈그림 6-83〉 지오코딩 진행상황 표시

	A	B	C	D	E
1	사업장명	주소	결과	x	y
2	(명)신흥기업사	충북 청주시 흥덕구 향경정좌표		348923	449880
3	(유)남해환경	전남 무안군 삼향면 유경정좌표		257397	249762
4	(유)듀폰울산공장	울산 남구 용잠동 453-4정좌표		525345	322529
5	(유)보금	경남 양산시 웅상읍 주남정좌표		504821	314234
6	(유)스태츠칩팩코리아	경기 이천시 부발읍 아E정좌표		354668	516817
7	(유)아이티더브류특수필름	충남 천안시 성거읍 천홍정좌표		329321	475068
8	(유)지이워터프로세스테크놀로지	전북 익산시 용제동 605정좌표		310786	372272
9	(유)피피지코리아	부산 남구 용당동 128-7정좌표		500247	280335
10	(유)피피지코리아	충남 천안시 풍세면 용경정좌표		321260	460728

〈그림 6-84〉 유독물사업장 주소 지오코딩 결과

이 데이터는 필자가 미리 지번 주소가 불명확한 곳은 추려내고 정제했기 때문에 모두 문제없이 정좌표로 지오코딩이 수행됐다. 실전에서는 주소가 부정확해 지오코딩이 제대로 이뤄지지 않는 경우가 종종 발생할 수 있다. 지오코딩 결과가 정좌표로 계산되지 않았으면 '정제 실패'로 표시되거나 '인근 좌표', '행정 좌표', '법정동 좌표'로 표시된다. 주소에 대한 공간 좌푯값을 구할 수 없어, 부근 적당한 곳을 골라 임의로 좌표를 표시했거나, 행정구역의 중앙점을 찍은 경우이다. 특히 정확성을 기해야 하는 분석이라면 정좌표가 아닌 지오코딩 결과는 배제하든지, 별도의 취재를 통해 정확한 지번 주소를 파악해야 한다.

6.16. 포털 지도와 대조해 보기

QGIS로 시각화한 점이나 선, 폴리곤이 제대로 정위치에 표시가 됐는지 확인하기 위해서는 정부나 대형 포털이 만들어 놓은 전자지도와 대조해 보는 것이 가장 좋은 방법이다. 특히 국토교통부가 만든 표준 웹 지도인 VWorld나 네이버, 다음

지도 등과 중첩해 보는 것이 도움이 된다. 전자지도상에 상세히 표시된 여러 지형지물을 참고할 수 있다는 것도 이점이다.

QGIS의 TMS for Korea라는 플러그인을 설치하면 이 같은 대조가 가능하다. '플러그인' → '플러그 관리 및 설치' 메뉴에서 TMS for Korea를 찾아 설치한다. 작업창에 행정경계와 유독물 사업장 레이어를 띄워놓은 상태에서 플러그인 메뉴로부터 TMS for Korea를 부른다(최신 버전으로 업그레이드된지 얼마 안 된 시점에서 설치한 QGIS 최신 버전의 경우 TMS for Korea가 플러그인 메뉴에 포함되어 있지 않을 수 있다. 포털 지도와의 대조가 필수적인 작업이라면, 최신 버전보다 장기 버전인 LTR을 사용할 것을 권한다).

〈그림 6-85〉 플러그인 메뉴에서 TMS for Korea 플러그인 찾기

만약 유독물 사업장 데이터를 CSV 파일로 처음 시각화한 것이라면 우클릭 후 '레이어 좌표계 설정' 메뉴에서 좌표계를 카텍으로 설정해 놓자.

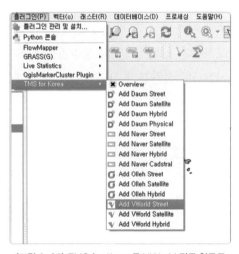

〈그림 6-86〉 TMS for Korea로 VWorld 지도 업로드

데이터 분석과 저널리즘

이어 TOC의 오버뷰 창에서 VWorld 지도를 활성화시킨다.

〈그림 6-87〉 VWorld 지도 활성화

다음은 VWorld 지도에 유독물 공장 위치를 붉은 점으로 중첩시킨 화면이다. 네이버지도나 다음지도, 올레지도와 대조해 보면서 행정경계지도상에서는 알 수 없었던 주변 지형지물을 살펴보자.

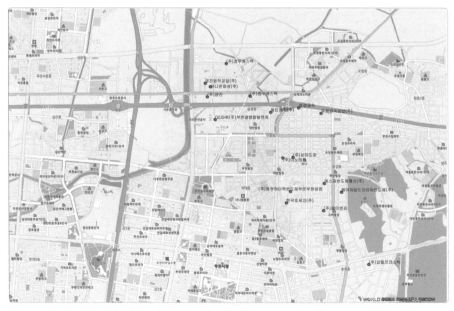

〈그림 6-88〉 유독물사업장 위치와 VWorld 지도 중첩 화면

6.17. GIS만의 특별한 기능: 데이터 '공간결합'하기

지오코딩한 유독물 사업장 데이터를 QGIS로 불러오자. 읍·면·동 단위 행정경계지도도 띄운다. 간단한 공간분석을 하기에 앞서 지도로 시각화된 레이어를 쉐이프 파일로 만들자. '다른 이름으로 저장' 기능으로 '유독물 사업장' SHP 파일을 생성해 저장한다.

읍·면·동 단위마다 유독물 공장의 숫자가 얼마나 많은지를 색상 농담으로 표현하려고 한다. 이를 위해서 유독물 공장 레이어 속성에 읍·면·동 단위로 사업장 집계를 담은 칼럼을 만들어줘야 한다. 각 사업장의 X, Y 좌푯값을 기반으로 각 행정경계 안에 들어오는 공장 숫자를 계산해 주는 기능을 사용하면 사업장 집계 칼럼을 만들 수 있다. 지도 레이어와 레이어의 데이터베이스를 공간 정보에 기반해 합쳐 주는 GIS만의 대단히 편리한 기능이다. 이를 공간결합(Spatial Joining)이라고 한다. 이 사례에서는 앞서 익힌 '폴리곤의 점 개수 구하기' 기능과 크게 다를 것이 없겠지만, 공간결합 메뉴는 평균과 최대, 최솟값을 찾아 속성 테이블에 결합하거나, 가장 근거리의 점을 찾아 결합하는 등의 다양한 기능도 제공한다.

〈그림 6-89〉 읍·면·동 행정경계 지도에 유독물 공장 위치 표시

데이터 분석과 저널리즘

다만 유료 프로그램인 Arcgis와 같이 공간결합과 동시에 지리적 요소 사이의
최단 거리를 자동으로 계산해 주는 기능이 QGIS에 없는 점은 아쉬운 부분이다.
　이제 '벡터' → '데이터 관리도구' → '위치에 따라 속성을 결합'을 선택하자.

〈그림 6-90〉 '위치에 따라 속성을 결합' 메뉴

　행정경계 레이어를 '대상 벡터 레이어'로 지정하고 여기에 결합할 '벡터 레이어
조인'란에 '유독물 사업장' 파일을 지정한다. '교차하는 모든 객체 속성 요약 이용'
을 체크한 뒤 '총계'도 체크한다. 각 행정구역마다 그 안에 들어오는 모든 유독물
사업장의 합계를 내라는 얘기다. 대화창에서 〈그림 6-91〉과 같이 설정한다. 새로
쉐이프 파일을 생성하는 것이므로 출력 SHP의 탐색 버튼을 누르고 적당한 폴더
에 새로 만들 파일의 이름을 입력해 줘야 한다(QGIS 3.0 이후 버전에서는 대화창
의 모습과 선택 항목이 다를 수 있음).

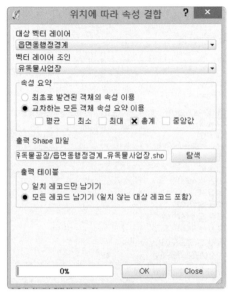

〈그림 6-91〉 '위치에 따라 속성 결합' 설정 대화창

	HDONG_CD	HDONG_NM	GUGUN_NM	SIDO_NM	SHAPE_Leng	SHAPE_Area	COUNT
171	4127357000	초지동	안산시단원구	경기도	30423,9386···	30852951,3···	230,000000···
45	2717061000	비산7동	서구	대구광역시	7757,14558···	2711641,35···	63,000000···
440	4613082000	삼일동	여수시	전라남도	50122,8178···	111781342,···	59,000000···
186	4139059300	정왕3동	시흥시	경기도	27296,5797···	32635834,2···	58,000000···
111	3114064000	선암동	남구	울산광역시	28396,8753···	34206662,9···	54,000000···
72	2820067000	논현고잔동	남동구	인천광역시	18185,9993···	13841844,6···	51,000000···
118	3171025000	온산읍	울주군	울산광역시	35884,7229···	57654305,6···	50,000000···
471	4711157000	제철동	포항시남구	경상북도	28076,0047···	25500265,3···	49,000000···
34	2644056000	녹산동	강서구	부산광역시	44548,0366···	58469175,4···	47,000000···
575	4833053000	강서동	양산시	경상남도	27342,0304···	29708802,5···	40,000000···
539	4812357000	웅남동	창원시성산구	경상남도	28724,8044···	42106555,6···	39,000000···
494	4719062200	공단2동	구미시	경상북도	12977,7009···	9000086,56···	38,000000···
409	4513071000	소룡동	군산시	전라북도	48381,7392···	52634669,5···	32,000000···
112	3114067000	야음장생포동	남구	울산광역시	17379,2692···	16216224,1···	30,000000···
415	4514067000	팔봉동	익산시	전라북도	30292,9778···	21576810,5···	30,000000···
97	2920064000	하남동	광산구	광주광역시	22435,0233···	16645424,8···	26,000000···
280	4311375600	봉명2,송정동	청주시흥덕구	충청북도	13047,2060···	4732100,29···	26,000000···
56	2771025300	논공읍	달성군	대구광역시	33876,4783···	42677904,4···	24,000000···

〈그림 6-92〉 읍·면·동 내 유독물 공장 개수 계산(공간결합 결과)

공간결합을 실행한 뒤 새로 생성된 지도의 속성 테이블을 열어보자. 읍·면·동마다 유독물 사업장의 개수를 합산한 COUNT 칼럼이 생성됐다. 칼럼명을 클릭해 내림 차순 정렬한다. 1위는 경기도 안산시 단원구의 초지동으로 유독물 공장이 228개가 있음을 알 수 있다. 2위는 대구 비산 7동으로 유독물 공장 63개가 위치하고 있다.

이를 기반으로 색상주제도를 만들자. 속성 스타일 탭에서 〈그림 6-93〉과 같이 설정한다. COUNT를 기준 칼럼으로 설정하고 5단계 '내추럴 브레이크'를 선택했다.

〈그림 6-93〉 각 지역 유독물공장 개수 기준으로 색상 설정

아울러 '속성' → '라벨' 탭에서 〈그림 6-94〉와 같이 설정한다.

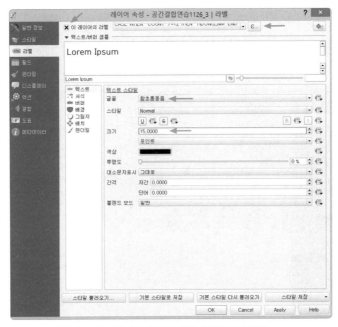

〈그림 6-94〉 유독물 공장 이름 레이블 표시 설정

상단에서 표현식 기반 라벨 창을 꺼내 〈그림 6-95〉와 같이 설정한다.

〈그림 6-95〉 유독물 공장 12개 이상 지역만 이름 표시 설정

　　　　　　　　　　　　　　　　　　　데이터 분석과 저널리즘

실행하면 유독물 사업장 개수에 따라 색상의 농담이 다르게 표현된다. 붉은 색이 짙을수록 유독물 공장이 많고, 공장이 없는 구역은 기본 지도 색상인 회색으로 그대로 남아 있다. 공장이 12개 이상 되는 곳은 행정구역명도 표시가 됐다. 그림은 영남 지역으로 확대해 들어가 살펴본 결과다.

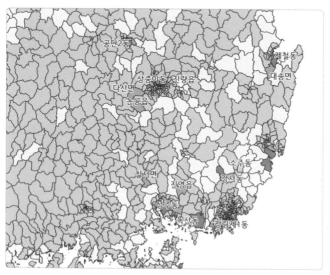

〈그림 6-96〉 색상으로 표시한 유독물 공장 분포

'위치에 따른 속성 결합(Spatial Joining)' 기능을 잘 활용하면 GIS 작업에 드는 시간과 노력을 크게 절약할 수 있다. 가령 선거 개표 결과를 지도로 시각화할 때도 응용할 수 있다. 각 투표소의 정확한 지번 주소를 안다면 지오코딩한 투표소의 좌푯값을 기준으로 각 읍·면·동 등 행정구역마다 여야의 득표결과를 데이터베이스로 만들어 시각화할 수 있을 것이다. 적당한 행정경계지도 레이어만 있다면, 데이터를 행정경계 틀 안에 집어넣어 순식간에 공간 통계표를 만들 수 있는 것이다. 아울러 '공간 위치에 따라 속성결합' 창에서 대상 벡터 레이어를 다르게 집어넣으면 어떤 결과가 나오는지도 살펴보자. 앞서 설정한 것과 반대로 '대상 벡터 레이어'에 '유독물 사업장' 레이어를 입력하고 '벡터 레이어 조인'에 '행정경계 레이어'를 입력해 실행해 보면 그 차이를 알 수 있을 것이다.

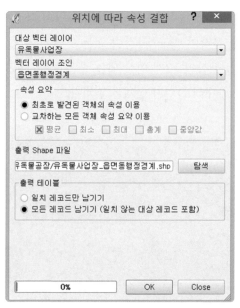

<그림 6-97> 유독물 공장레이어와 행정경계 공간결합

6.18. 두 레이어 요소 간 거리 계산하기

앞서 원전 주변 일정 반경에서 발생한 지진의 통계치를 내는 방법을 실습했다. 같은 방법으로 유독물 사업장 반경 500m 혹은 1km 안의 어린이집이나 초등학교의 숫자를 셀 수도 있을 것이다. 1장에서 소개한 유독물 사업장 GIS 분석 보도에서 필자가 활용한 방법이다. 여기서 더 나아가 각 어린이집과 유독물 공장까지의 직선거리를 계산해 보면 어떨까? 개별 어린이집에서 가장 거리가 가까운 유독물 사업장을 골라 거리를 계산하고 이를 어린이집 데이터베이스에 새로운 칼럼으로 정리할 수 있을 것이다. QGIS의 '거리행렬' 산출 기능을 사용하면 된다.

전국의 어린이집 지도 파일은 biz-gis.com 사이트의 인문사회 데이터 섹션에서 공개된 자료를 내려받아 QGIS로 불러온다.

데이터 분석과 저널리즘

〈그림 6-98〉 유독물 공장과 어린이집 레이어 중첩

　유독물 사업장과 어린이집, 두 레이어의 속성 테이블을 꺼내보면, 일련번호가 없음을 알 수 있다. 거리 계산을 하기 전에 유독물사업장과 어린이집 지도 레이어에서 각각의 행마다 고유번호를 붙인 칼럼을 만들어야 한다. 속성 테이블 상단 메뉴 맨 왼편 연필 아이콘을 선택해 편집 모드로 만든 뒤, 맨 오른편의 필드계산기 아이콘을 클릭해 들어간다. 작업창에서 새 칼럼의 이름을 CODE라고 입력한 뒤, 함수 목록에서 '기록' 항목의 $rownum 함수를 찾아 선택하고 OK를 클릭한다. $rownum은 행마다 1, 2, 3, 4와 같은 일련번호를 매겨주는 함수이다. 속성 테이블을 닫기 전에 반드시 '수정 저장' 아이콘을 클릭해 변경된 내용을 저장하는 것을 잊지 말자.

〈그림 6-99〉 속성표에 일련번호 칼럼 추가하기

양쪽 레이어에서 모두 일련번호 칼럼을 만들어준 뒤 '벡터' → '분석도구' → '거리행렬'로 간다.

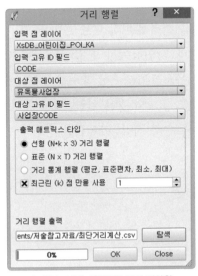

〈그림 6-100〉 거리행렬 분석 대화창

데이터 분석과 저널리즘

두 레이어의 일련번호 칼럼을 고유 ID 필드로 지정하고 출력 매트릭스 타입은 '선형 거리 행렬'로 설정한다. 어린이집에서 가장 가까운 유독물 공장을 찾아 거리를 계산하라는 뜻에서 '최근린 점만을 사용'을 체크하고 개수는 1로 지정한다. 다른 분석 메뉴와 마찬가지로 새로운 파일을 생성하는 것이므로 '탐색'을 누르고 새 파일의 이름은 '최단거리계산'이라고 입력한다. 결과값은 CSV 파일 형태로 출력된다.

	A	B	C
1	InputID	TargetID	Distance
2	1	1605	3052.503
3	2	1605	3052.503
4	3	2047	1700.708
5	4	2047	1700.708
6	5	1605	3052.503
7	6	1224	4097.314
8	7	1224	1739.083
9	8	1605	5031.126
10	9	1224	4718.469

〈그림 6-101〉 거리행렬 계산 결과

InputID는 어린이집 고유번호이고 TargerID는 유독물 공장번호, Distance는 미터(m) 단위의 직선거리이다. 만들어진 '최단거리계산' 파일을 QGIS로 불러온다. 공간정보가 없는 CSV 파일이므로 '지오메트리가 아님'을 체크한다. 다음엔 '최단거리계산' 파일의 속성 메뉴에서 '결합' 기능으로 어린이집 파일과 합친다. 이때 고유번호를 공통필드로 한다. 이어서 '최단거리계산' 파일을 유독물사업장 파일과도 결합한다.

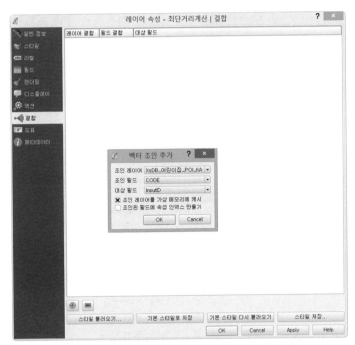

〈그림 6-102〉 '최단거리계산' 과 '어린이집' 레이어 속성 결합

    2번에 걸친 속성결합이 끝나면, 결과를 엑셀로 다시 불러온다. 필요 없는 칼럼은 삭제하고, 어린이집 이름과 유독물 공장 이름 칼럼, 거리 칼럼과 나란히 보이도록 칼럼 배열을 조정한다.

    어린이집과 유독물 공장이 가장 가까운 곳은 불과 7m밖에 떨어져 있지 않다. 해당 공장의 직장 어린이집이다. 30여 미터 떨어진 어린이집도 수두룩하다. 다만 유독물 공장 단지와 어린이집을 점으로 가상해 계산했다는 한계가 있으므로, 산출된 거리는 일정한 오차가 있을 것이라는 점은 반드시 기억하기 바란다.

1	InputID	TargetID	Distance		XsDB_어린이집_POI_KA_N	유독물사업장_사업장명		XsDB_어린
2	30227	288	7.280109889					
3	34053	1798	18.68154169					
4	33353	2653	31.76476035					
5	16972	2391	32.44996148					
6	28189	164	35.12833614					
7	20366	870	36.35931793					
8	20520	870	36.35931793					
9	20649	870	36.35931793					
10	20712	870	36.35931793					
11	23752	2172	39.69886648					
12	23801	2172	39.69886648					
13	20333	1855	40.60788101					
14	20356	1855	40.60788101					
15	20567	1855	40.60788101					
16	20696	1855	40.60788101					
17	20456	1855	46.32493929					
18	20537	1855	46.32493929					
19	20606	1855	46.32493929					
20	20619	1855	46.32493929					
21	6071	1755	57.20139858					

〈그림 6-103〉 어린이집·유독물 공장 최단거리 분석 결과

　참고로 이 같은 거리 분석은 플러그인 중 MMQGIS와 PROCESSING을 통해서도 가능하다. 하지만 QGIS 공식 기능이 아닌 제3자가 제작한 보조 도구이기 때문에 아직 한글 데이터까지는 제대로 처리하지 못한다. QGIS의 플러그인으로 공간분석을 할 때는 번거롭더라도 사용 파일의 저장 폴더 이름을 영어로 바꿔줘야 한다. 또한 해당 지도나 데이터 파일 이름과 속성 테이블의 모든 칼럼명도 영어로 고쳐야 한다.

　PROCESSING은 수십 개의 추가적인 고급 분석 기능을 제공하므로 해당 메뉴는 각자 살펴보기 바란다. 또 플러그인을 통한 거리계산 결과와 기본 메뉴인 '거리 행렬'로 처리한 결과가 어떻게 다른지도 비교해 보자. 어린이집과 유독물 공장 간 거리계산의 경우엔 무시해도 좋을 정도의 미세한 차이가 있을 것이다. 각 분석기능의 연산 알고리즘이 조금씩 달라 발생하는 현상으로 보인다.

　플러그인 메뉴에서 MMQGIS를 찾아 설치한다. 새로 만들어진 'MMQGIS' 메뉴 → 'CREATE' → 'Hub Distance'로 간다.

〈그림 6-104〉 MMQGIS Hub Distance 메뉴

Hub Distance 대화창에서 소스 레이어로 어린이집 파일을, 허브 레이어로 유독물사업장 파일을 입력한다. 미리 두 파일의 이름을 영어로 적당히 바꾸어 주고, 칼럼 이름도 영어로 입력한다. 허브 레이어의 이름 속성은 각 공장의 고유번호 역할을 하는 facilities_code로 지정한다. 거리 단위는 미터로 설정하고 결과물을 받을 새 파일명도 영어로 DISTANCE라고 정하자.

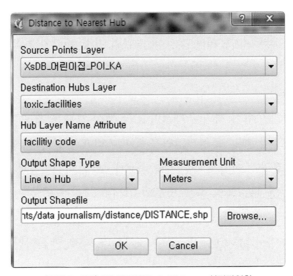

〈그림 6-105〉 MMQGIS Hub Distance 설정작업창

데이터 분석과 저널리즘

작업을 실행시킨 뒤에도 처리에는 몇 분간의 시간이 소요된다. 완료되면 새로 생성된 DISTANCE.shp 파일이 왼편 목록창에 표시될 것이다. 속성 테이블을 열어보면 숫자 외에 한글 문자는 다 깨져 나타난다. MMQGIS가 한글 데이터는 다루지 못하기 때문이다.

추가 작업으로 한글 깨짐 문제를 보완하자. DISTANCE 파일명 위에서 속성을 열어 결합 탭으로 들어간다. 녹색 십자 아이콘을 눌러 앞서 DISTANCE 파일과 어린이집을 CODE를 공통 칼럼으로 결합한다. 이어서 다시 DISTANCE와 어린이집 파일을 facilities_code 칼럼을 공통으로 결합한다.

데이터표 결합이 마무리되면, 속성 테이블을 꺼내 원래 깨져 나타난 한글 칼럼은 제거한다. 결과적으로 속성 테이블에는 어린이집 이름과 여기에서 가장 가까운 유독물 사업장의 이름, 그리고 둘 사이의 거리가 Hubdistance라는 칼럼에 미터 단위로 계산돼 표시될 것이다.

HubDist	칙이집_POI_KA_N	칙이집_POI_KA_N	린이집_POI_KA_	린이집_POI_KA_	†린이집_POI_KA_	†린이집_POI_KA_	_어린이집_POI_K	dic_facilities_nan
7.29477053992···		44		44133	321633	472575		
18.6857704651···		47		47190	434099	389923		
31.7818049137···		47		47290	469586	359217		
32.4699106581···		41		41410	307952	528211		
35.1307848614···		43		43113	350141	449479		
36.3772465871···		41		41390	290129	530681		
36.3772465871···		41		41390	290129	530681		
36.3772465871···		41		41390	290129	530681		
36.3772465871···		41		41390	290129	530681		
39.7488045670···		41		41461	327202	515737		

〈그림 6-106〉 어린이집·유독물 공장 최단거리 MMQGIS 분석 결과

Hubdistance라는 칼럼명을 클릭해 내림차순으로 정렬하니 '거리행렬' 기능으로 앞서 산출한 결과와 거의 같은 표가 만들어졌다.

6.19. 다음 API 활용해 도로명 주소를 X, Y 좌표로 변환하기

앞서 QGIS에 한국어 주소 여러 개를 한꺼번에 지오코딩(주소에서 X, Y 좌푯값 구하기)해 주는 기능은 없다는 점을 언급했다. 대신 민간 GIS 분석 회사가 개발한 X-Ray Map을 활용해 편리하게 지오코딩하는 방법을 살펴봤다.

X-Ray Map은 구글 퓨전테이블 못지않은 편리한 기능을 갖추고 있지만, 아쉽게도 도로명 주소는 처리하지 못한다. 도로명 주소를 지오코딩하는 데는 4가지 정도의 다른 선택지가 있다. 첫째는, 구글 퓨전테이블로 지도화하는 것이다. 가장 간단한 방법이지만, 퓨전테이블에서 지오코딩해 시각화한 결과물은 퓨전테이블과 구글지도상에서만 사용이 가능할 뿐이다. 지오코딩한 좌푯값을 별도 파일로 추출해 GIS 전문 프로그램에서 2차 분석하기도 어렵다. 번거로운 절차를 거쳐야 할 뿐 아니라, 구글사의 이용약관은 구글 도구로 지오코딩한 결과는 구글이 개발한 도구 안에서만 사용하도록 규정하고 있기 때문이다.

둘째로, 국내에서 개발된 Geocoder-Xr이라는 무료 프로그램을 설치해 사용할 수 있다. 대용량 도로명 주소목록도 WGS84 경위도 좌표로 변환해 자동으로 계산해 준다. 변환된 좌푯값의 정확도는 각자 검증해 보기 바란다.

셋째는, 도로명 주소를 좌푯값으로 변환해 주는 오픈 API를 활용하는 것이다. API KEY를 신청해 받은 Key값을 해당 URL 뒤에 붙이고, 주소를 변수로 입력해 호출하면 바로 지오코딩된 결과물이 생성된다. 여러 개의 주소에 대해 지오코딩하는 반복 작업을 자동화하고, 결과물에서 필요한 좌푯값만 추출하기 위해서는 파이썬이나 비주얼베이직 등을 활용한 프로그래밍이 필요하다. 특히 지오코딩 결과는 XML이나 JSON과 같은 마크업 언어로 만들어진 파일을 얻게 되므로 여기서 필요한 X, Y 좌푯값만 추출해야 하는데 이를 '파싱(Parsing)'이라고 한다. 도로명 주소를 지오코딩하는 API는 구글 API와 다음 API를 꼽을 수 있지만, 앞서 거론한 구글사의 이용약관 문제 때문에, 다음 API를 활용할 것을 추천 드린다.

네 번째 방법으로, 프로그래밍을 하지 않는 대신, '오픈 리파인'의 URL FETCH와 GREL의 파싱 구문을 활용할 수도 있다. 앞서 3장에서 얘기한 대로 오픈 리파인은 데이터 정제와 분석뿐 아니라 제한적인 웹스크레이핑 기능도 갖추고 있다. 웹의 특정 URL에서 필요한 부분을 호출해 긁어오는 fetching 기능이다. 이 기능에 이 기능을 URL과 API KEY를 붙여 사용하면, '다음 API'를 통해 지오코딩된 결과값을 얻을 수 있다. 코딩이 필요 없는데다 공개 API를 활용해 여러 개의 주소를 한꺼번에 지오코딩할 수 있다는 점에서 매우 유용한 기법이라고 할 수 있다. 여기에는 단점도 따른다. 오픈 리파인이 스크레이핑 전용 도구가 아니기 때문에 많은

　　　　　　　　　　　　　데이터 분석과 저널리즘

주소를 처리할 때는 지오코딩 속도가 늦거나 중간에 작업이 끊기는 현상이 발생할 수도 있는데, 소규모 자료라면 큰 문제가 안 될 것이다.

이제 오픈 리파인을 활용해 도로명 주소록을 지오코딩해 보자. 지오코딩을 위해서는 개별적으로 '다음' API KEY를 신청해 받아야 한다. '다음' 포털에 로그인해, 데이터 API KEY를 신청한다. 자신이 주로 사용할 홈페이지나 블로그의 URL을 기입하고 신청하면 바로 KEY값이 산출된다. 이때 '지도 API'가 아니라 '주소좌표변환을 위한 데이터 API'를 요청해야 한다는 점을 기억하자.

이제 서울의 일부 소방서와 119 안전센터 65곳의 도로명 주소를 간단히 지오코딩해 보자. 서울시 소방서 전체 목록이 아닌 일부 구의 소방서 주소만 무작위로 추린 실습용 파일이다. 오픈 리파인으로 소방서 도로명 주소록 실습파일을 불러온다.

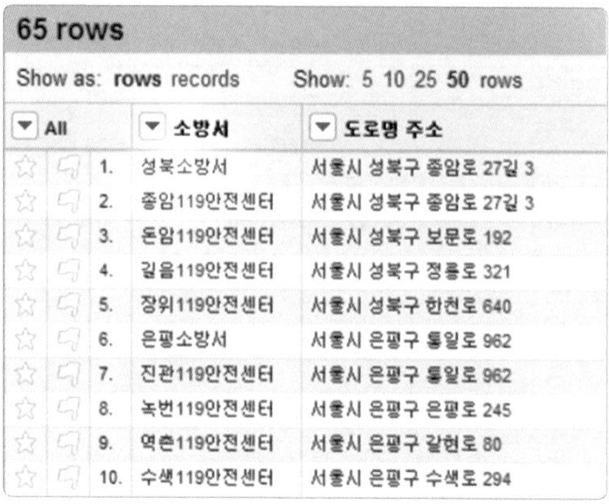
65 rows

Show as: rows records Show: 5 10 25 50 rows

All	소방서	도로명 주소
1.	성북소방서	서울시 성북구 종암로 27길 3
2.	종암119안전센터	서울시 성북구 종암로 27길 3
3.	돈암119안전센터	서울시 성북구 보문로 192
4.	길음119안전센터	서울시 성북구 정릉로 321
5.	장위119안전센터	서울시 성북구 한천로 640
6.	은평소방서	서울시 은평구 통일로 962
7.	진관119안전센터	서울시 은평구 통일로 962
8.	녹번119안전센터	서울시 은평구 은평로 245
9.	역촌119안전센터	서울시 은평구 갈현로 80
10.	수색119안전센터	서울시 은평구 수색로 294

〈그림 6-107〉 오픈 리파인에 불러온 소방서 도로명 주소록

도로명 주소 칼럼명의 작은 화살표를 클릭해 작업메뉴를 꺼낸 뒤 'Edit Column' → 'Add Column by Fetching URLs'를 선택한다.

작업창에 새로 생성할 적당한 칼럼 이름을 넣고, 호출식을 〈그림 6-108〉과 같이 입력한다. apikey= 이후 흐리게 처리된 곳은 필자의 개인 key값을 입력한 부분이다. 독자들은 각자 부여받은 key값을 넣어 주시기 바란다. key값만 제외하면 나머지 호출 URL은 동일하게 입력하면 된다.

"http://apis.daum.net/local/geo/addr2coord?apikey= 자신이 부여받은 Key값&output =json&q="+escape(value,'url')

q는 Query의 약자로 소방서의 도로명 주소가 들어가야 할 자리이다. 여기는 +escape(value,'url')가 자리하고 있다. 도로명 주소 칼럼의 셀에 있는 주소를 호출 URL 기호로 변환해 붙이라는 구문이다. value는 앞서 Grel 사용법에서 학습했듯이, 도로명 주소 칼럼의 각 셀에 담긴 데이터값을 의미하며, 이 경우엔 소방서 주소를 뜻한다.

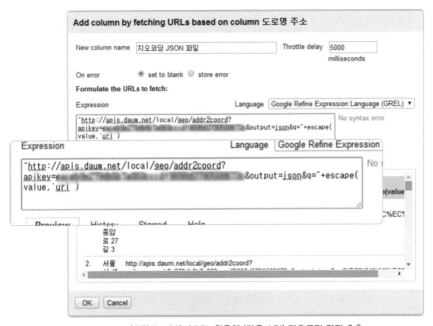

〈그림 6-108〉 GREL 활용해 '다음 API' 지오코딩 결과 호출

OK를 선택하면 JOSN 파일 형태로 지오코딩된 결과물이 새 칼럼에 생성된다.

Create column 지오코딩 JSON 파일 at index 2 by fetching URLs based on column 도로명 주소 using expression grel:"http://apis.daum.net/local/geo/addr2coord? apikey=eaceb8e279db6b7a869cccdf9898d0790588673&output=json&q="+escape(value,'url')
18% complete Cancel

〈그림 6-109〉 오픈 리파인 지오코딩 작업 상태 표시(18% 경과)

5분 정도가 지나니 지오코딩 결과를 담은 '지오코딩 JSON 파일' 칼럼이 만들어졌다. 복잡해 보이는 마크업 언어 안에 경위도 좌푯값으로 산출된 지오코딩 결과가 포함돼 있다.

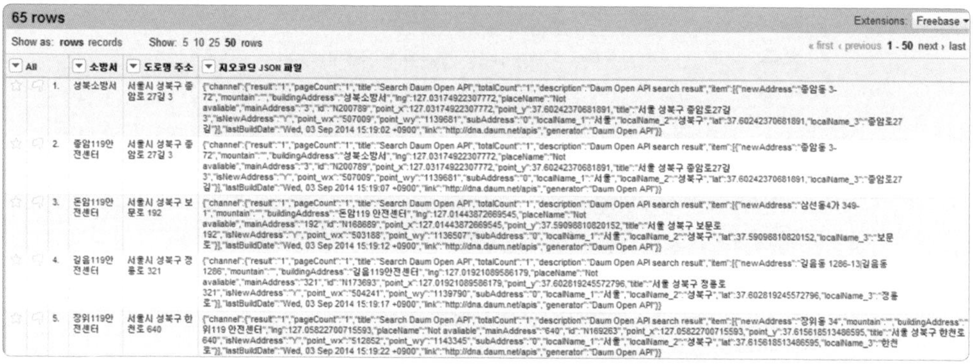

〈그림 6-110〉 지오코딩 결과 칼럼을 JSON 파일로 생성

{ "channel":{ "result":"1","pageCount":"1","title":"Search Daum Open API","totalCount":"1","description":"Daum Open API search result","item":[{ "newAddress":"종암동 3-72","mountain":"","buildingAddress":"성북소방서","lng":127.03174922307772, "placeName":"Notavaliable","mainAddress":"3","id":"N200789","point_x":127.03174922307772,"point_y":37.60242370681891,"title":"서울 성북구 종암로27길 3","isNewAddress":"Y","point_wx":"507009","point_wy":"1139681","subAddress":"0","localName_1":"서울","localName_2":"성북구","lat":37.60242370681891,"local Name_3":"종암로27길"}], "lastBuildDate":"Wed, 03 Sep 2014 15:19:02+0900","link":"http://dna.daum.net/apis","generator":"Daum Open API"}}

이제 JSON 파일에서 필요한 경도와 위도 좌푯값만 골라내면 된다. 이 마크업 언어에서 필요한 데이터만 추출하는 파싱(Parsing)을 하자. 파일내용을 찬찬히 살펴보면 일정한 패턴으로 구성된 사실을 알 수 있다. 먼저 channel이란 객체(Object)가 있고, 이어서 "item"과, "lng"나 "lat" 뒤에 각각 경도와 위도값이 나온다.

Parsing을 위해 value.parseJson().channel["item"][0]["lng"]라는 GREL 구문을 입력하자.

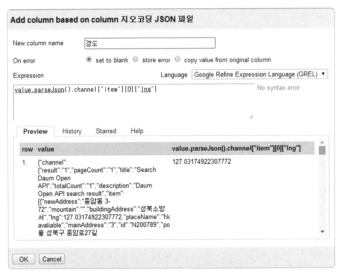

〈그림 6-111〉 JSON 파일에서 경도값 추출하기(Parsing)

〈그림 6-112〉 경도값 추출하는 GREL 표현식

하나하나 해석해 보면 이렇다.

value.parseJason(): 셀 안의 JSON 언어에서 필요한 내용을 파싱하라는 구문.

value.parseJason().channel: JSON 파일 내에서 channel이란 오브젝트로 일단 들어가라.

value.parseJason().channel["item"[0]: "item"이 위치한 곳 뒤에 첫 번째로 출현하는 내용을 선택하라(컴퓨터 프로그래밍 언어는 배열의 순서를 셀 때 첫 번째를 0에서 부터 센다).

데이터 분석과 저널리즘

value.parseJson().channel["item"][0]["lng"]: "lng"라고 쓰인 말이 나오고 바로 다음에 오는 경도 좌푯값을 추출하라.

실행하면 '경도'값만 추출한 칼럼이 오른편에 새로 만들어진다.

65 rows					Extensions: Freebase ▾
Show as: **rows** records		Show: 5 10 25 **50** rows			« first ‹ previous **1 - 50** next › last
All	▼ 소방서	▼ 도로명 주소	▼ 지오코딩 JSON 파일		▼ 경도
☐ 1.	성북소방서	서울시 성북구 종암로 27길 3	{"channel":{"result":"1","pageCount":"1","title":"Search Daum Open API","totalCount":"1","description":"Daum Open API search result","item":[{"newAddress":"종암동 3-72","mountain":"","buildingAddress":"성북소방서","lng":127.03174922307772,"placeName":"Not available","mainAddress":"3","id":"N200789","point_x":127.03174922307772,"point_y":37.60242370681891,"title":"서울 성북구 종암로27길 3","isNewAddress":"Y","point_wx":"507009","point_wy":"1139681","subAddress":"0","localName_1":"서울","localName_2":"성북구","lat":37.60242370681891,"localName_3":"종암로27길"}],"lastBuildDate":"Wed, 03 Sep 2014 15:19:02 +0900","link":"http://dna.daum.net/apis","generator":"Daum Open API"}}	127.03174922307772
☐ 2.	종암119안전센터	서울시 성북구 종암로 27길 3	{"channel":{"result":"1","pageCount":"1","title":"Search Daum Open API","totalCount":"1","description":"Daum Open API search result","item":[{"newAddress":"종암동 3-72","mountain":"","buildingAddress":"성북소방서","lng":127.03174922307772,"placeName":"Not available","mainAddress":"3","id":"N200789","point_x":127.03174922307772,"point_y":37.60242370681891,"title":"서울 성북구 종암로27길 3","isNewAddress":"Y","point_wx":"507009","point_wy":"1139681","subAddress":"0","localName_1":"서울","localName_2":"성북구","lat":37.60242370681891,"localName_3":"종암로27길"}],"lastBuildDate":"Wed, 03 Sep 2014 15:19:07 +0900","link":"http://dna.daum.net/apis","generator":"Daum Open API"}}	127.03174922307772
☐ 3.	돈암119안전센터	서울시 성북구 보문로 192	{"channel":{"result":"1","pageCount":"1","title":"Search Daum Open API","totalCount":"1","description":"Daum Open API search result","item":[{"newAddress":"삼선동4가 349-","mountain":"","buildingAddress":"돈암119 안전센터","lng":127.01443872669545,"placeName":"Not available","mainAddress":"192","id":"N168689","point_x":127.01443872669545,"point_y":37.59098810820152,"title":"서울 성북구 보문로 192","isNewAddress":"Y","point_wx":"503188","point_wy":"1138507","subAddress":"0","localName_1":"서울","localName_2":"성북구","lat":37.59098810820152,"localName_3":"보문로"}],"lastBuildDate":"Wed, 03 Sep 2014 15:19:12 +0900","link":"http://dna.daum.net/apis","generator":"Daum Open API"}}	127.01443872669545
☐ 4.	길음119안전센터	서울시 성북구 정릉로 321	{"channel":{"result":"1","pageCount":"1","title":"Search Daum Open API","totalCount":"1","description":"Daum Open API search result","item":[{"newAddress":"길음동 1286-13/길음 1286","mountain":"","buildingAddress":"길음119안전센터","lng":127.01921089586179,"placeName":"Not available","mainAddress":"321","id":"N173693","point_x":127.01921089586179,"point_y":37.602819245572796,"title":"서울 성북구 정릉로 321","isNewAddress":"Y","point_wx":"504241","point_wy":"1139790","subAddress":"0","localName_1":"서울","localName_2":"성북구","lat":37.602819245572796,"localName_3":"정릉로"}],"lastBuildDate":"Wed, 03 Sep 2014 15:19:17 +0900","link":"http://dna.daum.net/apis","generator":"Daum Open API"}}	127.01921089586179
☐ 5.	장위119안전센터	서울시 성북구 한천로 640	{"channel":{"result":"1","pageCount":"1","title":"Search Daum Open API","totalCount":"1","description":"Daum Open API search result","item":[{"newAddress":"장위동 34","mountain":"","buildingAddress":"장위119 안전센터","lng":127.05822700715593,"placeName":"Not available","mainAddress":"640","id":"N169263","point_x":127.05822700715593,"point_y":37.615618513486595,"title":"서울 성북구 한천로 640","isNewAddress":"Y","point_wx":"512552","point_wy":"1143345","subAddress":"0","localName_1":"서울","localName_2":"성북구","lat":37.615618513486595,"localName_3":"한천로"}],"lastBuildDate":"Wed, 03 Sep 2014 15:19:22 +0900","link":"http://dna.daum.net/apis","generator":"Daum Open API"}}	127.05822700715593

〈그림 6-113〉 '경도' 칼럼 생성 결과(맨 우측 칼럼)

〈그림 6-114〉 생성한 '경도' 칼럼

같은 방법으로 위도 칼럼도 만들어 보자.

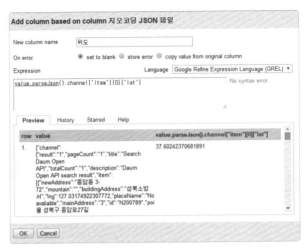

<그림 6-115> JSON 파일에서 위도값 추출하기(Parsing)

OK를 클릭하면 경도 칼럼 옆에 나란히 위도 칼럼이 만들어질 것이다.

	▼ 위도	▼ 경도
tion":"Daum Open API search result","item": 2307772,"placeName":"Not 370681891,"title":"서울 성북구 종암로27길 ne_1":"서울","localName_2":"성북 15:19:02	37.60242370681891	127.03174922307772
tion":"Daum Open API search result","item": 2307772,"placeName":"Not 370681891,"title":"서울 성북구 종암로27길 ne_1":"서울","localName_2":"성북 15:19:07	37.60242370681891	127.03174922307772
tion":"Daum Open API search result","item": 27.01443872669545,"placeName":"Not 98810820152,"title":"서울 성북구 보문로 lame_1":"서울","localName_2":"성북 :12	37.59098810820152	127.01443872669545
tion":"Daum Open API search result","item": !터","lng":127.01921089586179,"placeName":"Not 819245572796,"title":"서울 성북구 정릉로 lame_1":"서울","localName_2":"성북 19:17	37.602819245572796	127.01921089586179
tion":"Daum Open API search result","item": 22700715593,"placeName":"Not 618513486595,"title":"서울 성북구 한천로 lame_1":"서울","localName_2":"성북 19:22	37.615618513486595	127.05822700715593

<그림 6-116> '위도', '경도' 칼럼 생성 결과

이 경위도 값은 각 소방서 주소를 WGS84 경위도 좌표체계로 표시하는 좌푯값
이다. 이제 생성된 데이터를 상단 메뉴의 'EXPORT' 메뉴에서 엑셀 파일로 내보

데이터 분석과 저널리즘

낸다. QGIS로 시각화하고 분석할 준비가 끝났다. 단 QGIS에 XY Tools 플러그인
이 설치돼 있지 않을 경우엔, CSV 파일로 변환이 필요하다. 오픈 리파인에서 CSV
파일로 내려받기 할 때 한글이 깨지는 현상이 나타나므로, 번거롭더라도 엑셀 파
일로 내보낸 다음, 엑셀에서 다시 CSV 파일로 변환해야 한다. (이상의 오픈 리파
인을 활용한 지오코딩 방법 소개는 IT 전문가 Tony Hirst가 구글 지오코딩 API
활용법에 대해 설명한 블로그 글의 내용을 한국 사례에 적용해 응용한 결과이다.
Tony Hirst, ‘Geocoding Using the Google Maps Geocoder via Open
Refine’, 2013, blog.ouseful.info.)

6.20. 데이터 지도 출력하기

QGIS에서 만든 데이터 지도를 인쇄하거나 벡터 혹은 이미지 파일로 출력하기
위해서는 ‘구성기 관리자’를 사용한다.
상단 메뉴 맨 왼편의 ‘프로젝트’ → ‘구성기 관리자’로 간다.

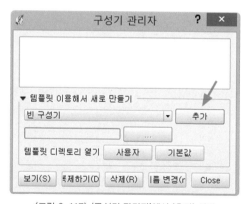

〈그림 6-117〉 ‘구성기 관리자’에서 ‘추가’ 선택

‘추가’를 선택한 뒤 대화창에 적당한 제목을 입력하고 ‘구성기 관리자’ 왼편 하
단의 ‘보기’를 클릭한다.
구성기 초기 화면은 빈 창이다. 오른편의 ‘구성’이란 메뉴를 찾아 클릭하자. 이
어 나타난 메뉴에서 ‘가로’를 ‘세로’로 바꾼다(한반도 지도처럼 가로보다 세로가
더 긴 경우만 해당된다).

〈그림 6-118〉 구성기 초기화면에서 '구성' 클릭

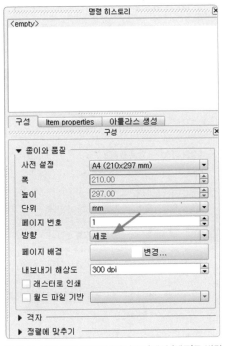
〈그림 6-119〉 화면 구성방향을 '가로'에서 '세로'로 변경

데이터 분석과 저널리즘

이어서 상단 메뉴에서 지도를 최대한 확대하기 위한 아이콘을 선택한다.

〈그림 6-120〉 지도 확대 아이콘 선택

왼편 메뉴에서 '새 지도 추가' 아이콘을 누른 뒤, 중앙 화면에서 마우스를 좌클릭한 채 왼편 상단에서 오른편 하단 사선 방향으로 끌어당겨 지도가 위치할 영역을 지정한다.

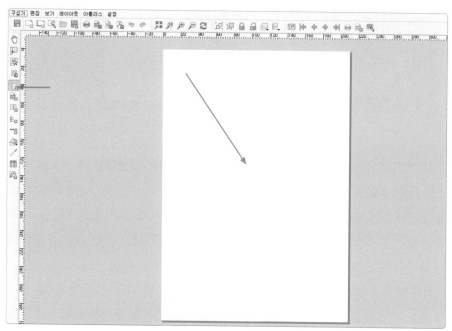

〈6-121〉 지도 배치할 영역 마우스로 끌어 설정

지도가 화면에 나타났지만 아직 중앙부에 제대로 배치 안 된 상태일 것이다.

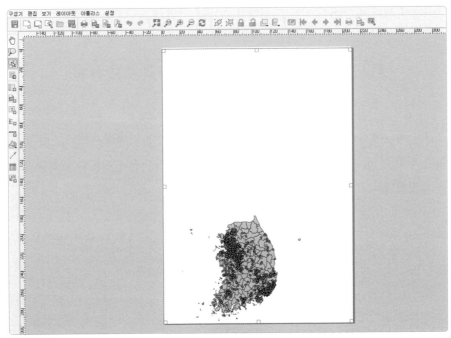

〈6-122〉 작업 화면에 지도 레이어 배치

　'새 지도 추가' 바로 위의 '아이템 콘텐츠 이동' 아이콘을 클릭한 뒤 지도를 마우스로 끌어서 화면 중앙으로 옮긴다. 이어 오른편 메뉴창의 'item properties' 메뉴를 클릭하고 필요하면 적당한 지도 축척을 입력해 지도 크기를 조정한다. 축척란에 넣는 숫자가 작을수록 지도의 크기는 커진다. '미리보기 갱신' 버튼을 클릭하면 화면의 지도 크기가 바뀌어 나타난다.

　이제 상단 구성기 메뉴에서 적당한 형식으로 출력하면 된다. 언론사 그래픽실에서 지도 파일을 2차 가공하려면, SVG나 PDF 등의 그래픽 장비로 호환되는 벡터 지도 파일로 출력해야 한다. QGIS 2.2 버전에서는 SVG 파일로 내보내는 기능은 아직 불안정하다는 경고 메시지가 뜬다. SVG 파일이 꼭 필요하다면 'simpleSvg'라는 플러그인을 설치해 QGIS 작업 화면에 나타난 모습을 그대로 SVG 파일로 변환해 저장할 수도 있다. 또한 QGIS 구성기 출력 메뉴를 통해 지도를 PDF 파일로 내보내는 것도 가능하다. 다행히 QGIS로 생성된 지도 PDF 파일은 확대해도 화소가 깨지지 않는 벡터 PDF 파일이다.

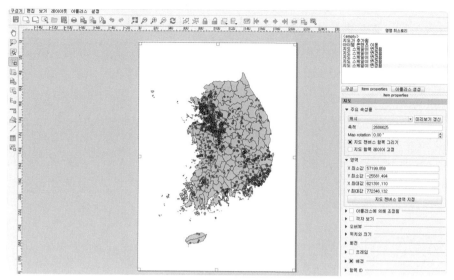

〈그림 6-123〉화면 중앙으로 지도 위치 조정 후 축척 설정

이 장에서 우리는 대표적인 무료 GIS 프로그램인 QGIS의 기초적인 사용법을 알아봤다. GIS는 도시계획과 국토 이용, 교통, 환경, 생태, 기상, 재해 방지, 자원개발, 문화재 관리, 부동산, 범죄 예측, 비즈니스 마케팅, 물류 관리, 선거 전략 등 전방위로 그 적용범위를 넓혀 가고 있다. 언론에서도 그만큼 여러 분야의 기사에 응용할 여지가 많다는 의미이다. GIS에 숙련되기 위해서는 반복적인 연습이 필수적이다. 예상치 못한 오류를 해결하기 위해서는 전문가에게 자문을 얻는 것도 필요하다. 우선 자신의 출입처나 주변에 GIS 전문 인력이 있는지 살펴보자. GIS 전문가가 아니더라도 각 분야의 전문가이면서 GIS를 응용하는 사람도 찾아보자. GIS는 더 이상 새로운 취재 제작 기법은 아닐지 모르지만, 무궁무진한 변용이 가능한 데이터 저널리즘의 금맥이라는 점을 잊지 말자.

데이터 분석과
저널리즘

7장 네트워크로 세상을 읽다

: 사회 관계망 분석 입문하기

7 네트워크로 세상을 읽다: 사회 관계망 분석 입문하기

"6단계 이론"이 의미하는 것은 다수의 사람들과 긴밀히 연결된 소수의 사람들이 존재하며, 나머지 사람들은 이 소수의 특별한 사람들을 통해 세상과 연결된다는 사실이다.

—말콤 글래드웰, 『티핑 포인트』 중에서

'케빈 베이컨의 6단계(The Six Degrees of Kevin Bacon)'라는 잘 알려진 게임이 있다. 미국 유명배우 케빈 베이컨과 다른 할리우드의 배우들이 어떻게 연결되는지 최단 경로를 찾아내는 게임이다. 함께 영화에 출연한 사람은 1단계, 즉 1촌으로 연결된 것으로 간주해 배우 간의 인연을 따져보는 방식이다. 예를 들어 로큰롤 황제 엘비스 프레슬리는 수많은 영화에 출연했지만 케빈 베이컨과 함께 작품을 찍은 적은 없다. 하지만 프레슬리는 에드워드 아스너라는 배우와 '습관의 변화'라는 영화에 출연했고, 아스너는 케빈 베이컨과 영화 'JKF'에 함께 등장한다. 따라서 엘비스 프레슬리는 케빈 베이컨과 2촌에 해당한다.

이렇게 살펴보면 할리우드의 모든 배우들이 케빈 베이컨과 6단계 안에서 모두 연결된다고 한다. 전혀 관계없어 보이는 사람들도 여섯 단계 이내로 모두 이어진다는 이 사실을 가리켜 '케빈 베이컨의 6단계 법칙'이라고 한다. 이는 영화계뿐 아니라 지구상의 모든 사람에게도 적용된다고 한다. 만약 백악관 근처에도 안 가본 우리나라의 평범한 시민이 미국 대통령과 단 몇 단계의 인맥으로 연결된다면 믿어질까? 케빈 베이컨의 법칙으로 들여다 본 세상은 우리 생각보다 훨씬 긴밀한 네트워크로 연결돼 있다. 지구촌 시대, SNS 시대에는 국내뿐 아니라 바다 건너 외국인과도 단 몇 단계로 연결될 수 있을 것이다. 한국사회로 범위를 좁히면 연결망은 더욱 긴밀해진다. 실제로 우리나라는 모든 국민이 6단계가 아니라 3.6단계, 즉 서로 3.6명만 거치면 아는 사이라는 분석 결과도 발표된 바 있다.

세상이 얼마나 넓고도 좁은지 실감하게 해 주는 '작은 세상' 이론은 이 장에서 소개할 사회 관계망 분석의 원리와도 맞닿아 있다. 좋든 싫든 우리 사회는 무수한 인연의 고리로 맺어져 돌아가는 거대한 네트워크이다. 그 연결망을 분석하면 사람과 사람 사이를 연결하는 인연의 단계를 따져 집단의 특성과 문제점을 발견하고, 각 인물의 영향력을 계량적으로 따져볼 수 있을 것이다.

시간이 갈수록 증식하면서 복잡하게 얽히는 네트워크의 세계를 잘 보여 주는 한 사례가 페이스북이다. 최근 들어 폭발적으로 증가하고 있는 소셜미디어의 세계는 그 자체가 훌륭한 사회 관계망 분석 대상이다. 트위터나 페이스북 혹은 이메일 정보를 따라 사람과 사람 간의 소통의 자취를 네트워크로 재현하면 다른 방법으로 알 수 없는 우리 사회 의사소통의 형성과정과 실체가 모습을 드러내기도 한다.

현대인이 속한 연결망은 서로 중첩돼 있다. 평범한 시민을 둘러싼 관계망이라도 가족, 회사 동료, 동창회, 고향 친구, 사업 거래처, 동호회 회원 등등 다양한 관계로 맺어진 네트워크가 중층으로 겹쳐져 있는 것이다. 사회 관계망은 이 중에서 몇 가지의 기준과 범위를 설정해 특정 주제의 네트워크를 선별해 그리게 된다.

사회 관계망은 기본적으로 점(node)과 선(edge, line)으로 그려진다. 사람과 사람 간의 관계라면 각 점(node)이 인물을 의미하겠지만, 경우에 따라서는 기관이나 조직, 혹은 속성(성별, 소속 등)을 표시할 수도 있다. 선은 방향성을 따져야 할 경우와 그렇지 않은 경우로 나눠볼 수 있다. 이메일을 주고받는 관계는 발신과 수신의 방향성이 중요하므로 선에 화살표를 표시한다. 단순히 두 사람 간의 친분관계를 나타내는 것이라면 화살표가 필요 없는 무방향성 관계로 시각화된다.

사회 관계망을 가장 쉽게 그려볼 수 있는 도구 중 하나가 4장에서 소개한 구글 퓨전테이블이다. 입력 자료는 엑셀이나 구글 스프레드시트에서 미리 준비할 수 있다. 먼저 간단한 사례를 살펴보자. 가상의 학생 13명의 이름을 서로 짝지어 칼럼 2개에 입력했다(《그림 7-1》). 이를 엣지 리스트(Edge List) 혹은 링크 리스트(Link List)라고 한다. 칼럼 '사람1'과 칼럼 '사람2'에서 동일한 행에서 쌍으로 연결된 학생들은 특별한 친분이 있는 학우들이라고 가정하자. 자주 식사를 함께하거나, 같은 동아리 활동을 하든지, 혹은 정기적으로 문자나 이메일을 주고받는 등,

친밀한 관계를 유지하는 학생들을 연결해 이처럼 엣지 리스트(Edge List)를 만들수 있다. 구글 퓨전테이블에 자료를 불러와 상단 메뉴의 붉은 색 십자 아이콘을 누르고 add chart를 선택하면 바로 사회 연결망이 그려진다(〈그림 7-2〉).

	A	B
1	사람1	사람2
2	민준	철민
3	민준	서연
4	지우	재진
5	민준	재진
6	하윤	재진
7	서준	서연
8	하준	하윤
9	민준	시경
10	시경	지선
11	지우	하윤
12	지우	시경
13	서윤	민서
14	민준	서준
15	서윤	서준
16	서윤	민지
17	시경	철민
18	재진	철민
19	서준	철민
20	민지	민서

〈그림 7-1〉 가상 교우 관계망 목록

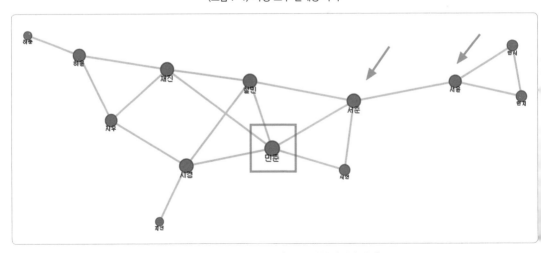

〈그림 7-2〉 가상 교우 관계망(퓨전테이블 시각화 결과)

데이터 분석과 저널리즘

〈그림 7-2〉의 사회 관계망을 간단하게 해석해 보자. 친구들과 가장 많은 선(5개)으로 연결된 민준이, 네트워크의 중앙에 위치했다(사각형으로 표시). 인맥 네트워크에서 가장 큰 영향력을 행사하며 중심 역할을 하는 사람은 이처럼 사회 연결망의 중앙에 위치하는 경우가 많다. 학급의 구심점 역할을 하거나 가장 인기가 많은 친구일 가능성이 높다. 민준과 다른 학생들이 몇 단계로 연결되는가를 살펴보자. 서준, 철민 등은 1단계로 연결되어 있지만, 민지로 가려면 두 사람을 사이에 거쳐야 한다. 그 경로에 위치한 서준과 서윤 2명(적색 화살표)의 역할을 보자. 먼저 왼쪽 화살표가 가리키는 서준은 민준에서 서윤, 민서, 민지 3인의 그룹으로 가는 통로에 있다. 학급의 중심 역할을 하는 민준도 서준이 없으면 서윤, 민서, 민지와의 연결선이 끊어지고 만다. 그만큼 소통이 어려워질 것이라고 가정할 수 있다. 마찬가지로 서윤도 민준에서 민서와 민지로 가는 통로이다. 우리는 이처럼 그룹과 그룹을 연결하는 교량 역할을 누가 하는지를 주목한다. 전면에 드러나지 않지만 정보 소통에 중요한 역할을 하는 사람이다. 이 장에서 소개하는 2013년 북한 사회 관계망 분석 결과를 살펴보면 대남사업 책임자 김양건 비서 같은 사람이 전형적으로 그룹과 그룹을 연결하는 중재자 역할이 돋보이는 인물이다. 당연히 영향력도 클 가능성이 높다.

이처럼 사회 관계망을 분석하면 조직의 구조적 특성과 함께 숨어 있는 실력자나 핵심 인물을 찾아낼 수 있다. 범죄의 실체를 파악하기 위해 이메일 연결망을 분석하기도 한다. 2002년 미국 최대의 에너지기업이었던 엔론의 분식회계 사실이 드러나면서 파산사태를 맞이했을 때 미 연방에너지규제위원회(FERC)는 엔론의 경영진과 임원들이 파산 전 3년간 주고받은 이메일 160만 통을 공개했다. 분석가들은 이 자료를 토대로 이메일이 활발히 오간 사람들의 관계망을 추적했고 누가 비리 행위의 중심인물인지를 확인할 수 있었다.

디지털 네트워크 시대가 도래하기 이전부터 인간 세상은 촘촘한 그물망으로 짜여진 거대한 네트워크였다. 어찌 사람뿐이겠는가. 생태계도 마찬가지다. 생태계 시스템과 생명체 내부의 DNA도 정교한 네트워크 구조로 가동되고 있다. 국가나 기관을 단위로 거시적으로 살펴보면 어떨까? 정부기관과 정치권 역시 역동적인 사회 연결망으로 짜여져 있고 국제외교 무대의 역학 관계나 경제 주체 간의 관계도 거미줄 같은 관계 속에 서로 영향을 주고받는 네트워크 체계일 것이다. 각 주체의 행동과 의사결정이 어우러져 세상은 돌아가고 거꾸로 각 개인은 거대한 매트릭스의 한 부분으로 살아간다. 각 사람이나 국가 혹은 기관이 주고받는 상호 관계와 특성을 분석하면 세상이 돌아가는 원리를 파악하고 미래를 예측할 수도 있을 것이다.

사회 관계망 분석은 사회과학 분야를 넘어 범죄학과 생명과학, 분자물리학까지 전방위로 활용되고 있다. 사회과학과 자연과학의 다양한 분석기법을 응용해 영역을 넓혀온 컴퓨터 활용 보도에서 사회 관계망 분석을 주목한 것은 자연스런 귀결이다.

여타 사회과학의 정량 분석기법이나 데이터 저널리즘 기법과 마찬가지로 사회 관계망 분석 역시 자료구축과 분석, 시각화의 단계를 거친다. 특히 많은 시간과 노력이 소요되는 부분이 데이터 수집과 정리 과정인데 여기엔 자료의 특성을 이해하는 것이 무엇보다 중요하다.

7.1. 사회 관계망 분석 자료의 구성

사회 관계망 분석 자료는 크게 3가지 유형으로 나뉜다. 먼저 특정 집단의 구성원 간의 관계를 현장 대면 조사로 직접 파악해 수집한 자료가 있을 수 있다. 가령 국회의원 간의 친소 관계를 연결망으로 파악하기 위해 평소 연락과 왕래가 잦은 동료의원이 누구인지를 설문조사해 데이터를 만들어가는 것이다. 조사 대상의 범위가 넓은 경우엔 분석방법이 달라진다. 이를테면 전 국민을 대상으로 출신 지역, 거주 지역과 소득 수준에 따라 어떻게 친소 관계가 맺어지는지를 살펴보려고 한다고 치자. 먼저 표본집단을 정해 설문조사를 해야 할 것이다. 예를 들어 자신과 친한 사람의 고향, 거주지, 소득 수준 등을 물을 수 있다. 이때 그려지는 특정 개인을 중심으로 한 네트워크를 자아중심 연결망이라고 한다. 이 같은 자료를 종합하면 각 속성(attribute)별로, 연결망을 그릴 수도 있다. 이를테면 수많은 자아중심 연결망 데이터를 결합하면, 서울, 경기, 충청, 영남, 호남 등 각 지역 출신 간의 친소 관계를 시각화할 수 있을 것이다.

언론 보도에서 가장 빈번히 활용되는 연결망 분석 자료는 이른바 준 연결망이라고 불리는 형태이다. 가령 정부 고위층 인사 사이의 사회 연결망을 그리기 위해서 그들 사이의 중요한 인연의 고리를 설정해 자료를 구축한다. 가령, 특정 대학교 출신, 특정 기관에 소속해 함께 일한 사람들을 모아 소집단으로 분류하는 것이다. 각 소집단에 함께 속해 있는 인물들은 소집단 밖의 인물들보다 더 긴밀히 연결돼 있을 가능성이 높다고 가정한다. 한 번의 인연의 고리가 발생할 때마다 인물 사이에 선을 그어 가면 복잡한 그물망이 만들어진다. 전체 네트워크의 형태와 밀도, 누가 중심부에 위치하고 누가 주변부에 있는지 등을 따져 가다 보면, 연결망의 특징이 파악되기 시작한다.

앞서 설명한 대로 구글 퓨전테이블로 자신이 속한 조직이나 집단의 연결망을 간단히 시각화해 봐도, 인간 세상에 대한 또 다른 안목을 기를 수 있을 것이다. 취재기자가 출입처 간부와 직원들의 신상에 대한 자세한 자료를 입수해, (고위 공직자의 경력 자료는 정보공개청구로도 입수가 가능하다.) 사회 관계망을 그려보면, 조직의 정보 소통 경로를 파악하고 몰랐던 핵심 취재원을 발견할 수도 있을 것이다. 다만 퓨전테이블은 쉽고 빠르게 연결 패턴을 알아보는 데는 적합하지만, 탐사보도와 같이 정밀한 분석을 목표로 한다면 더 전문적인 소프트웨어를 사용하기를 추천한다.

사회 관계망 전문 분석도구는 일일이 나열해 설명하기 어려울 정도로 다양하게 개발돼 있다. Ucinet과 Pajek, Netminer, Gephi 등이 일반적으로 널리 사용되는 사회 관계망 소프트웨어이다. 이 책에서 그 사용방법을 살펴볼 NodeXL도 최근 각광받고 있는 유용한 연결망 분석도구이다. 엑셀에 연동해 추가로 설치하는 Add-in 프로그램으로 그 사용방법이 간단하면서도, 다른 전문 프로그램 못지않은 분석 시각화 기능을 갖추고 있다. 특히 트위터 네트워크와 같은 소셜미디어 데이터를 수집해 분석하는 기능이 편리하다. 다만 이전에는 무료 프로그램이었지만, 2015년부터 매해 수십 달러를 온라인 결제하고 사용하는 유료 프로그램으로 바뀌었다.

7.2. 컴퓨터 프로그래밍으로 사회 관계망 분석 자료 준비하기

소셜네트워크 서비스 분석이 아닌 일반 사회 관계망 분석은 데이터를 만드는데 상당한 시간이 소요된다. 대부분의 연결망 데이터는 행렬 형태로 표현된다. 가로 행과 세로열이 만나 하나의 셀을 만든다. 또 다른 형식은 인물과 인물을 짝지어 목록으로 만든 엣지 리스트(Edge List)이다.

먼저 Edge List를 만드는 방법을 살펴보자. 회사 직원 100명의 사회 관계망을 분석한다고 가정해 볼 때 같은 부서에서 근무한 사람들, 같은 학교 출신 등 수십 가지의 그룹으로 묶을 수 있을 것이다. 같은 그룹의 구성원은 모두 특별한 인연의 고리를 맺은 것이라고 가정하고 서로 한 번씩 연결 지우면 보통 만 개가 넘는 짝이 만들어진다. 개인이 수작업으로 일일이 입력하기는 거의 불가능한 분량이다. 컴퓨터 프로그래밍의 힘이 필요한 대목이다. 전산 처리를 하면 수작업으로 며칠이 걸려도 못할 일을 순식간에 실행할 수 있다.

실습 데이터 groups.csv는 2013년 9월부터 11월 말까지 김정은 북한 국방위원회 제1위원장을 현지 지도나 공식 행사에서 수행한 북한 고위인사들의 명단을 각 행사별로 정리해 놓은 것이다. 최고지도자를 공식 수행한 사람의 명단은 북한의 권력 동향을 판단할 수 있는 가장 중요한 지표 중 하나이다. 우리는 이 명단을 기반으로 동일한 행사나 현지 지도에 참석한 사람은 서로 한 번씩 친분관계를 맺은 것으로 간주해 인적 네트워크를 시각화해 보려 한다. 앞서 설명한 준 연결망 자료이다. 김정은 수행 기록이 북한 고위인사의 영향력 지수를 측정하는 핵심 지표라는 전제를 깔고 들어가는 것이다. 그러나 이 같은 분석방법은 그 한계도 뚜렷하다. 각 개인 간의 좀 더 다양하고 비공식적인 인맥은 전혀 반영하지 못하기 때문이다. 분석에 앞서 가설과 방법론의 한계를 정확히 숙지하는 것도 역시 중요한 부분이다.

데이터 분석과 저널리즘

이상의 북한 고위 권력연결망 분석은 필자가 2012년 미주리 대학 저널리즘 스쿨에서 연수할 당시 처음 착안해 분석을 시도했던 방법이다. 이후 한국에 돌아와 자료조사를 하면서 고려대학교 북한 대학원 등의 관련 논문을 통해 유사한 분석방법을 통한 연구 성과를 확인할 수 있었다(예동권·이정현, 『사회 관계망 분석을 활용한 북한의 주요인물 연결망 분석』, 고려대 대학원 북한학과(통일부 통일교육원 대학(원)생 통일 논문 현상 공모 최우수상 수상논문), 2008). 당시 고려대 대학원생의 논문은 김정일 사망 이전의 북한 권력을 분석했고, Knowledge Matrix라는 무료 소프트웨어를 사용해 데이터를 구축했다. Knowledge Matrix는 국책연구소인 한국과학기술정보연구원(KISTI)에서 만든 과학기술 학술논문과 지적재산권 정보 관련 분석 전문 프로그램이다. 필자가 Knowledge Matrix와 다른 상용 프로그램, 그리고 파이썬 프로그래밍을 모두 사용해 본 결과, 모두 효과적이지만 각기 나름의 장·단점이 있었다. 파이썬과 같은 프로그래밍은 초보자에겐 어렵게 느껴질 수 있지만, 미리 만들어진 스크립트를 그대로 재활용할 경우 별다른 프로그래밍 지식을 필요로 하지 않는다. 이 책에서는 프로그래밍을 컴퓨터 활용 보도에 접목했을 때 어떤 효과를 발휘할 수 있는지를 예시한다는 차원에서 간단한 파이썬 프로그래밍 기법을 소개하겠다. (아울러 이 책에서 소개하는 사회 관계망 자료 구축 방법은 필자가 뉴스제작 과정에서 시도해 본 기법으로 기존의 사회 관계망 전문가들이 사용하는 방법이나 프로그래밍 코드와 다소 차이가 있을 수 있다는 점을 밝혀둔다.)

필자가 만든 기본 자료는 각 공식행사에서 김정은을 수행한 사람들을 각각의 그룹으로 묶어 기입한 것이다. 행마다 하나의 그룹씩을 입력했고, 인물과 인물은 쉼표로 구분했다. 즉, 김정은 수행자 간의 관계를 보다는 차원에서 김정은 본인은 제외했다. 처음에 엑셀 파일에 정리했더라도 쉼표가 구분자인 CSV 파일로 변환해야 한다. 특히 파일 변환 시 엑셀의 '다른 이름으로 파일 저장' 기능 대신 '메모장'이나 notepad++ 같은 문서 편집프로그램에 불러와서 CSV 파일형식으로 다시 저장하는 방식을 취해야 한다.

```
리설주, 박봉주, 장성택, 김경희, 김기남, 김양건, 최부일
최룡해, 리영길, 장정남, 박정천, 박태성, 황병서, 마원춘
최룡해, 리영길, 장정남, 박정천, 박태성, 황병서, 마원춘
최룡해, 리영길, 장정남, 박정천, 박태성, 황병서, 마원춘
최룡해, 리영길, 장정남, 박정천, 박태성, 황병서, 마원춘
최룡해, 리영길, 장정남, 박정천, 박태성, 황병서, 마원춘
박봉주, 최룡해, 김인식, 최휘, 박태성, 홍영칠, 마원춘
```

〈그림 7-3〉 2013년 9–11월 김정은 수행단 명단 CSV 파일

CSV 파일 형태의 이 기본 데이터를 사회 관계망 프로그램이 읽을 수 있도록 하기 위해서는 2차 가공을 해야 한다. 각 그룹의 구성원마다 짝을 지운 이른바 엣지 리스트를 만드는 것이다. 〈그림 7-3〉의 2행만 예로 들면, (최룡해, 이영길), (최룡해, 장정남), (최룡해, 박정천) 등 모두 21쌍이 필요할 것이다. 마치 월드컵 조별 예선 리그에서 조별 소속팀들이 서로 한 번씩은 만나 경기를 치르듯, 동일한 현지 지도를 수행한 구성원들은 전부 한 번씩 짝지워 연결선이 맺어지게 하는 방식이다. 한 행사에 참석한 사람의 숫자가 많을수록 만들어지는 쌍의 수는 기하급수적으로 늘어날 것이다.

'이같은 사회연결망 분석을 위한 데이터를 만들기 위해서는 데이터 전처리용 유료 혹은 무료 도구를 사용하거나 프로그래밍을 해서 실행시키는 방안이 있다. 각기 장단점이 있으므로, 학습 차원에서 모두 살펴보기로 하겠다. 파이썬 프로그래밍이 생소하신 분은 Knowledge Matrix Plus를 사용하는 방법만 익힌 뒤, NodeXL 설명 내용으로 건너뛰어도 무방하다.

먼저 구글에서 KnowledgeMatrix를 검색하면, 한국과학기술정보연구원이 만들어 무료로 배포하는 KnowledgeMatrix Plus 홈페이지가 나온다. KnowledgeMatrix Plus (이하 KM +) 는 논문 및 특허 서지 목록을 연결망으로 분석하기 위해 데이터를 전처리할 수 있도록 도와주는 프로그램인데, 일반적인 사회연결망 데이터의 전처리에도 유용하다. 연구원 측은 KM+이 10,000건 내외의 데이터는 안정적으로 처리할 수 있으며, 아직 기능개선이 필요한 부분이 있어 장기적으로 업데이트를 계획하고 있다고 밝히고 있다. (다음의 설명은 한국과학기술정보연구원 측의 도움말을 참고한 것이다.)

일단 KM+를 내려받아 PC에 설치한 뒤, 프로그램 상단 메뉴의 '홈' → 'Make a project' 로 간다.

〈그림 7-4〉 KnowledgeMatrix에 엑셀 데이터 불러오기

데이터 분석과 저널리즘

〈그림 7-5〉 구분자 (Delimiter) 입력하기

〈그림 7-4〉와 같은 대화창이 나오면, 엑셀 데이터를 불러오기 위해, 데이터 타입을 'Etc'로 체크한다. 그리고 'Add flle'을 클릭해 실습 데이터가 저장된 폴더에서 '김정은 수행단' 엑셀 파일을 선택한 뒤 '완료'를 클릭한다.

이어서 〈그림 7-5〉와 같은 대화창이 뜨면, Delimiter 즉 구분자를 쉼표 즉 ','라고 입력한다.

엑셀 데이터에 대한 요약이 작업창에 뜨면, 이어서 상단 메뉴의 Network Analysis → 2D Matrix로 간다.

〈그림 7-6〉 행렬 데이터 만들기 메뉴

〈그림 7-7〉 1-mode 행렬 데이터 만들기

대화창에서 데이터 타입을 행과 열이 같은 1-mode matrix로 선택한 뒤에 대화창의 하단 왼쪽 상자에서는 '행사별 수행단', 오른쪽 상자에서는 'RAW-RECORD'를 지정한 상태에서 '완료'를 클릭한다. 그러면 각 인물들이 서로 같은 행사에서 김정은을 함께 수행하면서 인연을 맺은 횟수를 담은 이른바 1-mode 행렬 데이터가 출현한다. (이같은 행렬 데이터에 대해서는 7.3에서 다시 설명하기로 한다.)

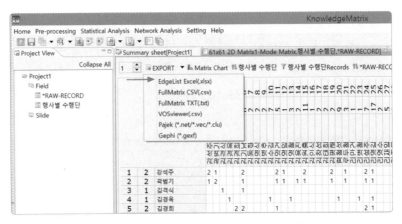

〈그림 7-8〉 엣지 리스트로 변환해 출력하기

이어 〈그림 7-8〉을 참고해 Export 메뉴의 엣지리스트 출력 기능을 선택해 클릭하면 자동적으로 엣지리스트가 엑셀 파일로 만들어져 PC에 저장된 것을 확인할 수 있을 것이다.

이번에는 프로그래밍을 통한 엣지리스트 생성 방법도 알아보겠다.

전체 데이터에서 반복 작업을 수행하기 위해 컴퓨터 프로그래밍 언어인 파이썬으로 만든 간단한 스크립트를 이용해 보자.

```
import csv
csvfile = open("groups.csv", "r")
reader = csv.reader(csvfile)

resultlist = []
```

데이터 분석과 저널리즘

```
outfile=open("edgelist.csv", "w")

writer=csv.writer(outfile)

for row in reader: #iterate through each row in the csv

        for person in row:  #iterate through each name in the row

        myindex = row.index(person)

        newlist = row[:myindex]+row[myindex+1:]


        for item in newlist:

        mytuple = (person, item)

        backtuple = (item, person)

        if backtuple not in resultlist: #ignore any reversed duplicates

        resultlist.append(mytuple)

        writer.writerow(mytuple) #write the tuple to the results csv


csvfile.close()

outfile.close()
```

이 코드를 실행하기 위해, 파이썬 공식 사이트에서 최신판 파이썬을 내려받기해 설치한다.

〈그림 7-9〉 파이썬 공식 홈페이지

설치 후 PC에 만들어진 파이썬 폴더에서 IDLE(Python GUI)를 선택해 구동시킨다.

IDLE 상단 메뉴의 'File' → 'new file'로 가서 새 창을 꺼낸 뒤, edgelist_generator.py 파일을 불러와 스크립트를 입력한다. 실습 데이터의 groups.csv 파일은 Python이 설치된 동일한 PC 폴더에 저장돼 있어야 한다.

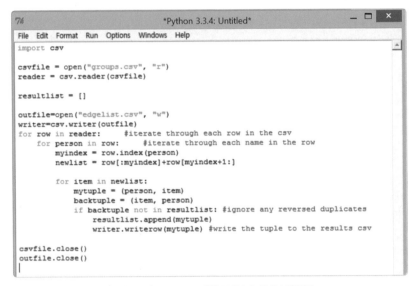

〈그림 7-10〉 Edge List 생성 코드 Idle에서 실행하기

IDLE의 'Run' → 'Run Module'을 선택하면 순식간에 연산처리가 마무리됐음을 알리는 메시지가 뜰 것이다. Python 폴더로 가보면 edgelist.csv라는 파일이 생성됐음을 확인할 수 있다. (참고로 생성 파일의 이름을 임의로 변경하려면, 실행 스크립트의 해당 부분을 미리 변경시켜줘야 한다. 폴더에 이미 존재하는 파일 이름을 넣으면 실행 오류가 발생한다.)

'메모장'으로 edgelist.csv를 열어보면, 1,019행에 달하는 엣지 리스트의 내용을 확인할 수 있을 것이다.

데이터 분석과 저널리즘

〈그림 7-11〉 itertools 라이브러리 활용 Edge List 생성 코드 실행하기

방금 실행한 스크립트보다 더욱 짧은 코드로도 동일한 변환 작업을 할 수 있다. 선택사항이지만, 시험 삼아 〈그림 7-11〉과 같이 또 다른 파이썬 코드를 담은 edge_generator2.py 파일을 IDLE에 불러와 실행해 보자.

이 스크립트는 itertools라는 파이썬 라이브러리를 활용함으로써 앞선 코드의 'for 구문'을 대체함으로써 구문 구조를 한결 간결하게 만들었다. 직접 코딩에 도전하는 것도 가치가 있지만, 프로그래밍 전문가들이 미리 만들어 놓은 이 같은 코드를 재활용하는 것도 좋은 방법이다. 하지만 이때도 최소한 파이썬 코드의 구조와 내용에 대한 이해는 필수적이다. 기초적인 파이썬 문법만 알아도 데이터 저널리즘 현업에 큰 도움이 된다는 사실을 기억하시기 바란다.*

이제 만들어진 엣지 리스트를 엑셀에 불러와 엑셀 파일로 다시 저장하자. 한 줄 건너마다 만들어진 공백은 필터 기능으로 골라내 삭제하고, 엑셀 TRIM 함수를 이용해 엣지 리스트 사람 이름 앞부분마다 생긴 빈 칸도 지운다. 정리한 파일은 '김정은_수행단'이라고 명명했다.

---

* 이 책의 파이썬 코드와 관련해 해외 데이터 저널리스트들의 도움이 있었다. 'edgelist_generator1.py'은 'The Marshall Project'의 탐사 보도기자이며, 데이터 저널리스트인 톰 미거(Tom Meagher)가, 'edgelist_generator2. py'는 'The Chronicle of Higher Education'의 인터랙티브 프로듀서인 저스틴 마이어스(Justin Myers)가 완성한 스크립트이다.

```
리설주, 박봉주
리설주, 장성택
리설주, 김경희
리설주, 김기남
리설주, 김양건
리설주, 최부일
 박봉주, 장성택
 박봉주, 김경희
 박봉주, 김기남
 박봉주, 김양건
 박봉주, 최부일
 장성택, 김경희
 장성택, 김기남
 장성택, 김양건
 장성택, 최부일
```

〈그림 7-12〉 '김정은 수행단' Edge List 생성 결과

7.3. 행렬 데이터 변환하기

이번엔 사회 관계망 분석 데이터의 더욱 일반적인 형태인 행렬(Matrix) 데이터에서 연결망 자료를 만드는 방법을 알아보자.

〈그림 7-13〉은 인물 4명이 워크숍 4곳에 참석했는지 여부를 각각 따져 숫자로 기입한 이른바 2-모드(Two-mode) 행렬 데이터이다. 해당 인물이 워크숍에 참석했으면 1, 불참이면 0으로 표시했다.

	행사1	행사2	행사3	행사4
사람1	1	0	1	1
사람2	0	1	1	0
사람3	1	1	1	0
사람4	0	0	0	1

〈그림 7-13〉 2-모드 행렬 데이터 사례

사람들이 각 워크숍에서 동시에 참석한 횟수를 계산해 워크숍 인맥 네트워크 데이터를 만들어보는 것이다. 열 제목과 행 제목에 모두 사람이 오도록 행렬 데이터로 바꾸면 〈그림 7-14〉와 같은 모습이 된다. 특정 인물과 인물이 동일한 워크숍에서 마주친 횟수를 합산해 행렬의 각 셀에 기입한 것으로 이른바 '1-모드(One-mode) 데이터'라고 부른다.

	사람1	사람2	사람3	사람4
사람1	3	1	2	1
사람2	1	2	2	0
사람3	2	2	3	0
사람4	1	0	0	1

〈그림 7-14〉 1-모드 행렬 데이터 사례

이를 북한 사회 연결망 데이터를 구축하는데 적용해 보자. 2012년 김정은 수행단을 분석할 때 필자가 사용한 북한 분석 데이터의 모습이다.

	A	DO	DP	DQ	DR	DS	DT	DU	DV	DW	DX
1	이름/행사	조선인민군 군(	창전거리 실	평양민속공	통일거리윤	금수산태양	정권 창건	평양시민틀	평양남새고	최고인민회	국가안전보
2	강능수	0	0	0	0	0	0	0	0	0	0
3	강석주	0	0	0	0	0	0	1	0	1	0
4	곽범기	0	0	0	0	0	0	0	0	0	0
5	권혁봉	0	0	0	0	0	0	0	0	0	0
6	김경옥	0	0	1	1	0	0	0	0	0	0
7	김경희	0	0	0	0	0	0	0	0	0	0
8	김국태	0	0	0	0	0	0	0	0	0	0
9	김기남	0	0	0	0	0	1	1	1	1	0
10	김낙희	0	0	0	0	0	0	0	0	0	0

〈그림 7-15〉 김정은 수행단 2-모드 행렬 데이터

첫 행과 열에는 현지 시찰·행사의 명칭과 수행자 100여 명의 이름이 적혀 있다. 각 인물이 수행자로 참석한 현지 시찰이나 행사는 1로, 참석하지 않은 행사는 0으로 처리했다. 앞서 설명한 2-모드 행렬이다.

이를 노드엑셀에서 시각화하려면 1-모드 행렬로 바꿔줘야 한다. 첫 행과 열에 사람 이름을 나열하고, 이들 인물들이 서로 같은 행사에서 만난 횟수를 합산해 그 수치를 행렬로 표현하는 것이다.

	A	B	C	D	E	F	G	H	I	J	K
1	이름	강능수	강석주	곽범기	권혁봉	김경옥	김경희	김국태	김기남	김낙희	김명국
2	강능수	1	0	0	0	0	1	1	1	0	0
3	강석주	0	28	9	0	1	21	16	26	7	2
4	곽범기	0	9	11	0	1	11	6	10	0	1
5	권혁봉	0	0	0	2	0	1	0	1	0	0
6	김경옥	0	1	1	0	10	5	0	5	0	2
7	김경희	1	21	11	1	5	44	20	37	6	3
8	김국태	1	16	6	0	0	20	22	21	7	0
9	김기남	1	26	10	1	5	37	21	57	7	4

〈그림 7-16〉 김정은 수행단 1-모드 행렬 데이터 변환 결과

단, '강능수-강능수', '강석주-강석주'와 같이 동일 인물이 행과 열에서 만나 만들어진 셀 안의 숫자는 각자 본인이 수행한 행사의 총 횟수이다.

2-모드 행렬은 사회 관계망 분석 프로그램의 데이터 변환 기능을 통해 1-모드로 변환할 수 있다. 하지만 아쉽게도 노드엑셀에는 이에 필요한 변환 기능이 없으므로, 일반적으로 Ucinet이나 Netminer와 같은 유료 프로그램을 사용한다.

코딩이 필요 없는 이 같은 도구를 사용해도 무방하지만, 이 책에서는 파이썬 프로그래밍으로 데이터를 변환하는 방법을 소개하겠다. Numpy나 Pandas 등 파이썬 수치연산 패키지를 활용하면 엑셀이나 CSV 파일 형태의 행렬 데이터를 간단하고 빠르게 연산 처리할 수 있다. 특히 1-모드로의 변환작업에는 'dot'라는 연산 기능이 핵심이다.

dot는 행렬의 행 두 개씩 각 숫자를 곱하고, 이를 다시 모두 합산해 결과로 내는 연산 방식이다. 예를 들어 A와 B라는 두 인물이 각 행사에서 몇 번이나 만났나를 따져 그 횟수를 합산하려면 아래와 같은 연산식이 필요하다.

총합을 내는 시그마 계산식에서 A와 B에 각기 1,2,3…으로 차례로 부여되는 숫자는 각 행사에 부여된 일련번호 정도로 이해하면 되겠다. 2-모드 행렬 데이터에서 인물 2명을 꼽아 각 행사마다의 동시 참석 여부를 따져보자. 두 사람이 모두 불참이면 0x0=0, 한쪽만 참석했으면, 0x1=0, 둘 다 참석했을 때만 1x1=1이다. 함께 참석한 행사의 숫자가 모두 2개뿐이라면 1x1+1x1=2로 계산된다. 1-모드 데이터의 A열과 B행, 혹은 B열과 A행이 만나는 셀에 입력될 값은 2가 된다.

$$\mathbf{A} \cdot \mathbf{B} = \sum_{i=1}^{n} A_i B_i = A_1 B_1 + A_2 B_2 + \cdots + A_n B_n$$

데이터 분석과 저널리즘

참고로 이메일이나 트위터 연결망 데이터처럼 어떤 사람이 다른 이를 팔로우하는 식의 방향성까지도 따져야 한다면, A열과 B행이 만나는 셀과 B열과 A행이 만나는 셀은 별도로 계산해야 한다. 북한 권력 분석데이터는 연결선의 '방향성이 의미가 없는(Undireted)' 데이터인 반면, 트위터 연결망은 '방향성을 따져야 하는(Directed)' 자료이다. 사회 관계망 분석도구에서 추가적인 설정을 해야 하는 부분이다.

다음은 위의 북한 고위인사 데이터를 1-모드로 변환하는 데 쓰인 파이썬 스크립트이다. 스크립트의 1행과 2행은 Pandas 패키지와 csv 파일을 읽는 read_csv 기능을 설치하는 코드이고 3행은 PC 폴더 경로를 지정해 해당 파일을 읽어 행렬 형태의 데이터프레임 파일로 만드는 코드이다. 4행의 dot 명령어가 2-모드를 1-모드로 변환해 준다. 5번째 줄에서 to_csv 명령어로 별도의 CSV 파일로 변환한 데이터를 저장한다. IDLE에서 이 스크립트를 실행해 보자.

```
import pandas
from pandas import read_csv
df=read_csv(r'C:\Users\nk.csv',index_col='name',header=0)
do=df.dot(df.T)
do.to_csv(r'C:\Users\nk_onemode.csv')
```

거듭 설명하지만, 사회 관계망 분석을 위한 데이터 정리 과정에서 컴퓨터 프로그래밍 활용은 작업의 효율성을 극대화한다. 5줄 정도의 짧은 코딩만으로 수십 시간이 넘게 걸릴 수작업을 단 1초에 계산할 수 있기 때문이다. 주의할 점은 1-모드 행렬 데이터를 노드엑셀에 불러올 때, 엑셀 파일의 A1셀을 빈 칸으로 남겨두어야 한다는 사실이다. 이때 데이터를 불러오기 위해 'Import' → 'From Open Matrix Workbook' 메뉴를 통한다는 점도 기억하자.

7.4. 노드엑셀(NodeXL)로 북한 권력 분석하기

이제 노드엑셀 홈페이지(http://nodexl.codeplex.com/)에서 NodeXL 최신 판을 PC로 내려받기 하자. (노드엑셀은 윈도우 운영체제에서 구동할 수 있으며 엑셀 2007 이상이 설치돼 있어야 한다. 이 책이 처음 출간된 2015년 초에는 모든 기능이 무료로 제공되었으나, 2015년 12월부터는 무료 버전인 NodeXL Basic과 유료 버전인 NodeXL Pro로 나뉘어 기능이 차별적으로 제공되고 있다. 이 책에서 설명하는 상당수의 기본적인 네트워크 시각화 기능은 무료 버전에서도 사용할 수 있다. 하지만 380쪽 이후에 학습할 Graph Metrix 기능, 즉 개별 노드의 다양한 중심성 즉, 사이 중앙성, 근접 중앙성 등을 계산하고 분석하는 기능은 유료 버전에서만 가능하다. 또한 트위터 정보를 수집하는 기능도, 무료 버전에서는 최대 2천 개 계정만 수집할 수 있도록 제한되었다.)

설치한 뒤, 프로그램 목록의 Nodexl excel template을 클릭하면 엑셀 프로그램에 NodeXL이란 이름의 메뉴 탭이 하나 추가되면서 노드엑셀 창이 자동으로 뜬다.

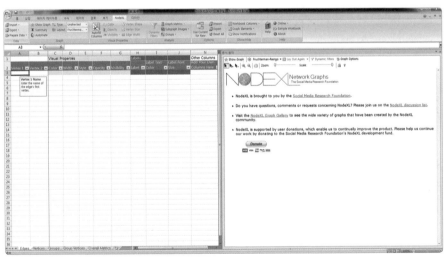

〈그림 7-17〉 노드엑셀 작업창 초기 화면

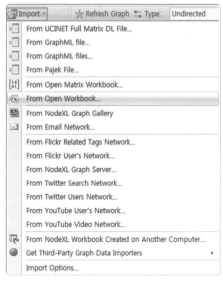

〈그림 7-18〉 'From Open Workbook' 메뉴

상단 메뉴와 함께 화면 오른편엔 네트워크 시각화 창이 위치하고, 왼편엔 스프레드시트 형태의 속성 표가 있다.

매우 간단한 데이터라면 작업창 스프레드시트의 Edges 탭에서 직접 데이터를 입력해 네트워크 시각화를 해도 무방하다. 하지만 수천 행 혹은 수만 행에 달하는 데이터라면 얘기가 달라질 것이다. 미리 준비한 엑셀 데이터를 불러와서 처리하는 것이 필수이다.

김정은_수행단 데이터(Edge List)로 실습해 보자. 노드엑셀에 엑셀 자료를 불러오기 위해서는 먼저 엑셀 본 프로그램에 해당 파일을 불러온 다음에 PC의 프로그램 목록에서 노드엑셀Template을 클릭해 다시 한 번 구동시켜야 한다.

이어서 노드엑셀 탭 → 'import' → 'From Open Workbook'을 클릭한다.

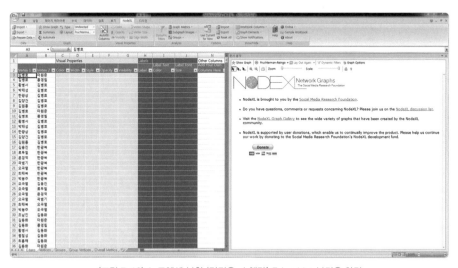

〈그림 7-19〉 노드엑셀 북한 '김정은_수행단' Edge List 불러온 화면

화면과 같이 왼편 엑셀시트 창에 북한 수행단 데이터가 업로드된 상태이다. 엑셀 시트 하단에는 'Edges', 'Vertices' 등의 여러 가지 탭(tab)이 만들어져 있다.

각 탭을 누르면 해당 워크시트가 나타난다. Vertices을 클릭하면 각 수행단 인물의 이름이 뜬다. Vertices는 Node와 동일한 표현으로, 선으로 연결되는 네트워크의 각 점을 나타낸다(Vertices의 단수는 Vertex). Edge는 네트워크의 노드를 연결하는 직선을 의미한다. 하나의 Edge 끝단에는 당연히 두 개씩의 노드가 위치한다.

상단 메뉴의 데이터 type은 무방향성(undirected)으로 설정돼 있다. 네트워크의 Edge, 즉 연결선에 방향성이 없다는 의미이다. (노드엑셀에서는 무방향 데이터의 경우 각 사람이 여러 번 만났더라도 직선의 굵기로 가중치를 표현할 수가 없는 한계가 있다.)

이제 시각화와 분석으로 직접 들어가자. 메뉴의 'Show Graph'를 선택하면 우측 캔버스에 1차적으로 네트워크가 바로 그려질 것이다. 보다 본격적인 시각화에 들어가기에 앞서 각 인물의 중앙성 지수를 먼저 계산해 보자.

상단 메뉴의 'Graph Metrics'를 선택한 뒤 대화창에서 〈그림 7-20〉과 같이 설정하고 'Calulate Metrics'를 클릭한다.

〈그림 7-20〉 Graph Metrics(사회 관계망 계측치 연산) 메뉴

〈그림 7-21〉 Graph Metrics 설정 대화창

네트워크의 종합적인 통계치를 산출하는 Overal graph metrics와 Group metrics, 조금 뒤에 설명할 연결 중앙성(Vertex degree), 사이 중앙성과 근접 중앙성, 위세 중앙성 등 6개 항목을 체크 표시한다(각 중앙성의 의미는 조금 뒤에 설명하기로 한다).

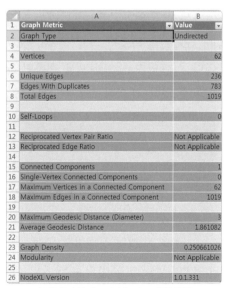

〈그림 7-22〉 Graph Metrics 실행 결과

좌단에 연결망 자료에 대한 전반적인 통계치가 나타날 것이다. 모두 62명이 1,019개의 선으로 연결됐고, 이 가운데 783개는 중복된 연결선이다. 행사에서 한 번 마주친 사람들이 다른 행사에서 또다시 만난 경우가 783번이란 의미이다. Group metrics 탭에서는 각 계량지수들의 최대, 최소, 평균치와 분포를 살펴볼 수 있다. 연결 중앙성 등 각 지표의 분포도를 미리 살펴보면 조금 뒤 다룰 Autofill Columns 설정에 도움이 된다.

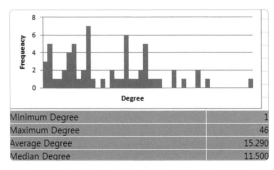

Minimum Degree	1
Maximum Degree	46
Average Degree	15.290
Median Degree	11.500

〈그림 7-23〉 노드(Node, Vertex)별 연결선 숫자 통계

사회 연결망의 중앙부에 오는 인물은(각 노드가 인물을 뜻할 경우) 일반적으로 영향력이 큰 사람일 가능성이 높다. ('일반적'이라는 단서를 붙인 것은 예외가 존재하기 때문이다. 이에 대해서는 나중에 다시 설명하겠다.) 그 영향력은 계량적으로도 가늠해 볼 수 있다. 하단의 Vertices 탭을 택하면 각 인물들의 중앙성 지수(Centrality)를 파악할 수 있다. 네트워크의 구심점 역할을 하는 정도를 나타내는 지수가 바로 중앙성이다. 하나의 노드, 즉 결점(vertex)이 다른 점과 얼마나 많은 선으로 연결됐나를 합산하는 연결 중앙성(Degree Centrality)이 대표적이다. 다른 점들과의 거리가 얼마나 가까운지를 측정한 '인접 중앙성(Closeness Centrality)'도 있다. 또한 한 점이 다른 점들을 어떻게 연결시켜 주는지, 즉 다른 점에서 점으로 가는 유일한 통로 역할을 얼마나 하는지를 측정한 '사이 중앙성(Betweenness Centrality)'과, 연결된 상대방의 중요성에 가중치를 주어 계산하는 '위세 중앙성(Eigenvector Centrality)'도 유용한 지표이다.

다시 '케빈 베이컨의 6단계 게임'으로 설명해 보자. 다양한 영화에 많이 출연한 배우는 보다 많은 배우와 직접 연결될 가능성이 높으므로 연결 중앙성(Degree Centrality)도 커질 것이다. 배우와 배우 사이를 최단거리로 연결해 주면서 교량 역할을 하는 사람은 사이 중앙성(Betweenness Centrality)이 큰 배우이다. 때로는 주연급 배우보다 많은 영화의 감초 역할을 하는 조연급 배우가 사이 중앙성이 크게 나타나기도 한다.

사이 중앙성 지수가 높은 사람은 조직 내의 소집단들을 연결해 주는 핵심 역할을 한다. 이 인물이 네트워크에서 빠지면, 각 소집단 간이 분절돼 버려 연결망 전체의 소통에 문제가 생긴다.

중앙성 지수는 서로 상관 관계를 맺고 있지만, 일률적으로 설명하기는 어렵다. 연결 중앙성으로 보면 눈에 띄는 인물이 아니지만, 유난히 사이 중앙성만은 상위권에 매겨질 수도 있다. 따라서 어느 지수를 눈여겨보느냐에 따라 다른 분석 결과가 나올 수 있다. 일반적으로 고위층 인사의 사회 관계망 분석에서 권력 지수를 측정하려면 연결 중앙성이나 위세 중앙성을 살펴보지만, 정파 간 혹은 여야 간의 연결고리를 찾아내려면 사이 중앙성이 높은 인물을 찾아야 할 것이다.

연결 중앙성(Degree Centrality) 칼럼명을 클릭하고 내림차순으로 정렬해 보자.

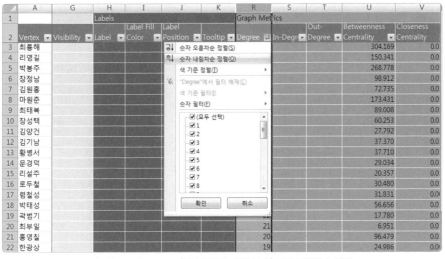

〈그림 7-24〉 Degree(연결 중앙성, 연결선 수) 기준 내림차순 정렬

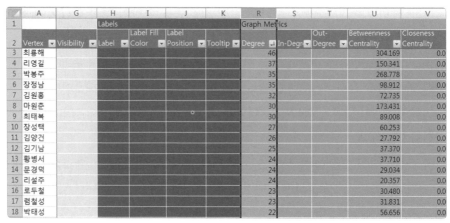

Vertex	Visibility	Label	Label Fill Color	Label Position	Tooltip	Degree	In-Degree	Out-Degree	Betweenness Centrality	Closeness Centrality
최룡해						46			304.169	0.0
리영길						37			150.341	0.0
박봉주						35			268.778	0.0
장정남						35			98.912	0.0
김원홍						32			72.735	0.0
마원춘						30			173.431	0.0
최태복						30			89.008	0.0
장성택						27			60.253	0.0
김양건						26			27.792	0.0
김기남						25			37.370	0.0
황병서						24			37.710	0.0
문경덕						24			29.034	0.0
리설주						24			20.357	0.0
로두철						23			30.480	0.0
렴철성						23			31.831	0.0
박태성						22			56.656	0.0

〈그림 7-25〉 연결 중앙성 기준 내림차순 정렬 결과

　　2인자 최룡해의 연결 중앙성이 가장 높고 다음이 리영길, 박봉주, 장정남, 김원홍, 마원춘의 순서로 나타났다. 당시 군 총참모장 리영길과 인민무력부장 장정남은 군부 실세였고, 김원홍은 장성택 숙청을 주도한 것으로 알려진 국가안전보위부의 수장이다. 또한 2014년 군 총정치국장에 임명된 황병서는 노동당의 부부장이었고, 마원춘, 박태성 등은 노동당의 부부장급으로 각각 건축과 경제 담당 관료였다.

　　인접 중앙성이나 사이 중앙성 등도 내림차순 정렬해 순위를 비교해 보자. (1장에서 소개한 방송 보도사례와는 약간의 차이가 있을 것이다. 당시 보도사례는 반기별로 나눠서 분석한 것이고 이 자료는 3개월 치를 분석한 결과이다.)

　　이제 연결망을 본격적으로 시각화해 보자. 상단 메뉴의 'Autofill Columns'를 클릭한다.

〈그림 7-26〉 Autofill Columns 실행 메뉴

　　노드나 선 등을 구체적으로 어떻게 표시할지 결정하는 과정이다. 노드, 선의 색

데이터 분석과 저널리즘

상과 크기, 모양을 중앙성 지수와 연동시킬 수 있다. 먼저 연결 중앙성과 노드 색상을 연계해 시각화하도록 설정한다.

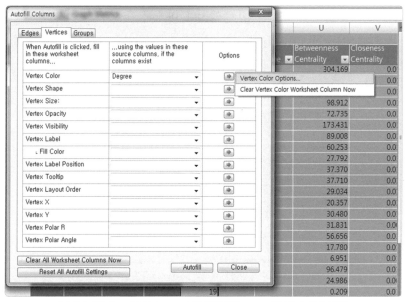

〈그림 7-27〉 Autofill Columns 설정 대화창(Degree 기준으로 색상 표시)

노드 색상, 즉 Vertex Color를 연결선 개수, Degree에 연계되도록 설정하고 Vertex Color Option도 클릭한다. 〈그림 7-27〉의 대화창이 뜰 것이다.

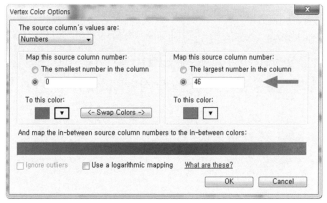

〈그림 7-28〉 연결선이 많을수록 청색 → 적색으로 표시되도록 설정

연결도의 상한을 46(최룡해 노드에 연결된 선의 개수)으로 입력한다. 연결선이 많은 노드일수록 붉은색으로, 연결선이 적을수록 파란색으로 표현되도록 색상을 설정했다. 네모난 색상 박스를 클릭해 직접 조정할 수도 있다. 노드의 크기, 즉 Vertex Size도 조정해 보자. 사이 중앙성에 비례해 커지도록 한다. Vertex Size 기준을 Betweenness Centrality로 설정한 뒤, Vertex Size Option란에서 대화창을 연다.

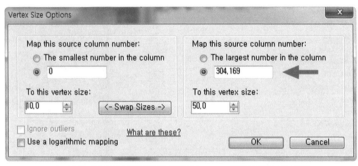

〈그림 7-29〉 사이 중앙성에 비례해 Vertex 크기를 정하도록 설정

최룡해의 사이 중앙성 수치인 304.169를 최대치로 입력한다. Vertex Size의 범위는 10에서 50 사이로 설정한다.

Vertex Label은 각 노드의 이름이 표시되도록 만드는 설정 메뉴이다. Vertex를 선택한 뒤, 'Vertex label position' 메뉴로 들어가 표현 방법을 설정한다. 연결 중앙성(Degree)을 기준으로 설정하고 옵션 창에서 〈그림 7-30〉과 같이 입력한다. 연결 중앙성이 20 이상일 때, 즉 19개를 초과하는 선과 연결된 주요 노드만 이름이 표시되도록 설정했다. 위치는 노드 상단으로 잡았다.

데이터 분석과 저널리즘

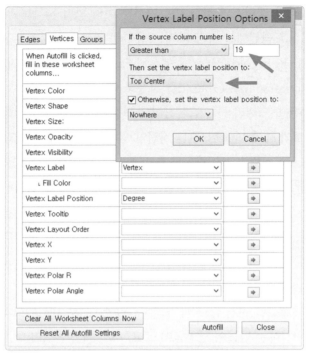

〈그림 7-30〉 연결선이 19개 이상인 노드만 인물 이름 표시하도록 설정

Autofill을 클릭하면 거미줄처럼 얽힌 북한 김정은 수행단의 네트워크가 그려진다.

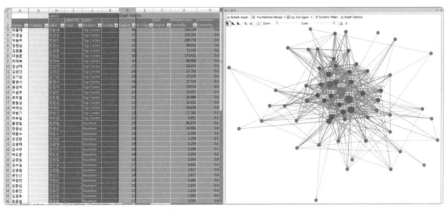

〈그림 7-31〉 김정은 수행단 네트워크 시각화 결과

연결망이 그려진 캔버스의 상단 메뉴에서는 여러 가지 시각화 알고리즘을 선택할 수 있다. 노드엑셀에서 가장 많이 사용하는 알고리즘은 기본값으로 설정된 Fruchterman-Reingold과 Haren-Korel Fast Multiscale 두 가지이다. 이 실습에서는 Fruchterman-Reingold를 사용하기로 한다.

이 알고리즘은 노드끼리 뭉치는 현상이나 연결선이 복잡하게 겹치는 것을 방지해 연결망을 보기 좋게 만들어 주는 장점이 있다. 하지만 이는 단점으로 작용하기도 한다. 때로는 식별이 용이하도록 특정 노드 사이의 거리를 임의로 벌려놓기도 하기 때문에, 노드 사이 거리로 인물과 인물 간의 친밀도를 단정하기가 어렵다.

알고리즘을 선택한 뒤 'Layout again' 버튼을 클릭해 보자. 연결망의 모습이 조금씩 바뀌고 인물들의 위치도 달라질 것이다. 시초에 그려진 네트워크의 모습이 고정불변의 절대적 배열이 아니라는 점을 알 수 있다. 다만 Layout again 버튼을 여러 번 실행시킴에 따라 전체적인 형태는 변화되지만, 노드 사이의 상대적인 관계는 크게 흐트러지지 않을 때가 많다. 일반적으로 네트워크의 주변부보다는 정중앙에 위치하는 인물이 영향력이 크고, 조직 내 생존력이 우수한 사람이라는 해석을 내릴 수 있다.

이번엔 연결망의 모양을 조금 더 직관적으로 이해하기 쉽게 조정해 보자. 〈그림 7-32〉와 같이 'Layout option' 메뉴를 통해 대화창으로 들어간다.

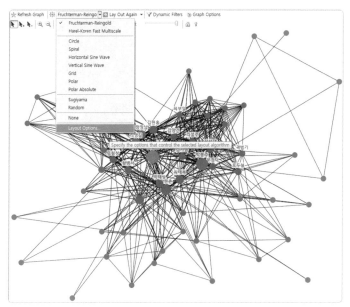

〈그림 7-32〉 김정은 수행단 네트워크 Layout Options 메뉴로 조정

　　노드 사이의 반발력(repulsive force)을 기본값인 3에서 10으로 더 올려준다.
이 설정치를 높게 잡을수록 각 노드 사이의 평균거리는 멀어지고 상대적으로 느슨
하지만 식별하기 편한 연결망이 그려진다.

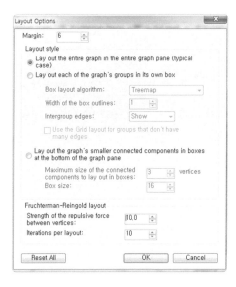

〈그림 7-33〉 노드 사이 거리 조정
(Repulsive force를 10으로 설정)

캔버스 상단의 'Graph Option' 메뉴를 이용하면 각 선과 노드의 스타일과 글자꼴, 크기 등을 변형할 수 있다. 연결선, 즉 Edge의 불투명도(Opacity)를 0%로 낮춰보자. 불투명도가 0%라는 말은 거꾸로 말하면 투명도 100%이므로, 연결선이 완전히 사라지게 된다.

〈그림 7-34〉 Graph Options 메뉴

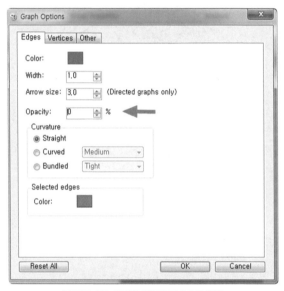

〈그림 7-35〉 연결선 불투명도 0으로 설정

'Other' → 'Label' → 'Font'로 들어가면 글자의 꼴과 크기를 조정할 수도 있다.

데이터 분석과 저널리즘

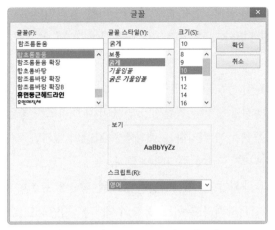
〈그림 7-36〉 노드 글자꼴·굵기·크기 조정

설정값을 변경한 뒤에는 Refresh Graph를 클릭해야 변경한 내용이 연결망에 반영된다.

특정 노드에 다른 노드들이 어떤 형태로 연결됐는지를 알아보려면 해당 노드나 이름을 직접 클릭해 선택한다. 네트워크 중앙의 최룡해 노드를 클릭하거나, 스프레드시트의 최룡해 이름을 선택하면 해당 노드에서 연결된 선이 붉은 색으로 표시되어 나타난다. 모든 길은 로마로 통한다는 말처럼 거의 모든 권력은 최룡해로 통한다라고 표현해도 좋을 정도이다. 특정 인물을 중심으로 한 자아 연결망을 살펴보는 데 유용한 방법이다. 이를 해제하려면 노드 위에서 마우스 우클릭해 'deselect all' → 'vertices and edges'를 선택하면 된다.

이번엔 네트워크 모양을 조금 더 간결하게 정리해 보자. 특정 조건에 맞는 데이터만 골라내는 엑셀의 필터 기능처럼, 노드엑셀에는 일정 범위에 들어오는 노드와 연결선만 걸러주는 'Dynamic filter' 기능이 있다.

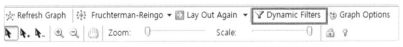
〈그림 7-37〉 다이나믹필터 메뉴

다이나믹 필터 메뉴의 각 항목별로 슬라이더를 움직이면서 가장 적합한 범위를 찾아보자. 일단 Degree를 기준으로 연결선이 20개 이상인 노드만 시각화되도록 설정해 본다.

이어서 'Layout Again'을 몇 번 클릭하면 조금씩 연결망 모습이 바뀐다. 거듭 지적하지만 사회 연결망에서는 핵심적인 인물이 네트워크의 중앙에 오고, 비중이 떨어지는 사람이 주변부에 위치하는 대체적인 경향이 있지만, 그 위치가 절대적으로 고정된 것은 아니라는 점에 주의해야 한다.

다차원으로 시각화해야 할 거리행렬을 2차원 평면에 표현하는 방식이다 보니, 어떤 알고리즘을 선택하더라도 어느 정도의 왜곡은 필연적으로 수반된다. 3차원 연결망으로 시각화하면 왜곡을 줄일 수 있지만 이때도 데이터의 특성에 따라 오차가 생길 개연성은 배제할 수 없다.

결국 연결망 그림보다는 각 노드에 주어진 중앙성 지수가 더 객관적인 판단 기준이 된다. 되도록 각 노드의 중앙성 순위에 부합하도록 연결망을 그리고 싶으면, 노드 사이 거리를 여유 있게 벌리되, 필터링 기능으로 노드 숫자는 축소해 살펴보는 것이 요령이다. 이때 알고리즘은 노드엑셀에서 가장 많이 사용하는 Fruchterman-Reingold를 그대로 사용한다. 실습 데이터의 경우 'Layout Again'을 10번 정도 클릭하면 더 이상 주요인물 간의 상대적 위치는 크게 변하지 않을 것이다. 〈그림 7-38〉은 결과적으로 그려진 2013년 가을 북한 고위인사의 권력지도이다.

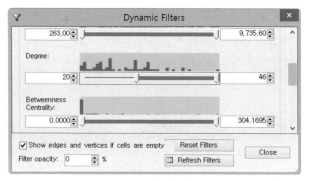

〈그림 7-38〉 다이나믹 필터 설정 대화창

데이터 분석과 저널리즘

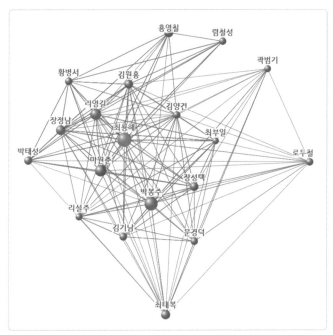

〈그림 7-39〉 Degree 20 이상 핵심 인물만 필터링 결과

　최룡해를 중심으로 장정남과 리영길, 마원춘, 김원홍이 포진하고 장성택은 상대적으로 중심과 거리가 좀 떨어져 있는 사실을 확인할 수 있다. 하지만 장성택보다 연결 중앙성 순위가 조금 더 높은 최태복이 오히려 장성택에 비해 주변부로 밀려난 점도 눈에 들어온다. 시각화 결과만 보고 각 인물의 영향력을 판단한다면 이런 예외적인 사례에 속아 오판할 가능성이 높다. 역시 중앙성 지수를 함께 살피는 것이 정답이다. 하지만 시청자나 독자에게 연결망 그림과 중앙성 지수를 종합적으로 고려하라고 요청하는 것은 무리이다. 직관적으로 이해하기 편한 네트워크 시각화 결과물을 내놓으려면 노드는 20여 개 미만으로 최소화하고 노드 위치는 중앙성 지수 순위에 부합하게 수동으로 미세조정해야 한다. 각 노드를 마우스로 끌어당기면 위치를 조정할 수 있다.

　여기서 한발 더 나아가 각 인물의 소속을 색상으로 표시해 보자. 노동당과 인민군, 내각 출신에 따라 노드 색상을 달리 시각화해 기관별 권력 분포를 살펴보려는 것이다. 일단 Vertex 이름을 가나다순으로 정렬해 보자.

	A	B	C	D
1		Visual Properties		
2	Vertex	Color	Shape	Size
3	강석주	105, 76, 113		10.
4	곽범기	125, 66, 98		12.
5	김격식	7, 125, 187		10.
6	김경옥	59, 98, 148		10.
7	김경희	39, 108, 162		10.
8	김기남	137, 59, 89		14.
9	김동화	39, 108, 162		10.
10	김명식	53, 102, 153		10.7
11	김병호	39, 108, 162		10.
12	김수길	92, 82, 123		10.8
13	김양건	143, 56, 84		13.7
14	김영일	98, 79, 118		10.
15	김영철	85, 85, 128		10.4

〈그림 7-40〉 인물 이름 '가나다' 순 정렬

스프레드시트 창의 add your own columns here이라는 칼럼에 실습 데이터의 '김정은 수행단 소속' 자료에서 소속 칼럼만을 복사해 붙여 넣는다.

북한의 고위인사의 출신성분을 노동당과 인민군, 내각, 기타 등 4가지로 분류한 데이터이다. 당 조직을 통해군을 통제하는 북한 체제의 특성상, 당과 군을 오가며 경력을 쌓은 경우도 적지 않다. 이 경우에는 주된 출신 배경을 필자가 임의로 정해 입력했다. 가령 최룡해는 군 총정치국장을 지냈지만 노동당 관료로 분류했고, 인민군 장성으로 잔뼈가 굵었지만, 노동당 고위직에 오른 이는 군 출신으로 정했다.

	A	X	Y	Z	AC
1					
2	Vertex	PageRank	Clustering Coefficient	Reciprocated Vertex Pair Ratio	소속
3	강석주		0.982		내각
4	곽범기		0.801		당
5	김격식		1.000		군
6	김경옥		1.000		당
7	김경희		1.000		당
8	김기남		0.663		당
9	김동화		1.000		군
10	김명식		0.778		군
11	김병호		1.000		당
12	김수길		0.743		내각
13	김양건		0.680		당
14	김영일		1.000		당
15	김영철		0.817		군

〈그림 7-41〉 '소속' 칼럼 붙여넣기

스프레드시트에 '소속' 칼럼이 만들어졌으면, 노드 상단 메뉴의 'Groups' →
'Group by Attribute'로 간다.

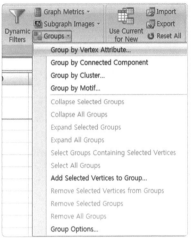

〈그림 7-42〉 속성으로 그룹 만들기 메뉴

대화창에서 무엇을 기준으로 그룹을 나눌지 결정한다. 당연히 새로 생성한 '소
속'을 기준 속성으로 설정한다.

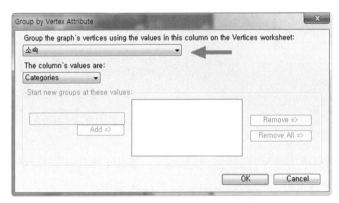

〈그림 7-43〉 '소속'을 그룹 생성 기준으로 설정

OK를 클릭한 뒤 한 가지 작업을 더 해줘야 한다. 소속에 따라 각 노드를 무슨 색상으로 표현할지를 설정하는 것이다. 소속 기관별 노드의 색상을 〈그림 7-43〉과 같이 영문으로 직접 입력한다. 연결망의 노드 색상이 소속별로 비로소 바뀔 것이다. 필자는 임의로 북한 노동당은 적색, 인민군 출신은 청색, 내각은 자주색, 3가지 영역에 포함되지 않는 '기타'에 속하는 사람은 흑색으로 표시했다.

	A	B	C	D
1		Visual Properties		
2	Group	Vertex Color	Vertex Shape	Visibility
3	당	red	Sphere	
4	군	blue	Sphere	
5	내각	purple	Sphere	
6	기타	black	Sphere	

〈그림 7-44〉 소속 집단별 색상 설정

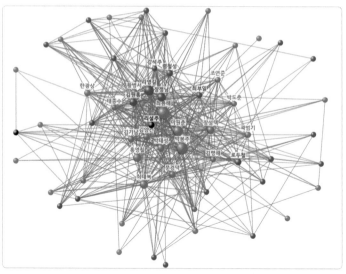

〈그림 7-45〉 '노동당'·'인민군'·'내각'·'기타'로 그룹 생성한 시각화 결과

〈그림 7-45〉를 살펴보면, 붉은 색의 노동당 출신과 청색의 군부 출신이 각기 다른 색상으로 표시되니 각 그룹별 분포가 한눈에 들어온다. 김정일 시대에는 청색점(군부)이 붉은점(노동당)을 밀어내면서 중앙부를 독차지해 선군정치의 특징을 확연히 드러냈지만, 김정은 체제에서는 반대로 붉은 점이 권력 네트워크의 중앙부

데이터 분석과 저널리즘

에 위치하면서 탈 선군정치 현상이 나타났다. 다만 장성택 숙청이 발생한 2013년 하반기에는 김원홍, 장정남, 리영길 등 군부의 신진 3인방이 권력 중앙부로 바짝 진입한 사실이 2012년과는 다른 점이다.

마지막으로 연결망 자료를 X, Y축의 그래프로 시각화하는 방법을 살펴보자. Autofill columns에서 다음과 같이 추가로 설정한다.

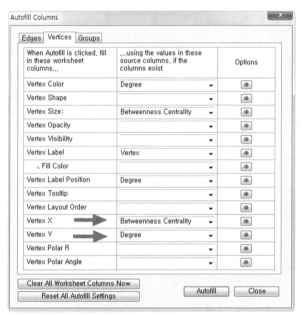

〈그림 7-46〉 그래프 X축 Y축 설정하기

X축에 사이 중앙성, Y축에 연결 중앙성을 놓고 그래프를 그리려는 것이다. 설정 값을 입력했으면 Autofill 버튼을 클릭한다.

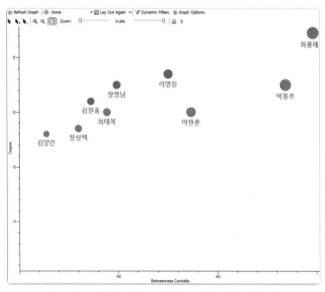
〈그림 7-47〉 X축 사이 중앙성, Y축 연결 중앙성 그래프 생성

　결과적으로 그려진 그래프 〈그림 7-46〉은 두 중앙성 지수 사이에 상관 관계가
있음을 보여 준다. 특히 내각 총리인 박봉주와 노동당 간부인 마원춘은 연결 중
앙성에 비해 중재자로서의 역할이 상대적으로 두드러졌다. 다양한 종류의 행사에
서 김정은을 수행해 여러 가지 기관의 인물들과 접촉하며 인맥의 질을 높인 결과
로 보인다.

7.5. 트위터와 유튜브 네트워크 시각화하기

　노드엑셀은 트위터나 페이스북과 같은 SNS상의 정보 네트워크를 시각화하고
분석하는 데 특히 유리한 도구이다. SNS 네크워크는 현대사회에서 정보를 확산
시키고 소통하는 핵심 경로로 자리 잡고 있다. 특히 주요 사건과 쟁점이 발생했을
때 SNS상에서 급속히 퍼지는 정보의 내용과 양태는 사회적으로 중요한 시사점
을 던져준다. 선거 때마다 그 위력을 발휘하는 SNS의 영향력은 특정 후보의 당락
을 좌우할 정도가 됐다. 인터넷 세상이 이렇게 빠르게 변하고 있는데 기자가 아날
로그 취재 한 가지 방식에만 의존하는 것은 한계가 있을 것이다. 병원의 환자 진

료 방식에 비유하자면, 거리의 시민을 1:1로 취재한 정보가, 문진과 청진기에 의존한 재래식 진찰이라면, 온라인상의 SNS 빅데이터 시각화 결과는 사회 여론의 단면을 입체적으로 드러내는 MRI 사진인 것이다. 연령과 계층을 뛰어넘어 그 이용자의 범위와 영향력이 전방위로 확대되고 있는 트위터 네트워크의 세계를 노드엑셀로 들여다보자.

노드엑셀의 'Import' 메뉴를 활용하면 주요 단어를 검색어로 입력해 트위터 데이터를 바로 손쉽게 수집할 수 있다. 인터넷상에서 특정 단어를 중심으로 거론되고 전파된 내용을 많게는 천여 개씩 수집해 불러들인다. 트위터 API의 수집 규모 제한으로 한 번에 수만 개 이상의 빅데이터를 모으는 것은 불가능하지만, 프로그래밍 작업을 거치지 않고도 단 몇 초 만에 다수의 트위터 데이터를 실시간으로 크롤링할 수 있다는 점에서 대단히 편리한 기능이라고 할 수 있다.

필자는 자립형 사립고의 재지정 취소 여부를 둘러싸고 서울시 교육청과 교육부 사이에 정면충돌 양상을 보이던 2014년 9월 4일, '자사고'라는 키워드로 트위터 계정과 내용을 수집해 봤다.

검색어로 트위터 정보를 수집하려면 'Import' 메뉴의 'From Twitter Search Network'로 간다.

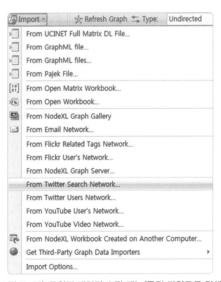

〈그림 7-48〉 트위터 데이터 수집 메뉴(특정 키워드로 검색)

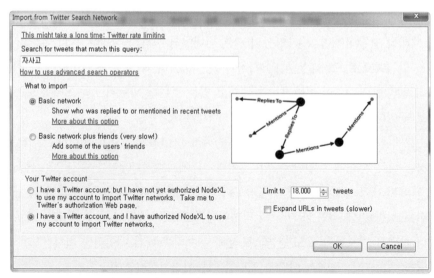

<그림 7-49> 트위터 데이터 수집 대화창(검색 단어 입력)

〈그림 7-49〉와 같이 키워드를 입력창에 넣은 뒤, 키워드를 포함한 트위터 글과 계정을 수집했다. 메뉴는 기본 설정인 Basic Network를 선택하고 트위터 계정을 18,000개까지 모을 수 있도록 정했다. 실제로 최대 설정치인 18,000개의 계정이 수집되는 일은 극히 드물며, 수백 개에서 많아야 1,000여 개 계정에 그치는 경우가 보통이다. OK를 클릭하면 바로 크롤링이 시작된다. Text Wrapping 여부를 묻는 대화창이 뜨면 Yes를 선택한다. 수집이 모두 끝나고 워크북에 트위터 계정이 모아지면 'Graph Metrics' 메뉴에서 각 네트워크 시각화에 필요한 계산작업을 시작한다.

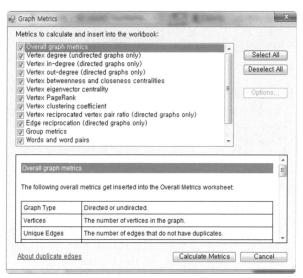

〈그림 7-50〉 Graph Metrics 설정 대화창

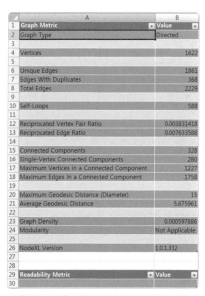

〈그림 7-51〉 수집 트위터 데이터 기본 통계

트위터 계정이 1,622개이며 이들을 이어주는 연결선은 2,229개이다. 트위터 글을 보낸 사람과 받은 사람을 구분해 방향성을 표시해야 하므로, 미리 상단 메뉴에서 'Directed' 모드로 설정한 뒤 분석을 시작한다. 아울러 Autofill 메뉴에서 주

요 지표를 중심으로 각 노드(Vertex)의 색상과 크기, 모양을 연결 중앙성이나 사이 중앙성(Betweenness Centrality)에 연동해 시각화하도록 설정했다.

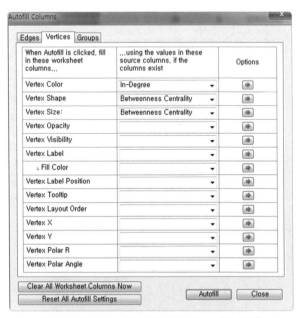

〈그림 7-52〉 Vertex 색상·모양·크기 기준 등 설정 대화창

Options 메뉴에서 각 항목에 대해 추가적인 범위나 기준치를 설정해 줄 수도 있다.

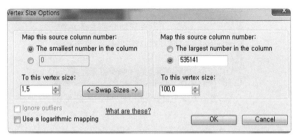

〈그림 7-53〉 Vertex 크기 기준 범위 세부 설정

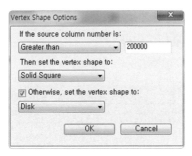

<〈그림 7-54〉 Vertex 모양 세부 기준 설정>

Autofill을 실행하면 그래프 창에 네트워크가 그려진다. 이어 알고리즘을 'Harel-Koren Fast Multscale'로 선택하고, 'Layout Again'을 여러 번 클릭해 연결망 모습을 조정했다. 사이 중앙성이 상대적으로 높은 계정, 즉 사람과 사람 간에 정보의 중개자 역할을 하는 계정은 사각형으로 표시했고, 많은 연결선에 연결돼 연결 중앙성이 높은 계정은 붉은 색 계통으로 시각화했다. 이때 사이 중앙성이 어느 정도면 노드가 사각형으로 차별화돼 표시되도록 설정할지는 이용자의 판단에 따라 달라질 것이다.

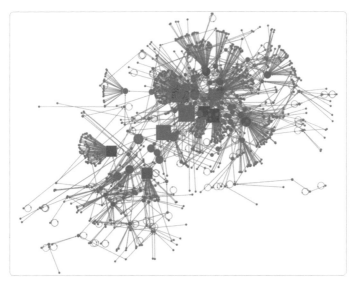

<〈그림 7-55〉 '자사고' 키워드 트위터 네트워크>

사이 중앙성을 기준으로 내림차순 정렬해 보고, 네트워크에서 핵심적인 역할을 하는 계정도 찾아봤다. 스프레드시트에서 특정 행을 클릭하면 연결망에서 해당되

는 노드와 이에 연결된 다른 노드들, 연결선이 모두 적색으로 표시돼 어떤 형태로 정보가 전파되고 있는지 패턴을 살필 수 있다.

egree	In-Degree	Out-Degree	Betweenness Centrality	Closeness Centrality	Eigenvector Centrality	PageRank	Clustering Coefficient	Recipro Pair Ra
이에 의무적	195	1	535139.169	0.000	0.062	75.744	0.001	
SIAN_new	6	8	488359.699	0.000	0.007	4.175	0.071	
조회연 서울	6	1	398628.785	0.000	0.000	1.893	0.000	
회연 교육	84	1	340643.274	0.000	0.002	31.972	0.001	
신의 모교	82	1	255303.818	0.000	0.002	31.253	0.001	
완할 생각	33	1	218870.930	0.000	0.000	10.688	0.003	
oMykoWH	80	1	200265.313	0.000	0.000	35.805	0.000	
hosunNew	0	3	182678.780	0.000	0.000	1.132	0.000	
교육의원]	60	1	175810.875	0.000	0.000	21.942	0.001	
가며 '자사	14	1	149645.612	0.000	0.001	5.112	0.000	
2011: 10대	35	3	134494.473	0.000	0.009	13.509	0.008	
페지에	56	1	132372.452	0.000	0.003	20.144	0.003	
은 자사고	62	1	132254.935	0.000	0.001	20.146	0.000	
기습시위	0	12	131860.167	0.000	0.006	3.410	0.068	
자사고지정	29	1	125908.896	0.000	0.000	10.096	0.000	
robudur6	0	15	121708.754	0.000	0.000	4.188	0.014	
ung: 학부	0	2	115301.799	0.000	0.000	0.736	0.000	
lews: [뉴	0	2	108127.836	0.000	0.000	0.714	0.000	
교육감이	30	1	89366.104	0.000	0.000	12.101	0.000	

〈그림 7-56〉 '사이 중앙성' 기준 내림차순 정렬

1위에서 10위까지의 순위에 오른 계정의 이용자는 누구이며 어떤 내용을 거론하고 전파했는지도 살펴보자. 방송사의 트위터 계정 4개가 포함됐고, 일반인도 6명이 올랐다. 트위터 네트워크에서는 때로 개인 트위터 사용자가 언론사 계정 못지않은 파급력을 갖기도 한다.

〈그림 7-57〉 1위-10위 계정 내용 살펴보기

연결망을 다시 들여다보자. 사각형이나 붉은 색으로 표시된 노드는 네트워크의 중심(Hub) 역할을 하는 사람들이다.

데이터 분석과 저널리즘

연결망을 들여다보면 각 계정은 크게 두 개의 그룹으로 나뉜다. 이같이 무리를 이룬 각 노드를 '클러스터(cluster)'라고도 한다. 각 노드의 팝업창을 꺼내 트위터 내용도 살펴봤다. 스프레드시트에서 사이 중앙성을 기준으로 내림차순 정렬한 뒤, 상위권의 트위터 글 내용을 꺼내 읽어보자. 우상단의 네트워크와 좌하단의 조금 작은 규모의 네트워크의 트위터글을 비교해 보면 그 내용과 의견에 미묘한 차이가 있다. 붉은 색 네모로 표시된 계정은 자사고 폐지에 찬성하는 사람이다. 전체 연결 망에서 다른 사람과 가장 많은 선으로 연결돼 있어 강한 파급력을 행사하고 있음을 시사한다. 주변의 많은 노드들이 이 파워 트위터리안의 영향권에 있다. 이 파워 트위터리안 1인에 3~4개의 언론사 트위터 계정이 엮여 하나의 그룹이 형성됐다. 자사고 지정취소 관련 뉴스를 퍼나르거나 이에 찬성하는 의견을 전파하는 사람들이 오른편 상단에 큰 집단을 이룬 것이다.

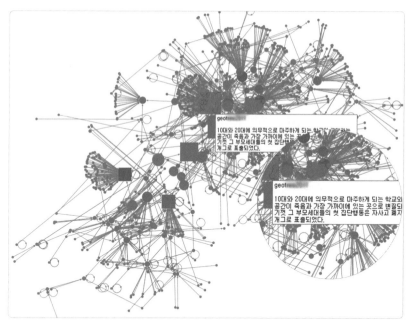

〈그림 7-58〉 중심(Hub) 트위터 계정 내용 살펴보기(자사고 폐지 찬성)

반면에 왼편 아래쪽의 비교적 작은 연결망 집단의 중심 노드를 보면 자사고 폐지를 신랄하게 비판하는 부정적인 트위터 내용이 눈에 뜨인다. 특히 자사고 폐지 입장은 좌파라는 이념적인 견지에서 접근하는 내용이다.

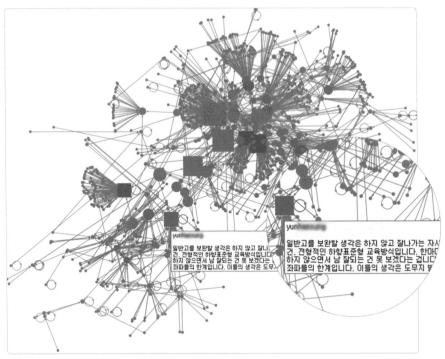

〈그림 7-59〉 중심(Hub) 트위터 계정 내용 살펴보기(자사고 폐지 반대)

　이 역시 언론기관의 공식 트위터 계정이 아니라, 개인 트위터 이용자이다. 각기 다른 성향인 두 방송사의 계정들이 네트워크 안에 형성된 두 그룹 사이에 위치해 관련 뉴스 내용을 전파하고 있다. Dynanic Filter 기능으로 사이 중앙성이 높은 계정만 추출해서 연결망을 단순화시켰다. 그 결과 네트워크가 그룹 2개로 나뉘어진 모습이 더욱 명확히 눈에 들어온다. 위쪽 그룹은 자사고 폐지를 찬성하는 사람이 중심 역할을 하고 있고, 아래쪽 그룹은 자사고 폐지를 강하게 비판하는 사람이 중심이다. 2개의 영역을 붉은 색 사각형으로 표시해 봤다. 2개의 상자 사이에 걸쳐 푸른 사각형으로 표시된 계정은 한 보수 종편방송의 공식 트위터이다. 자사고 측의 반발 움직임을 담은 당일 스트레이트성 단신 기사를 전하고 있다.

데이터 분석과 저널리즘

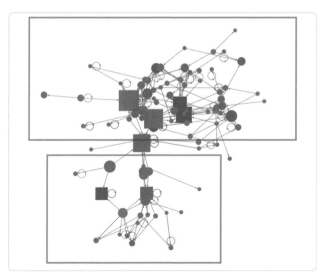

〈그림 7-60〉 자사고 '찬성'-'반대' Hub 중심으로 2개의 소집단 파악

이상과 같이 특정 주제어로 트위터 데이터를 수집하면, 순간순간 변하는 여론의 양태를 관찰하고 추적할 수 있다. 매 시간 동일한 주제어로 자료를 수집해 가면서 데이터양의 추이를 살펴봐도 사회적인 이슈에 대한 사람들의 관심이 뜨거워지는지 사그라드는지를 즉각 파악할 수 있을 것이다. 또한 수집된 트위터 글 중 중앙성 지수가 높은 계정의 내용만 참고해도, 무작정 트위터 글을 탐색하거나 네이버 실시간 검색을 살피는 것보다 훨씬 더 정확하게 여론을 읽을 수 있다. 다만, 긍정적, 부정적 내용을 구분해 분석하는 작업은 컴퓨터 알고리즘으로 완벽하게 구현하기 어려우므로, 수작업으로 일일이 내용을 살펴봐야 한다. 트위터 API의 데이터 수집량 제한으로 인해, 노드엑셀을 통한 빅데이터 수집은 어렵지만, 관계성을 고려해 특정 시점의 여론 흐름을 포착할 수 있다는 점에서 의미가 있다고 하겠다.

노드엑셀은 트위터의 사용자 이름을 입력해, 그와 트위터 글을 주고받은 다른 이용자의 트위터 글을 수집할 수도 있다. 'Import' → 'From Users Network' 메뉴에서 검색창에 해당 계정의 트위터 사용자 이름을 직접 넣어준다. 이때 주의할 점은 대화창에서 'Import only the twitter users I'm interested in'란의 체크표시를 해제시켜 줘야 한다는 점이다. 특정 계정을 중심으로 한 트위터 연결망, 이른바 '자아 중심 연결망(Egocentric Network)'을 그려봄으로써 SNS상에서 해당 인물과 다른 트위터 이용자가 소통하는 패턴을 읽을 수 있다. 이를테면,

경쟁 관계에 있는 두 유명 정치인의 트위터 네트워크를 시각화해, 비교해 보는 것도 흥미로울 것이다. 또한 다수의 트위터 이용자 이름을 빈 칸이나 쉼표로 구분해 입력하면 그들 사이의 네트워크를 시각화해 준다. 이때는 'Import only the twitter users I'm interested in'란이 체크 상태에 있어야 한다. 같은 방법으로 특정 학회나 동호회 회원 간의 트위터 연결망을 그려볼 수도 있을 것이다.

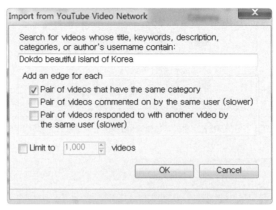

〈그림 7-61〉 유튜브 연결망 자료 수집 메뉴

노드엑셀은 유튜브(YouTube) 네트워크 자료를 온라인상에서 수집해 그려주는 기능도 갖추고 있다. 가령 한류 스타 가수 싸이나 소녀시대의 히트곡 동영상이 지구촌 팬 사이에 어떻게 전파되고 있는지를 연결망으로 살펴볼 수 있을 것이다. 여기서는 독도 영유권 갈등을 둘러싼 한일 두 나라 정부의 유튜브 홍보 영상이 인터넷상에서 어떻게 수용돼 퍼지고 있는지를 간단히 비교해 보자. 〈그림 7-61〉은 동영상 제목이나 키워드, 카테고리, 제작자 이름으로 유튜브 동영상 데이터를 수집해오는 메뉴창이다. 'Import' → 'YouTube Video Network'로 가서 대화창을 열고 검색어를 입력한 모습이다. 대한민국 외교부의 영문판 독도 홍보 영상 제목인 'Dokdo beautiful island of Korea'를 동영상 제목으로 넣어 데이터 크롤링 작업을 실행했다. 마찬가지로 일본 외무성이 독도 영유권 주장 입장을 담아 제작한 영문판 동영상 'Takeshima - Seeking a Solution based on Law and Dialogue'의 네트워크 데이터도 별도로 수집했다. 〈그림 7-62〉와 〈그림 7-63〉

데이터 분석과 저널리즘

은 각각 우리 정부와 일본 정부의 독도 관련 영상의 유튜브 연결망을 각각 노드엑셀로 시각화한 결과이다.

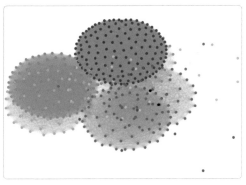

〈그림 7-62〉 한국 정부 독도 홍보 영상 유튜브 연결망

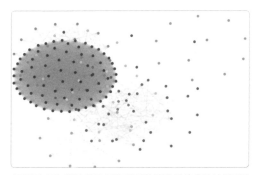

〈그림 7-63〉 일본 정부 독도 영유권 주장 영상 유튜브 연결망

위 두 그림을 보면, 한국 정부의 홍보 동영상이 일본 측보다 훨씬 많은 계정을 통해 활발히 전파되고 있음을 한눈에 알 수 있다. 우리 정부의 독도 영상 연결망은 6개의 촘촘한 네트워크와 기타 2개의 느슨한 관계망으로 구성되어 있는 반면, 일본 측의 연결망은 단지 한 개의 주요 네트워크와 다수의 느슨한 관계망으로 이뤄져 있다. 우리나라는 노드 수가 465개, 연결선이 18,565개인 반면, 일본은 노드 수 181개, 연결선이 3,558개에 그쳤다. 한국 정부의 홍보 동영상은 하나의 노드에서 평균 79개의 연결선이 이어져 사방으로 전파되고 있었고, 상당수 노드가 141개의 연결선으로 이어져 있었다. 독도 영유권 홍보에 적극적인 개인이 전방위

로 인터넷상에 홍보영상을 퍼뜨리고, 이를 다시 서로 간에 중복해 전파한다는 점에서 한일 양국의 동영상 네트워크가 유사한 측면이 있었지만, 그 연결망의 규모와 동영상 유포의 강도에 있어서 우리나라가 우세했다. 제한된 데이터에 기반을 뒀다는 한계점이 있긴 하지만, 노드엑셀의 네트워크 분석 결과로만 보면, 독도 영유권을 둘러싸고 사이버 세계에서 벌어지고 있는 한일 간의 소리 없는 전쟁의 결과는 한국의 판정승인 셈이다.

7.6. 네트워크 시각화로 인수위원회 들여다보기

앞서 설명한 북한 권력 사회 연결망에서 사용한 데이터 구성 방법을 다른 사례에도 응용해 보자. 정치권에 적용하면 특정 인맥으로 엮인 사람들의 네트워크를 그릴 수 있을 것이다. 갖가지 계파에 소속됐거나, 정치 모임에서 함께 활동하는 의원들을 연결선으로 이어주거나, 특정 법안 발의에 참여한 의원끼리 연결시키는 방법도 있을 것이다. 학맥이나 지연, 경력 사항으로 연결선을 찾아낼 수도 있다. 필자가 시도했던 몇 가지 보도 사례를 더 소개하겠다. 먼저 〈그림 7-64〉는 박근혜 정부 출범 직전 대통령직 인수위원회의 인맥을 분석한 연결망 그림이다.

〈그림 7-64〉 박근혜 정부 대통령직 인수위원회 사회.연결망(출신 지역 표시)

데이터 분석과 저널리즘

필자는 당시 신문과 방송에서 거론됐던 인수위원들 간의 핵심적인 인연의 고리 10여 가지를 기준으로 인수위원 간의 인맥을 분석했다. 국민행복추진위원회 등 새누리당 대선 캠프 기구, 당시 박 후보의 싱크탱크인 국가미래연구원, 박 후보 과외공부 모임 참여 여부와 함께 위스콘신대, 성균관대 등 새 정부 들어 부상한 특정 학맥, 박정희 전 대통령 시절 주요 정관계 인사의 자녀인지 여부 등 개인적 친분까지 고려했다. 분석 결과를 살펴보면, 정권 출범 당시 국민 대통합의 기치를 내세웠던 박근혜 정부는 인수위원 인선에 비교적 지역 간 안배를 한 것으로 나타났다. 적어도 표면적으로 드러난 집계숫자를 보면 그렇다. 인수위원 중 서울과 수도권 출신이 가장 많았지만, 영남과 호남이 거의 비슷한 분포를 보였다.

하지만 연결망 시각화 결과를 따져 보면 조금 다른 양상이 포착된다. 붉은 색으로 표시된 영남 출신 인사들이 네트워크의 중앙부를 확고하게 차지하고 있는 사실을 확인할 수 있다(〈그림 7-64〉). 그만큼 영남 출신이 대통령과의 핵심적인 인연의 고리가 더 많거나, 서로 간의 인맥이 견고했다는 얘기이다. 파란색으로 표시된 서울 출신은 숫자는 많지만 영남 출신에 비해 주변부로 밀려났다. 산술적인 집계치상으로는 지역 편중을 해소하려는 '탕평책'을 지향했다고 할 수 있었는지 모르지만, 한꺼풀 벗기고 들어가 인맥의 질을 따지면 여전히 영남이 압도적으로 우세했다는 의미이다. 네트워크에서 개별 노드의 상대적인 위치는 가변적이지만, 노드의 속성에 따른 소집단(Cluster)의 분포가 일정한 패턴을 띠고 나타날 때는 분명히 주목할 필요가 있다.

이같이 사회 관계망 분석 결과에서 드러난 우려는 시간이 지나면서 현실로 입증이 됐다. 박근혜 정권은 당·정·청의 핵심 요직에 부산과 대구 경북 등 영남 출신 인사들을 대거 기용했고, 특히 권력기관에 대한 특정 지역 인사의 편중 문제가 끊임없이 제기됐다.

필자의 인수위원 분석에서 가장 인맥이 좋고 다른 사람들과 많은 선으로 연결된 사람으로 나타난 인물은 안종범 위원이었다. 많은 정치부 기자들이 안 위원을 각종 경제정책을 입안하는 인수위 핵심으로 꼽은 사실과도 일맥상통한다.

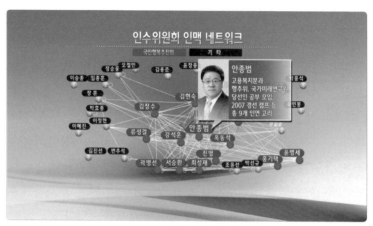

〈그림 7-65〉 박근혜 정부 대통령직 인수위원회 사회 연결망

여당 의원이었다가 이후 청와대 경제수석으로 등용된 안 의원 외에도 강석훈 의원과 김현숙 의원, 옥동석 인천대 교수 등 주목받는 정책통들도 네트워크의 중심부를 차지했다. 하지만 새 정부의 떠오르는 파워 엘리트를 예측하고자 시도한 이 분석은 여러 가지 제약도 내포하고 있었다. 정치적인 영향력보다는 정책적인 전문성을 더 고려해 선정하는 인수위 구성의 특성과, 겉으로 드러나지 않는 비공식적인 친분관계 등 복잡다기한 변수를 포괄하지 못하는 기초 네트워크 분석의 한계가 작용한 것으로 보인다.

7.7. 텍스트 이면의 숨은 속내 알아내기: 의미망 분석

사회 관계망 분석의 적용 범위를 텍스트로 확대한 것이 의미망 분석이다. 적용 정치인의 발언이나 기자회견문, 연설문 등을 따져 텍스트 이면에 감춰진 속내를 심층적으로 파악할 수 있다. 필자는 박근혜 대통령의 취임사에서 가장 빈번히 사용된 핵심 단어들을 추출해 분석해 보도했다. 의미망 분석 혹은 단어망 분석은 어휘소 분석 소프트웨어로 핵심단어를 명사를 중심으로 추린 뒤, 중요 단어가 한 문장에서 함께 출현한 경우를 선별해 기본 데이터를 만들었다. 특정 행사에서 마주쳤거나 학맥, 지연으로 연결된 사람들을 서로 간에 짝지었듯이, 한 문장에

데이터 분석과 저널리즘

서 만난 단어들은 모두 연결선으로 이어주는 것이다. 오픈 리파인 GREL(Google Expression Language)의 contains 함수를 활용해 2-모드 행렬 데이터를 만든 다음, 파이썬이나 사회 관계망 프로그램으로 1-모드 데이터로 변환하면 된다. 1-모드 행렬의 각 셀마다 부여되는 숫자는 각 단어와 단어가 동일한 문장에서 동시에 출현한 횟수의 합이다.

다음은 필자가 뉴스제작에 사용한 1-모드 행렬 데이터의 일부분이다.

	A	역사	평화	만들다	배려	사회	문화	능력	복지	북한
		B	C	D	E	F	G	H	I	J
2	역사	2	0	1	0	0	0	0	0	0
3	평화	0	3	0	0	0	1	0	0	1
4	만들다	1	0	13	1	4	2	2	1	0
5	배려	0	0	1	2	1	0	0	0	0
6	사회	0	0	4	1	10	2	2	1	1
7	문화	0	1	2	0	2	10	0	1	0
8	능력	0	0	2	0	2	0	4	0	0
9	복지	0	0	1	0	1	1	0	2	0
10	북한	0	1	0	0	1	0	0	0	4

〈그림 7-66〉 박근혜 대통령 취임사 분석용 1-모드 행렬 데이터

핵심 단어 간의 연결망 구성을 자세히 살펴보면 연설문 키워드의 문맥과 내용 흐름을 파악할 수 있다. 동일한 문장에서 만난 단어와 단어를 모두 선으로 연결하면 촘촘한 단어 네트워크가 시각화된다. 단어의 출현 횟수를 바탕으로 노드의 색상과 크기를 다르게 표시할 수 있다.

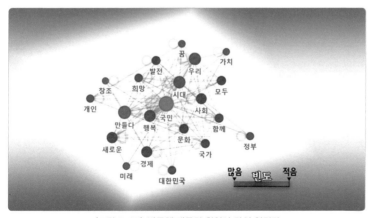

〈그림 7-67〉 박근혜 대통령 취임사 단어 연결망

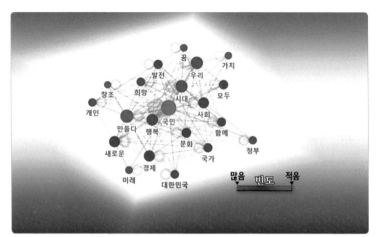

〈그림 7-68〉 박근혜 대통령 취임사 단어연결망('경제민주화' 연결선)

    취임사 의미망에서 필자가 주목한 내용 중 한 가지는 대통령이 대선 기간 핵심 공약으로 내세웠던 취임사에서 '경제민주화'가 단어 연결망의 주변부로 한참 밀려 나 있었던 사실이었다. 구체적으로 연결선을 따져 보더라도 '경제민주화'는 '창조', '경제', '부흥', '패러다임'이라는 4단어와만 연결돼 있었다. '복지'나 '중소기업', '국 민' 등 '경제민주화'와 맥락상 더 긴밀히 이어질 것으로 예상됐던 단어들과는 연결 선이 존재하지 않았다. '경제민주화'는 취임사의 어휘 출현 빈도분석에서도 하위 권으로 밀렸다. 이후 정부의 '경제민주화' 정책 후퇴 논란과 연관지어 곰곰이 생각 해 볼 일이다.

이상 우리는 뉴스보도에 사회 관계망 분석을 접목한 사례와 그 기초적인 데이터 구성과 분석방법을 살펴 봤다. 사회 관계망 자료를 효율적으로 만들기 위해 파이썬 언어를 활용하는 방법을 알아봤다. 노드엑셀의 기본 조작법을 익히고, 시각화와 계량 분석을 하는 방식도 설명했다. 이제 자신의 주변으로 시야를 돌려 보자. 관심 기관이나 출입처 인사들의 연결망을 그려보고 새롭게 파악되는 사실은 없는지 실험해 보자. 상 상력을 발휘해 사회 연결망의 범위를 넓혀 보자. 연결망의 노드는 반드시 사람일 필요가 없다. 자치단체, 기관, 회사, 단어, 집단 간의 관계망도 그려보자. 지자체 간의 인구 이동, 국가 간의 무역관계도 관계망으 로 그려볼 수 있을 것이다. 이 책은 사회 관계망 분석기법 중 중앙성(Centrality) 분석법을 중심으로 기초 적인 사례만 살펴봤다. 관계망의 구조적 속성을 살펴보기 위한 여타 다양한 방법은 더 심층적인 전문 자료 를 참고하거나 전문가의 자문을 구해 답을 찾아보자. 사회 관계망 분석은 GIS와 마찬가지로 잠재력이 매 우 큰 분석기법이다. 문제는 기법의 난이도가 아니고, 창의력 있고 설득력 있는 콘텐츠를 만들어내려는 기 자의 의지와 안목일 것이다. 사회 관계망 분석의 진가는 앞으로 소셜네트워크서비스의 여론 분석에서도 거듭 확인될 것으로 보인다. 국정원 댓글 대선 개입 사건에서 드러났듯이, 트위터와 블로그 등을 통한 여론 형성 과정은 민감한 정치 이슈이다. 소셜미디어의 이용자는 세대와 성별, 정치 성향을 넘어 확대되고 있다. 그 전파 속도는 다른 어떤 속보매체도 따라가지 못할 정도로 빠르고, 영향력은 선거에서 주요 후보의 당락 을 좌우할 정도도 위력적이다. 뉴미디어 시대에 우리 사회의 정치와 사회적 커뮤니케이션을 논하고 특성을 파악하는 데 사회 관계망 분석의 역할이 한층 더 기대되는 이유이다.

　한국 언론계의 데이터 저널리즘은 아직 태동 단계이다. 일부 언론사에서 실험적 보도를 선보이고 있지만, 극소수 사례에 머물고 있다. 데이터 저널리즘은 많은 기자들에게 여전히 미지의 영역으로 남아 있고, 시간, 인력, 예산이 많이 소요되어 비용대비 효과를 장담할 수 없는 분야라는 선입견도 있다. 열악한 공공데이터 환경과 체계적인 재교육 프로그램의 부재도 걸림돌로 작용하고 있으리라.

　대한민국의 언론사는 대부분 쉴 새 없이 뉴스를 '찍어 내는' 뉴스 공장이다. 공장의 생산성 잣대로 보면, 데이터 저널리즘은 효율이 떨어지는 분야이다. 자료 입수와 정제, 분석의 여러 과정을 거쳐야 하는데다 아무리 많은 품을 들여 만들어낸 결과물이라도 뉴스 가치가 떨어진다는 판단이 내려지면, 휴지통으로 직행할 가능성이 적지 않다. 비유컨대, 단번에 만들어 빨리 소비하는 패스트푸드와 오랜 기간 정성스럽게 준비해 먹는 슬로푸드가 있듯이, 뉴스에도 '패스트 뉴스(Fast News)'와 '슬로우 뉴스(Slow News)'가 존재한다. 데이터 저널리즘은 '슬로우 뉴스'의 영역에 가깝다. 역발상이 필요한 대목이다. '슬로우 뉴스'라는 말은 상대적으로 시간과 노력은 많이 필요로 하되 어떤 기존의 뉴스 아이템보다 더 큰 가치와 효과를 발휘할 수 있는 잠재력을 갖고 있다는 뜻이기도 하기 때문이다. 데이터 저널리즘이 당장 언론을 위기에서 구해 내리라는 과도한 기대도 환상에 가깝지만, 무턱대고 그 가능성을 무시하는 것도 현명한 태도는 아니라고 생각한다.

　따지고 보면 데이터 저널리즘에는 '비경제적인' 작업만 존재하는 것도 아니다. 제작에 한 달 이상이 걸리는 보도물도 있지만, 때로는 단기간에 마무리되는 콘텐츠도 있다. 쉬운 도구로 간단하게 만든 데이터 저널리즘 보도물이라고 해서 그 가치가 덜한 것은 아니다. 기자의 독특한 문제의식에 시의성과 공익적 가치까지 더한 아이템이라면, 1~2일 만에 제작한 데이터 저널리즘도 큰 힘을 발휘할 수 있다. 대부분의 데이터 저널리즘 작업은 3~4명 이하의 소규모 팀에서 시작한다. 취재기자 1인이 처리할 수 있는 간단한 작업도 있다. 도구는 고가의 소프트웨어가 아닌 무료 프로그램을 많이 활용한다. 이 책에 소개한 분석 및 시각화 도구도 대부분 무료 소프트웨어이다. 오픈소스 프로그램의 획기적인 발전 덕분에 거의 한 푼도 안 들이고, 공공데이터를 자유롭게 다룰 수 있는 시대가 온 것이다.

데이터 저널리즘의 전신이라고 할 수 있는 컴퓨터 활용 보도(CAR: Computer -assisted Reporting)가 국내에 도입된 지는 십수 년이 지났다. 국내 교육 프로그램이 없었던 것이 아니었건만, 기초적인 엑셀 활용을 넘어서, 다양하고 심층적인 CAR를 구사하는 현장 취재기자는 거의 찾아보기 힘들다. 필자는 주된 이유를 기자 자신의 손으로 직접 데이터를 다뤄 보려는 적극적인 시도가 부족했던 점에서 찾는다. 숫자나 컴퓨터 언어에 덜 친숙한, 취재기자 특유의 문과 성향도 한 몫 했으리라. 그러다 보니 대형 언론사에서 간헐적으로 시도하는 데이터 저널리즘 프로젝트도 자체적인 해법을 찾기보다는 외부의 전문가 집단에 전적으로 의존하는 사례가 많았다.

기자가 직접 수행하는 데이터 저널리즘은 투입된 시간과 노력을 보상하고도 남는 가치와 보람이 있다. 기자 본인의 정확한 이해와 노력을 바탕으로 신뢰성 있는 기사를 쓸 수 있으며, 그 경험은 고스란히 뉴스룸 내부의 역량으로 축적된다.

거꾸로 생각해 보자. 전문가에게 용역을 의뢰한 뒤, 분석 결과를 받아 적기만 한 뉴스기사가 있다면, 진정한 데이터 저널리즘이라고 할 수 있을까? 이는 마치 기술적 데이터 분석 과정이 핵심인 어떤 학술논문에서, 저자 본인은 통계자료의 구성과 분석방법도 이해하지 못한 채 제3자가 대신 수행한 분석 내용을 받아 적은 것과 유사하다. 이 경우 본인이 쓴 논문이라고 당당히 말하기는 어려울 것이다. 기술적 분석이 중요한 데이터 저널리즘에도 똑같은 기준이 적용되야 마땅하다는 것이 필자의 생각이다. 때때로 외부 전문가와 협업이 불가피하더라도, 언제나 저널리스트 본인이 주체적으로 뉴스 기획과 시각화, 분석의 전반적인 과정에 깊숙이 개입해야 비로소 자신의 성과물이라고 말할 수 있다. 이제는 세부 분석 과정은 제대로 이해도 하지 못한 채 무작정 전하는 '깜깜이' 데이터 보도 대신, 언론인의 손으로 직접 수행한 GIS와 사회 관계망 분석보도가 늘어나고, 그 자체의 의미를 평가받는 풍토가 조성되어야 할 것이다.

고백하건대, 필자는 전문 데이터 저널리스트도 아닌데다, 이 분야의 경험도 일천하다. 각 분야의 전문가들이 볼 때는 여러 가지로 아쉽고 미흡한 내용도 적지 않을 것이다. 그럼에도 데이터 저널리즘에 대한 한 권의 책을 낸 것은 아날로그 취재에만 익숙한 기자라도, 누구나 노력하면 이 정도의 수준은 오를 수 있다는 자신감을 고취시키기 위함이다. 또한 필자가 국내외 선후배의 보도성과를 살펴보면서 배우고 익혔듯이, 본인의 시행착오와 경험을 모아 정보파일로 정리하면, 누군가에게는 조그만 도움이 될 수 있을 것이라는 기대감도 있었다. 해외에서 단기간에 데이터 저널리즘이 확산된 배경에는 데이터 저널리즘에 관심을 둔 수많은 저널리스트와 개발자들의 협업과 상호 배려의 문화, 그리고 도전정신이 있었다고 생각한다.

이는 마치 소스 코드를 공개해, 누구나 개발과 성능 업그레이드에 참여할 수 있도록 하는 열린 개발 시스템인 '오픈소스'의 정신과도 맞닿아 있다.

작가 루쉰의 말처럼 본래 땅 위에는 길이 없었다. 걸어가는 이들이 많아지면 그것이 곧 길이 되기 마련이다. 그것이 데이터 저널리즘이건, 진실 보도를 위한 또 다른 방식의 실험이건, 함께 고민하고 힘을 합하면 길은 열리기 마련일 것이다. '기레기'라는 신조어가 보편화되고 '악화'가 '양화'를 구축하는 현 시대의 언론환경에서도, 시류에 영합하지 않고 묵묵히 자신만의 길을 걸어가려는 많은 언론계 동료와 후배들을 만나곤 한다. 그들의 어깨를 다독거려 주고 싶다. 그리고 나 스스로에게도 되뇌어 본다. '그래, 아직 희망은 있다'고.

2014년 12월
함 형 건

참고문헌

단행본

Andy Mitchell(1999), *The ESRI Guide to GIS Analysis — Volume 1: Geographic Patterns & Relationships*, ESRI Press.

Anita Graser(2013), *Learning QGIS* 2.0, PACKT publishing.

Ben Jones(2014), *Communicating Data with Tableau*, O'REILLY.

Charles Kadushin(2012), *Understanding Social Networks – Theories, Concepts, and Findings*, Oxford University Press.

Christina Prell(2012), *Social Network Analysis–history,theory & methodology*, SAGE Publications.

Daniel G. Murray(2013), *Tableau Your Data!*, WILEY.

David Cuillier and Charles N. Davis(2011), *The Art of Access — Strategies for Acquiring Public Records*, CQ PRESS.

David Herzog(2003), *Mapping the News — Case Studies in GIS and Journalism*, ESRI Press

David W. Allen(2011), *GIS Tutorial–Spatial Analysis Workbook 2 for Arcgis 10*, ESRI Press.

Derek L. Hansen, Ben Shneiderman, Marc A. Smith(2011), *Analyzing Social Media Networks with NodeXL — Insights from a Connected World*, Morgan Kaufmann Publishers.

Jonathan Gray, etc.(2012), *The Data Journalism Handbook*, EJC&Open Knowledge Foundation.

John Mair, Richard Lance Keeble, Paul Bradshaw, Teodora Beleaga(2013), *Data Journalism: Mapping the Future*, abramis.

Kurt Silver, Ted Gest, Brant Houston(2009), *Understanding Crime Stastics — A Reporter's Guide*(2nd ed), IRE.

Lori Luechtefeld(2004), *Covering Pollution — An Investigative Reporter's Guide*, IRE.

Neil J. Salkind(2011), *Stastistics for People Who Think They Hate Statistics*, Sage Publications.

Nik Freeman, McCartney Taylor(2014), *Getting Started with GIS Using QGIS*.

Paul Bradshaw(2013), *Data Journalism Heist*, Online Journalim Blog

Philip Meyer(2002), *Precision Journalism — A reporter's Introduction to Social Science*

데이터 분석과 저널리즘

Methods(4th ed), Rowman&Litlefield.

Sara Cohen(2001), *Numbers in the Newsroom – Using Math and Statistics in News,* IRE.

Wes McKinney(2013), *Python for Data Analysis*, O'REILLY.

Wilpen L. Gorr, Kristen S. Kurland(2008), *GIS Tutorial,* ESRI Press.

김용학(2011), 『사회 연결망 분석』(제3판), 박영사.

빅토르 마이어 쇤버거, 케네스 쿠키어(2013), 이지연 역, 『빅데이터가 만드는 세상』, 21세기북스.

성태제(2014), 『현대 기초 통계학-이해와 적용』(7판), 학지사.

신동희(2014), 『빅데이터와 언론』, 커뮤니케이션북스.

GIS United(2014), 『빅데이터 전략지도』, 더 숲.

보고서, 논문, 언론기사

Alexander Benjamin Howard(2014), "The Art and Science of Data-Driven Journalism", Tow Center for Digital Journalism(http://towcenter.org/blog /the-art-and- science-of-data-driven-journalism).

Anna Daniel, Tarry Flew(2010), "The Guardian reportage of the UK MP expenses scadal: a case study of computational journalism", Network Insight.

Elena Egawhary and Cynthia O'Murchu, "Data Journalism", CIJ(www.tcij.org/ resources/ handbooks/data-journalism).

Janet Roberts(2011), "Scouring MAUDE data to find faulty metal hips" 2011 fall, IRE Journal.

John Mackenzie, "GIS Analysis of John Snow Map" (http://www.udel.edu/johnmack/ frec682/ cholera/cholera2.html).

Leslie Goff(1999), "Univac predicts winner of 1952 election", cnn.com (http:// www. cnn.com).

MaryJo Webster(2010), "My Favorite (Excel) Things", IRE Tipsheet.

MaryJo Webster(2014), "Excel Magic: Advanced fnctions in Excel", IRE Tipsheet.

Michael Hörz(2014), "Data Journalism" January 22, 2014, HTW Berlin.

Minia Rapeli(2013), "Data Journalim:An Outlook for the Future Processes", Aalto University.

Simon Winkelmann(2013), "Data Journalism in Asia", Konrad-Adenauer-Stifung.

Simon Rogers(2012), "Anyone can do it. Data Journalism is the new punk" May 24, 2012, the Guardian(www.theguardian.com).

Steve Doig(2013), "Data Journalism: Finding the Smoking Gun", International Journalim Festival,

Perugia(http://www.slideshare.net/lilianabounegru/steve-doig-excel- for-journalists).

Tara Susman-Pena(2014), "Understanding Data: Can News Media Rise to the Challenge?", Center
for International Media Assistance.

Tim Bernes-Lee(2006), "Linked Data", http://www.w3.org/.

Tony Hirst(2013), "Geocoding Using the Google Maps Geocoder via Open Refine", blog.ouseful.
info.

Tony Hirst(2009), "Using Google Spreadsheets as a Database with a Google Visualzation API
Query Language", blog.ouseful.info.

김한국, 『QGIS-카텍,TM 등과 같은 사용자 정의 좌표 등록 방법』, www.bizgis.com.

박용재, 『데이터 시각화(Data Visualization)』, QGIS 학습 자료.

예동권·이정현(2008), 『사회 연결망 분석을 활용한 북한의 주요 인물 연결망 분석』, 고려대 대학원 북한학과.

윤소영(2013), 『공공 데이터 활용을 위한 링크드 데이터 국가 연계 체계 구축에 관한 연구』, 정보관리학회지

오원석(2014), 『LOD란 무엇인가?』, (LOD Part1), http://www.slideshare.net/WonSeokOh/lodlinked-
open-data-part-1-lod

함형건

뉴스 채널 YTN의 방송 기자다. 사회부, 문화부, 경제부, 정치부 등에서 취재 기자로 활동했으며, YTN 앵커로 '뉴스나이트'와 '뉴스의 현장' 등 뉴스 프로그램과 각종 특보를 진행했다. 2015년부터는 데이터저널리즘팀장으로 일하고 있다. 현장 취재와 GIS 등 데이터 분석을 결합한 다수의 심층 보도물을 제작했다. 민간인 지뢰 피해 실태와 지뢰 지대 관리의 문제점을 조명한 '비극의 재구성 : 펀치볼 지뢰 지도'로 2016 올해의 방송기자상(한국방송기자클럽)을 받았고, 해군 신형 고속함의 '갈지자' 주행 결함을 취재 보도해 홍성현 언론상을 수상했다. 이와 함께 매장 문화재를 훼손하는 난개발 문제, 유독물 공장 난립 실태 등 다양한 이슈를 실증적으로 보도해 이달의 기자상(한국기자협회)을 3번, 이달의 방송기자상(방송기자연합회)을 2번 받았다.

연세대학교와 한국외국어대학교 통번역대학원을 졸업했고, 미국 미주리대학교 저널리즘 스쿨에서 방문연구원으로 연수 당시 공공데이터를 활용한 탐사 보도기법을 공부했다. 그간의 실무 경험을 바탕으로 한국언론진흥재단과 방송기자연합회 등에서 5년째 현직 언론인들에게 데이터 저널리즘을 강의해오고 있다.